U0514607

劳动关系学

Laodong Guanxixue

齐艳华 ◎ 主编　谢建亮 ◎ 副主编

中国财经出版传媒集团
经济科学出版社
Economic Science Press

图书在版编目（CIP）数据

劳动关系学/齐艳华主编；谢建亮副主编. --北京：经济科学出版社，2022.11
ISBN 978-7-5218-4382-8

Ⅰ.①劳… Ⅱ.①齐…②谢… Ⅲ.①劳动关系-理论-高等学校-教材 Ⅳ.①F246

中国版本图书馆CIP数据核字（2022）第223977号

责任编辑：刘战兵
责任校对：隗立娜
责任印制：范 艳

劳动关系学
主 编：齐艳华
副主编：谢建亮
经济科学出版社出版、发行 新华书店经销
社址：北京市海淀区阜成路甲28号 邮编：100142
总编部电话：010-88191217 发行部电话：010-88191522
网址：www.esp.com.cn
电子邮箱：esp@esp.com.cn
天猫网店：经济科学出版社旗舰店
网址：http://jjkxcbs.tmall.com
北京密兴印刷有限公司印装
787×1092 16开 27印张 540000字
2022年12月第1版 2022年12月第1次印刷
ISBN 978-7-5218-4382-8 定价：96.00元
（图书出现印装问题，本社负责调换。电话：010-88191510）
（版权所有 侵权必究 打击盗版 举报热线：010-88191661
QQ：2242791300 营销中心电话：010-88191537
电子邮箱：dbts@esp.com.cn）

前　言

随着中国工业化和市场化进程的加快，劳动者与用人单位之间的劳动关系问题日益突出。如何通过有效的劳动关系管理，保证劳动关系的和谐稳定，从而为社会的和谐发展奠定基础，是政府、企业单位（雇主）、工会和劳动者面临的现实问题。本教材站在用人单位的角度，对劳动关系学的相关基本概念、基本知识、基本理论和基本方法进行了介绍。

为促进学科建设发展，提高人才培养质量，在贵州财经大学的统一安排下，由公共管理学院组织劳动与社会保障教研室的教师编写了本教材。基于我国高等教育内涵式发展及国家一流专业建设的时代背景，我们对本教材进行了整体把握与设计，注重编写质量，力图做到结构体系科学合理、内容丰富翔实、形式新颖完善。

本教材章节、结构的安排符合管理类课程的教学规律。为了帮助学生理解教学内容，提高其阅读兴趣，我们在各章中插入了一些案例。

在编写的过程中，我们参阅和借鉴了大量国内外同行的书籍、论文及网上资料，在此向前辈和同行所做的开拓性贡献表示由衷的感谢！

本教材从学生的需求出发，力求突出以下特点：第一，内容较为丰富；第二，引用的案例具有典型性；第三，知识体系较为全面。本书不仅适用于本科教学，还可用于研究生的教学。

本教材由齐艳华担任主编，负责全书的统稿、定稿。具体分工如下：第一章至第五章、第七章至第十五章由齐艳华编写；第六章由谢建亮、齐艳华共同编写；谢建亮负责本书的校对工作。

在教材编写过程中，得到了贵州财经大学土地管理专业研究生杨延克的帮助，经济科学出版社的编辑也给予了大力的支持与帮助，在此一并表示衷心的感谢！

CONTENTS 目录

第一章

劳动关系学导论

本章学习重点：

1. 熟悉劳动关系的基本概念。
2. 了解劳动关系的类型。

本章学习难点：

1. 掌握劳动关系与劳务关系的联系与区别。
2. 我国劳动关系的基本特点和问题。

【导引案例 1-1】

东方航空公司的飞行员集体返航事件①

2008 年 3 月 31 日，中国东方航空公司（以下简称“东航”）的飞行员私自“导演”了一场“空中秀”，提前过了“愚人节”，从昆明飞往大理、丽江、西双版纳、芒市、思茅和临沧六地的 18 个航班在到达目的地上空后，均“因天气原因”而集体返航，致使 1500 多名旅客滞留昆明巫家坝机场。4 月 1 日，该公司又有 3 个航班“因天气缘故返航”。

事情发生后，东航对外界解释说，返航事件是由于“天气缘故”。4 月 7 日，东航不得不承认这次事件中，部分航班的返航存在“明显的人为因素”。

4 月 8 日，公司在上海发表《告全体员工书》，明确表示“决不允许东航员工拿着旅客的利益作为筹码”，并在《上海证券报》发布公告，披露了这一信息。

由于“罢飞”事件的恶劣社会影响，不少乘客开始自发集体抵制东航航班。

---

① 转引自于桂兰、于楠：《劳动关系管理》，清华大学出版社、北京交通大学出版社 2013 年版，第 1 ~2 页。

中国消费者协会新闻发言人也在同一天对媒体表示，消费者协会将一直密切关注东方航空公司云南部分航班的集体返航事件，中国消费者协会律师团将会根据消费者的要求，依法提供支持。

事件发生后，中国民航管理局介入调整。在调整过程中，有关飞行员说：集体返航是飞行员之间长期在一起工作、生活养成的一种默契，事先没有人组织，也不存在“带头大哥”式的人物，事发过程中也不知道会有多少人参与。“只要有一架飞机返航，后面就会有一群飞机跟着，呼啦呼啦地飞回来。”飞行员长期反映的问题得不到解决，飞行员也不知道该怎么办，就用这种方式表达了不满。

有飞行员说，事件发生前，云南分公司飞行员中就流传着一封反映飞行员待遇不公的公开信，这是返航事件的导火索。但是谁散布了这封公开信却不得而知。

也有专家分析称，飞行员之所以敢于这样做，是因为“飞行员短缺危机到来了”。最新数据显示，我国航空公司共有飞行员 11509 人，其中现任机长 5092 人，副驾驶 6417 人。而截至 2007 年年底，我国共有民航运输飞机 1131 架。中国民用航空飞行学院院长郑某预测：“中国民航业正以每年 12% ~14% 的速度增长，未来 5 年间，飞行员缺口将达到 1 万名，到 2015 年，这一缺口将高达 1.8 万名。”同时，多家民营航空公司使用多样的手段从国有大航空公司“挖”飞行员，也提高了飞行员的不稳定性。

4 月 16 日，中国民用航空局就东方航空公司云南分公司的集体返航事件做出调查结论，同时对东航公司做出了处罚决定：

第一，停止东航云南地区部分航线、航班的经营权，交由其他航空公司经营；具体执行事宜由民航西南管理局管理。

第二，对东航处以人民币 150 万元罚款，上缴国库，责令东航在 3 个月内完成相关设备改装升级，恢复 QAR 译码设备的正常工作。

该事件也导致了东航 11 名飞行员停飞，接受调查。

思考题：

1. 本案例中，劳动关系的主体是哪些？
2. 在本案例中，哪些因素导致了东方航空公司飞行员集体返航事件的发生？

第一节　劳动关系的概念及特点

对于大多数劳动者而言，工作是其最重要的财富之一，工作不仅是物质财产的主要来源，而且是社会地位和个人心理获得满足的主要源泉。对企业而言，劳动者的工作绩效、忠诚度、工资福利水平是影响生产效率、劳动力成本、生产质量的重要因素，甚至会影响企业的生存与发展。对整个社会来说，劳动关系还会影响经济增长、通货膨胀与失业情况、社会财富与社会收入的总量和分配，并进一步影响全体社会成员的生活质量，实现劳动关系的和谐发展是社会始终追求的目标。

一、劳动关系的概念

劳动关系起源于工业革命，工业革命是通过自由的劳动力市场和用于数千工人的大规模工业组织创造出现代的雇佣关系。

从学术上看，劳动关系理论起源于 19 世纪，劳动关系领域早期的重要学术著作是韦伯夫妇所著的《产业民主》（1897）。韦伯夫妇倡导的产业民主包括从产业基层民主到与其配合的政治宏观民主，即一方面雇员通过劳资团体（如工会）参与国家社会经济政策和规则的制定，此为宏观工业民主；另一方面雇员参与企业内部管理，此为微观工业民主。这时的劳动关系理论既反对古典经济学中将劳动力看成一般商品和完全竞争市场的假设，也反对激进学派中关于劳动力与资本之间矛盾不可调和的假设，他们相信阶级斗争无须通过一个阶级对另一个阶级的消灭而最后终止。

从组织建设层面上看，劳动关系研究则是由康芒斯开始，其标志是他于 1920 年在威斯康星大学创建的第一个产业关系学术项目。此项目得到了洛克菲勒的资金支持，他支持该项目的原因在于其家族拥有的煤矿发生了罢工。在英国，另一位实业家伯顿在 1930 年捐赠了在利兹大学、卡迪夫大学和剑桥大学设立的劳动关系教席，同时随着牛津学派的逐渐形成，劳动关系课程体系在 1950 年逐步形成。

劳动关系的研究包括三个范畴，即学术建设、解决实际问题、道德规范。在学术建设方面，劳动关系作为社会科学的分支，尝试通过严谨高质的研究去理解雇佣关系。在学术上，劳动关系与其他学科（包括劳动经济学、人力资源管理、法学、政治学、产业社会学）相交叉。在解决实际问题方面，劳动关系尝试通过宏观的制度与政策设计和微观的管理实践来使雇佣关系运行更加良好。劳动关系的一个典型特征就是具有强烈的问题导向，定位在能够解决实际问题，这就要求其拒绝古典经济学对劳动问题自由放任的解决方法和激进主义的方案。正是这种定位极大地影响了美国的新政立法，如美国的《全国劳工关系法》和《公平劳动标准法》。在道德规范方面，劳动关系对于雇员行为和雇佣关系有较强的规范原则，特别是反对劳动力的商品化，强调雇员“人”的属性和工人人权、强调劳资双方的依存关系、强调劳资双方的相互尊重、强调劳动关系管理的终极目标是实现雇员与组织的共同发展。①

① 曾湘泉、唐鑛：《战略劳动关系管理：内容、挑战及展望》，载《中国劳动关系学院学报》2011 年第 25 卷第 8 期。

劳动过程的实现，必须以劳动力和生产资料两个要素相结合为前提。劳动过程即劳动力和生产资料两个要素的动态结合过程。在劳动力和生产资料分别归属不同主体的社会条件下，只有这两种主体之间形成劳动力与生产资料相结合的社会关系，劳动过程才能够实现。

劳动关系是指劳动力所有者（劳动者）与劳动力使用者（用人单位）之间在实现劳动的过程中建立的社会经济关系。

从广义上讲，劳动关系即人们在劳动过程中发生的一切关系，包括劳动力的使用关系、劳动管理关系、劳动服务关系等。劳动者与任何性质的用人单位之间因从事劳动而结成的社会关系，都属于劳动关系的范畴。

从狭义上讲，现实经济生活中的劳动关系是指按照国家劳动法律法规规范的劳动法律关系，即双方当事人是被一定的劳动法律规范所规定和确认的权利和义务联系在一起的，其权利和义务的实现是由国家强制力来保障的。

二、劳动关系的称谓

“劳动关系”是由英文“labor relations”翻译而来。它是雇员（劳动者）和雇主（用人单位）之间在劳动过程中形成的社会经济关系的统称。“雇员”是指劳动力的提供者，有时也称为“劳工”“工人”“劳动者”“职工”“受雇者”等。劳动关系研究最早出现在英国，在不同的国家或者不同的体制下，又称为劳资关系、劳工关系、劳使关系、产业关系、雇员关系等，这些概念包含明显的价值取向，不同的称谓是从不同的角度对于特定劳动关系的性质和特点的把握和表述。

（一）劳资关系

“劳资关系”是资本与劳动之间的关系，其主体明确、关系清晰，含有对立的意味，强调劳资双方的界限分明，所展开的关系中包含了一致性和冲突性。

（二）劳工关系

“劳工关系”在英文中与劳动关系是同一个词。在中文中，劳工关系则更强调以劳动者为中心展开，着重于劳动者，以劳动者为本位进行思考，强调劳动者组成的团体（工会），也比较强调工会与雇主之间的互动过程，尤其是集体谈判的过程。

（三）劳使关系

“劳使关系”的称谓源自日本，主要是为了更准确地说明劳动者与劳动力使用者之间的关系，力图排除其价值判断，强调其技术性意义，因而用中性、温和的名词代替劳资关系这个具有对抗性意味的概念。

（四）产业关系

在欧美国家使用最早、最为广泛的是产业关系。“产业关系”又称工业关系，英国最初使用产业关系一词，涉及的是传统制造业中工会组织率高的体力劳工和雇主之间的关系。美国学者米尔斯将“产业关系”界定为：人类与其组织在工作场所乃至整个社会中的种种互动过程，其目的是订立雇佣条件，产业关系强调的是人与组织间关系的过程，不仅仅是最后产出的雇佣条件标准。狭义的产业关系是指劳资关系，主要包括劳动者、工会与雇主之间的关系；广义的产业关系则指产业即社会中管理者与受雇者之间的所有关系，包括雇佣关系的所有层面，以及相关的机构和社会、经济环境。[①] 产业关系的主体不仅仅包括劳资双方，还包括政府一方。

过去，多数国家对产业关系的研究集中在劳资关系这一领域，其内容主要包括工会的成因、功能和影响。但近年来，产业关系研究范围已经逐步扩大到与工作相关的全部问题，诸如高绩效工作、职业安全和健康、雇佣歧视、雇员满意度、工作安全以及国际产业关系比较研究等。

在我国，劳动关系作为一个更加通用的概念已经被广泛接受，它实际上包容了上述各种概念的内涵。为避免所有制、不同政治立场带来的概念差异，兼顾我国的习惯法，本书中多使用劳动关系的概念。

三、劳动关系的特征

劳动关系具有以下特点：

（一）法律的平等性

劳动者与企业都是劳动力市场的主体，双方都要遵循平等自愿、协商一致的原则订立劳动合同，缔结劳动关系。劳动关系的平等性体现在劳动关系中的双方当事人之间必须是平等的，一方不得强迫另一方。这种平等性具体体现在劳动关系中双方关系的建立、变更、任何一方在单方决定与对方解除和终止劳动关系时，都要遵循一定的法律规定或者双方当事人之间平等协商一致。即双方法律地位平等，均须履行各自的义务并享有权利。在正常合理、双方未受到胁迫的情况下，劳动合同的签订与执行在法律上具有平等性。比如企业不能强迫雇员建立劳动关系，雇员也不能在未支付劳动的情况下强迫企业给自己发工资，这些都违背了劳资双方当事人之间的平等性原则。

---

① 卫民：《工会组织于劳工运动》，（台北）空中大学 1993 年版，第 4 页。

（二）经济隶属性

虽然劳动关系是建立在平等自愿、协商一致的基础上，但劳动关系具有自己的鲜明特征，这就是双方当事人之间的隶属性。劳动关系一经建立，雇员成为企业的一员，企业就要对雇员进行管理。在劳动关系存续期间，雇员必须遵守企业内部的规章制度，接受企业的管理，这个具体的管理过程也就体现为劳动权利义务的履行过程。

劳动者以劳动交换企业的薪酬福利，以满足其经济与生活上的需求。企业则需要将劳动者的劳动转换成产品与服务，以满足顾客的需求，创造投资的经济效益。劳资双方在经济上虽有相互依赖性，但在一般实践上，劳动者对企业的依存度较高，而企业对劳动者的依存度则较低。个别劳动者对企业的依赖主要体现在经济上。

企业对劳动者实施控制的方式主要有三种：一是劳动者为了生存必须出卖劳动力，企业可以决定是否购买；二是劳动者为了得到工作，在出卖自己的劳动时，会与其他劳动者相互竞争，使企业可以决定购买劳动力的价格；三是劳动者出售劳动所得，必须用来购买生活所需的一般商品，这些商品都是企业生产的，企业可以操纵这些商品的价格。

（三）管理上的从属性

企业基于生产与服务的需要，必须行使指挥权、管理权，安排劳动者劳动，劳动者则服从指挥调度，依企业需求提供劳动。劳动关系一经确立，劳动者就要服从雇主的指挥和安排，完成一定的工作，双方之间存在管理和被管理、指挥与服从的关系。劳动者提供的是从属性劳动，基于明示、默示，或者依劳动的本质，在一定时间内，对自己的休息时间不能自行支配。“除法律、团体协会、经营协定、劳动契约另有规定外，在雇主指挥命令下，由雇主单方决定劳动场所、时间、种类等”。①

管理上的从属性主要表现在四个方面：一是劳动者要服从用人单位的工作规则。劳动关系的确立意味着劳动者不仅要遵守国家的法律法规，还要遵守用人单位的工作规则，如工作时间的起始、休息休假的安排等，劳动者自行决定自己的权利受到一定限制。二是劳动者要服从用人单位的指示和命令。在劳动关系存续期间，劳动者的工作内容会不断发生变化，劳动合同难以做到穷尽全部工作内容，所以，用人单位有指示命令的权力，劳动者有服从的义务。三是接受监督、检查的义务。劳动者在工作中接受用人单位的考察和检查，以确定是否遵守工作规则和雇主的指示。四是劳动者有接受制裁的义务。劳动者应对自己的错误行为承担责任，用人单位对违反工作规则的行为享有惩处权，惩处

---

① 刘志鹏：《劳动法理论与判决研究》，（台北）原照出版公司2000年版，第43页。

方式可以从口头申戒到解雇。

（四）权益的冲突性

基于人性，绝大多数劳动者希望能以较少的劳动交换最高的薪酬福利，但为了创造最大经济效益与利润，企业则会尽力降低劳动成本，激发出劳动者最大、最高产值的劳动。劳资双方为争取各自最大的权益，常常会发生许多隐性与显性的冲突，冲突结果虽然以劳资双方的实力、冲突议题、协商议题、协商策略而定，但基于实力上的差异，企业常常是劳资冲突中占据优势的一方。

（五）实力的差异性

劳资双方拥有和可行使的权利的程度有相当大的差异。实力的差异受到工作性质、雇佣时间和雇佣关系有效期的影响，它也是劳动者在劳动力市场讨价还价能力的体现。如医院中的清洁工、看门人与医生拥有的实力不同，清洁工和看门人谈判实力较弱，一旦离开，雇主能很容易找到替代者。权力是劳资关系中的基本要素，对劳资关系的管理及其结果都有重大影响。实践中，企业的经济实力是其在劳资冲突中最重要的筹码，通过经济力量的发挥，个别劳动者几乎难以对抗雇主在法律、管理权上的优势地位，唯一的策略是整合多数劳动者的力量与企业抗衡。不过，即使面对集体劳动者（工会）的力量，在许多冲突中，拥有较多经济资源的企业，其实力也比集体劳动者的力量强。

（六）冲突的影响性

劳资冲突的影响并非仅局限在企业内部，往往会波及劳动者家属、顾客、社会大众权益，加之劳动者占有较高的人口比例，劳动冲突的议题常常衍生为社会重大问题，全球化的趋势也有机会扩大劳资冲突的影响，如航空公司的劳资冲突波及范围更广泛。

（七）互动的复杂性

基于人的心理特质，个人之间的互动本身就具有复杂性，而集体劳动者之间的互动、集体劳动者与企业之间既有竞争又有合作的互动，其复杂程度常常超出一般人的想象。劳动者、企业与政府不能低估劳资互动的复杂性。

所以，劳资关系可以说是另一种人际关系或者社会关系。

四、劳动关系主体

劳动关系主体是指劳动关系中劳动力的所有者和劳动力的使用者，即拥有劳动力的雇员（劳动者）和使用劳动力的雇主（用人单位）。其中，劳动者也称劳动主体，用人单位也称用人主体。在世界各国，社会组织能够成为劳动关系主体，一般是由劳动法律规范予以确定和认可。

从广义上讲，劳动关系的主体还包括政府。在劳动关系发展过程中，政府通过立法介入和影响劳动关系，其调整、监督和干预作用不断增强，因而政府也是广义劳动关系的主体。

从狭义上讲，劳动关系的主体包括两方，一方是雇员以及以雇员团体为主要形式的工会，另一方是雇主及雇主协会。由劳动关系主体双方组成的组织，称为就业组织，即我国所说的用人单位。它可以是营利性的，也可以是非营利性的。

（一）雇员

雇员在我国称为劳动者，是指具有劳动权利能力和劳动行为能力的个人，是参加劳动、以劳动收入为主要生活来源的个人，主要包括工人、从事服务行业的人员、医务人员、教师、警察、社会工作者等。作为劳动关系主体的劳动者必须具备法律法规规定的主体资格，必须具备劳动权利能力和劳动行为能力。

第一，劳动权利能力。劳动权利能力是指公民依法能够享有劳动权利和承担劳动义务的资格。年龄在法定就业年龄以上至法定退休年龄以下的公民，才具有劳动权利能力。在我国，具有劳动权利的公民是指年满 16 周岁以上（包括 16 周岁）至 60 周岁以下的男性公民，以及年满 16 周岁以上（包括 16 周岁）至 50 周岁以下的女性工人或者 55 周岁以下的女性干部。公民具有劳动权利能力是公民成为劳动关系主体必须具备的条件。16 周岁以下的公民、60 周岁以上的公民以及不具备国家法律法规赋予劳动权利能力的公民不属于劳动者，不纳入狭义劳动者的范畴。

第二，劳动行为能力。劳动行为能力是指劳动者必须具有完成一定劳动的技术和技能。不具有劳动行为能力的公民不能成为劳动者。

第三，劳动者必须同时具备劳动权利能力和劳动行为能力。劳动关系中的劳动者必须同时具备劳动权利能力和劳动行为能力，二者缺一不可。

如《中华人民共和国公务员法》（2018 年修订）第三条规定："公务员应当具备下列条件：具有中华人民共和国国籍；年满十八周岁；拥护中华人民共和国宪法，拥护中国共产党领导和社会主义制度；具有良好的政治素质和道德品行；具有正常履行职责的身体条件和心理素质；具有符合职位要求的文化程度和工作能力；法律规定的其他条件。"

（二）雇主

雇主在我国称为用人单位，是指国家法律、法规认可的可以雇佣劳动者的单位，用人单位主要包括企业、国家机关、事业单位、社会团体、依法注册的个体经济组织等。用人单位既可以是营利性质的单位，也可以是非营利性质的单位。按照所有制划分，企业可以分为国有企业、集体企业、三资企业、私营企业。作为劳动关系主体的用人单位必须具备法律法规规定的主体资格，必须具备用工权利能力和用工行为能力。

第一，用工权利能力。用工权利能力是指用人单位依法享有用工权利和承担用工义务的资格，它表明用人单位依法享受哪些用工的权利和承担哪些用工的义务。

用人单位有合法的用人单位和非法的用人单位。合法的用人单位是指在政府管理部门依法注册、登记的单位或者组织；非法的用人单位是指未在政府管理部门依法注册、登记的单位或者组织。合法的用人单位具有用工权利能力，非法的用人单位不具有使用劳动力的权利能力。

第二，用工行为能力。用工行为能力是指用人单位能够以自己的行为行使用工权利和履行用工义务的资格，它表明用人单位只有具备了这样的资格，才能使用劳动力。

用工行为能力分为合法的用工行为能力和违法的用工行为能力。合法的用工行为能力是指实施合法用工行为并承担其法律后果的能力；违法的用工行为能力是指实施违法用工行为并对其行为承担法律责任的能力。用人单位的用工行为也需要国家法律法规认可，用人单位只有具备一定的物质、技术和组织条件，能够按照国家法定的要求为劳动者提供一定的劳动安全条件，并保障劳动者的合法权益时，才能被确认为具有用工行为能力。

用人单位的用工行为能力主要受到以下几个方面的制约：

一是财产因素。用人单位只有具备一定的归自己独立支配的财产，才能够使用劳动力，并维持劳动力的再生产。其中，作为生产资料和购置生产资料的资金最为重要。只有成为生产资料的占有者，才有资格成为用人单位。

二是技术因素。用人单位仅有生产资料还不够，还必须与一定的技术因素相结合，才能构成符合法定标准的劳动条件。特别是在劳动安全卫生方面，必须有一定的技术因素作为基础。

三是组织因素。用人单位只有形成一定的组织结构，才能有效地配置劳动力，在相互协作的基础上与生产资料相结合。

（三）工会

工会是由劳动者组成的，旨在维护和改善劳动者工作条件、报酬的群众性组织。工会的作用是代表劳动者、维护工会成员的合法权益。如工会代表工会成员参加谈判，争取会员的利益。工会通过签订集体合同、监督职工代表大会、调解劳动争议案件等方式依法维护劳动者的合法权益，维持和谐、稳定的劳动关系。

（四）雇主协会

雇主协会是指由雇主组成的旨在维护用人单位权利和利益的组织。雇主协会通常以行业或者贸易组织为纽带组成，雇主协会并不直接介入劳动者和用人单位之间的劳动关系中，而是间接地影响劳动者和用人单位之间的关系。

雇主协会的作用主要表现在以下几个方面：

第一，雇主协会同工会或者工会代表进行集体谈判。在集体协商之中，雇主协会可以代表雇主同工会协商，就签订集体合同的事宜达成一致，雇主协会代表用人单位签订的集体合同，对其所代表的用人单位都具有法律效力。

第二，提供法律支持。在处理劳动者和用人单位的劳动争议时，雇主协会可以向其成员提供必要的法律支持，以维持雇主的权利和利益。

第三，雇主协会间接地影响劳动关系。雇主协会提供参与同劳动关系有关的政治活动、选举和修订劳动法律法规等方式，间接地影响劳动关系。

第四，解决劳动者和用人单位之间的劳动纠纷。一般地说，雇主协会并不直接参与解决劳动纠纷，只是为用人单位提供咨询和法律法规指导，以促使劳动者和用人单位及时解决劳动争议。

（五）政府

政府是依法介入劳动关系管理的单位，政府在劳动关系中的作用主要表现在以下几个方面：

第一，政府是劳动关系立法的制定者。政府管理部门通过制定有关劳动关系方面的法律法规，规范、影响劳动关系，促进劳动关系稳定、和谐。

第二，政府是劳动关系的管理者。政府管理部门可以直接介入劳动关系的管理，规范劳动者和用人单位的行为，依法维护劳动关系当事人的合法权益。

第三，政府是公共利益的维护者。政府管理部门运用监督、干预等手段，促进劳动关系主体遵守国家法律法规，促进劳动关系协调、稳定发展。

第四，政府是公共管理部门的用人单位。政府的公共管理部门以雇主的身份雇佣劳动者，成为劳动关系的一方当事人。政府管理部门和公务员、事业单位和工作人员因雇佣而产生的社会经济关系也属于劳动关系。

第五，政府是劳动争议的解决者。政府设立的劳动争议仲裁委员会、法院处于中立的立场上依法处理劳动争议案件，依法维护劳动者或者用人单位的合法权益。因此，政府是劳动争议的解决者。

第二节　劳动关系的本质与表现形式

一、劳动关系的本质

劳动关系本质上是雇主和雇员之间双方的权利和义务关系，是双方合作和冲突的对立统一。我国《劳动法》第三条规定，劳动者享有平等就业和选择职业的权利、取得劳动报酬的权利、休息休假的权利、获得劳动安全卫生保护的权利、接受职业技能培训的权利、享受社会保险和福利的权利、提请劳动争议处理的权利以及法律规定的其他劳动权利。

巴泽尔认为："人们对资产的权利（包括他自己和他人的）不是永久不变的，它们是他们自己直接努力加以保护、他人企图夺取和政府予以保护的程度的函数。"① 可见，权利的实现，涉及权利所有者自己、妨碍权利实现的人、政府对权利所有者的保护。

在劳动关系中，雇员和雇主双方在维护各自的权利、保证对方履行各自义务的时候，由于双方权利的不一致，会产生矛盾和冲突，但双方之间又存在着因为合作而获取的共同利益。雇员向企业投入符合雇主需要的知识、技术、能力、经验和健康等要素，在获得工资收入和其他报酬的同时，也在工作过程中获得对组织的认同感和归属感、在交往中受到尊重和获得自尊、在贡献中获得成长和实现自我等；雇主通过正确的策略和各种职能管理，通过对雇员有效管理和开发，获取组织的核心竞争优势，在为客户创造价值的同时，给股东带来丰厚的收益。

所以，雇员和雇主双方之间由于共同利益而合作，也由于某种程度的利益差异而发生冲突。因此，劳动关系是雇主和雇员双方合作与冲突的统一。

（一）合作的根源

合作是指双方遵守有关制度和规则的行为。这些制度和规则包括广义的国家法律法规、双方共同签订的集体合同和劳动合同、企业规章制度、社会习俗与惯例以及某些非正式的心理契约等。"合作的根源"主要来自两方面：被迫和获得满足。

"被迫"是指雇员为谋生被迫与雇主合作，除此之外别无选择。如果他们与雇主的利益和期望不符或者矛盾，就会受到各种惩罚，甚至会失去工作。即

① 巴泽尔：《产权经济学分析》，费方域等译，生活·读书·新知三联书店上海分店、上海人民出版社，1997 年版，第 2 页。

使雇员能够联合起来采取集体行动，但长期的罢工和其他形式的冲突，也会使雇员损失收入来源，还会引起雇主不再经营、关闭工厂或者重新选择其他地方经营，使雇员最终失去工作。事实上，雇员比雇主更加依赖这种雇佣关系的继续。所以，利益所带来的合作与冲突同样重要。

雇员从合作中“获得满足”，主要体现在以下几个方面：

第一，建立在雇员对雇主信任的基础上。这是基于对立法公正的理解和对雇主的限制措施，加上媒体宣传、教育等，增强员工的信任度。西方劳动关系理论家对此解释为：一是工人在社会化的过程中处于一种接受社会的状态，雇主通过宣传媒体和教育体系向工人灌输其价值观和信仰，从而降低工人产生阶级意识的可能性。因而工人被塑造成为“团队成员”而不是“麻烦制造者”。二是大多数工人都很现实，他们明白没有其他可行的选择可以替代现今的制度安排，并且认为，从整体上看，当前系统运行总体不错。三是工人的眼界是有限的，他们比较的对象总是具有相似资格的其他人，并且相信只要他们在这个圈子里过得不错，就没有什么可抱怨的。因此那些从事“较差”工作的工人也很乐于工作。

第二，大多数工作本身具有积极的一面。当今欧美国家中，大多数工人对其工作有较高的满意度，认为自己已经融入了工作中，并且觉得他们的工作不但是有意义的，而且从本质上说是令人愉悦的。所以，即使有时会感到工作压力、工作超负荷或者对工作缺乏控制权，他们仍乐于工作。工人认识到工作的价值，因而会从工作中产生实现自我价值的满足感。

第三，管理方的努力也使雇员获得了满足。尽管人力资源学派所提出的进步策略和方法并没有像他们所预言的那样被广泛推广，但该学派提倡的“进步的”管理手段，以及雇主出于自身利益考虑向员工做出的让步，都在一定程度上提升了员工的满意度。这些措施削减了冲突产生根源的影响，增加了合作根源的影响。这些“好的”雇主会得到更多的信任和认同。

（二）冲突的根源

冲突即双方的目标、利益和期望出现的分歧，如雇员旷工、怠工和罢工，管理方的“关闭工厂”“黑名单”“排工”等。“冲突根源”分为本质根源和背景根源，前者是指由于劳动关系本质属性，即劳资双方权力和利益差异造成的冲突；后者是指组织、产业、地域、文化、制度与政策等因素所造成的冲突。

冲突的本质根源主要体现在以下几个方面：

第一，异化劳动合法化。马克思指出：资本主义市场经济存在着资产阶级和无产阶级的分化。前者拥有并控制着生产工具，而后者一无所有，只能靠出卖劳动力谋生。这种阶级地位的差异，决定了现代资本主义社会的主要特征是大多数劳动力市场的参与者都在为他人工作。实际上这是目前资本主义经济中劳动关系最主要的特征。因为工人并非为自己工作，所以他们在法律上既不拥有生产资料、生产产品及生产收益，也不能控制生产过程，从而在法律上造成了劳动者与这些生产资料的分离。工人为了拥有工作，就会服从工作安排并尽力工作。但是，在其他条件不变的情况下，工人缺乏努力工作的客观理由，因为生产资料、过程、结果及收益等在法律上不归他所有，这本身就是管理的难题。

第二，客观利益差异。市场经济更深层次的原则是企业利润最大化目标。马克思认为，在任何一个经济体系中，所有的价值都是有生产性劳动创造的。如果雇主按照劳动创造价值给付工人报酬，那就没有利润，投资方的就没有任何投资的动机，最终就会导致经济的崩溃。所以资本主义存在的条件就是通过劳动力长期的过度供给（即失业）将工人置于不利的地位，从而支付小于工人通过劳动创造出的价值的工资，实现对工人的剥削。国外一些学者认为，无论是否接受“剥削”的论点，对利润的追求都意味着雇主和工人之间的利益存在着根本冲突。在其他条件不变的情况下，雇主的利益在于给付工人报酬的最小化，以及从工人那里获得收益的最大化，工人的利益在于工资福利的最大化，以及在保住工作的前提下尽量少付出劳动。雇主和工人的利益是直接冲突的，即企业对利润的追求和员工对福利工资的要求，是劳动关系深层次冲突的根本原因之一。

第三，雇佣关系的等级性和从属性。管理方的权力在就业组织中是以一种等级分层（由上而下）的形式逐级递减的。这种权力来源于所有者的产权，在没有法律特别规定的情况下，员工没有权力选举组织中的直接管理者或者更高职位的人，而且管理者无须对下属负责。虽然雇员拥有退出、罢工和岗位管理的力量，并能够同管理方协商有关管理制度，但雇员难以真正行使参与管理的权利。双方的组织雇佣关系使员工不情愿地处于从属地位，从而造成对管理者的不信任。

第四，正式契约的不完全性。如果雇主和雇员的劳动合同是完全的，明确、详细规定了雇员和雇主各方全部的权利和义务；如果集体协商和谈判的双方代表能够根据法律和企业实际，就劳动报酬、工作时间、休息休假、劳动安全卫生、保险福利等事项达成非常完备一致的集体合同；如果劳动法律法规能够把所有劳动关系中可能遇到的问题及其处理都做出具体明确的规定；同时，劳动合同、集体合同和劳动法律法规又能够得到完全的履行，那么双方因为权利义务不清晰而造成的冲突就会大大降低。但现实情况是，契约各方获得的信息都是不完全的，契约各方都是有限理性的，契约各方对未来的变化是不确定的，契约各方都存在机会主义倾向，这些现实的约束条件决定了契约是有成本的，更是不完全的。在不完全的契约下，因为权利义务不清晰而造成的冲突是不可避免的。

第五，心理契约的不确定性。现在，从全球劳动力市场看，正式的劳动契约并不普遍，合同条款和内容不可能包罗万象，格式也不统一，甚至没有书面的合同。劳动关系的一些内容，如对工作的预期和理解等，并不能完全用书面的形式进行约定。有时它是建立在遗嘱“心理契约”的基础之上，即建立在双方对“工资与努力程度之间的动态博弈”结果之上，即在心理契约形成之后，从薪酬水平能够推测出工人的努力程度。心理契约的内容非常丰富，如工人对经济报酬、工作保障、晋升机会、归属感的预期，雇主对工人忠诚度、敬业度、认同度、组织承诺的预期等。由于心理契约在理解和期望上的复杂性和模糊性，在日常工作中经常会产生对于“公平合理安排”的不同看法。同时，即使在雇员个人与雇主方签订书面合同时，也会出现双方对合同条款内涵的理解和解释不同导致的差异。契约的模糊性和复杂性，也是造成潜在冲突的一个根源。

冲突的背景根源主要体现在以下方面：一是广泛的社会不平等和贫富分化导致了工人的敌视和报复行为；二是劳动力市场供大于求的状况，使失业率上升，就业压力加大，雇主更加挑剔；三是职业危害和安全生产问题在全球范围，尤其是在发展中国家，仍然十分严峻；四是在垄断和非垄断行业之间，不同地区和不同部门之间，不同性别和种族之间，工作不平等、不公正问题在全球仍十分突出；五是“异化的和艰苦的工作岗位”即使在西方发达国家也仍然大量存在，许多工人仍然感到无奈、失去自我。

总体来说，雇主与雇员之间存在的冲突是存在深刻根源的。

二、劳动关系表现形式

劳动关系双方由于共同利益而合作，也由于某种程度的利益差异而冲突。所以，劳动关系在表现形式上，既有合作，也有冲突，是双方合作与冲突的统一。

（一）合作的表现形式

雇员与雇主之间的合作方式主要包括沟通、共同协商、员工参与管理等。

第一，沟通。沟通是指管理方向雇员及其组织传达信息的过程，使其对组织的问题和管理方地位表示理解，消除雇员可能产生的错误观念。雇员通过沟通了解组织的信息，可以巩固工会在集体谈判、组织内部劳资联合决策中的作用。沟通的主要内容包括：就业组织的重要信息，让员工对就业组织的全貌有一个大概的了解，如企业性质、劳动者人数、产品范围等；日常工作情况信息；组织运作的详细信息等。

虽然沟通可以改善管理方与劳动者双方之间的关系，减少冲突，但并不能完全消除冲突，更不能从根本上解决双方利益和价值观上的差别，因而无法治理冲突。

第二，共同协商。共同协商是指管理方在制定决策之前，先征求员工的意见，但不需征得其同意的决策程序。共同协商的作用主要为：共同协商使员工获得知情权的满足，理解与支持管理方的经营生产战略，从而使双方在思想和行动上取得一致；员工通过共同协商表示不同意见之后，双方通过这种互相尊重的民主形式，可以使管理方了解潜在的冲突；通过共同协商，双方可以局部地调整劳动关系。若双方共同利益比较少，共同协商调整劳动关系的余地就较小，反之则调整余地较大。共同协商具有信息传输量大且涉及双方共同关注的组织发展问题，与集体谈判制度相互补充，可以推动双方的合作。

第三，员工参与管理。员工参与管理是企业或者其他组织中的普通员工依据一定的规章制度，通过一定的组织形式，直接或者间接地参与管理与决策的各种行为的总称。员工参与对增进劳动关系主体双方相互了解、消除意见分歧、把有可能造成重大利益冲突进而影响劳动关系稳定的因素和隐患消除于萌芽之中都非常必要。

（二）冲突的表现形式

1. 雇员或者雇员团体（工会）的冲突表现形式

从无组织到有组织、从潜在到公开两个维度出发，雇员表现出来的冲突形式可以分为“付出—获得”型心理契约、应对行为、不服从行为和罢工等。

第一，无组织的潜在冲突。主要是以“付出—获得”型心理契约的形式表现出来的冲突。由于劳动关系冲突根源的存在，雇员与其上司之间的关系是高度等级化的，管理者力图从雇员那里获得更高的绩效水平，而雇员的反应是：如果上司准备了更多的回报，则会服从监督和管理，否则他们会拒绝。劳动关系正是通过这种“付出—获得”的方式形成早期心理契约。从这个角度看，心理契约也属于“协商后的秩序”，这种秩序反映了劳动关系存续期间劳动者与管理者之间的“付出—给予”关系。当然，管理方可以用纪律惩处的冲突解决办法单方撕毁契约，但会引起很多问题，在西方国家，这些问题以上面提到的冲突的各种形式表现出来，包括工人低效率、怠工、非法罢工、缺勤率提高，以及辞职率的不断增长等。

第二，无组织的半潜在冲突。主要包括“应对行为”和“不服从行为”两类。前者是一种无组织的、处于从潜在到公开的过渡阶段但更接近潜在的冲突。这是雇员对自身所处不利地位和紧张雇佣关系的单方调节行为，是对劳动关系造成的潜在紧张和挫折的一种发泄；后者是一种无组织的、处于从潜在到公开的过渡阶段但更靠近公开的冲突。怠工是工人不离开工作岗位也不进行就地罢工，只是放慢工作速度或者破坏性地工作；员工辞职并不是因为他们有更多的选择，而是迫不得已，但这种辞职会成为回敬雇主和恢复自尊的员工个体所采取的最终行为。

第三，有组织的潜在的冲突。“好名单、恶名单”就是这种冲突的典型。

在这种冲突中，工会将那些与工会作对的雇主列入“恶名单”，将对工会公正的雇主列入“好名单”，并将这些名单在工会会员中传阅，以促使广大会员不再维护“恶名单”上的企业，更好地维护这些进入“好名单”的企业，不信任没有进入任何名单的企业。

第四，有组织的公开冲突。主要包括“联合抵制”“纠察”“罢工”等。联合抵制是指阻止雇主出售最终产品；纠察是指罢工雇员对靠近工厂的入口或者有关区域实行的警戒；罢工是指雇员集体停止为雇主工作。罢工是在通过其他诉求渠道都不能表达和解决雇员的权利问题时，雇员有组织地与管理方公开冲突的表现形式。罢工是雇员被压抑的强烈不满情绪的宣泄方式。如果罢工渠道受阻，雇员的强烈不满情绪会继续被压抑，如果不能有效疏导，冲突最终会以更为激励的形式表现出来。

2. 雇主或者雇主组织的冲突表现形式

从无组织到有组织、从潜在到公开两个维度出发，雇主或者雇主组织表现出的冲突方式主要有关闭工厂、雇佣罢工替代者、充当罢工破坏者、复工运动、黑名单、排工等。

第一，关闭工厂。雇主通常把关闭工厂安排在工会准备罢工时，主要目的是以少量损失避免产生重大损失，甚至倒闭，同时通过解雇或者停职，断绝劳动者的工资来源，迫使劳动者完全降服于管理者的权威。

第二，雇佣罢工替代者。即罢工期间，雇主通过雇佣其他劳动者代替罢工雇员进行生产活动，以抵制或者破坏罢工的方法。

第三，充当罢工破坏者。即罢工期间，雇主借助其他雇主的帮助完成生产任务。

第四，复工运动。即雇主派人到罢工雇员家中说服罢工者或者家属，使他们相信到某一天，大多数罢工雇员都将复工，如果他们回厂复工，其利益将得到很好的保障，同时雇主还会在报刊上发出复工运动通告。

第五，黑名单。即雇主通过秘密调查，将一些不安分或者有可能在劳资冲突中发挥主要或者带头作用的劳动者，秘密登记在一张表上，并暗中通知本行业其他雇主不要雇佣他们，致使被列入表中的劳动者丧失被雇佣的机会。

第六，排工。即雇主在雇佣劳动者时，对某些劳动者采取排斥态度。通常雇主专门排斥那些加入工会的劳动者。

第三节 劳动关系的类型

我们可以对劳动关系依据不同的标准进行分类。

一、以生产资料所有制为标准进行分类

在当前市场经济条件下，可以将劳动关系划分为全民企业劳动关系、集体企业劳动关系、私营企业劳动关系以及外商企业劳动关系四种。

二、按职权结构进行分类

以分配工作任务的方式、监督雇员行为的方法和奖惩方法为标准，可将劳动关系分为独裁型、奖惩型、自主型（人力资源型）三类。

第一，独裁型。高层管理人员直接分配工作任务，亲自监督，经常“武断地”做出奖惩决定。

第二，奖惩型。雇员按订立的制度与规程行事，有明确的工作角色，管理者根据雇员是否遵守企业的制度与规程监督、奖惩雇员。

第三，自主型。也称人力资源型。雇员被赋予高度自主权并参与决策，管理者以工作绩效作为监督、奖惩的依据。

三、按管理理念进行划分

根据管理方的价值观与目标在管理实践中的体现为核心的管理理念，可将管理方主导的劳动关系分为剥削型、宽容型、合作型三类。

第一，剥削型。管理者不关心雇员的需求，其目标是以最低的工资换取最大量的雇员劳动。

第二，宽容型。管理者意识到雇员的某些需求是法律认可的，从而提供合理的报酬与就业条件。

第三，合作型。管理者充分考虑雇员福利，实施各种计划以赢得员工对企业的忠诚，培养员工对企业的献身精神。

四、按双方力量对比和政府影响程度划分

根据管理方和劳动者双方力量和权利的对比及政府政策、法律等影响程度，可以将劳动关系分为以下类型。

第一，均衡型。指劳动关系双方力量相差不大，能够相互制衡。该类型的劳动关系主要表现为：在相同的法律制度下，员工及工会有权了解组织内部信息，参与组织基本生产决策与经营管理。

第二，倾斜型。指劳动关系双方力量相差悬殊，出现了向管理方或者员工方的倾斜。该类型又可分为两种情况，即向管理方倾斜或者向员工方倾斜，在

当今世界经济中，以前者较为普通。

第三，政府主导型。指政府决定劳动关系事务，控制劳动关系。新加坡较为典型。

第四节　劳动关系与劳务关系

【导引案例1－2】

劳动关系与劳务关系[①]

沈阳某酒店在2006年1月份拟招聘10名厨师，为此，该酒店与厨师赵某签订了一份合同书，合同约定："赵某招聘10名厨师，在2006年2月5日前全部到岗。同时约定该酒店每月10日发放10名厨师上月工资，合计8万元，另外每名厨师每年享有4天带薪假期。酒店对每名厨师有明确的考勤管理及带薪休假的统计。"2006年11月10日至2006年12月10日，酒店连续两个月未按时发放厨师工资。双方经协商未果后，10名厨师在12月18日集体辞职，并进行了工作交接后离开。2007年1月20日，10名厨师到当地的劳动争议仲裁委员会提出仲裁，要求酒店支付两个月的工资。

该酒店则称，酒店与厨师之间不存在劳动关系，而应该是劳务关系。因为酒店没有直接招用10名厨师，也没有与10名厨师签订劳动合同，酒店只对赵某负责，与赵某之间是一种承包经营关系，而厨师出现的问题均应由赵某负责。

1. 该酒店与厨师之间是什么法律关系？
2. 该酒店与厨师之间是否存在管理与被管理关系？

雇佣关系不仅是一个交易关系，其目的包括效率、公平和发言权。

——约翰·巴德

劳务关系和劳动关系是不同的概念，在我国，劳务关系亦不同于劳动关系。了解劳动关系和劳务关系的联系和区别，可以依法明确双方当事人之间的法律关系，可以依法保护当事人的合法权益。

一、劳务关系的概念

劳务关系是指劳动者与用工者根据劳务合同的约定，由劳动者向用工者提

① 张俩：《劳动关系管理》，电子工业出版社2006年版，第15～16页。

供一次性或者特定的劳动服务，用工者依据劳务合同向劳动者支付劳动报酬的有偿服务关系[①]。劳务合同适用的法律主要是《中华人民共和国民法典》中的“第三编：合同”。劳务合同与劳动合同不同，没有固定的格式，也没有法定的必备条款。其形式可以是书面形式，也可以是口头形式和其他形式；其内容可以由当事人之间根据具体情况进行约定。

对劳务关系的概念，可以从以下几个方面进行分析：

第一，劳务关系订立的基础是劳务合同。劳务合同是劳务关系建立的基础，劳务合同可以口头订立，也可以书面订立。一般来说，劳务合同没有固定的格式，也没有法定的必备条款。

第二，劳务关系双方是平等的民事法律关系。劳务关系的一方为完成某些任务而使用另一方提供的劳动，并为此支付劳务报酬。在此过程中，劳动者与用工者之间具有平等的法律地位，双方就劳动内容、劳务报酬等平等协商，不存在管理与被管理、支配与被支配的关系。劳动者对用工者造成经济损失时，用工者可以依据《中华人民共和国民事诉讼法》的有关规定提起诉讼；用工者对劳动者造成经济损失时，劳动者也可以依据《中华人民共和国民事诉讼法》的有关规定提起诉讼。

第三，劳动者取得报酬的依据是双方的约定。在劳务关系中，劳动者取得报酬的依据是双方当事人根据劳动的情况而做出的具体约定。如在信托合同中，双方当事人根据劳动的情况对劳务报酬做出的具体约定。

二、劳务关系的情形

现在，与劳动关系相近的劳务关系大致有下列几种情形：

第一，用人单位将某项工程发包给某个或者几个人，或者将某项临时性或者一次性工作交给某个或者几个人，双方签订劳务合同，形成劳务关系。

第二，用人单位向劳务输出公司提出所需人员的条件，由劳务输出公司向用人单位派遣劳务人员，双方签订劳务派遣合同，形成较为复杂的劳务关系。

第三，用人单位中待岗、下岗、内退、停薪留职人员，在外从事一些临时性有报酬工作而与另外的用人单位建立的劳务关系，由于这些人员与原单位劳动关系依然存在，所以与新的用人单位只能签订劳务合同，建立劳务关系。

第四，已经办理退休手续的人员，又被用人单位聘用后，双方签订聘用合同，这种聘用关系类似于劳务关系，又不完全是劳务关系。

---

① 刘钧：《劳动关系理论与实务》，人民邮电出版社 2016 年版，第 15 页。

三、劳动关系和劳务关系的联系和区别

（一）劳动关系和劳务关系的联系

劳动关系和劳务关系的联系主要有以下几个方面：

第一，劳动关系和劳务关系都是因劳动活动而形成的社会经济关系。使用劳动成果是建立劳动关系和劳务关系的根本原因。

第二，劳动关系和劳务关系都是经济利益关系。劳动力的使用者向劳动者支付报酬，具有经济利益关系是劳动关系和劳务关系的共有特征。

第三，劳动关系和劳务关系都是以契约为基础建立的。无论是劳动关系还是劳务关系，其建立的基础都是契约，即劳动者都愿意以获得一定的劳动报酬为代价从事劳动。如果劳动者不接受对方支付的劳动报酬，也就无法建立劳动关系或者劳务关系。

（二）劳动关系和劳务关系的区别

劳动关系和劳务关系的区别主要有以下几个方面：

第一，规范劳动关系和劳务关系的法律依据不同。规范劳动关系的法律是《中华人民共和国劳动法》《中华人民共和国劳动合同法》，规范劳务关系的法律是《中华人民共和国民法典》。由劳动关系引发的争议和纠纷由《中华人民共和国劳动法》《中华人民共和国劳动合同法》调整，而由劳务关系引发的争议和纠纷由《中华人民共和国民法典》调整。

第二，劳动关系和劳务关系涉及的主体不同。劳动关系主体的一方当事人是符合法律、法规规定的用人单位，另一方当事人是自然人，且必须符合法定劳动年龄，具有劳动行为能力。劳务关系主体涉及的范围比较宽，可以是两个单位，也可以是两个自然人，还可以是用人单位和个人，法律、法规对劳务关系主体的要求不如劳动关系主体要求的严格。

第三，当事人之间的隶属关系不同。劳动关系中的劳动者和用人单位存在隶属关系，劳动者除了提供劳动之外，还要接受用人单位的管理，服从用人单位的领导，遵守用人单位的各种劳动规章制度，这种隶属性具有较强的稳定性。因此，劳动者只能同一个用人单位建立劳动关系，这是劳动关系的主要特征之一。劳务关系则不同，劳务关系不具有一方当事人隶属于另一方当事人的特征，劳动者可以同多个用工单位建立劳务关系。

第四，当事人承担的义务不同。劳动关系中的用人单位必须按照法律、法规的规定为劳动者承担相应的义务，我国《劳动法》《劳动合同法》规定，用人单位对劳动者负有进行职业培训的义务，以增强劳动者技能。劳务关系中的一方当事人则不具有为另一方当事人承担相应义务的责任。劳务关系的当事人

只接受对方当事人提供的劳务，不具有帮助对方当事人提高劳动技能的义务，也不具有帮助的义务。

第五，人事管理的权利不同。在劳动关系中，用人单位具有对违反劳动规章制度的劳动者进行处罚、处分的管理权。在劳务关系中，一方当事人虽然具有不再使用另一方当事人的权利，有依法追究经济损失的责任，但是不具有处罚、处分的管理权。

第六，支付报酬的依据不同。在劳动关系中，用人单位对劳动者具有行使工资、奖金等方面收入分配的权利。用人单位向劳动者支付工资遵循按劳分配、同工同酬的原则，遵守国家法律法规的有关规定，遵守当地最低工资标准的规定。在劳务关系中，一方当事人向另一方当事人支付的劳动报酬是由双方协商确定的，可以以货币、实物或者有价证券等方式支付，当事人得到的劳动报酬是根据权利义务对等、公平的原则约定的。

复习思考题

1. 什么是劳动关系?
2. 劳动关系的主体有哪些?
3. 劳动关系的本质是什么？有哪些表现形式?
4. 劳动关系有哪些类型?
5. 劳动关系和劳务关系的联系与区别是什么?

第二章

劳动关系理论

本章学习重点：

1. 熟悉劳动关系研究的理论渊源。
2. 熟悉新保守学派的主要观念与美国模式。
3. 熟悉自由改革主义学派的主要观念与瑞典模式。
4. 了解西方市场经济国家劳动关系政策的演变。
5. 了解激进派的主要观点与西班牙模式。

本章学习难点：

1. 掌握马克思主义的劳动关系理论。
2. 掌握管理主要学派的主要观念与日本模式。
3. 掌握多元学派的主要观念与德国模式。

【导引案例2－1】

南海本田工人罢工事件①

在2010年5月接连出现的若干起“罢工”事件中，南海本田汽车零部件有限公司的工人罢工尤为引人注目。5月17日，200多名身着工作服、头戴印有Honda字样红色帽子的南海本田零部件厂工人，数次从厂区排队走出。他们高喊“罢工到底”的口号，要求提高待遇，重新签订劳动合同；要求重整工会，重新选举工会主席和相关工作人员；要求公司改善薪酬机制和变革管理制度。5月20日，劳资双方展开谈判，复工工人等待结果。5月21日，公司公

① 根据以下资料整理：程延园：《劳动关系》，中国人民大学出版社2016年版，第25～26页；周政华、刘子倩：《中国本田南海厂今复工　从员工角度看劳资事件》，载《中国新闻周刊》2010年6月2日；伊夫、徐多：《南海本田罢工谈判亲历记》，载《集体劳动争议状况及对企业劳动关系的影响研讨会论文集》，2019年9月18日；江海波：《本田有条件复工：工会成焦点》，载《中国经营报》，2010年6月5日。

布了加薪方案，工厂正式员工加薪55元，实习生暂不加薪。这一方案引发更多的工人参加罢工。5月22日，公司宣布解雇罢工工人发起者小谭和小肖。这一本想杀鸡儆猴的做法，却激起工人更大的愤怒，罢工扩大到全厂工人。5月26日，劳资双方继续谈判，公司提出将每月补贴的增加额由120～155元提升至350元，但员工并不接受，罢工仍在继续。5月27日，公司要求占企业工人1/3的实习工人签署《承诺书》，要求他们保证“绝不领导、组织、参与怠工、停工、罢工”。工人全部拒绝签署。同日，针对公司的《承诺书》，罢工工人代表提出四点要求：基本工资提高到每月800元；追加工龄补贴；保证不对罢工参加者进行追究；重整工会。5月31日，当地工会在劝阻工人罢工、要求工人返回工作岗位的过程中，与罢工工人发生冲突，个别工人受伤。6月1日，广汽集团总经理曾庆洪介入罢工事件，进行调解斡旋，声称三日后给工人满意答复。工人有条件复工，同日，与罢工工人发生冲突的南海区总工会和狮山镇总工会发出公开道歉信。6月3日，南海本田罢工工人谈判代表团发出《致全体工人和社会各界的公开信》，呼吁工人保持团结，避免被资方分化；要求资方拿出诚意，展开善意谈判，答应合理要求；谴责工会成为老板帮凶并暴力伤害罢工工人，同时宣布三天复工期限结束后得不到满意答复，将继续罢工。6月4日，工人重新选举30名代表，参加劳资谈判。6月4日晚，在第三方调解下，南海本田劳资双方通过集体谈判达成协议，工人工资在1544元的基础上，加薪500元，即1544元（原工资）+300元（基本工资）+66元（奖金补贴）+134元（年终奖金），加薪幅度将近33%。罢工持续19天，导致本田中国、广汽本田和东风本田三家整车汽车的四个组装厂全部被迫停产。有报道称：“本田零部件公司高层对媒体估计的日损失产值为4000万元，这5家工厂的日产值损失合计约为2.4亿元。”

1. 劳动关系的目标模式是什么？

2. 市场经济国家对劳动关系问题的价值判断是什么？

第一节　劳动关系研究的理论溯源[①]

肇始于19世纪的劳动关系理论，其演变比较复杂，但学界公认的理论主要有三种：第一种是资本主义劳动关系理论；第二种是工业主义劳动关系理论；第三种是工业资本主义劳动关系理论。

劳动关系理论可以追溯到卡尔·马克思、埃米尔·迪尔凯姆和马克斯·韦伯的著作中。尽管三人完成著作的时间距现在已有上百年，但此后劳动关系思想理念的发展却主要是以他们的著作为基础的。以下分析的马克思主义的劳动

① 龚基云：《转型期中国劳动关系研究》，安徽人民出版社2006年版，第15～18页。

关系理论和西方劳动关系研究的五大学派（即新保守主义学派、管理主义学派、正统多元论学派、自由改革主义学派和激进学派）观点，基本上也是对这三人理论的继承与发展。

一、卡尔·马克思与资本主义理论

马克思对于经济社会的深刻分析，对资本主义社会本质的揭露仍然具有现实意义。马克思主义思想的人文性以及对人的价值、自由、权利和全面发展的追求具有跨时代的意义。

（一）阶级和阶级斗争

马克思认为资本主义社会由两大阶级即工人阶级和资产阶级组成，二者之间具有根本的、不可调和的冲突和矛盾。

（二）剥削

雇主将工资压低到劳动力价值以下，从而获得剩余价值，即劳动者得到的并不是劳动的价值，而仅仅是维持其生活的工资，这就是剥削产生的原因。

马克思认为：当劳动者开始工作时，其前三四小时的劳动已经足以支付其工资，而其当天的其他劳动是在为雇主创造价值，这部分价值被马克思称为“剩余价值”。对劳动者剩余价值的榨取，是资本主义存在的必要条件之一。[①]

资本家正是通过获取剩余价值的转化形式——利润，来实现再生产与积累的。剩余价值也就是生产产品的价值与生产成本之间的差额。

（三）异化

造成这种现象的第一个原因是在资本主义社会，劳动力成为了商品，劳动就不再是他自己的，劳动者自身的创造能力就被异化了。第二个原因与工作本身有关，马克思定义了“形式上的隶属”[②] 和“实际上的隶属”[③] 两个概念。后者使劳动者丧失了对生产过程的控制权，从而失去了生活的本来意义。马克思认为：资本家通过“提高劳动强度”的方法，从劳动者那里榨取更多的劳动，加深了劳动者“实际上隶属”的程度。[④]

异化使劳动者不仅失去了自我，而且觉得工作和生活没有意义，自己无力对自身环境带来任何改进，与其他人不能进行沟通。

---

① 转引自程延园、王甫希：《劳动关系》，中国人民大学出版社 2021 年版，第 40 页。

②③ 马克思、恩格斯：《马克思恩格斯全集》第 23 卷，人民出版社 1972 年版，第 557 页。

④ 转引自程延园、王甫希：《劳动关系》，中国人民大学出版社 2021 年版，第 41 页；龚基云：《中国劳动关系研究》，安徽人民出版社 2006 年版，第 17 页。

（四）工会、国家和意识形态

马克思认为，工会的作用在资本主义条件下是受到限制的，并且罢工会使工人处于风险更高的境况。[①] 虽然有时劳动者能够得到雇主的让步，但更多的时候是失去工作。[②]

而政府则是资产阶级的工具，是为保护和加强资本主义产权服务的。尽管政府也经常实施一些旨在提高劳动者生活条件的改革措施，但是，这些改革措施不能触动资产阶级的利益。

资产阶级控制着意识形态，并为之服务，工人阶级的权利得不到维护和保障。媒体通过宣传，让劳动者相信那些以改善现在情况为目标的工会运动与劳动者的实际利益是相互矛盾的，从而保证了代表资本主义利益的公共政策的施行。

（五）两极分化和资本主义经济危机

马克思认为，造成阶级之间贫富两极分化的原因在于大企业对小企业的市场驱逐，迫使小资本家破产并沦为雇佣工人；追求剩余价值的动机和目的，促使资本家想方设法通过使用资本密集的机器和加强劳动的强度来提高生产率，造成了工人内部技术差距的日益缩小，从而加强了工人阶级的团结；随着时间的推移和劳动生产率的提高，工人阶级的整体生活水平得到上升，但与资产阶级相比，差距依然在不断扩大，进一步造成阶级之间的两极分化，这就必然会导致经济危机的爆发。正是两极分化和经济危机最终加重了两个阶级的矛盾与对立，为资本主义的覆灭提供了条件。[③]

二、埃米尔·迪尔凯姆与工业主义理论

工业主义理论有时候被称为“结构功能主义”，该理论认为社会是以所有成员的功能整合的方式获得发展的，秩序和进步代表着经济和社会自然发展过程的主流，而冲突和停滞仅仅是局部的问题。

迪尔凯姆的劳动分工理论是随着19世纪工人运动的发展和阶级斗争的出现而产生的，反映了由“前工业化社会”向“工业化社会”过渡中的问题。在前工业化社会，劳动的社会分工很简单，人和人之间的差距不大，并在此基础上形成了普遍一致的“集体意识”，而这种“集体意识”是形成所谓的“无机整体”社会结构的条件，是社会秩序赖以维持的根本。随着工业化的推进，劳动分工越来越明显，由于社会地位和工作职位的不同，人们之间产生了越来

① 转引自程延园、王甫希：《劳动关系》，中国人民大学出版社2021年版，第41页。

②③ 转引自龚基云：《中国劳动关系研究》，安徽人民出版社2006年版，第17页。

越大的差别。相互依赖性增强，产生了合作的需要，迪尔凯姆把它称为“有机整体”。

阶级冲突是从“前工业化社会”到“工业化社会”过渡过程中由于被迫进行劳动分工和“无机整体”瓦解的一种表现，或者说，它不是资本主义制度本身的问题，而是工业化进程的过渡期现象。

在工业社会，企业的所有者同管理者之间相分离，所有者越来越分散；工会与集体谈判制度更为成熟，因而传统的工人和资本家的阶级分类已经过时。

工业社会理论的许多部分涉及大量的遗留问题，以及劳动关系在某些体系下存在的对立，但这种对立并不是资本主义制度本身的本质局限性造成的。

三、马克斯·韦伯和工业资本主义理论

韦伯理论中最为著名的是对“精于计算的理性”以及官僚制组织的论述。他认为，经济和社会行为的产生，依赖于四种基本因素的影响：传统或者习俗；价值观或者道德观；感觉即个人的感觉；理性的计算，即在目标给定的情况下达到目标的最为有效的手段。他指出，现代资本主义是以最后一个因素，即理性计算的不断增长并成为主要的经济社会行为的支配力量为特征的。

官僚制的主要特征是工作方式高度专业化、明确的等级权威、相当完善的规则和过程的制定方法及职业生涯的发展，个人不能决定选举和晋升，是由候选人的资格、价值和资历决定的。更重要的是，官僚制度的组织管理者是专业人员。权威的实现是非人格化的，它主要以理性计算的精神为基础、以理性的法律体系为支撑的。

韦伯认为，资本主义企业存在的前提条件是自由劳动力市场。尽管立法对劳动关系具有重要影响，但管理方仍处于主导地位。因此工人的利益和资本家的利益是相互冲突的，这一点与马克思的观点相似，但它反对马克思的阶级概念，却接受了传统的社会分层的概念。

总之，韦伯认为，整个资本主义经济体系甚至整个社会都越来越官僚化。官僚化的特征是官僚组织、理性精神、多种阶层和社会地位群体的广泛存在，以及劳动者与管理方冲突的有限性。

这种趋势会给经济和社会带来矛盾的结论：一方面是社会有了高水平的效率；另一方面会造成社会文化的腐化和堕落，反映在大规模的官僚组织行使权力不断集中在少数精英手中，民主力量的削弱，工作本身失去意义；失去本性、生活意义和道德目标。

总之，工业资本主义理论说明劳动关系体系在很大程度上肯定了经济的核心和主流，但其最大的缺点就是对人的主动性的忽视。

第二节 马克思主义劳动关系理论[①]

马克思主义政治经济学的核心理论——剩余价值理论是马克思劳动关系理论的基础。无论从马克思、恩格斯早期的经济学著作还是从晚期的代表作来看，其核心部分都是在论述劳动与资本的关系，这在《资本论》中得到了最充分的体现。恩格斯在评论《资本论》时指出："资本和劳动的关系，是我们现代全部社会体系依以旋转的轴心，这种关系在这里第一次作了科学的说明。"[②] 因此，研究和发展马克思主义政治经济学就不能不研究和考察马克思主义的劳动关系理论。

一、马克思主义劳动关系理论的形成和发展

马克思、恩格斯把劳动与资本的关系看成是资本主义社会的基础，并以此为主线来系统地阐述自己的经济学观点，逐步形成了一种成熟的关于劳动与资本关系的理论。由于马克思、恩格斯对资本主义劳动关系的考察主要集中在劳动与资本两者的关系上，因此又可将这一理论看作是劳资关系理论。其发展过程可以粗略地划分为三个阶段：第一个阶段即19世纪40年代初期为萌芽阶段；第二个阶段即19世纪40年代末至60年代初为形成阶段；第三个阶段即19世纪60年代末至90年代为成熟阶段。

最早研究劳资关系的是恩格斯。他在1884年初发表的《政治经济学批判大纲》中考察了劳动和资本相对立的结果，分析了地租、资本和劳动三个范畴，指出私有制造成了资本和劳动的分裂。虽然没有谈到资本的本质和资本的生产过程，但已经涉及利润的来源、资本积累、利润和利息的关系等重要问题。恩格斯还在1845年写成的《英国工人阶级状况》一书中用大量的无可争辩的事实对英国的劳资关系进行了实证的分析和论证。恩格斯的这些分析和论证实际上是马克思主义劳资关系理论的早期论述。

对资本主义劳资关系进行详细、深入研究的是马克思。马克思在他的第一部经济学著作《1844年经济学哲学手稿》中，提出了异化劳动理论。马克思通过对异化劳动的分析，揭露了资本主义社会中工人阶级与资产阶级的对立关系。异化劳动理论的提出标志着马克思主义劳资关系理论的萌芽。

由于异化劳动理论只是深刻地说明了资产阶级与工人阶级矛盾的对抗性质，还没有对资本主义经济运动的过程做出分析，从而未能说明劳动和资本对

① 龚基云：《中国劳动关系研究》，安徽人民出版社2006年版，第19~27页。

② 《马克思恩格斯选集》（第2卷），人民出版社1995年版，第269页。

立的经济根源。经过进一步的研究，马克思在 1847 年出版的《哲学的贫困》，特别是《雇佣劳动与资本》，对资产阶级同工人阶级的经济关系以及剩余价值的来源和资本的本质做了更为深刻的分析。马克思研究的视角已经从这一资本主义社会普遍存在的经济事实转向了资本主义生产关系方面，从而为他建立科学的剩余价值理论打下了基础。马克思通过对资本主义生产方式发展阶段的研究，得出了资本是工人的对立面，所以文明的进步只会增大资本支配劳动的客观权力的结论。“一方面工人的收入在资本迅速增加的情况下也有所增加，可是另一方面横在资本家和工人之间的社会鸿沟也同时扩大，而资本支配劳动的权力，劳动对资本的依赖程度也随着增大。”①

19 世纪 60 年代初，马克思首次系统地提出了劳动从属于资本的理论，对资本主义劳资关系进行了动态的分析。马克思认为，在资本主义发展的初期是劳动对资本的形式从属，劳动和资本之间除了买卖关系之外，还不存在任何政治上或者社会上固定统治和从属关系；而在资本主义成熟时期则是劳动对资本的实际从属。成熟时期的资本主义生产关系已经取得了与自身发展相适应的物质基础。劳动对资本的实际从属是在相对剩余价值生产得到充分发展的基础上产生的，是资本主义生产方式发展变化的结果，是直接生产过程中更大规模应用自然力、科学和机器的结果，是科学技术的力量转化为资本力量的结果。劳动对资本的实际从属潜藏了资本主义经济关系自身被扬弃的因素。这些理论表明马克思把劳动和资本的关系问题纳入了资本主义的再生产过程加以考察，并对资本主义经济运动的过程做出了深刻分析，标志着劳资关系理论已经逐步形成。

1867 年，《资本论》第一卷问世，成为马克思主义劳资关系理论走向成熟的标志。《资本论》后几卷的出版进一步发展和完善了这一理论。

二、马克思劳动关系理论的特征

从马克思主义劳动关系理论的形成和发展过程可以看出，马克思主义劳动关系理论具有以下几个特征：

第一，劳资关系是一种冲突式的阶级利益关系，反映的是资本家和雇佣劳动者之间剥削和被剥削的关系，由此决定了劳资双方必然是一种对立和对抗的关系。资本主义的发展只能增强这种对立和对抗，而不可能弱化这种关系。

马克思指出，资本和雇佣劳动者之间对立关系的发展存在着三个主要的趋势：一是劳动条件在作为资本的财产而永恒化的同时，也使劳动者成为雇佣劳动者的地位永恒化；二是资本积累通过使资本家及其同伙的相对财富增多，而使劳动者的状况相对恶化；三是由于劳动条件以越来越庞大的形式，越来越作

---

① 《马克思恩格斯选集》（第 2 卷），人民出版社 1995 年版，第 355 页。

为社会力量出现在单个劳动者面前，所以，对劳动者来说，像过去在小生产中那样，自己占有劳动条件的可能性已经不存在了。劳资双方经济利益的对立和对抗的结果便形成了两大阶级——工人阶级和资产阶级。工人阶级要想改变自己的处境，必须要用暴力消灭雇佣劳动和私有制。

第二，马克思主义劳动关系理论是对当时英、法、德等主要资本主义国家早期的劳资关系的一种抽象和概括。19 世纪 40 ~ 60 年代，几个主要资本主义国家相继进入工业化收尾阶段，这些国家的劳资关系在当时具有代表性和典型性。劳动和资本成为两种主要的生产要素。经济关系在它们之间产生，矛盾也就在它们之间继续暴发。相对于劳动，资本越来越成为稀缺资源。资本的积聚和集中无疑成为经济人首选的追逐目标。于是，这个社会便形成这样一种机制：经济人（追逐）→资本（剥削）→劳动。

第三，劳资关系是资本主义社会特有的阶级利益关系。资本主义以前的社会不存在资本和劳动关系，因为自然的经济社会基本上没有资本生存的土壤，虽然作为资本前期形态的商业资本和高利贷资本早期在奴隶社会就存在，但也仅限于范围较窄的流通领域，资本的普遍存在只是在它成为资本家的剥削手段之后；而在资本主义以后的社会，由于雇佣劳动被消灭，因而也不存在劳资关系。①

第四，马克思主义劳动关系理论主要是为当时的工人运动服务的。19 世纪 40 ~ 60 年代是欧洲工人运动风起云涌的时期，迫切需要一种理论作为指导。这种理论是要揭示资本剥削和压迫劳动的秘密和经济实质，使劳动者明白自己所处的地位，明白在经济上受剥削、政治上受压迫的真正原因，并向他们指出推翻资本主义制度的必要性和合理性，马克思主义劳动关系理论恰好承担了这种历史使命。正如恩格斯在评价《资本论》时所指出的：“自地球上有资本家和劳动者以来，没有一本书像我们面前这本这样，对劳动者具有如此重要的意义。”②

三、马克思主义劳动关系理论的当代价值

第一，它揭示的劳动和资本的关系仍然是当代社会依以旋转的轴心，是最基本的社会经济关系，当代社会仍然必须注重对劳资关系的研究。

第二，它还揭示出在社会生产力水平低下和产权实现形式单一的时候，往往也是劳资矛盾容易激化、对立双方走向对抗的时候。这对社会主义国家犹如一瓶“清醒剂”，因为现实的社会主义正处于这个时候，时刻都有劳资双方发

① “劳资关系”是“劳动关系”的一种词源称谓，是指资本与劳动之间的关系，其主体明确、关系清晰，含有对立的意味，强调劳资双方的界限分明，所展开的关系中包含了一致性和冲突性。

② 《马克思恩格斯选集》（第 2 卷），人民出版社 1995 年版，第 589 页。

生对立和对抗的可能性，而不是像过去想象得那样简单。加上有些国家正处在转型期，旧体制所掩盖的矛盾不断地暴露出来，可能会使劳资矛盾更加激励。而以往社会主义经济理论把劳资双方的利益看成是完全一致的，缺乏对冲突的研究，使得在实践中解决这些问题缺少理论指导。因此，应加强对劳资双方对立和对抗的研究，寻求预防和解决的方案。

总之，马克思主义劳动关系理论是一定时代的产物，主要为当时工人运动服务的。在当今社会，从世界范围看，冷战已经结束，和平和发展成为主流，合作已经替代了对抗；从一国范围看，阶级矛盾已经不是主要矛盾，主要任务是发展经济，提高人们的生活水平。在这种情况下，发展马克思主义劳动关系理论就不能停留在对资本的批判和对劳资关系之间的对立、对抗的刻画上，而应该注重对劳资双方的“合作”和“双赢”的战略方面的研究，这种“双赢”可以理解为：资方依靠劳动者的积极性和创造性来提高劳动生产率，可带来更多的利润。对劳动者而言，只有资本增长，才能体现劳动的价值，得到更多的回报。这些领域是马克思主义劳动关系理论没有阐述过而当今世界又迫切需要的内容。

第三节　劳动关系理论各学派的观点及实践模式①

发达国家为解决该问题已经经历了几个世纪的探索，并在此基础上产生和发展了现代的劳动关系理论。这些理论对各国的产业政策、立法和制度产生了持续影响，劳动关系实践又进一步完善和丰富了各国的劳动关系理论。

西方学者从不同立场和对现象的认识出发，得出了互不相同的结论，形成了具有代表性的五个学派：（1）新保守主义学派；（2）管理主义学派；（3）正统多元论学派；（4）自由改革主义学派；（5）激进学派。

这些学派观点的相似之处在于，它们都承认雇员和管理方之间存在目标和利益的差异。而其区别则主要体现在：第一，对雇员和管理方之间的目标和利益差异的重要程度的认识各不相同；第二，在市场经济中，对这些差异带来的问题提出了不同的解决方案；第三，对双方的力量分布和冲突的作用持不同看法，尤其是对冲突在劳动关系中的重要程度，以及雇员内在力量相对于管理方是否存在明显劣势这两个问题存在明显分歧；第四，在工会的作用以及当前体系所需的改进方面各执一词。

① 本节主要参考了下列文献：龚基云：《转型期中国劳动关系研究》，安徽人民出版社 2006 年版，第 27～37 页；程延园：《劳动关系》，中国人民大学出版社 2016 年版，第 26～36 页；程延园、王甫希：《劳动关系》，中国人民大学出版社 2021 年版，第 29～38 页。

一、新保守主义学派的主要观念与美国模式

（一）新保守主义学派的主要观念

新保守主义学派又称新自由主义学派或者新古典主义学派，是当代西方经济学或者劳动经济学的一支重要学术流派。其代表人物包括米尔顿·弗里德曼，约翰·穆斯等。该学派秉承古典学派的市场自发调节、市场决定作用的观点，对劳动关系进行了有效的研究，得出了该学派具有特色的劳动关系的理论与观点。

第一，劳动关系两主体之间的关系完全是自由和公平的交换关系。若雇员不满，他可以自由地辞职和寻找新的工作；若资方或者管理者不满，也可以自由地辞退劳动者。

第二，从长期的观点看，供求双方是趋于平衡的，供给和需求的理论保证了任何一方都不会相对处于劣势。劳动力市场在价格杠杆的自发作用下，总会出清，从而保障了供求双方的利益，因此，劳动关系双方在劳动力市场上的力量始终是均等的。

第三，关于“效率工资”理论的解释。该理论认为，在某些就业组织中，有些员工会得到超出其他雇主所提供的工资和福利水平的报酬，因为较高的工资福利会促使雇员更加努力工作，提高效率，因此这部分超出其他雇主的工资被称为“效率工资”。除此之外，雇主或者管理方还采用其他方法来提高效率。管理方能够获得高利润，雇员获得高工资、福利和工作保障等，双方都得到了福利上的净收益，形成“双赢”格局。

第四，工会或者劳工运动对市场机制的运行和发展具有副作用或者反向影响。因为工会形成的垄断制度，阻碍了管理方对个人的处置权。工会的存在实际上破坏了本来可以自由流动的劳动力市场关系，使劳动力市场力量失衡，管理方处于劣势。工会人为抬高了工资，进而抬高了产品的价格，干涉了管理方的权力，最终伤害了雇主在产品市场上的竞争地位，也削弱了雇主对雇员工作保障的能力。因此，管理者反对组织工会，认为工会并不是劳动力市场所需要的。

第五，市场化是解决效率和公平两大问题的最佳途径。在理想的市场经济中，一方面，市场的各主体将效用最大化作为最终目标，通过市场机制这只“看不见的手”，将资源配置到最有效率的地方；另一方面，该学派认为，所谓的公平和公正，是指劳动生产率高的雇员将获得较高的工资报酬，而市场竞争机制却能保障员工获得这种公平和公正的待遇。所以，市场化将确保公平和效率之间的动态平衡。

（二）美国模式

美国的社会政治环境、经济规模和实力、文化特征等都与新古典学派的政策主张大体一致，从而成就了美国劳动关系实践模式的形成。美国是奉行新古典思想最突出的国家，而且由此取得的经济和社会绩效也是相当显著的，故将新保守派或者新古典学派的理论和政策主张在美国实践的产物称为美国模式。但同时我们也应该清楚地看到其新保守主义的负面影响。主要表现在以下几个方面：

第一，美国的 GDP 年均增长率处于第二位，仅次于荷兰，是世界上人均 GDP 较高的国家之一，而且失业率也相当低。以美国和加拿大相比，在美国的收入分配中，较穷的 2/3 人生活状况并没有改善，甚至出现恶化。

第二，美国的劳动法律体系虽然比较完整，但其劳资关系是发达国家中对立最严重的。相对其他国家而言，美国劳动法的功能较弱，这有助于雇主隔离和瓦解已有的工会，而且雇员也相信，遵从“意思自治、选择自由”的理念，只要雇主不违反国家规定的歧视法和劳动法，就可以在任何时候以任何理由合法地解雇雇员，无须提前通知，也无须支付解雇补偿费。在这种“后契约”式就业模式下，雇主与雇员的利益一致性较少，雇主很少向雇员提供培训机会，工作保障程度低；雇员对雇主没有归属感，仅仅是对经济激励做出反应。

第三，美国的工会密度、工会组建率和罢工发生率都很低，这并不意味着美国劳动关系的和谐。相反，这是造成美国社会高度不平等的一个重要原因。一些学者认为，低罢工率反映的不是相互满意的关系，而是被压抑的劳动关系。

二、管理主义学派的主要观点与日本模式

（一）管理主义学派的主要观点

管理主义学派由组织行为学者和人力资源管理专家组成。其代表人物有弗里德里克·泰勒、赫伯特·A. 西蒙等。该学派主要是从人力资本管理的角度来研究劳动关系问题的，其基本理论假设是：劳动关系双方即雇员与雇主都希望企业盈利和兴旺发达，因此，双方尽管有时有利益上的局部冲突，但在本质上不存在固有的矛盾。在这种理论假设下，他们认为：

第一，建立雇员对组织高度认同、管理方和雇员之间相互信任的管理模式，是实现效率和公平的最佳途径。因为雇员的利益与管理方的利益基本上是一致的，冲突的原因在于雇员认识到自身始终处于管理权力的从属地位，服从与被服从的关系是雇员不满的根源。如果管理方能够采用高绩效模式下的“进步的”或者“高度认同感”的管理策略，冲突就可以避免，并且会使双方保

持和谐的关系。

第二，企业管理者要特别重视和理解雇员的需求，提高雇员的满足感。这样做对于提高企业的劳动生产率是十分重要的。著名的“霍桑实验”就是一个强有力的佐证，它开创了一种重视员工需求的企业领导和管理的全新模式。

第三，该学派对工会的态度是模糊的，一方面反对工会，另一方面又主张与工会建立合作关系。不过总的来看，他们还是建议企业管理者要以合作的技术革新与劳动组织的重新组合、个人收入发展计划、职工培训与职业发展计划以及企业合作信息系统等手段和方式向员工展示或者告诫，从而达到减少工会会员直至取消工会的目的。

（二）日本模式

日本是在 20 世纪 70 年代后期开始实践管理主义学派政策主张的国家，其结果被称为日本模式。但它与美国模式之间却有许多的不同：

第一，企业更像“家族”成员，企业集团之间相互形成了所有权的纽带关系，这可以减少利润最大化对管理方的压力，尤其是短期压力。

第二，日本企业将其员工当作“成员”而不是“资源”，因而形成了一种新的管理理念。

第三，日本雇主更愿意对其雇员进行投资，并对其提供长期就业和工作保障。日本企业以其“不断学习”的制度体系和“终身雇佣制”著称。

第四，其公平主义工资政策也很出名，相对于其他国家“工人收入过低，管理方收入高”的现象，日本的不平等程度较低。在年功序列制度下，雇员在所需能力和知识水平合格的情况下，可以逐步向更高的工作等级晋升，自主性激励很高。

但这种模式也有自己的问题，主要表现在以下几个方面：

第一，工人的工作时间较长，工作压力以及因工作压力造成的疾病较多。

第二，企业和劳动力市场的性别歧视严重。

第三，日本模式主要在核心企业的核心员工中使用，因而其覆盖面较窄。

第四，工会的合作行为往往是因为工会功能相对较弱造成的。

当然，日本模式的产生同它的社会文化传统和人们的价值观念与信仰也是分不开的。

三、正统多元学派的主要观念与德国模式

（一）正统多元学派的主要观念

该学派又称新制度学派，是由传统上采用制度主义方法的经济学家和劳动关系学家组成的，是在旧制度学派的基础上发展起来的，新制度学派的劳动关

系理论就是在康芒斯劳工运动理论研究的基础上发展和完善起来的。其代表人物包括约翰·R. 康芒斯、D. C. 诺思等。该学派认为：

第一，雇员个人几乎没有什么力量能与雇主抗衡，个人需要联合起来，形成某种机制，以抵制雇主的专横和某些不合理的行为。雇员联合起来的基本形式是组建工会，开展劳工运动，抵制雇主的基本手段是与雇主进行集体谈判。该学派重视工会和集体谈判在维护雇员基本权利方面的重要作用，注重研究工会、雇主和政府等各种组织的行为和特征。

第二，政府和社会应该实现经济体系中对效率的追求与雇佣关系中公平、公正的追求两个目标之间的均衡，而劳动法律制度、工会制度、集体谈判等制度是实现这一平衡的最有效的手段。

第三，尽管管理方与雇员之间的共同利益是主要的，但依然有冲突，冲突的主要根源并不是雇员处于从属地位，而是组织中的“效率”和“公平”目标之间存在着矛盾。这些由相互冲突的利益所引起的问题，可以依据双方的共同利益来成功地解决，解决的方法是将冲突通过各种渠道转化为可以控制的双方共同遵守的规则。

第四，不但将研究领域拓宽到公共政策的发展与影响，而且还深入到集体谈判和劳资争议处理程序以及雇主有关劳动关系的政策与策略等一些具体问题。这一学派的学者在搜集有关信息的基础上，对劳动关系三方——雇主（管理方）、雇员（工会）和政府的法律与历史地位以及其他一些具体问题进行了深入的理论研究。所以该学派的思想是发达国家劳动法律体系存在的理论基础，也因此成为劳动关系领域的主流学派。

（二）德国模式

德国是推行正统多元派思想最为成功的国家。所谓的德国模式是在实践正统多元学派政策主张的基础上形成的，也是该学派最为推崇的模式。它对战后德国经济与社会发展起到了至关重要的作用。

第一，企业被视为“社会机构”而不仅是一个“营利机构”，是社会绩效和经济绩效产生的基本单位。一些与劳动关系相关的重大社会经济决策都是由雇员、雇主和政府三方共同参加、平等制定的。

第二，就企业内部而言，雇员代表参与管理者委员会，具有更多的权利了解企业信息，享有协商的权利，对任何涉及雇佣关系的问题拥有共同决策权。从而保证了员工利益与雇主利益在公司政策中的相互协调。

第三，德国工会在产业层面上具有相当大的调整劳动关系的能力，对全国范围内的社会经济政策具有广泛的影响力。

第四，经济体系不是以低成本和传统的大规模生产为基础参与竞争，其特征是坚持高成本生产、以企业长期发展为目标、联合式的管理结构，坚持多样化的质量型生产。为实现这一战略，必须加强培训和学徒制度，从而形成有德国特色的员工培训和职业教育制度、强势劳动法以及政府为工会提供信息、咨询服务和共同决策权等制度。但这种模式所面临的一个主要问题就是如何处理1990年之后德国社会长期存在的高失业率。

四、自由改革主义学派的主要观点与瑞典模式

（一）自由改革主义学派的主要观点

自由改革学派主要由凯恩斯主义经济学家组成，其代表人物是约翰·L.希克斯、保罗·A.萨缪尔森，阿瑟·奥肯等。该学派力求在保持资本主义基本制度不变的前提下，对资本主义的现存问题进行批判，以得到改造资本主义社会的目的。

第一，在就业组织中管理方凭借其特殊权力处于主导地位，现存的劳动法和就业促进法不能为雇员提供足够的权力保护。因为公平、平等地对待雇员往往不符合管理方的利益，也不是管理方凭借自身能力能实现的。

第二，提出了“结构不公平”理论，将经济部门划分为核心和边缘两个部门。核心部门是指规模较大、资本密集且在产品市场上居于主导地位的厂商，而边缘部门则是规模较小、劳动密集且处于竞争性更强的市场上的厂商。核心部门由于经济实力强，更能消化和转移附加成本，并且在核心部门工作的雇员具有更多的关系力量。所以，与边缘部门相比，核心部门能够为员工提供更优厚的劳动条件，采用更先进的管理方式。因此，两个部门在工资、待遇、福利等方面都存在明显的差异。

第三，该学派认为，工会的存在和集体谈判的开展是非常必要的，但同时又经常严厉地批判当前的劳动关系体系，甚至对工会也表示不满。认为在当前的体系下，那些在边缘部门工作的雇员最需要工会的帮助，但恰恰相反，这些部门的工会却是最无效的。即使在核心部门，由于工会难以战胜拥有强大权力的资方，其作用的发挥也是有限的。

第四，对经济效率的追求，只是人们追求更好生活的手段，不应该将其作为一种终极的价值判断标准，因而该学派十分关注员工受到的不平等和不公正待遇问题，而有效解决管理方与雇员之间冲突的途径就是政府在与工会和法律之外，更多干预劳动力市场。

（二）瑞典模式

该学派的观点为瑞典所采纳，瑞典模式就是自由改革主义学派观点最具有代表性的实例，也是实践一个学派政策主张最为成功的典范。

第一，遵循积极的劳动力市场政策，临时解雇的雇员享有不错的失业福利，主要是用于培训计划以及培训之后寻找新工作的补助。这不但降低了失业

的成本，而且从理论上讲，也提高了劳动力的市场流动性及其对市场变化的适应能力。再加上瑞典的高等教育是免费的，这又加强了失业福利的正面作用。

第二，工会在国家政策和管理方面的影响力很大。这一方面与瑞典是个福利国家有关，另一方面也与工会的密度高有很大联系。它在产业层面上进行的集体谈判具有很大的弹性，而且与谈判方保持着高度的协调性，因此，瑞典社会的贫富差距和低报酬就业都是世界上最低的，不平等程度和贫困程度也低。

第三，瑞典因工会组织的“社会—技术体系”而闻名，在大多数企业内，都实行了真正的雇员团队自治。雇员对其生产频率和生产过程进行有意识的控制，从而为企业节约了成本，提高了绩效。但这种模式也面临着失业率上升、新技术难以引进、产业升级等问题的挑战。

五、激进学派的主要观点与西班牙模式（蒙作根体系）

（一）激进学派的主要观点

激进学派具有比其他学派更加深刻的思想内涵，主要由西方马克思主义者组成。其代表人物包括保罗·巴兰、霍华德·谢尔曼、杰弗·霍奇森等。他们继承了马克思等经典作家有关劳工运动的理论观念，提出了自己较为完善的劳动关系理论[①]。

第一，在经济中代表雇员的劳动利益，与代表企业所有者和管理者的资本利益是完全对立的。如果雇员要想得到真正公正、合理的利益，就必须直接成为企业的所有者和管理者。通过建立一种体制，使雇员既是生产资料的所有者和管理者，又能参加企业的有关决策和利润分成。不过，在建立体制的方法上，他们主张用一般改良的手段，而不是社会的革命。

第二，其他学派提出的“和谐的劳动关系”只是一个假象。新制度学派支持和重视劳工运动和集体谈判，但在市场有限的条件下，劳工运动和集体谈判的成果是十分有限的；管理学派强调人力资本的重要性，但这些做法和制度最终目的是控制与调和工人对雇主既得利益的不满和反抗；新古典主义学派所倡导的自由市场经济也不是万能的；自由改革主义学派的观点只是想在现有的体制下，如何使劳动关系运行得更好，而不是去改变现有的体制。所以和谐的劳动关系并不存在。

第三，只要资本主义经济体系不发生变化，工会的作用就非常有限。尽管工会可能使工人的待遇得到某些改善，但这些改善相对于资本的力量而言是微

① 保罗·巴兰：《增长的政治经济学》，蔡中兴等译，商务印书馆 2000 年版；霍华德·谢尔曼：《激进政治经济学基础》，云岭译，商务印书馆 1993 年版；杰弗·霍奇森：《资本主义、价值和剥削》，于树生等译，商务印书馆 1990 年版。

不足道的。

（二）西班牙模式

西班牙是实践激进学派思想的国家。所谓的蒙作根体系始创于 1960 年，在 20 世纪 90 年代早期发展成为包括众多中小企业、大量的高等院校、雄厚的合作银行在内的制度体系，是在西班牙巴斯克地区的蒙作根践行激进学派理论观点的产物。这种合作性质的经济体系显示了很强的财务绩效，同时对产业民主及其成员的工作保障具有积极作用。但这个体系近年来所出现的诸如高度的平均主义、如何吸引或者留住高级人才、如何设计私人所有者企业之间的合作等问题，影响到这种模式的生存和发展。

虽然上述各学派的观点及其实践模式都各有不可避免的局限性，但它们立足于本学派，对劳动关系的各个侧面和各种问题进行了卓有成效的探索与研究，形成了各具特色的理论观点，共同构成了当代西方劳动关系理论的理论体系。

第四节 西方市场经济国家劳动关系演变的一般规律①

一、西方市场经济国家劳动关系的历史演变

诸多外部因素，并不是单独作用于劳动关系，它们要么交互起作用，要么整体综合起作用，要么通过影响劳动关系的内部因素而间接地起作用，从而对劳动关系的形成、运行、变更、解除等产生深远的影响。整体而言，大致可以将此历史演变划分为四个发展阶段。

（一）从产业革命开始至 19 世纪下半叶

资本主义的发展处在自由竞争时期。这一阶段的劳资矛盾主要表现为尖锐的阶级对抗和激烈的阶级冲突。早期的工人斗争多是自发的、分散的行动，绝大部分以失败告终。当时资本主义国家各国的立法都禁止工人结社、罢工和示威，英国 1799～1800 年颁布的《结社法》和法国 1791 年颁布的《夏勃里埃法》就是这类法律的典型代表。当时政府标榜自己的主要职责是保证自由竞争，对劳资关系的问题政府不予干预，而是由劳资双方自行处理。

这种自由放任政策，在资方明显处于优势而劳方处于绝对劣势的劳资关系

① 参见龚基云：《转型期中国劳动关系研究》，安徽人民出版社 2006 年版，第 75～84 页。

格局中具体表现在：

第一，在劳资关系中，资方占绝对优势的地位，劳资矛盾的焦点集中在劳动者的工资、工时、就业和劳动条件的改善上，并且多以激烈对抗和冲突的方式表现出来，劳资关系呈不稳定状态。

第二，劳工运动总体上处于分散、个别和局部的状态，工人群众迈向有组织的、阶级的和国际范围的联合的进程面临着巨大的阻力。

第三，劳资关系的调整采取自由放任政策，在表面自由的背后，立法和政策明显向雇主一方倾斜。

（二）19 世纪下半期至 20 世纪初

资本主义各国经济开始从自由竞争向垄断过渡。工人阶级的斗争和工会运动的发展，没有因为雇主和政府的镇压而停止，在工人运动的强大压力下，西方国家政府被迫相继废除了禁止结社的法律，各国的工会组织获得了空前的发展。与此同时，一大批社会主义政党也开始在欧美各国出现。工会代表劳工与雇主谈判的方式开始在个别企业出现。面对这种形势，欧美各国政府逐渐改变了资本主义发展初期的“自由放任”的劳资政策，转而采取建设性干预政策。这一点，首先体现在立法上，从 1802 年英国通过了第一个现代意义上的劳动法《学徒健康和道德法》以后，各国相继通过了类似的立法。工厂法、劳动保护法、劳动保险法、工会法、劳动争议处理法等法律大量出台，相应的劳动行政管理机构也开始出现。1904 年新西兰出现了第一个比较规范的集体合同法。从此，集体谈判制度也开始得到国家法律的承认和保护。国家干预在劳资关系领域全面展开。

第二阶段西方国家劳资关系的特点如下：

第一，劳资矛盾的焦点依然如旧，但是矛盾的激烈程度和表现方式发生了一些变化。除了传统的对抗斗争外，经过谈判—罢工—再谈判的反复较量，集体谈判制度终于得到了确认，成为解决劳资矛盾的又一途径。

第二，工人罢工斗争的发展、工会组织的广泛建立以及社会主义运动的出现，导致劳资力量的对比发生了改变，有组织的劳工运动，迫使资方及其政府做出让步，从而在一定程度上改善和缓解了劳资矛盾。

第三，政府调整和改变了劳资关系政策，从对劳资关系领域的自由放任政策转向国家干预政策，大量劳工立法的出现以及相应机构的建立，使劳资关系的调整开始向有序化、法律化的方向迈进。

（三）两次世界大战之间的历史时期

这一阶段，在劳资关系领域可以说是一个过渡期，从初期的国家干预向下一个阶段全面进入制度化、法制化过渡。在此阶段，世界经历了两次世界大战和历史上最严重的经济危机。面对巨大的社会压力，西方各国政府进一步加强劳动行政管理工作，完善劳动立法，健全有关机构，扩展劳动监察的领域和范围，更加全面地干预劳资关系的方方面面。1929～1933年“大萧条”时期，资本主义世界发生了空前严重的经济危机，大量的企业破产和工人失业，使劳资关系重新紧张起来。为了缓解失业，政府加强对劳动力市场的宏观干预。与此同时，社会保险制度开始出现，它成为缓解劳资关系的一道社会安全网。此后，以工人参与企业管理为主要内容的产业民主化运动开始兴起。1904年新西兰的集体谈判立法出现以后，集体谈判、集体协商制度逐渐在各国兴起。政府则为谈判创造条件，提供调解和仲裁及其他服务。迫于工人运动的压力，在劳动立法过程中，政府从开始的只邀请雇主代表转变为也邀请工人代表协商。三方格局的萌芽在这一阶段开始出现。一些国家还成立了一些由三方参加的机构。

第三阶段西方国家劳资关系的特点如下：

第一，战争、危机和革命极大地影响着这一阶段劳资关系的发展，劳资关系领域的许多重大变化都受到这些因素的影响。

第二，国家的劳动行政管理工作获得了空前的发展，成为政府宏观调节劳资关系的主要手段。

第三，工业民主化、集体谈判制度和三方机制的出现，使协调劳资关系的方式更加丰富、内容更加宽泛。

（四）二战以后至今的历史时期

这一时期，在第三次科技革命和社会改革浪潮的推动下，劳资关系发生了重大的转折。劳资关系协调体制从法律规范到制度都日趋健全和完善。劳资关系的总态势是缓和中有对抗，对抗中求合作、求制衡。随着国家垄断资本主义的发展，政府进一步加强了对劳资关系、对劳动力再生产的全面干预，并形成了一整套规范化、制度化的法律体系和调整机制。以英国为首的福利国家的出现，意味着社会保障制度的完善及福利水平的提高，这在某种程度上保证了相当长时期的社会稳定。这一阶段劳资关系发展的总趋势是趋于缓和的，双方之间是规范化、有组织的行为，如劳资协议制、集体谈判制度、三方协商等。战后，三方协商成为市场经济国家产业关系的基本格局和主要运作机制。在劳资关系领域，政府所起的作用是规范劳资双方的行为、相对平衡双方实力。劳资双方的矛盾和问题更多的是由当事人双方依法解决。

第四阶段西方国家劳资关系的特点如下：

第一，劳资关系时而紧张，时而缓和，总的趋势是向缓和、合作方向发展。劳资矛盾的焦点集中在社会劳动问题方面，但是与此同时，争取广泛的民主参与权也成为劳资关系中非常重要的内容。

第二，劳资关系的运行方式发展成一种有序的组织行为，解决劳资矛盾、劳资争端的途径趋于制度化、法律化。

第三，国家用以调整劳资关系的手段趋于完备，立法体系不断完善，社会保障制度和福利水平的提高，三方格局的形成，都为劳资关系的稳定创造了有利条件。

从产业革命至今经历一个多世纪的发展演变，西方市场经济国家的产业关系运行机制和基本格局不断调整变化，逐步形成了比较完善的制度和比较规范的体系，从而使这些国家的劳资关系相对稳定，为经济的迅速增长和社会的稳定发展创造了良好的条件。

二、西方市场经济国家劳动关系的政策演变

产业关系政策在西方已有相当长的历史，它是西方市场经济国家处理劳动关系的基本政策，也是随着资本主义市场经济的发展和劳资关系的演变，特别是对于劳资关系协调的需要而逐渐确立起来的。

西方国家的产业关系政策是由一系列法律法规、制度和政策构成的，其主要内容包括：调整、规范劳动关系，确定基本劳动标准的综合性法规——劳动法及各项专门法规；保障工人阶级组织、结社权利，规范工会活动的工会法；监督检查劳动法规实施状况的劳动监察制度；规范劳资关系双方个人在劳动关系中权利义务的劳动合同制；促进劳资双方通过组织途径协商解决劳资关系中有关问题的集体谈判制度；处理解决各类劳资纠纷的劳动争议处理机制；劳资冲突或者产业行动的规定与限制；通过吸收工人参与管理来缓和劳资矛盾的工业化民主化；劳资政三方协商机制；国家的就业政策、工资政策和社会保障制度等。

（一）三方原则——产业关系的主要原则和基本格局

三方原则是现在西方国家协调产业关系普遍采用的模式和基本格局，其基本内容就是在劳资关系和劳动标准上实行三方协商决定的原则，目的在于在劳资关系领域，促使政府、雇主和雇员（工会）三方进行对话，以加强沟通，消除误解，弱化有争议的问题，增加达成协议的机会或者取得共识。三方原则是国际劳工组织首先确定并大力倡导的，西方国家大多设有由雇主组织、工会组织和政府劳动部门的代表组成的常设机构，三方可以定期或者不定期地在该机构中共同讨论有关问题，协商社会经济政策。

（二）劳动立法——产业关系中关键性的法律规范

在西方市场经济国家，劳资关系的形成和发展是与劳动立法密切相关的，劳动立法是规范和调整劳资关系的重要立法，劳动法律规范的内容包括劳动就业法、劳动合同法、集体合同法、劳动工资法、劳动保护法、职业培训法、社会保障法、雇员参与管理法、劳动工会法、劳动监察法、劳动争议法等。劳动

立法作为保护劳动者利益、确定最低劳动条件和最低劳动标准的立法，对于在政治上保护劳动者的基本权利，在经济上保护劳动力、改善劳动组织、提高劳动效率、协调规范劳资关系、促进社会安定起着十分重要的作用。

（三）劳动争议处理——解决劳资纠纷的司法程序

由劳资矛盾引发的劳资纠纷，在西方社会是大量存在且经常发生的。劳动争议还是劳资关系处于不协调或者不平衡的集中表现。这种状况如不处理，会影响生产的发展和社会生活的稳定。因此，对以劳动争议的形式出现的劳资纠纷的处理，成为产业关系中一项十分重要的机制。经过多年的实践，西方国家普遍建立了包括谈判和解、调节调停、仲裁和审判在内的一整套劳动争议处理程序，从而使复杂的劳资纠纷可以按照正常规范的程序予以处理和解决。

（四）劳动监察制度——产业关系中的监督机制

西方市场经济国家都设有专门的劳动监察机构，代表国家行使劳动监察职权，对各项劳动法律法规的执行情况进行经常性的监督检查，采取强制性措施，保证法规的实施。从严格意义上说，劳动监察是政府行为，行使劳动监察权的是国家劳动行政管理机关。它独立于劳资关系之外，以第三者的身份落实国家的劳动政策并监督劳动法律的执行。战后，工人组织参与劳动监察工作十分普通，但这并没有改变政府对劳动监察权的控制。因此，劳动监察是劳动行政管理的反馈系统，是国家行政机关介入劳资关系，并以国家强制力为保证的劳动法律制度。

（五）集体谈判制度——处理劳资关系的主要手段和方式

集体谈判制度是西方国家广泛采用的一种由劳资双方协商确定和自行调整劳资关系的最主要的手段，也是产业关系调解机制的基础环节。它是指由雇主或者雇主代表与工人代表之间就劳动者的工资、福利和劳动条件进行谈判并签订集体合同的法律程序。即集体谈判是一项法律程序，构成这一法律程序的双方主体是雇主（单个雇主或者雇主组织）和劳动者的代表（一般是工会），谈判的内容是集体合同，谈判的目的是签订集体合同。在劳动立法从总体上规范了劳资关系的前提下，劳资双方的集体谈判制度旨在经常地、灵活地协调劳资关系中大量具体的日常问题，并随着经济条件的变化和劳动生产力水平的提高，调整双方利益格局，保持和扩大劳方权利与利益。因此，集体谈判成为西方国家工会维护工人利益的主要手段。

（六）工业民主——缓和劳资矛盾的新途径

工业民主主要是指二战以后工人参与权的获得与发展。从严格意义上，工业民主更多的是指工人参与企业经营管理。工业民主中所称的三大原则，即分享权利、分享利润、尊重人格。分享权利体现在雇员参与管理的共同决策中；分享利润体现在雇员参与制度企业的分配和投资方案中；尊重人格则体现在生产过程中实行合乎人性的管理，尊重和满足个性的发展。西方国家工业民主化的形式多种多样，有共决制、工厂委员会制、车间班组代表制等，工业民主既是现代化大生产的客观要求，也是工人阶级长期斗争的成果。从产业关系的角度看，它是缓和劳资矛盾的有效方式之一，是资方被迫做出的、实际上有利于其根本利益的一种让步。工业民主制度的出现，反映了战后产业关系发展演变的新特点。

以上六个方面共同构成了西方国家产业关系政策的主要内容。可以看出，产业关系政策是市场经济国家调节劳资关系、缓和劳资矛盾、处理劳动问题的核心机制，是市场经济社会不可缺少的重要社会政策。

思考题：

1. 马克思主义的劳动关系理论的特征是什么？
2. 新保守主义在美国的实践模式是什么？
3. 管理主义在日本的实践模式是什么？
4. 正统多元主义在德国的实践模式是什么？
5. 自由改革主义在瑞典的实践模式是什么？

第三章

中国的劳动关系

本章学习重点：

1. 了解我国计划经济体制下的劳动关系与市场经济转型时期劳动关系的不同特征。

2. 熟悉外资企业劳动关系的特点。

3. 熟悉行政机关劳动关系的建立条件及程序。

本章学习难点：

1. 掌握国有企业劳动关系的特点。

2. 掌握私营企业劳动关系的特点。

3. 掌握事业单位劳动关系建立的程序。

【导引案例 3－1】

国有企业劳动者的下岗与失业①

我国在国有经济布局调整和国有企业产权改革之初，采用“减员增效，下岗分流”的政策，造成了一批下岗劳动者，下岗人员收入大幅度下降，一些人成为贫困人口。国有企业与这些下岗人员就出现了一个劳动关系的处理问题。

根据2000年5月世界银行与劳动科学研究所对沈阳和武汉的调查数据，下岗劳动者1998年的家庭平均月收入为847元，家庭人均月收入为269元，比同期城镇居民家庭人均月收入455元低近41%。

在被调查的下岗劳动者中有49.1%的下岗劳动者属于夫妻双方都下岗或者没有工作的。需要指出的是，由于大多数下岗劳动者来自困难企业，相当一部分人在下岗前就长期拿不到工资，生活长期困难。根据劳动和社会保障部2002年12月针对66个城市的调查，国有企业拖欠工资率达到了8.6%，平均

① 左祥琦：《劳动关系管理》，中国发展出版社2007年版，第34～35页。

拖欠工资额为2021.5元。其中，中央国有企业的拖欠率是6.2%，平均拖欠工资额为1679元；地方国有企业的拖欠率是11.1%，拖欠工资额为2354元。

相当一部分国有企业下岗失业人员没有领到经济补偿金。根据对沈阳、武汉两市的调查，1998年共有3%的下岗劳动者与企业解除了劳动合同，解除劳动合同的平均经济补偿金只有4300元。随着政府的重视和工作力度的加强，经济补偿金的支付情况有所好转，但仍有相对一部分下岗人员没有领到补偿金或者一次性安置费。根据劳动和社会保障部2002年12月的调查数据，中央国有企业没有领到的比例是24.3%；地方国有企业的比例是42.1%；集体企业的比例高达57.8%。补偿金和安置费的平均金额为13603元，即国有企业没有领到经济补偿金的下岗人员平均超过1/3。

1. 企业与下岗劳动者解除劳动合同，企业是否需要支付经济补偿金？
2. 国企改革之初，为何要采取部分劳动者下岗的方式来处理劳动关系？

中国改革开放以来，随着社会主义市场经济的建立，自由竞争的劳动力市场与市场化的劳动关系逐步形成。自20世纪80年代中期以来，中国劳动关系逐渐从计划经济时期的用工体制转向了市场化和契约化的用工体制，与之相配套的劳动关系制度也逐步走向完善。

第一节　不同历史时期的劳动关系概述

在我国，现今的劳动关系已经发生了变化。在国家经济所有制形式只包含全民所有制和劳动群众集体所有制形式之下，工人作为企业的主人，企业的发展计划和分配政策已经充分考虑了劳动者的利益，劳动关系的协调主要依靠劳动法制和劳动人事政策加以调整，工会在协调劳动关系方面的作用不占主导地位。其结果是，劳动法制无须以集体谈判权和罢工权作为与管理方制衡的手段。这时，工会的整合职能和民主职能凸显，经济职能和社会民主职能弱化。

但是，社会主义初级阶段多种经济成分共存，尤其是近年来非公有制经济成分快速增长，造成工人权益的保护问题日益突出。人们开始关注一个现实问题，即经济增长和社会进步并不同步，劳动者的收益和生活水平的提高不同程度地与企业的发展相脱节。结果是，处于经济高速发展和社会转型期的中国，劳动争议频发，构成建立和谐社会的一个隐患。

一、计划经济体制下的劳动关系

从1949年新中国成立到改革开放之前，我国一直实行高度集中的计划经济管理模式。与之相适应，劳动关系的建立也受到经济体制和社会制度的严格制约，呈现出鲜明的计划经济色彩。此时的劳动关系可概括为：采用统包统配的方式使劳动力和用人单位建立固定工制的劳动关系。

我国计划经济体制下的劳动关系从1950年中期开始，一直持续到20世纪80年代中后期，其主要特征如下：

第一，此时只有一种单一的公有制经济劳动关系，这种公有制经济劳动关系主要表现为用人单位的经济性质为全民所有制和集体所有制，劳动者都是全民所有制或者集体所有制身份的职工，只有少量的临时性用工用于短期性、季节性工作，形成临时性劳动关系。除此之外，其他非公有制经济劳动关系一般不存在。

第二，用人单位和劳动者在劳动关系建立时没有双向选择权，用人单位无权自行招用劳动力，而要由国家下达用工指标，在指标内进行招工；劳动者没有自由选择职业的权利，而要由国家统一分配安置就业。劳动关系建立后，工资分配及各种福利都是由国家统一制定政策，统一进行调整。在这样的情况下，劳动者在形式上是与企业建立了劳动关系，实际上是与国家之间建立了劳动关系。

第三，由于计划经济体制时期，从政治上强调工人阶级是领导阶级，是生产资料的所有者，在企业中具有主人翁的地位，因此劳动关系内容就呈现出泛政治化的特征。如工资分配实行平均主义的工资制，社会保障采取国家和企业包起来的各项劳动保险和企业集体福利制度等。

第四，在计划经济体制时期，公有制企业是国家的企业，职工是国家的职工，劳动者和劳动力的使用者都没有独立的主体身份，双方没有形成相对独立的利益主体。虽然企业经营者和职工之间存在追求利益方式的差异，但这种差异甚少，总体上呈现出来的还是国家利益和企业经营者以及工人利益的一致性。职工的利益是由国家和单位来代表的，虽然企业内部也存在工会，但工会并不是职工利益的代表，而是作为国家和单位的行政助手发挥作用。职工对国家实际上是一种依附关系。

第五，在计划经济体制时期，用人单位和劳动者建立劳动关系是通过政府的行政指令来实现的，劳动关系一旦建立，没有政府的行政指令，终身保持不变，直至退休。企业人员严格限制流动，劳动关系一方的劳动者身份不可转换。如果需要，也是由国家用行政方式进行调配。

二、经济转型时期的劳动关系

1978年党的十一届三中全会以后，我国进入了一个由计划经济向社会主义市场经济过渡的经济转型期。我国的经济转型，主要是指由集权的计划经济体制转向现代市场经济或者称为社会主义市场经济体制，其基本指导思想是打破传统的计划经济体制下的生产经营模式，通过市场合理配置生产要素，实现资源的最佳利用，以提高经济运行的效率。在这一转型发展进程中，下列三大因素对劳动关系的变化施加了重要影响：经济所有制结构的调整，特别是国有经济产权制度改革和现代企业制度建设；劳动用工制度改革和劳动力市场的发育；企业分配制度的改革。

在向社会主义市场经济转型的过程中，我国的劳动关系经历了由行政化的劳动关系向市场化的劳动关系的转变，其主要特征和总体发展趋势如下：

（一）劳动关系市场化

随着我国非公有制经济的发展和国有企业的改革，市场化的劳动关系已经占据主导地位。劳动关系的性质由国家作为全社会代表的利益一体化的劳动关系，转变为企业和劳动者两个独立的利益主体所构成的劳动关系。市场化的劳动关系实质上是雇佣关系，它与计划经济条件下的劳动关系的主要区别如下：

第一，市场化的劳动关系是通过劳动力市场建立起来的，而计划经济下的劳动关系是通过政府的计划，即通过政府为劳动者“分配”工作而建立起来的。

第二，就劳动关系双方主体而言，市场化的劳动关系的主体双方，即劳动者和雇主是两个独立的利益群体，有各自明确的利益要求，双方由于各自不同的利益而存在着明确的利益矛盾。而计划经济条件下劳动关系双方没有明确的利益差异，双方都处于一个统一的利益体中，劳动关系主体不明确。

第三，市场化的劳动关系是一种契约关系，这种契约关系是建立在劳动者人身平等和自由基础上的。劳动者有着完全支配自己劳动力的权利和自由，不存在任何的人身依附和等级、身份的限制。而计划经济体系下的劳动关系却是一种建立在等级制、身份制基础上的行政依附关系。

在计划经济条件下，中国的劳动关系只有公有制经济一种模式，这种劳动关系的特点是与计划经济条件下整个社会经济活动都由国家计划和管理相一致的。在向市场经济转变的过程中，以劳动力市场的建立为基础和标志，劳动关系变为一种以劳动关系主体的各自利益为基础、以雇佣为基本形态的经济关系。劳动关系的运行机制也逐步由以政府为主体的行政手段的控制，转变为以企业为主体的市场机制的调节。

这种转变主要表现为劳动关系的归属企业化和劳动关系的契约化。劳动关系的归属企业化是指向市场经济转变的过程，劳动关系不再由国家全面控制，如何处理用人单位与劳动者的权利义务关系，由政府调整转到用人单位和劳动者按照劳动法律法规并通过个别的或者集体的协商谈判自行处理。劳动关系规范的契约化是指劳动关系的形成和调节主要通过契约的形式来实现，其具体表现为劳动合同和集体合同。在市场化条件下，劳动关系双方的利益差异和利益分化不断扩大和加强。

（二）劳动关系法制化

我国劳动关系法制化主要表现在下列几个方面：

第一，改革开放以来，劳动领域的立法逐渐开始。1994 年 7 月《中华人民共和国劳动法》（以下简称《劳动法》）在八届全国人大常委会第八次会议上通过，并于 1995 年 1 月 1 日实施。《劳动法》的出台是中国劳动法制建设的重大突破，也标志着劳动关系的调整从人治开始走向法治。

第二，《劳动法》出台后，国家或者地方在与劳动关系相关的就业、工资分配、休息休假、社会保险、劳动争议处理和劳动监察等方面进一步展开了大规模的立法进程。

第三，劳动关系法制化还表现在《劳动法》实施后，调整劳动关系主要是通过劳动合同和集体合同来确定和规范双方当事人之间的权利义务。

第四，劳动关系的法制化表现在改革开放后，劳动关系双方一旦发生劳动争议，就可以按照 2018 年第二次修订的《劳动法》、2012 年修订的《劳动合同法》、2009 年发布的《企业劳动争议处理条例》等法律法规，通过劳动争议处理制度和程序加以解决。

第二节　不同企业性质劳动关系的不同特点

一、国有企业的劳动关系

（一）国有企业劳动关系的现状

改革开放以来，国有企业劳动者承受了国有企业改革所带来的巨大冲击，从对新招工人实行劳动合同制，到优化劳动组合，再到全员劳动合同制等。改革的目的和意图就是要确立国有企业的用工自主权，建立一种工资分配能够反映劳动绩效和劳动者能进能出的机制。但就现在的情况，国有企业改制程序还不健全，缺乏严格的评估监督。企业方的权力很大且有机会通过各种方式架空或者越过职代会，使劳动者无法参与改制过程，大量不规范操作严重侵害了劳动者的权益。甚至有一部分企业改制后，在执行法定劳动标准方面出现了明显的倒退，劳动者民主参与企业管理和工会工作也出现滑坡。

国有企业内部职工“有关系不劳动”的现象普遍存在。在国有企业深化改革的过程中，出现了大量下岗职工内部退养或者停薪留职等现象，这部分职工已经不再为企业提供劳动，但仍然保留着与原国有企业之间的劳动合同关系。劳动关系历史遗留问题和新生矛盾交织在一起。由于计划经济体制下实行低工资、多就业、高积累，以前没有为劳动者提留社会保障积累，对劳动者造成了一定的历史问题；在经济体制转轨时期，特别是近几年又相继出现了企业亏损、关闭企业拖欠劳动者工资、企业改制与劳动者解除劳动合同经济补偿金的问题，因此，现阶段劳动关系的协调处理十分复杂。

从国有企业劳动关系的运行看，劳动合同的实施相对普遍且效力在加大，而集体协商和集体合同制度还难以发挥协调劳动关系和维护劳动者权益的作用，相当多的国有企业中存在着集体谈判和集体合同严重流于形式的现象。随着国有企业改革的深化，劳动争议事件大幅度增长。争议数量和涉及劳动者人数不断上升，集体劳动争议数量和涉及的劳动者人数明显增加。争议的焦点集中在劳动者的劳动报酬和保险福利等基本权益问题，一些有重大争议的矛盾不仅涉及企业，而且还涉及政府，加上集体争议处理渠道不畅通，更进一步加剧了劳动关系和社会的不稳定。

（二）国有企业劳动关系的主要特点

就劳动关系的特点而言，国有企业要受到生产资料公有制性质的制约和影响，由于经营者和劳动者都具有企业主人翁的身份，因而从理论上看不应存在利益矛盾和对抗，劳动者的权利也相对易于实现。但实际上，国有企业亦受制于政府的产业政策和劳动政策、企业改制、企业的经济效益以及经营者权力加大等现实因素的影响。

一般来说，在向市场经济转型过程中，我国国有企业的劳动关系有如下特点：

第一，政府在劳动关系处理中仍居于主导地位。政府除了扮演国有企业监督者的角色外，更主要的角色是以国有资产所有者代表的身份对企业劳动关系施加影响。一方面，政府通过国有冗员的下岗分流等改革措施，减少企业富余人员并增强企业经营者的权力，以达到提高企业经济效益的目的；另一方面，政府又通过鼓励下岗失业人员再就业等措施，以弥补劳动者在改革中遭受的下岗失业境遇和经济损失，达到稳定劳动者和社会的目的。

第二，国有经营者这个雇佣主体正在形成，但并不完善。政府通过赋予企业用工自主权，使经营者可以根据生产的需要招用劳动者或者依法解雇劳动者，也可以在不超出政府规定的工资总额范围内，自主制定企业的工资分配制度。但是，政府现在有时仍通过政策的修改，收回经营者的某些权力。另外，劳动者的主人翁身份仍然没有发生变化，劳动者往往把维护权益的希望寄托在政府身上，大多数劳动者还没有养成通过劳动争议处理程序来解决劳动纠纷的习惯。遇到权益被侵害的情形，劳动者更多的还是习惯于通过上访和请愿，要求以政府官员出面处理的方式加以解决。国有企业所特有的职代会和厂务公开制度对保障劳动者的知情权和民主参与以及维护其自身权益发挥了一定的作用。

第三，国有企业经营者与劳动者的权利和利益差别正在逐步加大。伴随着国有企业的公司化改造，企业经营者掌握了法人财产权，他们在企业的劳动用工和工资分配等方面拥有更大的自主权，并且享有年薪制，与劳动者的权利和利益的差别正在不断拉大。

二、外资企业的劳动关系

我国引进外资企业是从20世纪70年代末期开始的。我们这里所说的外资企业，包括中外合资经营企业、中外合作经营企业和外商独资企业等形式。外资企业具有纯粹的资本主义性质。但作为主体的中外合资企业和中外合作经营企业，既有国有经济或者集体经济参与投资，又有国外资本参与投资，企业中的生产资料部分归外商投资者所有，属于生产资料私有，另一部分则属于生产资料公有制。所以，外资企业劳动关系的性质既不同于传统的国有企业和城镇集体企业，也不同于私营企业，而是一种特殊的雇佣劳动关系。

由于外资企业的经济性质、管理方式不同于国有企业，致使其劳动关系具有以下特点：

第一，与国有企业相比，外资企业有较充分的用人自主权。外资企业在遵守我国有关法律法规的基础上，享有在劳动用工、工作分配和企业内部规章制度等方面的充分自主权；劳动者处于被动服从地位，其参与权和知情权极为有限。

第二，劳资双方在利益上的对立较为明显。外资企业在分配方式上普遍存在着雇主对利润的独占和劳动者工资收入刚性的矛盾，劳动者对其工资收入的决定缺乏影响力。而且，劳动者和雇主的收入相差悬殊。尤其是在部分出口加工型企业，压制劳动者的工资水平是企业发展和增强产品国际竞争力的重要手段。

第三，由于注重社会责任的承担，外资企业的劳动关系冲突有所缓和。经济全球化以来，在各国公众和社会团体的广泛参与下，兴起了一场社会运动，要求跨国公司在国际贸易和资本流动自由化、谋求经济利益最大化的同时，承担起对公众的社会责任，被称为公司社会责任运动。它强调在市场体制下，公司的责任除了为股东追求利润外，也应该考虑对相关利益人即影响和受企业行为影响的各方利益。其中，员工利益是公司社会责任中最直接和最主要的内容。1990年以来，已有部分跨国公司、劳工团体或者中介机构自行设立了一系列旨在履行维护劳工权益和保护环境等方面社会责任的自律性生产守则，以此来促进企业的长远发展。近年来，我国一些外资企业也被卷入公司社会责任运动，这在一定程度上促进了外资企业劳动关系的规范和协调。

三、私营企业的劳动关系

改革开放40多年来，我国私营经济从无到有，显示出强大的生命力，在国民经济中的地位日益增强。现在，私营经济已经是国民经济的重要组成部分。然而，私营企业主在努力追求利润最大化的过程中，存在经营行为不规范、用工行为不规范等一系列问题。随着非公有制经济的发展，私营企业劳动关系中的矛盾与争议在不断增多，一部分已演变为劳资冲突。

现阶段，中国私营企业的劳动关系具有下列主要特点：①

第一，我国私营企业劳动关系是具有雇佣劳动性质的新型关系。私营企业中资本对劳动的强制不会发展为对社会的强制，私营企业主与工人之间是具有中国特色的人与人之间的关系。② 我国私营企业劳动关系是具有雇佣劳动性质的新型关系，其既不同于资本主义性质的劳动关系——私营企业主对劳动者依然存在资本对劳动的占有关系，也不同于社会主义性质的劳动关系——私营企业的劳动者已然成为生产资料和国家的主人，而是中国特色社会主义制度和环境下“资本产权和劳动力产权在权利实现过程中所形成的一种收入分配关系”。③

第二，在劳动关系目标上，我国私营企业劳动关系是要构建和谐劳动关系。尽管私营企业劳动关系依然具有雇佣劳动性质，企业主依然独享利润，但是不可能发展到资本主义制度下阶级对抗和冲突的程度，而是以建设者和劳动者的关系投入全面小康社会建设的进程中，这也就决定了我国私营企业劳动关系的目标——构建和谐劳动关系。社会主义初级阶段基本经济制度条件下，劳动与资本、劳动者与私营企业主、劳动收入与资本收入在政治诉求、经济利益等方面都存在着深度合作的可能性。

第三，在劳动关系用工方面，私营企业用工不规范的情况较为普通。私营企业劳动关系及其运行的制度化、法制化和组织化还很不规范，家族、行政权力色彩较为浓厚。根据《劳动法》和《劳动合同法》的规定，私营企业也应签订劳动合同，但在现实中，侵犯劳动者合法权益的现象在私营企业中相当普遍，许多企业不与劳动者签订劳动合同，有的即使签订劳动合同，合同的格式、内容也极不规范，甚至包含与法律、法规相悖的条款，有的私营企业不依法履行合同，存在随意辞退、解雇雇员的现象。

---

① 葛宣冲：《我国私营企业劳动关系特色探析》，载《太原理工大学学报（社会科学版）》2017年第35卷第4期，第38~42页。

② 周晓梅、宋春艳：《马克思劳资关系理论视域下的我国私营企业劳资关系问题研究》，载《河北经贸大学学报》2015年第2期，第6~9页。

③ 陈微波、张锡恩：《从冲突到合作：构建社会主义和谐劳资关系的理论演进》，载《西南民族大学学报（人文社会科学版）》2010年第9期，第77~83页。

第三节 行政单位劳动关系的建立

劳动者与用人单位建立劳动关系，不仅包括企业同劳动者建立的劳动关系，而且还包括行政单位、事业单位与劳动者建立的劳动关系。在我国，尽管同为劳动合同，行政单位和事业单位与劳动者建立劳动关系所依据的法律、法规却是不同的，行政单位与劳动者建立劳动关系的依据是《中华人民共和国公务员法》（以下简称《公务员法》）及其相关法规。

行政单位是指依照宪法和有关组织法的规定设置的国家机关，其职能是行使国家行政权力，负责对国家各项行政事务进行组织、管理、监督和指挥[①]。行政单位与劳动者建立劳动关系需要达到国家法律、法规规定的资格条件。

一、行政单位劳动关系建立的条件

行政单位劳动关系建立的条件是指劳动者必须具备建立劳动关系的资格条件或者行政单位必须具有雇佣公务员的资格条件。公务员是指依法履行公职、纳入国家行政编制、由国家财政负担工资福利的工作人员。

（一）行政单位雇佣劳动者的资格条件

行政单位雇佣劳动者必须具有国家分配的用人编制。编制是指根据组织机构的设置对行政单位录用人员数量和职务的分配。我国《公务员法》规定，录用公务员必须在规定的编制限额内，并有相应的职位空缺。公务员职务分为领导职务和非领导职务。领导职务层次分为国家级正职、国家级副职、省部级正职、省部级副职、厅局级正职、厅局级副职、县处级正职、县处级副职、乡科级正职、乡科级副职。非领导职务层次在厅局级以下设置。

（二）劳动者被行政单位雇佣的资格条件

劳动者被雇佣必须达到行政单位规定的资格条件，这是劳动者与行政单位建立劳动关系的前提条件。《公务员法》（2018 年修订，下同）第十三条规定，公务员应当具备下列条件：具有中华人民共和国国籍；年满十八周岁；拥护中华人民共和国宪法，拥护中国共产党领导和社会主义制度；具有良好的政治素质和道德品行；具有正常履行职责的身体条件和心理素质；具有符合职位要求的文化程度和工作能力；法律规定的其他条件。同时，《公务员法》还规定，报考公务员，除应当具备本法第十三条规定的条件以外，还应当具备省级以上

① 刘钧：《劳动关系理论与实务》，人民邮电出版社 2016 年版，第 102 页。

公务员主管部门规定的拟任职位所要求的资格条件。

如果劳动者不符合行政单位规定的资格条件，就不能被录用为公务员。我国《公务员法》规定，下列人员不得录用为公务员：曾犯罪受过刑事处罚的；被开除中国共产党党籍的；曾被开除公职的；有法律规定不得录用为公务员的其他情形的。劳动者与行政单位建立劳动关系比劳动者与企业、事业单位建立劳动关系的要求更为严格。

二、行政单位建立劳动关系的程序

行政单位与劳动者建立劳动关系通常需要经过法定的程序。我国《公务员法》第二十三条规定，录用担任一级主任科员以下及其他相当职务层次的公务员，采取公开考试、严格考察、平等竞争、择优录用的办法。我国行政单位与劳动者建立劳动关系需要经过的程序如下：

第一，发布公告。录用公务员，应当发布招考公告。招考公告应当载明招考的职位、名额、报考资格条件、报考需要提交的申请材料以及其他报考须知事项。招录机关应当采取措施，便于公民报考。

第二，审查报考申请。招录机关根据报考资格条件对报考申请进行审查。报考者提交的申请材料应当真实、准确。

第三，考试。公务员考试是国家行政机关选拔、录用公务员的一种特定的人才甄别方式，通过试卷、询问、实际操作检验、心理测验等方式来测量和评定报考公务员的知识、能力、专业技术水平、性格及品德状况等是否符合国家行政机关某些职务的要求。公务员录用考试采用笔试和面试等方式进行，考试内容根据公务员应当具备的基本能力和不同职位类别、不同层级机关分别设置。

第四，复审、考察和体检。招录机关根据考试成绩确定考察人选，并进行报考资格复审、考察和体检。体检的项目和标准根据行政机关职位要求确定。具体办法由中央公务员主管部门会同国务院卫生健康行政部门规定。

第五，提出拟录用人员名单。招录机关根据考试成绩、考察情况和体检结果，提出拟录用公务员名单。

第六，公示。公示拟录用公务员名单，并接受社会的监督。

第七，备案（或者审批）。公示期满，中央一级录用机关应当将拟录用人员名单报中央公务员主管部门备案；地方各级招录机关将拟录用人员名单报省级或者设区的市级公务员主管部门审批。

第八，录用。劳动者被录用，发给录用通知书。劳动者被录用为公务员后，有试用期。新录用的公务员试用期为一年。试用期满合格的，予以任职；不合格的，取消录用。公务员被行政单位录用后，相当于公务员与行政单位签订了无固定期限的劳动合同。只要公务员未达到《公务员法》规定的解除劳动关系的相关条件，行政单位不得随意与公务员解除劳动合同关系。

三、行政单位劳动关系建立的方式

行政单位与劳动者建立劳动关系的方式是指各级国家机关和政党等机关在法定的权限内，依照法定程序录用劳动者担任公务员或任用公务员担任某一行政职务。行政单位与劳动者建立劳动关系的方式不同于企业与劳动者建立劳动关系的方式，通常采取委任制、选任制、考任制和聘任制。

（一）委任制

委任制又称任命制，是指任免机关按照干部管理权限直接委派干部担任领导职务的制度。劳动者被委任担任某一行政单位的领导职务（劳动者被委任前不曾在该行政单位工作）时，其同该行政单位也就建立了劳动关系。如果劳动者被委任前就在某一行政单位工作，委任后依然在该行政单位工作，就涉及工作岗位的变更问题，即劳动合同的变更问题。委任制是行政单位使用的最普通的干部任用形式。

委任制的优势在于：第一，程序简单，便于操作；第二，权力集中，责任明确，指挥统一，行动迅速，有利于治事和用人的统一；第三，节省时间，工作效率比较高。

委任制的缺点在于：第一，容易出现因领导个人的好恶而“任人唯亲”等问题；第二，容易使行政机关的工作关系带有个人色彩，形成宗派主义；第三，由于受到领导自身水平、精力的限制，容易出现错误委任等方面的问题；第四，对于不能胜任工作的劳动者，不容易进行调整，容易产生能上不能下、能进不能退的弊病。我国《公务员法》第四十二条规定：“委任制公务员试用期满考核合格，职务、职级发生变化，以及其他情形需要任免职务、职级的，应当按照管理权限和规定的程序任免”。

（二）选任制

选任制是指按照国家法律、法规和有关行政规章的规定选举担任相关职务的公务员。劳动者被选任担任某一行政单位的领导职务（劳动者被选任前不曾在某一行政单位工作）时，其同该行政单位也就建立了劳动关系。如果劳动者被选任前就在某一行政单位工作，选任后依然在行政单位工作，就涉及工作岗位的变更问题，即劳动合同的变更问题。

选任制的优势在于：第一，能够有效地克服公务员任用的官僚主义作风；第二，能够有效地避免群众不信任的人担任重要职务；第三，选举人能够真实地表达自己的意愿；第四，有利于监督、相互制约，防止个人滥用权力；第五，有利于避免领导人的“终身制”问题。

选任制的缺点在于：第一，容易频繁更换领导，不利于干部队伍的稳定；第二，保持制度的连续性和稳定性是选任制实施的前提条件。我国《公务员法》第四十一条规定："选任制公务员在选举结果生效时即任当选职务；任期届满不再选任或者任期内辞职、被罢免、被撤职的，其所任职务即终止。"2009 年中组部印发的《关于严格执行干部职务任期规定保持干部在法定任期内稳定的通知》要求，选任制的党政领导职务每个任期为 5 年，在任期内应当保持稳定；市县乡党政领导班子成员在同一职位应当任满一届，无特殊原因未任满一届不得调动；因工作特殊需要调整职务的，在一个任期内一般不超过一次，党政正职一般不同时调整交流，一次性交流一般不超过班子成员的 1/3；市县乡党政正职任期不到 3 年进行调整的，须事先报经更上一级党委组织部门审批同意。

（三）考任制

考任制是指行政单位或者行政主管部门根据工作需要，公布用工范围、条件，依据统一标准通过公开考试识别、选拔领导干部或者公务员的制度。考任制体现了自下而上无既定候选人的选人方式，将干部选择任用的权力下放，让干部通过自身的参与和竞争来争取工作或者晋升的机会。

考任制的优势在于：具有较高的透明度，向所有符合条件的人开放，程序规范、标准清楚，有利于激发人的上进心。

考任制的缺点在于：侧重对求职者业务能力和知识水平的考核，而对于求职者实际工作中的工作成绩、管理能力、协调能力、个人品德无法全面地体现出来。我国《公务员法》规定：录用担任一级主任科员以下以及其他相当职务层次的公务员，采取公开考试、严格考察、平等竞争、择优录取的办法。通过考任制审核，公务员被录用就同行政单位建立了劳动关系。

（四）聘任制

聘任制是指行政机关通过公开招聘或者直接选拔的方式，以平等自愿、协商一致为原则与所聘用人员签订聘任合同，从事专业性较强的职位和辅助性职位。我国《公务员法》规定，机关根据工作需要，经省级以上公务员主管部门批准，可以对专业性较强的职位和辅助性职位实行聘任制。

聘任制的优势在于：第一，有利于调整干部结构，在制度上激励干部奋发上进；第二，有利于扩大用人单位灵活用人的自主权；第三，有利于促进人才竞争、人才流动；第四，有利于发挥干部技能，做到人尽其才，才尽其用；第五，有利于"唯才是举""选贤任能"的社会风气的形成。

聘任制的缺点在于：如果缺乏严格、有效的考核作为保障，容易出现拉关系、搞宗派等不正之风。劳动者通过聘任制同行政单位建立劳动关系的程序比考任制要简单，但是这些人员大多数从事专业性较强的职位或者辅助性职位。

第四节　事业单位劳动关系的建立

事业单位同事业单位工作人员因劳动而建立的社会关系也属于劳动关系的范畴。事业单位工作人员是指在事业单位和参公管理事业单位工作、纳入国家行政编制、由国家财政负担部分工资福利的工作人员。

事业单位同劳动者建立劳动关系通常采取面对社会公开招聘的方式。我国《事业单位人事管理条例》规定，事业单位新聘用工作人员，应当面向社会公开招聘。事业单位与工作人员建立人事关系，应当订立聘用合同。

一、事业单位劳动关系建立的程序

事业单位是相对于企业而言的，是不以营利为目的的一些国家机构的分支，是提供各种社会服务的社会组织，事业单位通常以增进社会福利为目标，主要满足社会文化、教育、科学、卫生等方面的需要。事业单位招聘工作人员需要按照一定的程序进行。我国《事业单位人事管理条例》规定，事业单位公开招聘工作人员按照下列程序进行。

制定公开招聘方案可以让应聘人员知晓招聘劳动者的事业单位的相关信息，可以促进劳动关系管理的科学化、制度化和规范化。

（一）公布招聘岗位、招聘资格条件等招聘信息

公布招聘岗位、招聘资格条件等信息，可以使应聘人员知晓招聘的工作岗位、资格条件等招聘信息，有利于事业单位和应聘人员双向选择。应聘人员应尽可能地报考专业相同或者专业相近的岗位，以适应事业单位的需求。

（二）审查应聘人员资格条件

聘用劳动者的单位，应当按照公布的岗位资格要求审查应聘人员，筛选出符合条件的应聘人员。

（三）考试、考察

（1）考试。经过筛选的符合条件的应聘人员应当参加用人单位组织的考试，用人单位通常设置笔试和面试两项考试。

（2）考察。依据《事业单位公开招聘考察工作规范（试行）》，事业单位的考察通常按照以下步骤进行：第一，发布考察预告。按规定的样式拟定考察预告并在考察地点张贴。第二，个别谈话。谈话对象不少于5人，必要时可以扩大谈话范围和人数。应届高校毕业生谈话范围通常为院系分管负责人、辅导

员（或者导师）、班级主要学生干部、同学等；担任校、院系学生会职务的，谈话范围通常扩大到校或者院系团组织负责人、同级学生会其他主要干部。有工作单位的非应届高校毕业生谈话范围通常为服务单位的主要负责人及分管领导成员、人事科长、业务科室负责人等。没有工作单位的社会人员可以到社区居委会、乡镇党委政府（街道办事处）与有关负责人谈话、考察了解情况。第三，查阅档案资料。主要查阅应聘人员的年龄、入党时间、学历学位、学习成绩等资料。对报考时有领导职务的人员，要查阅任免机关的任职通知、《干部任免审批表》和考察资料；对已办理人事代理的，要查阅其与当地人才服务机构签订的人事代理协议和人事代理手册并复印相关材料；对有工作单位的，要查阅其与工作单位签订的劳动合同书并复印。第四，核对证件及证明材料。对应聘人员的学历学位证书、就业推荐表等进行核对。应届毕业生到毕业时仍不能取得毕业证或者学位证书的，取消其录用资格。对于已经是县市区及以下公务员以及现在有正式工作单位的，要到其出具证明的工作单位、经济组织、社会组织进行认真的核实，经核实应聘人员提供虚假证明的，取消其录用资格。

（四）体检

事业单位应聘人员体检基本上与公务员体检的标准一致。我国事业单位应聘人员体检参照《人事部、卫生部关于印发公务员录用体检通用标准（试行）的通知》执行。应聘人员对体检结果有疑问的，其本人可以申请复查，并到指定的医疗机构重新检查一次。

（五）公示拟聘人员名单

经过自愿报名、资格审查、笔试、面试、考察、体检等程序，事业单位通常可以初步确定拟聘用人员名单，并根据事业单位公开招聘人员的规定将拟聘用名单进行公示。在公示期（通常为 7 ~ 15 天）内，人们可以提出异议。公示期结束后，事业单位人力资源管理部门可以综合各方面的意见，决定是否聘用。

（六）办理聘任手续

事业单位应当同决定聘用的人员办理聘任手续，签订聘用合同。

二、聘用合同的签订

事业单位同劳动者建立劳动关系通常签订聘用合同。聘用合同是劳动合同的一种。签订聘用合同的劳动者通常具有专业技术特长或者管理特长。企业、事业单位聘请的法律顾问、技术顾问等可以是专职的，也可以是兼职的。在平等自愿、协商一致的基础上，我国事业单位同专业技术人员或者管理人员按照国家相关法律、法规的规定，订立履行权利义务关系的协议，也属于聘用合同的范畴。事业单位与一些非专职专业技术人员或者管理人员签订的聘用合同也属于事业单位建立劳动关系的范畴。

（一）聘用合同的条款

聘用合同的内容表现为聘用合同的条款。聘用合同应当具备下列条款：单位的名称、地址、法定代表人或者其委托的单位代表；工作人员的姓名、住址、居民身份证或者其他有效身份证件号码；聘用合同的期限；岗位名称、类别、等级、职责任务；工作地点；工作时间和休息休假；工资福利和社会保险；法律、法规规定的其他事项。除了以上条款之外，事业单位与工作人员可以在聘用合同中约定培训、保密、知识产权保护等事项。

（二）聘用合同的期限

聘用合同可以有期限的规定，也可以没有期限的规定。我国事业单位同劳动者签订的聘用合同具有期限的规定。我国《事业单位人事管理条例》第十二条规定：“事业单位与工作人员订立的聘用合同期限一般不低于 3 年。”第十三条规定：“初次就业的工作人员与事业单位订立的聘用合同期限为 3 年以上的，试用期为 12 个月。”

三、聘用合同的续订

事业单位同劳动者聘用合同期满，双方协商一致后，可以协商续订聘用合同。在特殊情况下，可以续订到退休的聘用合同。我国《事业单位人事管理条例》第十四条规定：“事业单位工作人员在本单位工作满 10 年且距退休年龄不足 10 年，提出订立聘用至退休的合同的，事业单位应当与其订立聘用至退休的合同。”

思考题

1. 计划经济体制下中国劳动关系的主要特征是什么？
2. 简述经济转型时期中国劳动关系的特征。
3. 分别简述国有企业、外资企业和私营企业劳动关系的现状及特点。
4. 行政机关劳动关系建立的程序是什么？
5. 事业单位劳动关系建立的程序是什么？

第四章

劳动关系中的劳工政策

本章学习重点：

1. 熟悉劳动者的界定。
2. 熟悉培训的概念与特征。
3. 熟悉劳动就业的概念与特征。
4. 熟悉员工参与的功能与限制。
5. 了解职工的董事、监事制度。
6. 了解与培训相关的法律问题。

本章学习难点：

1. 理解培训在企业发展的定位，掌握职业培训对企业劳动关系的影响。
2. 把握《劳动合同法》对于企业在指导员工培训与发展方面的规范性作用。
3. 掌握员工参与的性质及理念。
4. 掌握职工持股制度。

【导引案例4－1】

介绍不满16周岁未成年人就业的法律责任①

有媒体报道某市A职业学校组织不满16周岁的学生到广东做童工挣学费。该市劳动保障监察大队经调查表明，A职校2006年5月8日借以工助学名义组织计算机应用专业69名学生到广东某电子厂劳动，其中15名学生不满16周岁，学生工资由校方代领，用于抵学费，多退少补。某电子厂为学生办理厂牌，厂牌上职务是员工，学生每天工作10～12小时，服从企业管理，遵守企业劳动纪律。该职校与学生签订了《以工助学协议书》，双方约定：采用以工助学方式到企业务工解决学费，务工时间3个月，结束后回校上课。该职校与

① 黎健飞：《劳动法案例分析》，中国人民大学出版社2011年版，第47页。

某电子厂签订了《假期用工协议书》，双方约定：为满足甲方生产需要，同时为乙方提供实习条件与机会，聘用乙方学生为假期实习生，工作时间一般为8小时，根据需要适当安排学生加班，学生工资以3元/小时计算（含星期六、星期日等），工资结算人为校长，学生需满16周岁，并遵守甲方管理规定。某电子厂所在地劳动监察大队协查出具了《关于某电子厂招用A职校学生处理情况报告》，还提供了某电子厂向当地劳动部门写的自查报告、整改报告、学生工资表、出勤表。最后，某市劳动保障监察大队对该校做出了罚款75000元的行政处罚。

1. A职业学校的此种行为如何定性?
2. 介绍不满16周岁未成年人就业，要承担什么法律责任?

第一节　劳动者的界定及要素

一、劳动者的界定及范围

从广义而言，劳动者是指达到法定就业年龄（我国规定为年满16周岁），具有劳动能力的所有公民。

从狭义而言，劳动者是指达到法定就业年龄、具有劳动能力并与用人单位建立劳动关系的公民。劳动法上所说的劳动者，通常是指狭义劳动者。狭义的劳动者又被称为雇员、雇工、受雇人、工人、职工等。

二、劳动者的界定标准

（一）确立劳动者的共同标准

法律不论如何规定，确定劳动者身份都有一个共同判断标准，即“从属性”标准。从国际上看，“从属性”标准主要是大陆法系国家劳动法中的通常表述，英美法系国家的劳动法一般使用“控制”标准的表述，但二者的含义大致相同。依据通说，“雇佣关系的实质是雇员必须服从雇主、雇主有权监督雇员的工作”[①]。因此，从属性标准是界定劳动者身份与其他法律关系主体（特别是民事主体）身份的最重要的标准。

劳动者界定通常标准如下：

① 转引自林嘉：《劳动法和社会保障法》，中国人民大学出版社2014年版，第60页。

1. 人格从属性

人格从属性是指劳动者必须被纳入用人单位的组织体系中，成为用人单位的一名成员，在用人单位的指挥、命令、管理下提供劳动，用人单位对劳动者拥有广泛的指示权，因此，“人格上的从属性系劳动者自行决定之自由权的一种压抑”[①]。如用人单位有权对劳动者安排生产任务或者下达劳动定额；有权确定劳动者的工作地点、工作时间和岗位职责；有权做出指示；有权依法制定和实施内部劳动规则；对违反单位规章制度和劳动纪律的劳动者有权做出惩戒决定。上述做法等于把工人置于雇主控制范围之内，并支配劳动者的人身、人格，所以称为人格从属性。在人格从属性的内涵中，“组织从属性”是其最重要的内容。

2. 经济从属性

经济从属性是指劳动者必须为他人提供劳动，劳动者与用人单位之间存在经济上的依赖关系。其具体内容包括：劳动者并非为自己提供劳动，而是为他人提供劳动，并以他人所给付之劳动报酬和其他待遇作为其主要生活来源；用人单位应向劳动者提供劳动所需要的生产资料（如机器设备、工具、原材料等）和劳动条件，支付劳动力的“对价”（工资和福利待遇等），承担劳动风险和法律上的“雇用人责任”。

在具体运用从属性标准界定劳动者身份时，应采用“人格从属性与经济从属性之复合”的标准。其中，以人格从属性作为主要判断标准，以经济从属性作为辅助判断标准。这种主张已经在我国劳动立法中被接受。《关于确立劳动关系有关事项的通知》（2005 年 5 月 25 日劳动和社会保障部颁布）第一条规定：“用人单位招用劳动者未订立书面劳动合同，但同时具备下列情形的，劳动关系成立。（一）用人单位和劳动者符合法律、法规规定的主体资格；（二）用人单位依法制定的各项劳动规章制度适用于劳动者，劳动者受用人单位的劳动管理，从事用人单位安排的有报酬的劳动；（三）劳动者提供的劳动是用人单位业务的组成部分。”该条的后两项规定，是采纳了“从属性”标准理论。

所以，劳动者作为法学的概念明显有别于政治学、社会学等其他学科上所使用的“工人阶级”“主人翁”的概念。简单地说，劳动者是雇主的相对人。

（二）各国界定劳动者的标准

关于劳动者的界定标准，各国劳动法的规定有所不同。在德国，雇员界定标准有实质要件和形式要件。实质要件包括：业务内容的指令约束；雇主确定

① 黄越钦：《劳动法新论》，中国政法大学出版社 2003 年版，第 94 页。

固定的工作时间和工作地点；被安置在企业并且依赖于其他人的决定；有义务提供劳动力。形式要件包括：缴纳工资税和社会保险费。在印度，工人是指任何一个为了获取报酬而被任何一个企业雇佣或者从事与该企业有联系的技术的、半技术的或者非技术的管理、工程或者文书工作的人。在韩国，职工是指依靠工资、薪金或者任何其他类似收入过活的人，而不管其职业是什么。

三、劳动者的资格要素

公民成为劳动者必须具备若干的资格要素。

第一，年龄。公民的年龄与其劳动能力的形成密切相关，所以，劳动法规定：劳动者应对达到法定就业年龄（我国确定为16周岁）。未满法定就业年龄的公民，用人单位不得招用，否则即构成使用童工的违法行为。有些职业或者工种对劳动者的就业年龄有特别规定的，则应优先遵守特别规定。如国际劳工组织1973年第138号《准予就业最低年龄公约》第3条规定：对于性质或者工作环境很可能有害年轻人的健康、安全或者道德的任何职业或者工作类别，准予就业年龄不得低于18周岁。从劳动者的法定就业年龄起始，至其退休或者因其他原因丧失劳动能力为止，劳动法上称为劳动者的“法定劳动年龄”（或者“劳动年龄”）。

第二，健康。判断劳动者是否健康的基本标准，主要是看劳动者是否具有与其履行劳动义务相适应的身体状况。劳动者应具有健全的身体和精神状态，精神病人的劳动者资格将受到限制，甚至完全丧失。健康要素对劳动者资格的影响主要体现在两个方面：其一是对劳动者就业资格的影响。公民的健康状况使其不具有任何劳动能力，则公民无法实现就业权。公民若具有部分劳动能力，则可以在现有的身体状况能够胜任的范围内实现其劳动权。有些职业或者工种对劳动者的健康状况有“就业准入”要求，则应当遵守此特别规定。我国《就业促进法》（2015年修正）① 第三十条规定：“用人单位招用人员，不得以是传染病病原携带者为由拒绝录用。但是，经医学鉴定传染病病原携带者在治愈前或者排除传染嫌疑前，不得从事法律、行政法规和国务院卫生行政部门规定禁止从事的易使传染病扩散的工作。”有些职业或者工种对部分劳动者的身心健康可能造成不利后果，应限制有关劳动者的就业资格。如我国对女性劳动者和未成年工禁忌劳动范围所做的规定。不过，基于社会公平的考虑，法律有时亦会对一部分劳动者在就业资格方面适当放宽身体条件的要求，如国家对残疾人就业所采取的一些特殊照顾和保护措施（像兴办社会福利企业、盲人按摩机构等）。其二是对劳动者继续工作资格的影响。若劳动者的身体状况在工作期间发生变化，致使其已经不能胜任现有工作，则可能导致劳动法律关系

① 如无特别说明，本教材中《就业促进法》指2015年修正版。

的变更或者解除。如我国《劳动法》（2018 年修正）[①] 第二十六条规定，劳动者患病或者非因工负伤，医疗期满后，不能从事原工作也不能从事由用人单位另行安排的工作的，用人单位可以经书面预告后解除劳动合同。

第三，智力。智力要素主要包括劳动者的文化条件、从业条件等。其一，劳动者应具有一定的文化程度或者水平，原则上应接受、完成规定年限的义务教育，若有些职业或者工种（如公务员、教师、医生、律师等）对劳动者的教育程度有特别要求，则须遵守特别规定。其二，劳动者还必须具备从事某些职业或者工种的从业条件（如培训合格证明、职业资格证书等）。如劳动和社会保障部 2007 年《就业服务与就业管理规定》第二十一条规定，用人单位招用从事涉及公共安全、人身健康、生命财产安全等特殊工种的劳动者，应当依法招用持相应工种职业资格证书的人员；招用未持有相应工种职业资格证书人员的，须组织其在上岗前参加专门培训，使其取得执业资格证书后方可上岗。

第四，支配自由。公民是否能够自由地支配自己的劳动力，是其能否与用人单位建立劳动法律关系的基本前提。如被判处刑罚的罪犯在监狱服刑期间，其人身自由被限制或者剥夺，就不能成为劳动法上的劳动者；若已经建立了劳动法律关系，该劳动法律关系也将暂停履行或者被解除。

第五，就业愿望。由于受计划经济时期“统包统配”劳动制度的影响，“就业愿望”在我国是一个长期被忽视的资格要素。在全面推行劳动合同制度后，基于该制度所蕴含的双向选择、市场调节、意思自治等特性，劳动者自主择业的权利开始受到我国劳动立法的关注。社会主义国家的公民既有劳动的权利，又有劳动的义务，但从理论上分析，这种劳动义务仅为道义义务，而非法律义务。我国现在允许自愿失业群体（家庭妇女）的存在，即为例证。《就业服务与就业管理规定》第六条更为明确地规定：“劳动者年满 16 周岁，有劳动能力且有就业愿望的，可凭本人身份证件，通过公共就业服务机构、职业中介机构介绍或者直接联系用人单位等渠道求职。”此外，从国际劳工立法来看，国家劳工组织 1930 年第 29 号《强迫劳动公约》在第 1 条规定：“凡批准本公约的国际劳工组织成员承诺在可能的最短期限内禁止使用一切形式的强迫或者强制劳动。”第 2 条规定：“‘强迫或者强制劳动’一词系指以任何惩罚相威胁，强迫任何人从事的非本人自愿的一切劳动或者服务（特定情况除外）。”这些规定均表明，国家应当尊重公民本人的劳动意愿。

第六，其他要素。除以上要素外，劳动法对个别劳动者的资格要素或者劳动者在特定场合下的某些资格要素尚有其他若干规定。如：其一，道德风纪。若劳动者曾有不良经营或者不良信誉记录的，将有可能被限制从事某些工作或者担任某些职务。如《中华人民共和国公司法》（2018 年修正）[②] 第一百四十

① 如无特别说明，本教材中《劳动法》指 2018 年修正版。
② 如无特别说明，本教材中《公司法》指 2018 年修正版。

六条第二项规定，“因贪污、贿赂、侵占财产、挪用财产或者破坏社会主义市场经济秩序，被判处刑罚，执行期满未逾五年，或者因犯罪被剥夺政治权利，执行期满未逾五年的”，不得担任公司的董事、监事、高级管理人员。其二，任职回避。基于加强党风、廉政建设的需要，或者为体现社会公正，我国实施了有关人员就业回避和限制的措施。如一些居于重要职务的党政机关领导干部与其配偶不得在同一单位工作，这意味着干部配偶的劳动者资格在一些特定单位受到了限制。其三，职数。职数是指劳动者同时从事职业的数目。由于我国现在尚未全面认可一个劳动者同时存在多重劳动关系的合法性，故除了法定允许的几种情形外，劳动者的兼职资格仍会受到诸多限制。其四，劳动内容。劳动法上所谓的劳动，应为合法的职业性劳动，若劳动者从事的“劳动”内容本身为法律所禁止，如加工毒品、色情陪侍等，这种“就业权”便无合法依据，劳动者资格自然得不到法律的确认和保护。

法律对劳动者的上述资格要素所提出的各项具体要求，应当是基于所招录职业或者工种本身的内在需要，而不能超越这种“职业相关性”提出过高的要求，否则就可能导致“制度性歧视”的后果。

第二节 职业培训

【导引案例4-2】

富士康：“新干班”违约金变培训费①

2010年，富士康的“十三连跳”在国内外引起轰动。其实，在2010年4月17日，富士康还有另外一起纠纷，即富士康2008届“新干班”关于离职合约中的“培训费”而产生的培训纠纷。“新干班”是富士康对于当年招聘的应届大学毕业生的统称。

2008年7月，700多名“新干班”刚放下自己的行李，就被立刻要求签署一份劳动合同，并称不签协议就不安排住宿。合同期限从2008年7月18日到2012年1月31日，期限为3.5年。此外，“新干班”还被要求签署《新干班专项培训协议》，协议中规定不提供支付凭证，并有“乙方对该金额没有异议”的字样。

据说，富士康2007届新干班的“违约金”总额为5000元，与2008届新

① 转引自唐鑛：《劳动关系管理概论》，中国人民大学出版社2012年版，第86~87页。

干班的“培训费”金额相同；不同的是，2008 届比 2007 届多出了 2500 元的不随合同履行时间递减的“额外成本”。

2010 年 4 月 14 日，“新干班”表示，不愿赔付这么多金额。

1. 富士康对“新干班”离职收取的“培训费”是否有法律依据？

2. 这种情况下，劳动者离职是否需要支付违约金？

员工培训是企业风险最小，收益最大化的战略性投资。

——沃伦·本尼斯

2010 年 6 月 6 日，中共中央、国务院发布了《国家中长期人才发展规划纲要（2010－2020 年）》，凸显了人才对当代中国社会的突出重要性。企业是经济社会的基本单位，人才以企业人力资本的形式发挥作用。对企业员工的培训，是提升企业人力资本的途径，也是促进企业战略发展与员工个人发展的有力措施，能发挥稳定企业劳动关系的重要作用。

一、职业培训的概念和特征

21 世纪以来，新的信息和交流技术的开发与应用成为一国保持国际竞争力的重要途径之一。职业培训是整个国民教育的有机组成部分，职业培训与普通教育都是国民教育体系中不可或缺的部分。普通教育是基础，职业培训是普通教育的延伸和专门化。

（一）职业培训的概念及其与教育的联系和区别

1. 职业培训的概念

培训主要是指内涵于企业劳动关系的培训。培训的分类包括内部培训与外部培训、入职培训与在职培训、长期培训与短期培训、转移工作岗位以后的培训及其他专业技能培训等。

职业培训又称职业技能培训和职业技术培训，是指根据社会职业的需求和劳动者从业的意愿及条件，按照一定标准，对劳动者进行的旨在培养和提高其职业技能的教育训练活动。①

实施培训的主体是企业，企业从自身发展的角度出发，分析自身实施培训的需求，确立培训目标，然后设计培训内容与方法，实施并监督培训，最后对培训效果进行评估并考察。

① 徐智华：《劳动法学》，北京大学出版社 2016 年版，第 348～349 页。

2. 职业培训与教育的联系和区别

职业培训与教育的联系如下：两者的目的都是增加员工知识、提高员工技能，并提升员工的学习与工作态度。

职业培训与教育的区别如下：职业培训通常是指非学历教育，侧重于增加员工的实用性知识与员工技能的提升，学习时间短；而教育一般是指学历教育，偏重于知识的学习，学习时间长。

（二）职业培训的特点

第一，教育目的的针对性和专业性。职业培训以直接培养和提高劳动者的职业技能为目的。其目标是使受培训者成为特定劳动领域的专门人才，以满足现代社会职业和劳动力供求双方的需要，具有很强的针对性和专业性。

第二，教育对象的特定性。职业培训是一种以劳动者为特定对象的人力资源开发活动，它的教育和培训对象是社会劳动者，其中包括失业的劳动者、在职的劳动者、企业富余人员和其他求职者。

第三，教育内容的实践性和应用性。职业培训是特需培训，注重教育和实践相结合，一般可以根据劳动者自身的条件和要求，采取比较灵活的教育手段，进行不同层次的教育和训练。

二、职业培训的对象及内容

（一）职业培训的对象

职业培训的对象是劳动法意义上的劳动者。劳动者是广义的，既包括即将成为工薪劳动者的人，也包括已经成为劳动关系一方当事人的劳动者。前者可以是具有劳动能力的人，也可以是尚未具有劳动能力的人。

（二）职业培训的内容

职业培训的内容一般分为基本素质培训、职业知识培训、专业知识与技能培训和社会实践培训。

第一，基本素质培训包括文化知识、道德知识、法律知识、公共关系与社会知识、生产知识与技能。这种培训主要是培养熟练工，培训的内容以基本素质培训为主，并结合用人单位的岗位及职业要求进行培训。

第二，职业知识培训包括职业基础知识、职业指导、劳动安全与保护知识、社会保险知识等。职业知识培训的目的是使求职者了解国家有关就业方针政策以及个人选择职业的知识和方法；掌握求职技巧、开业程序与相关政策；了解职业安全与劳动保护有关政策和知识；掌握社会保险方面的知识和政策。

第三，专业知识与技能培训包括专业理论、专业技能和专业实习学员在专业理论的指导下掌握一定的专业技能，并通过在企业的实习，提高解决实际问题的能力，为就业做准备。

社会实践培训包括各种社会公益活动、义务劳动、参观学习和勤工俭学等。

三、职业员工培训的相关法律问题

企业培训的目的是促进企业发展，但在实施员工培训的过程中，不能忽视可能涉及的一系列法律问题。企业对员工培训的合法实施，不仅有利于维护企业自身发展的权利，也有利于保护员工自身及发展的合法权利，减少劳资双方的矛盾与纠纷，稳定并和谐企业劳动关系。所以，为确保企业培训的合法实施，全面了解《中华人民共和国劳动合同法》（2012 年修正）[①] 及相关劳动法律法规对于企业、员工双方权利义务的规定，是企业进行员工培训以实现企业自身长远发展的前提条件。

（一）专项培训费用

在企业内部培训中，各种针对员工岗位的专业技术培训是企业获得与岗位紧密相关的生产力的重要手段。所以，在实施专项培训之前，企业与员工对相关劳动法律法规的掌握，对企业与员工维护自身合法权益颇有益处，从而有利于企业与员工的共同发展并稳定企业劳动关系。对于专项培训费用的约定，是对参与培训的员工能在其生产过程中受到影响的培训期间获得一定经济补偿的保障。

1. 专项培训费用的概念

《中华人民共和国劳动合同法实施条例》对专项培训费用做出了规定：从内涵上，专项培训费用是用人单位为了对劳动者进行专业技术培训而支付的费用，员工上岗前接受的关于安全生产、操作流程等的培训则不属于专项培训范围；从外延上，用人单位为员工支付的专项培训费用既包括直接费用，如培训费，也包括间接费用，如培训期间的差旅费用等。

此外，由于员工很难知道用人单位支付了多少培训费用，为了防止发生争议时劳动者与用人单位对培训费用的数额有不同的意见，《中华人民共和国劳动合同法实施条例》第十六条中明确规定了培训费用包括用人单位为了对员工进行专业技术培训而支付的有凭证的培训费用、培训期间的差旅费以及因培训产生的用于员工本人的其他直接费用（脱产培训支付的工资，应当算作专项培训费用）。

① 如无特别说明，本教材中《劳动合同法》指 2012 年修正版。

2. 培训条款

培训条款是指用人单位与劳动者在劳动合同中约定由用人单位为劳动者提供专项培训费用，对其进行专业技术培训的条款，专项培训一般并非用人单位的法定义务，因此一般要同时约定劳动者的服务期。服务期是指用人单位和劳动者在劳动合同签订之时或者劳动合同履行的过程中，用人单位出资招用、培训或者提供特殊待遇后，经双方协商一致确定的一个服务期限。服务期的本质与劳动合同的期限并无大区别，但由于用人单位提供的专项培训并非法定义务，双方为此约定服务期是意思自治的表现。只有当用人单位为员工提供了特殊待遇或者出资招用、培训的情况下，才有权设定服务期，进而约定违约金。确定服务期更多的是为了保护用人单位的合法权益。

3. 培训费用的法律规定

我国《劳动合同法》和《劳动合同法实施条例》对专项培训费用的具体数额都没有做出明确的法律规定，其原因如下：

第一，在实际操作中，用人单位的具体情况千差万别，难以规定一个固定数额。

第二，只有当用人单位提供的专项培训费用超过某一数额的时候，才可以约定服务期，而设定数额不仅对部分用人单位不公平，而且会影响用人单位开展低于这一数额的专业技术培训的积极性。

第三，根据《劳动合同法》的规定，违约金的数额不得超过用人单位提供的培训费用，用人单位要求劳动者支付的违约金不得超过服务期尚未履行部分所应分摊的培训费用。对企业来说，这个规定是一种自动调节机制，即当用人单位提供较低的专项培训费用却约定服务期时，员工的违约金就会相应较低，进而不会对劳动力的流动性造成实质阻碍。

用人单位可以通过民主程序，依法制定符合本单位实际情况的规章制度，并在规章制度中对专业技术培训的定义和培训费用数额进行明确规定，满足本单位劳动用工管理的需要。

（二）服务期的法律规定

创设服务期的目的是鼓励与保护用人单位加大对劳动者培训的积极性，同时服务期有别于劳动合同中的期限，这在某种程度上说明，服务期是用人单位的权利，而不是用人单位的义务。

《劳动合同法》第二十二条规定：“用人单位为劳动者提供专项培训费用，对其进行专业技术培训的，可以与该劳动者订立协议，约定服务期。劳动者违反服务期约定的，应当按照约定向用人单位支付违约金。违约金的数额不得超过用人单位提供的培训费用。用人单位要求劳动者支付的违约金不得超过服务期尚未履行部分所应分摊的培训费用。”“用人单位与劳动者约定服务期的，不影响按照正常的工资调整机制提高劳动者在服务期期间的劳动报酬。”

《劳动合同法实施条例》第十七条规定了劳动合同的期限与服务期之间的关系：“劳动合同期满，但是用人单位与劳动者依照劳动合同法第二十二条的规定约定的服务期尚未到期的，劳动合同应当延续至服务期满；双方另有约定的，从其约定。”

对于约定了服务期情形下违约金的支付，在出现法定情形时劳动者单方解除劳动合同的不需要支付违约金，用人单位因劳动者存在过失而单方解除劳动合同，则劳动者需要支付违约金。《劳动合同法实施条例》第二十六条规定：“用人单位与劳动者约定了服务期，劳动者依照劳动合同法第三十八条的规定解除劳动合同的，不属于违反服务期的约定，用人单位不得要求劳动者支付违约金。有下列情形之一，用人单位与劳动者解除约定服务期的劳动合同的，劳动者应当按照劳动合同的约定向用人单位支付违约金：（一）劳动者严重违反用人单位的规章制度的；（二）劳动者严重失职，营私舞弊，给用人单位造成重大损害的；（三）劳动者同时与其他用人单位建立劳动关系，对完成本单位的工作任务造成严重影响，或者经用人单位提出，拒不改正的；（四）劳动者以欺诈、胁迫的手段或者乘人之危，使用人单位在违背真实意思的情况下订立或者变更劳动合同的；（五）劳动者被依法追究刑事责任的。”

《劳动合同法》《劳动合同法实施条例》对服务期的相关规定，是在保护用人单位的合法权益方面的新突破。它在对员工实行倾斜保护的同时，也对保护用人单位的合法权益、促进用人单位发展给予了关注。用人单位为员工提供了专业技术培训，并为此支付了培训费用，其目的是使员工经过培训后可以利用获得的知识和技能为用人单位提供更好的劳动。而接受专业技术培训的员工，在用人单位提供培训后，自身的技能得到提高，在劳动力市场上更具有优势，与培训前相比较，不仅拥有更高的不可替代性，也拥有更高的就业能力。如果对员工没有约束，在劳动力市场上占有优势地位的员工就有流动的可能，对于用人单位而言，不仅损失了培训的费用和时间，还会降低用人单位为员工提供培训的积极性。这样就会既影响劳动者素质的提高，也不利于劳动者个人的长期职业发展，还会造成用人单位经济效率的降低，减缓用人单位的发展速度。

所以，《劳动合同法》《劳动合同法实施条例》对服务期做出明确规定，允许用人单位与提供专项培训费用进行专业技术培训的员工约定服务期，并同时约定违反服务期协议的违约金，允许企业获得相应权利，可以平衡劳动关系双方当事人的利益，从法律基础上确保用人单位与员工之间的共同发展，稳定企业劳动关系。

第三节　劳动就业政策

一、劳动就业的概念及特征

（一）劳动就业的概念

一般认为，从劳动法的角度讲，劳动就业是指具有劳动权利能力和劳动行为能力并有劳动意愿的公民获得报酬的职业。

（二）劳动就业的特征

劳动就业具有以下特征：

第一，主体是指具有劳动权利能力和劳动行为能力的公民，或者称是在法定劳动年龄内，并且具有劳动能力的公民。关于法定劳动年龄，我国《劳动法》第十五条规定："禁止用人单位招用未满十六周岁的未成年人。文艺、体育和特种工艺单位招用未满十六周岁的未成年人必须遵守国家有关规定，并保障其接受义务教育的权利。"《关于落实再就业政策考核指标几个具体问题的函》规定："就业人员：在法定劳动年龄内（男 16 岁 ~60 岁，女 16 岁 ~55 岁），从事一定的社会经济活动，并取得合法劳动报酬或者经营收入的人员。"

第二，公民在主观上有就业意愿，或者称为公民出于自愿。

第三，公民从事的是合法的经济活动，以提供满足社会需要的商品或者服务为目的。

第四，公民从事这种社会劳动可以获得相应的劳动报酬或者经营收入。

劳动就业的实质就是劳动力与生产资源相结合。只有生产资源提供的工作岗位能够基本吸纳社会劳动力，才能实现充分就业。否则，社会劳动力的数量超过生产资源提供的工作岗位，其富余的社会劳动力即被排斥在生产资源之外而处于失业状态。

二、劳动就业的形式

劳动就业的形式是指国家在政策和法规中确认的劳动者实现就业的方式（或者渠道）。在我国，它包括职业介绍机构介绍就业、自愿组织就业、自谋职业和国家安置就业四种。

（一）职业介绍机构介绍就业

职业介绍机构介绍就业是指职业介绍机构在国家劳动计划的指导下，将求职的劳动者推荐给用人单位，由用人单位择优录用。

其特点主要包括：劳动者的范围非常广泛，劳动者和用人单位之间双向选择的自主程度较大、方式多样等。

（二）自愿组织就业

自愿组织就业是指城镇失业人员、企业富余劳动者和农村剩余劳动力，在国家和社会的扶持下，自愿组织起来通过举办各种集体经济组织实现就业。

（三）自谋职业

自谋职业是指劳动者从事个体经营以实现就业，是实现就业的重要方式。

（四）国家安置就业

国家安置就业又称为国家分配就业，是指根据国家劳动计划，劳动人事行政部门和有关部门将符合政策和法规所规定条件的劳动者分配或者安排到一定范围内的用人单位。这在以前是主要的就业形式，现在逐渐有了改变。

三、就业调控

在国外，国家宏观调控的目标之一是充分就业。我国在 1997 年批准了国际劳工组织 1964 年《就业政策公约》（第 122 号公约），该公约要求各成员应将充分就业作为一项主要目标，应宣布并实行一项积极的政策，其目的在于促进充分的、生产性的和自由选择的就业。当然，充分就业并不意味着一切有劳动能力的人全部就业，存在自愿性失业和摩擦性失业仍然算是充分就业，国际经济学界普遍承认维持在 5% ~6% 的自然失业率可以认为是达到了充分就业。但是，由于我国现在是二元经济体制，我国农民就业具有特殊性，充分就业目标在目前是指城镇就业目标。

我国就业调控目标的表现形式主要有失业率和新增工作岗位两种。充分就业指标通常以失业率表示，失业率在 5% 以下时一般被认为实现了充分就业。就业调控法①要求各级政府在国民经济和社会发展规划中对就业调控的目标做出具体规定。

就业调控是国家对促进就业的宏观经济社会政策导向和原则。就业调控法

① 就业调控法是调整国家行政机关在运用宏观调控手段来促进就业的过程中发生的社会关系的法律规范的总和，其内容包括就业调控的机构、就业调控的目标、就业调控的政策工具等。

的实质是就业政策的法律化。我国《就业促进法》第二条明确规定了就业政策和就业方针："国家把扩大就业放在经济社会发展的突出位置，实施积极的就业政策，坚持劳动者自主择业、市场调节就业、政府促进就业的方针，多渠道扩大就业。"第五条规定："县级以上人民政府通过发展经济和调整产业结构、规范人力资源市场、完善就业服务、加强职业教育和培训、提供就业援助等措施，创造就业条件，扩大就业。"第十一条规定："县级以上人民政府应当把扩大就业作为重要职责，统筹协调产业政策与就业政策。"这些法律规定，都说明国家努力采取各种调控措施促进劳动就业。

四、就业政策

（一）财政政策

国家实行有利于促进就业的财政政策，加大资金投入，改善就业环境，扩大就业。县级以上人民政府应当根据就业状况和就业工作目标，在财政预算中安排就业专项资金，用于促进就业工作。就业专项资金用于职业介绍、职业培训、公益性岗位、职业技能鉴定、特定就业政策和社会保险等补贴，小额贷款担保基金和微利项目的小额担保贷款贴息，以及扶持公共就业服务等。就业专项资金的使用、管理办法由国务院财政部门和劳动行政部门规定。目前就业专项资金即就业补助的投入不足。

财政政策工具就是财政政策主体所选择的用以达到政策目标的手段和方法。财政政策工具主要包括政府收入（税收、公债）和政府支出（政府购买、政府转移支付）等。政府支出中的政府购买包括公共消费和公共投资，政府转移支付主要包括社会保障支出、财政补贴、债务支出和对外援助支出。财政补贴主要有价格补贴、企业亏损补贴和财政贴息等。政府在社会保险（如失业保险）、社会救助（如城市居民最低生活保障金）等社会保障方面的支出属于政府转移支付，而就业援助的工具为税费减免、贷款贴息、社会保险补贴、岗位补贴等，其中主要是财政补贴。

国家通过财政和税收优惠政策，扶持第三产业、劳动密集型产业、中小企业和非公有制经济的发展，鼓励境内外投资者向高失业率地区进行生产性投资。同时，国家要增加对公共工程和公益服务部门的财政支出以扩大其就业需求，增加对公共就业服务、职业培训的财政支出以提高公共就业保障能力。这是财政政策中涉及政府支出的公共投资政策，已经独立成为投资政策和人力政策。

国家通过税收优惠政策鼓励企业增加就业岗位，扶持失业人员和残疾人就业。《就业促进法》第十七条规定："国家鼓励企业增加就业岗位，扶持失业人员和残疾人就业，对下列企业、人员依法给予税收优惠：吸纳符合国家规定条件的失业人员达到规定要求的企业；失业人员创办的中小企业；安置残疾人员达到规定比例或者集中使用残疾人的企业；从事个体经营的符合国家规定条件的失业人员；从事个体经营的残疾人；国务院规定给予税收优惠的其他企业、人员。”

国家还通过免除行政性事业收费等优惠措施促进特殊群体就业。《就业促进法》第十八条规定：“对从事个体经营的符合国家规定条件的失业人员、从事个体经营的残疾人，有关部门应当在经营场地等方面给予照顾，免除行政事业性收费。”

（二）金融政策

国家实行有利于促进就业的金融政策，增加中小企业的融资渠道；鼓励金融机构改进金融服务，加大对中小企业的信贷支持，并对自主创业人员在一定期限内给付小额信贷等扶持。

金融政策工具包括存款准备金率、利率、再贴现、中央银行再贷款、公开市场操作和贷款规模等。为促进就业，国家要优化信贷资金投向，支持产业关联性强、就业潜力大的行业、部门、企业的发展，同时建立服务于就业促进目标的专项信贷资金。

（三）产业政策

县级以上人民政府应当把扩大就业作为重要职责，统筹、协调产业政策与就业政策。国家鼓励各类企业在法律、法规规定的范围内，通过兴办产业或者拓展经营，增加就业岗位。国家鼓励发展劳动密集型产业、服务业，扶持中小企业，多渠道、多方式增加就业岗位。国家鼓励、支持、引导非公有制经济发展，扩大就业，增加就业岗位。国家发展国内外贸易和国际经济合作，拓宽就业渠道。

产业政策包括产业结构政策、产业组织政策、产业区域布局政策等，其中产业结构政策是产业政策的核心。有利于就业增长的产业政策要求国家重视发展第三产业、劳动密集型产业和中小企业、非公有制经济，提高它们创造就业岗位的能力。

（四）投资政策

县级以上人民政府在安排政府投资和确定重大建设项目时，应当发挥投资和重大建设项目带动就业的作用，增加就业岗位。

就公共投资政策而言，国家要大力投资于劳动密集型基础工程建设、公共工程或者社区经营的项目，使其成为促进经济发展的重要活动，并为贫困人群带来就业和收入。政府支出政策中需要给予特别关注的一个方面就是劳动密集型就业建设。

（五）人力政策

国家要通过大量的人力资源开发投资，扩大和改善职业培训，培育灵活的就业形式和促进劳动力流动，来解决日益严重的劳动力供求不平衡问题；同时，改善就业服务并保障下岗职工和其他失业人员的基本生活。这一手段又称为人力政策。[①] 在知识经济的情况下，考虑到我国劳动力总体文化素质偏低的缺点，大力投资于人力资源开发尤为重要。所以，《就业促进法》第二十三条规定："各级人民政府采取措施，逐步完善和实施非全日制用工等灵活就业相适应的劳动和社会保险政策，为灵活就业人员提供帮助和服务。"第二十四条规定："地方各级人民政府和有关部门应当加强对失业人员从事个体经营的指导，提供政策咨询、就业培训和开业指导等服务。"

（六）其他政策

国家实行城乡统筹的就业政策，建立、健全城乡劳动者平等就业的制度，引导农业富余劳动力有序转移就业。县级以上地方人民政府应推进小城镇建设和加快县域经济发展，引导农业富余劳动力就地就近转移就业；在制定小城镇规划时，将本地区农业富余劳动力转移就业作为重要内容，县级以上地方人民政府引导农业富余劳动力有序向城市异地转移就业；劳动力输出地和输入地人民政府应当相互配合，改善农村劳动者进城就业的环境和条件。

国家支持区域经济发展，鼓励区域协作，统筹、协调不同地区就业的均衡增长。国家支持民族地区发展经济，扩大就业。各级人民政府统筹做好城镇新增劳动力就业、农业富余劳动力转移就业和失业人员就业工作。

五、就业服务

我国就业服务体系是随着就业体制的改革逐步发展起来的，起步比较晚；就业服务主体始终是以公共就业服务机构为主，其他服务机构为辅；就业服务内容从一开始是以积极促进就业为目的，服务内容随着就业服务体系的发展不断完善，初步建立了适合我国劳动力市场的就业服务体系。

（一）就业服务的概念

就业服务是指就业服务主体为劳动者实现就业和用人单位招用劳动者提供的社会服务。它是劳动力市场运行机制和国家劳动政策实施体系的一个重要组成部分。

我们主要从以下几个方面来理解就业服务：

第一，就业服务的提供者是专门的经营服务主体。该就业服务主体既可以是公共就业服务机构，也可以是私立就业服务机构；既可以是非营利性服务机构，也可以是营利性服务机构。

---

① 杨宜勇等：《就业治理与失业治理》，中国经济出版社 2000 年版，第 28 页。

第二，就业服务的服务对象是劳动者和用人单位，即劳动力的供求双方。

第三，就业服务的内容是提供各种社会服务。该服务与劳动行政部门所承担的管理职责是不一样的，其主要目的是建立和规范劳动力市场，促进劳动力和生产资料的结合，促进就业。就业服务的内容有核心内容和支持内容之分：核心内容是把劳动力的供求双方匹配起来，支持内容包括正确评估劳动者的能力、开发劳动技能以及各种促进就业的项目。随着就业服务体系的发展，就业服务将不断地增加新内容。

第四，获得就业服务是劳动者的一项基本劳动权利。就业服务权是指劳动者享有获得职业指导、职业介绍等内容的就业服务的权利。就业服务权是劳动权的基本内容。在现代社会中，获得就业服务权是实现劳动权的前提。国家负有保护和协助实现的义务，必须为劳动者获得就业服务提供条件，保障劳动者的就业服务权，促进就业。

（二）劳动就业服务机构

人力资源和社会保障部是全国劳动就业服务事业的主管部门，负责制定劳动就业服务工作的方针政策和就业规划，指导、监督、检查各部门、各地方就业服务工作，组织培训劳动就业服务系统的管理人员。劳动部内设就业司，它在劳动与社会保障部门领导下具体管理全国劳动就业服务工作。

《就业促进法》《就业服务与就业管理规定》（2018 年修订）中都有对劳动就业服务机构的规定。前者主要是原则性的规定，后者是对前者内容的补充和具体化，尤其是在操作层面更为详细。

1. 劳动就业服务企业

劳动就业服务企业是承担安置城镇失业人员的任务，由国家和社会扶持，进行生产经营自救的集体所有制经济组织。它所承担的安置任务是指：企业开办时，其从业人员中应有 60% 以上为城镇失业人员；在企业存续期间，根据当地就业安置任务和企业常年生产经营情况按一定比例安置城镇失业人员。

由企业、事业单位、机关、团体、部队等主办或者扶持开办的劳动就业服务企业，须经主办或者扶持单位的主管部门审查同意，并由劳动与社会保障部门认定其性质。劳动就业服务企业应当在工商行政部门核准登记的经营范围内从事生产经营活动。

2. 就业登记机构

就业登记机构是指国家规定的负责办理失业登记、求职登记和用人需求的机构。它由职业机构和基层劳动就业服务机构（街道、乡、镇、企业的劳动就业服务站）充当。按国家规定，失业登记只可由县级劳动就业服务管理机构指定的职业介绍机构或者委托的街道、乡镇、企业的就业服务站办理，其登记对象只限于有本地户籍的城镇失业人员。

3. 职业介绍机构

职业介绍机构即职业介绍所，是指依法设立的，从事职业介绍工作的专门机构。它有常年固定的服务场所、专职从事就业服务工作的工作人员和相应的工作设施。它在劳动与社会保障部门领导下，运用市场机制调节劳动供求，为求职者和用人单位沟通联系和提供服务，促进求职者和用人单位之间相互选择，为充分开发和利用劳动力资源服务。

职业介绍机构分为境内职业介绍机构和境外职业介绍机构。

境内职业介绍机构是指依法设立的从事境内就业服务工作的职业介绍机构，可分为劳动与社会保障部门开办的职业介绍机构和非劳动部门开办的职业介绍机构两类。前者是有偿服务、不营利的事业单位，后者分为非营利性的和营利性的两类。非劳动部门开办的职业机构，属于非营利性的，须持章程或者单位证明向所在县（区）以上劳动部门提出申请，经审查批准，领取职业介绍许可证，在规定的业务范围内从事职业介绍；属于营利性的，除按上述程序到劳动部门办理许可证外，还要到当地工商部门进行登记，才能在规定的业务范围内从事职业介绍，其活动需要接受当地劳动行政部门、工商部门、物价部门、税务部门的检查、监督和指导。

境外职业介绍机构是指依法设立的从事境外服务工作的职业介绍机构。设立境外职业介绍机构，必须符合国家规定的条件和程序。国家对境外职业介绍机构实行境外就业服务许可证制度。凡申请境外就业服务许可证的境外职业介绍机构，须经劳动与社会保障部门审核批准，颁发境外就业服务许可证后，方可从事境外就业服务工作。

第四节　员工参与管理

【导引案例4-3】

员工参与：西门子的德式实践模式[①]

西门子公司创始于1847年，经过170多年的发展，已经拥有37万多名员工，分布在全球200多个国家，员工管理成为西门子企业管理的重要组成部

① 苏静怡、周禹：《员工参与：西门子的德式实践模式》，载《新经济》2019年第2期。

分。自工业革命以来，全球经济与技术发展迅速，员工参与管理的机制在企业管理实践中的运用也越来越广泛，在这个过程中，员工工作的目的不再是单纯为了自身的业绩，他们有机会参与到企业经营管理之中，将企业目标与个人目标相融合，提高了对企业的认同感以及归属感，真正成为企业的一分子。在西门子的成功经验中，可以发现西门子公司对员工参与管理机制十分重视，西门子希望员工能够成为公司的共同所有人，这不仅是西门子的企业愿景，更是从公司治理、员工分享计划以及企业文化等层面落实了员工参与管理的机制，构建了员工参与体系，提升了公司内部员工的积极性以及主动性，促进了西门子公司与员工的共同发展。

1. 西门子员工参与制度与我国公司治理制度的不同是什么？
2. “职工持股计划”的主要内容是什么？
3. 西门子员工参与制度对我国企业有哪些启示？

共产主义不仅表现在田地里和汗水横流的工厂，它也表现在家庭里、饭桌旁，在亲戚之间，在相互的关系上。

——马雅可夫斯基

员工参与起源于19世纪初，由社会科学领域的“工业民主”的概念演化而来。20世纪六七十年代以来，由工人组织和国家立法主导的员工参与发生了变化，出现了由雇主发起的员工参与活动，这主要表现为雇主通过自治团队、质量圈及提案活动等形式鼓励员工参与其工作的设计、组织和管理。员工参与是一种员工影响企业内部决策的程序和制度，这些活动旨在激发员工对工作投入的积极性，同时也增加了员工对自己工作过程控制的自由度，减轻了与工作的疏离感。它和“集体协商”相同，都是产业民主的重要机制。

1951年国际劳工大会第34届会议通过一项工业化决议，督促会员国在企业中设立员工、雇主共同参加的组织。员工参与依据企业管理过程中的“分享管理”和“机会均等”原则得以发展，其核心是员工有权参与涉及其自身利益问题的决策和管理。

从传播范围来看，欧洲、日本、美国等发达国家的企业率先采取了员工参与的管理实践策略，而我国直到改革开放后才逐步建立了企业民主管理制度。

一、员工参与的概念

员工参与是指员工与雇主在交流过程中，以受雇者的身份参与企业决策制定，共同制定企业组织策略，共同对有关问题进行决策的制度，是实现劳动关系双方合作的主要手段和形式。[①]

员工参与定义中包含的基本要素涉及以下几个方面：

第一，参与的主体是普通员工。普通员工是指在劳动关系中经常处于被管理、被领导者地位的劳动者，不包括业主和高级管理者。

第二，员工参与主要是通过各种形式的参与活动体现出来的，参与是其最主要的特点，即不管员工参与的程度有多深、参与的范围有多广，甚至改变了管理的形态，但最终还是不能替代传统意义上的管理。

第三，员工参与具有明确的合法性和高度的权威性。当员工参与管理成为受到国家法律保障的活动时，它就已经不是企业员工的个别人参与，而是一种制度，是一种和民主政治、文明社会联系在一起的制度。

第四，员工参与具有层次性和广泛性。员工参与主要是以参与决策的形式出现，它适用于各行各业、各种层次的管理与决策，因而它是民主社会应该具有的最一般特征。

第五，员工参与具有明显的历史性。主要表现在：一方面，员工参与并不是与管理同步产生，而是社会生产力发展到一定阶段的产物，民主成为世界上大多数国家认可的政治、经济与社会生活公开追求的共同价值时，它才成为工业、产业领域遵循的一项制度，民主发达程度的差异，影响着员工参与的深度和广度；另一方面，在不同国家、不同地区乃至一个国家的不同发展时期，员工参与的内容、形式和效果都有很大的差异。

二、员工参与的性质

从本质上，参与权是对于管理权的一种分享，与传统的“劳动三权”即团结权、谈判权和争议权比较起来，它又是一项更高层次的权利。“劳动三权”注重的是劳资双方之间的差异与劳资矛盾，参与权注重的是劳资双方的共同利益和劳资合作[②]。这种以产业民主为背景的民主权利，介入管理权、决策权以及企业利润分配等多个方面，这些过去被看成是资方独享的领域如今变成与劳动者共享，体现了产业民主所倡导的尊重人格和以人性化为目标的人本主义管理原则[③]。

企业的民主参与权并不是一种直接的管理权，也不是替代管理权。作为分享权，其特点是这一权力主体得到另一权力主体对于部分权力的让渡。这种让渡在不同情况下限度是不同的，即参与的程度不同。同时，在权力的行使中，

---

① 左祥琦：《劳动关系管理》，中国发展出版社 2007 年版，第 214 页；程延园：《劳动关系》，中国人民大学出版社 2016 年版，第 199 页；常凯：《劳动关系学》，中国劳动社会保障出版社 2005 年版，第 296 页。

② 常凯：《劳动关系学》，中国劳动社会保障出版社 2005 年版，第 296 ~ 298 页。

③ ［美］乔·萨托利：《民主新论》，东方出版社 1993 年版，第 121 页。

参与者始终处于一种被动的地位。所以，企业民主参与权的行使是在与经营者的相互作用中实现的。就参与的程度来说，参与包括信息沟通、咨询建议、协商磋商、共同决策等。在一般的或者大多数的情况下，企业劳动者的参与是一种不对等的参与，对等参与是参与的最高程度，即劳资双方平分秋色。超出这一程度，就已经不是参与，而是劳动者直接管理或者劳动者自治了。在中国，员工参与权一般分为建议权、共决权、决定权三个层面，这三个层面的权利在《公司法》《职工代表大会条例》等法规文件中有所体现。

员工参与是一种将法定权利转化为权利或者是影响力的过程。这种转化，一方面是决策涉及参与者的特定利益，利益驱使员工去参与和接受参与；另一方面是参与者本身从总体上承认决策所涉及的利益与自己的利益是一致的，他们只想通过参与使决策变得更为符合自己或者组织的利益。即使在员工提出的意见与决策者的意见相左时，员工也要以现有的管理关系作为前提。否则，参与者与组织者之间建立起来的劳动关系就可能会面临破裂的危险，参与就不复存在了。所以，员工参与是通过各种影响手段，改变决策的方向，其本质是产生制约作用，即制约组织领导成员随意决策而不顾及工人的利益，并通过参与行为促进劳动关系向着和谐的方向发展。

三、员工参与的理念

（一）以人为本

传统的管理理念是把人当成一种成本看待，而现代企业将对员工的管理思想定位为以人为本，进行以人为中心的管理。在新的知识经济时代，知识日益成为决定企业生存和发展的重要资源，人作为知识的主人，作为企业知识资源的驾驭者，其积极性、主动性、创造性调动和发挥的程度如何，直接决定着企业的创新能力。因此，对员工管理追求的不仅是节约成本、提高绩效、提高效率等功利目标，而且包括改善生活质量、提高满意度和员工成长等与人性有关的人文目标。企业应树立“以人为本”的管理思想，高度重视人力资源及其开发管理，把员工参与提到企业发展战略和经营决策的高度，把对员工能力的培养、积极性的发挥、工作热情的提升放在重要的位置。

（二）能本管理

能本管理是以人为本理论发展的新阶段，即以人的能力为本的管理。能本管理是真正体现人人平等、重视企业中人的作用以及使劳资冲突最小化的理念。企业营造一个“能力型组织”及其运行机制，使组织的制度、体制、管理、运行机制、发展战略目标和政策等，都围绕如何有利于充分发挥每个员工的能力、为企业创造最大价值来设计运作；在对组织和员工进行评定和奖惩时，首先看其能力发挥及其做出贡献的情况。它对组织和员工之间关系的要求是，既提倡每个人要通过充分发挥其创造能力，实现个人价值，也要求组织引导员工把个人的发展目标、岗位技能的提高，同组织目标统一起来，使组织和员工形成一个统一的共同体，促进个人和组织共同发展。

（三）企业文化

企业文化是企业在长期经营实践中逐步形成的文化观念，犹如企业的灵魂，是企业制度、企业精神、企业道德规范和价值取向的总和。其核心是对企业使命和价值观的认同。企业文化是企业长期形成的共同理想、价值观念和行为准则。虽然没有一套正式的规章文本，但却通过非正式的道德规范、文化习惯和企业精神的感召力，协调着企业的组织管理和人际关系。建立员工与管理方之间的平等、伙伴关系，创造员工参与企业管理的文化氛围，成为连接员工情感归属、凝聚向心力量最重要的纽带。

（四）培训

培训是为培训对象（劳动者）提供的一种潜在的、提高其能力的机会。员工培训满足了个人发展的需要和企业知识积累的需要，是企业人力资产增值的重要途径，是企业组织效益提高的重要过程，也是以人为本管理理念的综合。培训是一种有效的激励和报酬，它满足了个人发展的需要和企业知识积累的需要，可以让员工感到企业对自己的重视，自己在企业有发展前途，从而产生对企业的归属感，促使劳动者自觉地参与管理。

四、员工参与管理的功能与限制

（一）员工参与管理的功能

员工参与管理至少有四个功能：

第一，激发员工潜能，提高工作效率。员工参与管理可以增强员工的思考能力和独立创造性，激发员工对企业强烈的责任感，使员工能够真正从组织的角度分析问题，这能够强化员工的主人翁意识，使员工更易于融入组织中，提高组织的凝聚力。

第二，可将民主的生活方式延伸到产业领域及工作场所。为所有员工提供参与可能影响其利益的决策机会，可以集思广益，帮助管理者做出明智决策，提高企业绩效和生产力。离问题越近的人，对问题的思考越深刻，越容易找到问题的解决方法。与没有员工参与制定的决策相比，员工参与制定的决策更容易被接受，执行起来更容易、更彻底，效果更好。通过员工参与管理，一方面能够使管理者了解组织中存在的问题，知道哪些问题是重要的、亟待解决的；

另一方面，员工还可以为管理者提供更加可行的解决方案，帮助管理者做出决策，提高生产效率。

第三，可以保障劳动者权益，建立和谐的劳资关系。劳资关系是指管理者与员工及团体之间产生的，由双方利益引起的表现为合作、冲突、力量和权力关系的总和，并受到一定社会中的经济、技术、政策、法律制度和社会文化背景的影响。在西方，资本主义经济发展之初，劳资矛盾激烈、对抗严重，给企业正常发展带来了不稳定因素。在劳资双方的力量博弈中，管理方逐渐认识到缓和劳资冲突、让员工参与企业经营的作用。随着管理理论的发展、人们对人性本质认识的不断进步，以及国家劳动法律体系的完善，企业越来越注重员工关系，不断加强内部沟通、协调员工关系，使企业和员工获得共同发展。

第四，可以提高员工忠诚度、满意度和个人成就感。员工参与管理最直接或者最有效的结果是增强员工对企业的忠诚度，提高工作热情。研究表明，对企业忠诚而且富有工作热情的员工的工作绩效通常较高。对企业忠诚意味着员工对企业目标和发展方向的认同，以及对外在诱惑的拒绝。工作热情的员工通常会以任务为导向，喜欢承担有挑战性的工作，把提高工作绩效看作自我价值的实现。企业要提高员工的人力资本付出水平，必须确保员工对企业忠诚和对工作充满热情。将员工融入企业，融入企业的整体管理环节，这是员工人力资本付出的前提，也是提高绩效、使企业在竞争中处于不败之地的关键环节。

（二）员工参与管理的限制

员工参与管理的限制体现在以下几个方面：

第一，由于个人的受教育程度、出身背景、心理状态等方面的不同，对于员工参与的“态度”和“领悟”也有所不同。

第二，参与制度有时会增加企业经营的限制，降低决策制定的时效性。

第三，由于企业的生产和管理经营日趋专业化和复杂化，员工参与除非在其个人的专业范围内，否则很难发挥功效，有时甚至会破坏员工与管理者或者经营者之间的感情。

第四，个人的欲望是无穷的，员工可能永远觉得参与程度不够深，参与的范围不够广泛，以至于双方的问题永远无法获得圆满的解决。

五、中国员工参与的形式①

（一）中国职工民主参与的起源与发展

我国职工民主参与制度经历了三个阶段的发展：从近代民族资本主义兴起

① 唐鑛：《劳动关系管理概论》，中国人民大学出版社2012年版，第171～178页。

到 1949 年；1949 年到 1978 年；改革开放至今。

第一阶段：近代民族资本主义兴起到 1949 年。我国职工民主参与管理初创阶段始于土地革命战争时期，主要表现在中国共产党领导工会运动争取工人经济条件的改善，提高劳动者的经济待遇。1922 年 8 月，在中国共产党公布的《劳动立法原则》中，就提出了劳动者参加劳动管理的要求。这是中国共产党第一次用文件的形式确立劳动者参加劳动管理的原则。1933 年 1 月苏维埃政府颁布了《中华苏维埃共和国劳动法》，同年 4 月，苏维埃政府还颁布了《苏维埃国有工厂管理条例》，进一步确定了职工民主参与的制度。当时职工民主参与的主要形式是"三人团"制度："三人团"由厂长、党支部代表和工会代表组成，协调厂长处理厂内的日常问题。解放战争时期，中国共产党在华北等地区的公营企业中，逐渐建立起以工厂管理委员会和职工代表会议为主要形式的职工民主参与制度。工厂管理委员会由厂长、副厂长、总工程师以及其他生产负责人和等于以上数量的劳动者代表组成，讨论和决定一切有关生产与管理的问题。

第二阶段：1949 年到 1978 年。新中国成立前的工厂管理委员会和职工代表会议制度在新中国成立后得到了延续与发展，不仅公营企业，私营企业也采取了劳资协商会议的形式。1950 年，我国国营企业大都建立了工厂管理委员会与工厂职工代表会议制度，同年 2 月，《关于国营、公营工厂建立工厂管理委员会的指示》发布。1953 年，我国正式引入"一长制"，逐渐形成了"两参一改三结合"制度，即"干部参加劳动，工人参加管理；改革不合理的规章制度；党的领导、工人群众和技术人员相结合"。"文化大革命"期间，全国各行业均在工厂、车间和班组等不同层面成立了为数众多的工人领导小组。此期间的职工民主参与制度，虽然在意识形态的作用下得到了推进和普及，但此种职工参与的意识形态色彩过于浓厚。

第三阶段：改革开放至今。党的十一届三中全会以后，党委领导下的职工代表大会制度得到恢复和发展。① 从 1979 年 5 月开始，首都钢铁公司等 8 家企业开展了扩大企业经营自主权试点，其中涉及职工参与的主要内容有：企业在人事安排、职工奖惩等方面拥有一定的权力；实施党委领导下的厂长负责制，建立职工代表大会制度等。1981 年 7 月，中共中央、国务院转发了《国营工业企业职工代表大会暂行条例》，这是新中国成立以来第一部有关职工代表大会制度建设的全国性法规。1984 年底，全国建立职工代表大会的企事业单位已有 20.7 万个，占建立职工代表大会制度企业的 78%，达到了新中国成立以后职工代表大会建设的第一个高潮。1986 年和 1988 年我国相继出台了《全民所有制工业企业职工代表大会条例》《全民所有制工业企业厂长工作条例》和《中华人民共和国全民所有制工业企业法》，以法律形式正式确认了职工可以

① 晓晨：《我国职工民主管理的发展》，载《工会博览》2003 年第 10 期。

通过职工代表大会和其他民主形式对国有企业实施民主管理的原则，标志着中国式的职工参与制度终于走上了法制化的轨道。1990 年初期，很多企业的职工代表大会、董事会和监事会制度在不同程度上都存在着形式化的问题。1992 年《全民所有制工业企业转换经营机制条例》颁布后，这种现象更加明显。1993 年 12 月颁布的《中华人民共和国公司法》，是中国职工参与制度发展中的一个新的里程碑，用“新三会”（股东大会、董事会和监事会）代替了“老三会”（党委会、职工代表大会及工会），但仍存在一定的问题，如对“新三会”与职工代表大会之间的关系没有做出明确的法律界定等。随着市场经济体制的初步确立，社会经济不断发展，企业面临的市场压力也在与日俱增，中国的职工民主参与制度面临着许多新的问题和挑战。

（二）中国职工民主参与的形式

职工代表大会制度、厂务公开制度、职工董事及监事制度、集体协商制度同其他民主管理制度共同构成了我国市场经济体制下的职工民主参与管理体系。

1. 职工代表大会制度

职工代表大会是我国职工民主参与管理的基本形式。我国 1988 年颁布的《中华人民共和国全民所有制工业企业法》第五十一条规定：“职工代表大会是企业实行民主管理的基本形式，是职工行使民主管理权力的机构。”

职工代表大会的权力包括审议企业长远和近期的经营管理方针与目标，以及重要实施方案与措施。监督的主要内容是监察行政领导是否正确贯彻执行党和国家的方针政策，是否正确处理国家、企业、劳动者三者的利益关系，是否正确行使职权，是否认真实施职工大会的审议与决议，在廉政建设方面能否做到遵纪守法和廉洁奉公。维护劳动者的合法权益不仅包括维护劳动者在劳动、学习、工资、福利以及社会保障等各方面的权益，还包括维护劳动者的精神利益和文化利益。

职工代表大会的组织制度，是保障职工代表大会开展活动，履行民主管理职能，完成其任务的组织设置和工作制度，主要包括职工代表大会的组织机构、工作机构、组织原则、工作方式和活动制度。

（1）组织及工作机构。主要包括大会主席团、代表团（组）和根据工作需要而设立的经常性或者临时性的专门小组，职工代表大会主席团是职工代表大会期间的组织领导机构，并主持会议。

（2）组织原则。民主集中制是职工代表大会的组织原则，也是职工代表大会的基本制度。

（3）工作制度。企事业单位的职工代表大会实施办法是职工代表大会的重要制度之一，包括职工代表大会的会议制度、职工代表大会专门小组工作制度、职工代表大会团（组）长和专门小组负责人联席会议制度、职工代表活动制度以及民主管理考评制度。

2. 厂务公开制度

厂务公开制度是企业管理一方向本企业劳动者公开企业的重大决策、企业生产经营管理的重大事项、涉及职工切身利益和企业廉政建设的事项，接受劳动者监督的民主管理制度。2002 年 6 月，中共中央办公厅、国务院办公厅联合下发的《关于在国有企业、集体企业及其控股企业深入实行厂务公开制度的通知》是国有企业实行厂务公开制度的主要政策依据，规定了厂务公开的指导原则、总体要求、活动内容和组织领导。

（1）厂务公开制度的内容。厂务公开的内容包括：企业重大决策问题；企业生产经营管理方面的重要问题；涉及劳动者切身利益方面的问题；与企业领导班子建设和党风廉政建设密切相关的问题。

（2）厂务公开的组织结构。包括厂务公开领导小组、工作机构、监督小组。其中，厂务公开领导小组由党委、行政、纪委和工会负责人组成，负责制定厂务公开的实施意见，审定重大公开事项，指导协调有关部门研究解决实施中的问题，做好监督考核工作，建立责任制和责任追究制。

工作机构由企业工会担任，负责日常工作。

监督小组由纪检、工会有关人员和职工代表组成，负责监督检查厂务公开内容是否真实、全面，公开是否及时，程序是否符合规定，劳动者反映的意见是否得到落实，并组织劳动者对厂务公开工作进行监督。

总之，厂务公开制度是我国企业特别是国有企业大力推行的民主管理的重要形式。厂务公开民主管理，不仅可以搭建劳动者知情、参与、监督的平台，让广大劳动者充分参政议政，同时可以为企业铺就科学发展的道路。厂务公开制度的建设可以从厂务公开的原则、范围、内容、形式、程序和职责等方面考虑。企业性质不同，厂务公开制度的内容、形式等也不同。总体而言，可以通过公告栏、专题会议等多种形式，做到重大决策公开、制度管理公开、经营绩效公开、人事调整公开等。企业的实践证明，厂务公开制度有利于形成和谐合作、互利双赢的员工关系。厂务公开能够调动员工的积极性、主动性和创造性，提高企业的经济效益，促进企业健康持续的发展。

3. 职工董事、监事制度

职工董事、监事制度也称为董事会、监事会中的职工代表制，是公司制企业依照法律规定，选举一定数量的职工代表进入董事会、监事会，担任董事、监事，参加企业重大决策的制度。职工董事、监事制度使员工代表能够对公司决策进行监督，及时反映员工的意愿和要求，平衡与投资者、管理者的关系，把员工利益和公司利益结合在一起，共同承担风险、承担责任、共享利益，在促进公司发展、协调劳资关系方面起到了重要作用。

20世纪70年代，我国董事会中开始出现工人董事，我国职工董事、监事制度在20世纪90年代开始形成。1993年发布的《中华人民共和国公司法》是我国的职工董事、监事制度的主要法律依据。1999年党的十五届四中全会审议通过了《关于国有企业改革和发展若干重大问题的决定》，进一步明确国有独资企业、国有控股公司中的董事会和监事会都要有职工代表参加。此外，中华全国总工会十三届二次执委会也确定了把建立职工董事、监事制度列入各级工会组织的一项重点工作。这些都推动了职工董事、监事制度在我国企业中的建立。

职工董事、监事由企业全体职工或者职工代表民主选举、更换，而且经民主选举产生后，无须股东大会认可直接进入董事会和监事会。一般而言，企业工会主席、副主席作为职工董事、监事的首推候选人。参选职工董事、监事的候选人应具有高度的责任心，有较强的政治素质和政策水平；了解、熟悉企业生产经营管理和业务水平等有关情况，有较强的参与决策、实施监督的能力；密切联系群众，能够代表和维护劳动者的合法权益，为劳动者信赖和拥护，敢于并善于表达劳动者意愿；坚持原则，廉洁自律，为人正派，办事公道，讲究诚信。职工民主选举时应选拔那些具有代表性、具有参政议政能力的劳动者代表。在我国，职工董事、监事制度是职代会制度的延伸，是完善我国公司法人治理结构的重要内容，是公司实行民主管理的重要形式。

《中华人民共和国公司法》中没有明确规定职工董事和监事的比例，但公司章程中应予以明确规定。一般而言，职工董事和监事在董事会和监事会中应占到1/3的比例。

4. 集体协商制度

我国企业集体协商制度的发展大致可分为两个阶段：国民经济恢复时期的集体协商制度和市场经济时期的集体协商制度。新中国政府关于集体协商、集体合同的有关规定最早可以追溯到1949年9月29日发布的《中国人民政治会议共同纲领》。国民经济恢复时期，各种法律、法规、政策、规范性文件层出不穷，许多规定至今仍有很强的实用性和指导意义。但是随着“文化大革命”的到来，集体协商制度停止了发展的进程。改革开放以来，随着社会主义市场经济体系的确立，集体协商制度再次引起工会及政府有关部门的重视，有关部门发布了一系列的法律法规完善此制度，引导劳动关系走向和谐。

集体协商代表是按照法定程序产生的代表本方利益进行集体协商的人员。劳资双方的代表人数应当对等，每方至少3人，并各确定1名首席代表。劳动者一方的协商代表由本单位工会选派。未建立工会的，由本单位劳动者民主推选，并经本单位半数以上劳动者同意。用人单位一方的协商代表，由用人单位法定代表人指派。

集体协商（集体谈判）也是职工民主参与管理的重要形式。为使集体谈判和签订集体合同的过程更能符合企业实际，体现公开与公平原则，劳动者不得不想方设法了解企业的生产经营状况，提出自己的看法和要求。因此，集体合同的提出、协商（谈判）、订立过程也是劳动者参与管理的过程。

集体协商的内容涉及有关劳动者直接利益的事项，如劳动报酬、工作时间、休息休假、劳动安全卫生、补充保险和福利、女职工和未成年人特殊保护、职业培训、奖惩、裁员等。此外，集体合同的签订、期限、变更、解除的程序，以及集体合同争议的处理办法等一系列事项也是具体协商的重要内容。

集体协商一方代表应当以书面形式向对方提出进行集体协商的要求，对方应在一定期限内予以回应。为了保证集体协商的效果，双方代表都应事先做好充分准备。首先，熟悉与集体协商内容有关的法律法规、规章制度，了解协商内容的背景资料，收集相关人员的意见；其次，拟定集体协商的议题，可由提出协商一方起草，也可由双方共同起草；最后，确定集体协商的时间、地点等事项，并共同确定一名非协商代表担任集体协商记录员。协商过程中，应由双方的首席代表轮流主持。

5. 职工合理化建议

除了上述劳动者参与管理的方式外，合理化建议也是劳动者参与企业管理的一个途径。我国在企业中开展合理化建议活动已经有数十年的历史，这项活动具有范围广、投资少、见效快等优点，一直受到人们的重视。在过去，合理化建议是与企业技术革新和技术改造联系在一起的。在科学技术高度发展的今天，这项活动依然具有很强的现实意义。现在，一些企业开展合理化建议活动的着眼点放在提高管理效能、管理制度创新、消化和应用先进技术等方面。面对企业经营中的新问题，劳动者通过合理化建议制度，从实际操作经验出发提出解决问题的方法。这种群策群力的方式，有利于尽快找到解决问题的措施，并且能在很大程度上保障措施的有效性。

由于1986年国务院制定的合理化建议奖励标准已经明显偏低，一些地方和企业在开展合理化建议活动时，大大提高了奖励幅度。有条件的企业还可以举行职工合理化建议评比活动，使合理化建议提出者名利双收。

6. 职工持股会

职工持股会适用于劳动者持股的公司制企业。在这种企业中，劳动者购买了本公司的股票，成为公司的股东，与公司之间又增加了一层产权关系。他们作为股东有权参加股东大会，参与产权管理。但在一般情况下，劳动者每人持股数量有限，且股份额度不均匀，尽管人数众多，但如果分别参加股东会，难以形成维护共同利益的统一力量和一致的意见。因此，在工会组织的指导下，有些企业就把持股劳动者组织起来，建立由工会主持的职工持股会。

职工持股会的主要工作是：按照国家有关法规和公司章程，选派代表参加股东会；将持股劳动者的意见和要求集中起来，在股东大会上充分表达，行使股东权利。组织职工持股会，有利于维护持股劳动者的共同利益，有利于把劳动者自发的利益要求，引导到关心和维护企业发展上来，也有利于充分发挥工会的作用，更好地维护劳动者的合法权益。

第五节　职工民主管理

一、职工民主管理的协调职能

在劳动法体系中，职工民主管理与劳动合同制度、集体合同制度和劳动争议处理制度并存，共同执行着协调劳动关系的职能。

（一）与劳动合同制度和集体合同制度的比较

与劳动合同制度和集体合同制度相比，职工民主管理在协调劳动关系方面的主要特点如下：

第一，职工民主管理由劳动关系当事人双方各自的单方行为构成，其意志协调表现为劳动者意志对企业意志的影响和制约、企业意志对劳动者意志的吸引和体现；而劳动合同和集体合同都是劳资双方当事人之间的双方行为，其意志协调表现为经过协商达成一致的协议。

第二，职工民主管理是在劳动过程中处于被管理者地位的劳动者参与企业管理，这属于管理关系中的纵向协调；而劳动合同和集体合同属于平等关系中的横向协调。

第三，职工民主管理由于其形式多样，能够在劳动关系存续期间，对劳动关系进行经常、随机、及时的协调；而劳动合同和集体合同对的劳动关系的协调，则主要集中在合同的订立和变更环节。

（二）与劳动争议制度比较

与劳动争议制度相比，职工民主管理在协调劳动关系方面的主要特点如下：

第一，职工民主管理是劳动关系运行中的自我协调和内部协调；而劳动争议处理则是由特定机构对劳动关系进行的外部协调。

第二，职工民主管理是在尚未形成争议的情形下对劳动关系的协调，即劳动关系正常运行中的协调；劳动争议处理则是在劳动关系由于发生争议而处于非正常状态时所进行的协调。职工民主管理属于事前协调，目的在于预防争议；劳动争议处理属于事后协调，目的在于解决争议。

所以，职工民主管理在协调劳动关系方面的职能，不仅是劳动合同、集体合同和劳动争议处理所不能代替的，而且还能弥补它们的不足。因而，它一直作为劳动关系协调机制中一种主要构成要素而存续和发展。

二、职工民主管理的利益机制

职工民主管理的效果如何，除了取决于劳动者对企业管理的参与度是否适当、参与形式是否合理以外，还取决于劳动者对参与企业管理的积极性和责任感。而这种积极性和责任感，必须有一定的经济利益作为基础。在企业中，劳动者如果只能得到作为劳动力价格转化形成的工资，而无缘分享企业利润，工资与企业利润毫无联系，其参与企业管理的内在动力就会减弱；劳动者如果只承担由于企业裁员或者破产而失业的风险，而对企业经营亏损不承担财产风险，其参与企业管理的内在压力就可能不足。因而，要调动和提高劳动者对参与企业管理的积极性，形成和加大劳动者对参与企业管理的责任感，就必须建立一种有效的利益机制，即劳动者、投资者和经营者之间利润分享、亏损分担和利益趋同的机制。因而，职工持股机制和按劳分红制度在许多国家伴随着职工民主管理制度而出现。

（一）职工持股制度

1. 职工持股的概念

职工持股是指劳动者凭借其劳动者资格购买本企业股份，作为本企业股东分享利润，分担风险。这里的职工股份与普通股份的不同之处在于，持股须以其与企业之间存在劳动关系为前提，劳动者有权利和义务购买一定股份，一般各劳动者所持股份大体均等，股票记名并且不可转让。

在这种制度中，劳动者和股东双重身份合一，有一定的经济利益作为基础，使劳动者认同企业的经营目标，对劳动者参与的积极性和责任感无疑意义重大。

2. 职工持股制度存在的问题

职工持股制度在实践操作中也存在一些问题，主要表现在以下几个方面：

第一，有可能不利于职工民主管理的积极性和责任感。除了合作企业外，职工所持股份在企业总资本中的比重一般很小，劳动者收入仍以工资、福利为核心，股份收益很可能微不足道。这既不足以激发职工民主管理的热情，也不足以提高劳动者在参与企业管理过程中对企业长期利益的关系程度。职工所持股份如果人人均等，实际就成了一种“大锅饭”式的变相福利分配，它对激发职工民主管理的积极性和责任感的作用连有等级差别的工资制度都不及，甚至还有可能冲淡工资制度对职工民主管理的积极性和责任感的正面影响。职工所持股份如果允许有差别，就会在全体劳动者中造成参与企业管理的积极性和责任感不平衡，即只会对少数持股多的劳动者起到作用，而持股相对少的劳动者参与企业管理的积极性和责任感则不会因持股而提高，甚至还可能因持股相对少而降低。

第二，有可能与职工民主管理的宗旨相悖。众所周知，现代企业实行职工民主管理制度的主旨是提高效率，而职工持股在一定条件下可能引起低效率的结果。如当股份收益在劳动者收入中不可能占有较大比重时，劳动者以劳动者和股东双重身份参与企业管理，就可能促使企业目标偏向工资福利最大化，造成企业行为短期化。而在职工持股均等时，其股份收益与劳动贡献不挂钩，就会影响劳动者的劳动积极性。

（二）按劳分红制度

1. 按劳分红的概念及与其他概念的区别

按劳分红是指将企业可分配利润的一部分，在全体劳动者中按照劳动贡献大小进行分配。

按劳分红与工资分配的区别在于：分配客体是利润而不是计入成本的劳动报酬；它与职工持股制度中利润分配的区别在于：分配的依据是劳动而不是股份。这种制度使劳动者仅凭其劳动分享利润，使工资与利润由对立转向相容，使劳资矛盾有所缓解，因而对激发职工民主管理的积极性和责任感能起到积极作用。

2. 按劳分红存在的问题

按劳分红制度同样存在缺陷，表现在以下几个方面：

第一，按劳分红的利润在可分配利润中只是很小的一部分，并且分红所得在劳动者收入中仅是工资的一种补充形式，所以对激发劳动者民主管理的积极性和责任感作用有限。

第二，单纯的按劳分红只能使劳动者在企业盈利时分享利润，而无法使劳动者在企业亏损时像职工持股制度那样分担风险。这就不足以增加职工民主管理的责任感。

（三）解决建议

以上分析表明，职工持股制度和按劳分红制度都是建立职工民主管理利益所必不可少的，同时又都有一定的局限性。为了使全体劳动者对企业管理保持旺盛的积极性和强烈的责任感，应当建立和健全与职工民主管理制度配套的职工持股制度和按劳分红制度，充分发挥它们对职工民主管理的利益驱动和约束功能。

其中，最重要的是解决好以下的一些问题：

第一，职工分享利润的总量确定。从外延界定看，职工分享利润总量只限于给劳动者支付股息和给劳动者支付劳动红利的利润，其中不应当包括劳动者所持普通股的股息红利。它在企业可分配利润中所占比例要合理。确定该比例，应当以既有利于企业发展又足以激发劳动者参与的积极性为原则，还应当同资本、经营和劳动在企业中的地位相适应。因而，该比例一般应当低于投资者（不包括职工股东）、高于经营者分享利润在企业可分配利润中所占比例；并且，该比例在劳动密集型企业应当高于资本密集型企业，在对职工参与需求较大的企业应当高于需求较小的企业。

第二，利润均等分享和利润差别分享的结合。利润均等分享，即各个劳动者所分享的利润份额相等，有助于全体劳动者平等地参与企业管理，但与按劳分配原则相悖。利润差别分享易于同按劳分配原则相适应，但只对部分劳动者有激励作用。所以，这两种利润分享方式应当并用。有两种模式可供选择：一种模式是同时实行职工持股制度和按劳分红制度，并将劳动者分享利润总量分为两部分，一部分作为职工股息由劳动者平等分享，另一部分作为劳动红利在劳动者中进行差别分配。另一种模式是只实行按劳分红，但同时实行两种分配标准，即最低分红标准和等级分红标准，各个劳动者所得红利不得低于最低分红标准，以此实现利润均等分享；同时在最低分红标准的基础上按照等级分红标准将红利在劳动者中进行差别分配。在上述两种模式的利润差别分享中，应当以劳动者工资额大小、工龄长短，以及受过何种奖励、受过何种纪律处分等，作为确定差别的依据。

第三，利润分享与亏损分担相对称。劳动者作为利润分享主体，也应当是亏损分担主体。当企业出现亏损时，劳动者分担亏损总量在企业亏损中所占比例，应当与劳动者分享利润总量在企业可分配利润中所占比例对应；各个劳动者分担亏损的比例，也应当与各自分享利润的比例一致。为了使劳动者分担亏损的责任不致落空，在向劳动者分配利润的同时，应当从各个劳动者所得利润中按照同一比例提取分担利润留做亏损风险基金（或者集体股）并分别记入劳动者个人账户。应当由劳动者分担的亏损，首先用于亏损风险基金（或者集体股）弥补，不足弥补的部分从职工股中扣除，职工股不足弥补或者未实行职工持股制度的，可用企业用益金弥补。

第四，劳动者离开企业时职工股和职工所得利润的处理。为了避免或者缓解伴随大量劳动者离开企业而来的大批退股（仅限于职工股）和带走所得利润给企业带来的财务危机，应当对劳动者离开企业时带走资金做出适当限制，如对于职工退股，全部转为普通股，或者按照一定比例，部分转为普通股，部分企业出资购回；对于亏损风险基金（或者集体股）中记入劳动者个人账户的份额，经清算确定应退还的资金，如果数额越过规定界限，就要按照一定比例部分转为普通股，部分兑现现金；如果数额未超过界限，就由劳动者选择转为普通股或者兑付现金。劳动者离开企业时按照上述规则确定的应带走的资金，如果及时付清会造成企业财务困难，可实行分期付清，具体办法由双方协议确定。

思考题

1. 员工民主参与的含义及特征是什么？
2. 员工民主参与的性质是什么？
3. 劳动者的资格要素是什么？
4. 按劳分红存在的问题是什么？
5. 简述职工的董事、监事制度。
6. 简述培训对劳动关系的功能。

第五章

劳动关系中的工会

本章学习重点：

1. 了解工会的分类。
2. 熟悉工会的职能。
3. 熟悉工会在集体合同中的作用。

本章学习难点：

1. 掌握工会的性质。
2. 掌握中国工会的基本职责。
3. 掌握工会在劳动争议中的作用。

【导引案例5－1】

工会被诉维权不力①

某中外合资企业成立后，根据《中华人民共和国工会法》的规定，很快成立了工会，并获得了当地市总工会颁布的《工会法人资格证书》。公司全体职工在工会组建后不久均陆续加入。

劳动者杨某成为工会会员后，马上向工会主席反映了自己的劳动权益问题："我来公司已经两个多月了，公司一直以我处在试用期为由，不跟我签订劳动合同，而且还不给我缴纳社会保险。工会作为维护劳动者合法权益的组织，我请求你们帮我向企业讨要一个说法。"工会主席当时给杨某的答复是，工会刚刚成立，需要做的事情很多，暂时没有时间管这样的小事。

杨某无奈只好继续与公司进行交涉，交涉中杨某的态度得罪了公司领导，报复心理很强的领导竟然在杨某试用期满后拖延不与其签订劳动合同，并不为杨某缴纳社会保险。此后，杨某多次找公司工会，请求工会履行维护劳动者合

① 左祥琦：《劳动关系管理》，中国发展出版社2007年版，第64～65页。

法权益的职责，帮助自己解决劳动权益的问题，但工会均以各种借口进行推脱。

转眼半年过去了，杨某的问题仍然不能解决。一天，杨某再次找到工会主席，要求工会给予支持，工会主席说："你为了这么点儿小事，多次来工会反映，不就是劳动合同和社会保险问题吗？你对领导态度好一些，或者说点好话，公司领导能不给你解决问题吗？我今天明确告诉你，你的问题必须要由自己解决，我们工会帮不了你。"

第二天，杨某就将工会起诉到法院，要求法院判决工会履行维权职责，为自己的合法权益提供支持。"劳动者告工会？以前从来都没有听说过，这能立案吗？"立案法院感到十分困惑。

1. 对于劳动者状告工会的案件，法院能否受理？

2. 这起劳动者状告工会维权不力的案例说明了什么问题？

第一节　工会概述

工会是工业社会劳动关系矛盾的产物。工会起源于两类组织：互助联谊组织与职业规范组织，18 世纪晚期，英国手工业者建立了具有互助联谊性质的组织，会员以"互助保险"的名义每周交一笔小额会费，在他们生病、退休、失业或者死亡时，其本人或者亲属可以获得一定数额的补偿。同样是在 18 世纪晚期，美国波士顿、纽约和费城等城市的手工业者，如印刷工人、木匠、铁匠等为了提高收入、抵制雇主削减工资、改善劳动条件、规范工作时间或者击垮外来的竞争者，一个地区同行业的手工业者开始建立地方性的协会或者团体，对某一行业加以规范，制定统一的培训、产品质量和价格等标准。虽然工会起源于上述两类组织，但它们不是现代意义上的工会。

一、工会的概念

工会是西方国家市场经济得以正常运行的基本制度之一。韦伯夫妇早在 1894 年就通过对当时英国工会的研究，提出了工会具有互助保险、集体谈判和参与法律制定等功能；工会一般能够组织起来与雇主谈判，以便能够改变工人个人与雇主谈判的不利地位。

韦伯夫妇在《英国工会运动史》中，把工会定义为"由工资收入者组成的旨在维护并改善其工作生活条件的连续性组织"①。工会在《现代劳动关系

① 于桂兰、于楠：《劳动关系管理》，清华大学出版社、北京交通大学出版社 2011 年版，第 40 页。

辞典》中被定义为：工会是工人阶级的群众组织，是社会经济矛盾的产物，是工人阶级为加强内部团结集中斗争力量而自愿组成的社会团体。在《牛津法律大辞典》中，对工会的定义是：工会是现代工业条件下雇佣工人自我保护的社团。

在法律层面，英国《工会与劳资关系条例》定义工会为："全部或者主要由工人组成的组织，这一组织的主要目的是形成劳资双方的行为规范。"美国《国家劳资关系法》认为："劳工组织"是职工参加的任何种类的任何组织，或者任何代理机构，或者职工代表委员会或者计划，其存在的全部或者部分目的是就各种申诉、劳动争议、工资、待遇等级、工时、工作条件等问题同雇主进行交涉。日本《劳动组合法》中规定："工会是指以劳动者为主体，以维护和改善劳动条件、提高其经济地位为主要目的而自主地组织起来的团体或者其联合团体。"《国际劳工公约》第 87 号公约第 2 条规定："工人和雇主应毫无区别地不经事先批准建立和参加自己选择的组织，其唯一条件是遵守有关组织的规章。"第 3 条规定："工人组织和雇主组织应有权制定其各自组织的章程和规则，充分自由地选择其代表，自行管理与安排活动，并制定其行动计划。"

二、工会的性质

（一）国内工会性质研究

1. 改革开放初期工会的性质研究

改革开放初期，对于如何确定工会的性质，常凯提出了一个比较有代表性的观点。他认为：在社会主义初级阶段，工人阶级内部存在着管理者与被管理者的矛盾，如果管理者脱离了被管理者，即出现了官僚主义，就容易出现对被管理者的利益损害现象，就需要工会代表被管理者的利益，调节工人阶级的这种内部矛盾，这就是工会工作的基本出发点。①

2. 改革开放中后期工会性质研究

冯刚（2006）的研究指出了计划经济体制给工会带来的"后遗症"，即在制度安排上，工会实际是政府负责"生产动员"的部门在企业中的一个派出机构；工会并不具有"工人利益聚合"的功能，更没有代表工人采取集体行

---

① 常凯：《试论社会主义初级阶段工人阶级内部的基本矛盾和工会的代表性》，载《中国工运学院学报》1987 年第 3 期。

动的权利。[①]

针对工会性质的转变，徐小洪（2010）把工会的性质概括为“双重角色”定位，即中国工会既是劳动者的具体代表者和维护者，又是劳动关系的协调者。[②]

（二）国外工会性质研究

1. 新古典学派

新古典学派认为，工会是劳动力市场的垄断者和麻烦制造者。从微观看，工会的性质造成了劳动力市场的低效率，导致了工资差别的加大，降低了就业的增长率，也导致了工会化企业的利润率下降。从宏观看，工会运动所带来的成本上升和管理灵活性降低使得资本外流，投资机会、就业机会及整体水平都有所降低。

2. 人力资源管理学派

人力资源管理学派认为，工会是企业管理病态的象征。雇员加入工会的主要原因是管理方的管理不当。雇员们通常相信：只有联合起来，才能从一块蛋糕中分得自己的公平合理的一份，也才能免遭管理方的专断对待和伤害。因此，如果管理方把雇员视为有价值的人力资源，向雇员提供具有竞争性的工资福利待遇和良好的工作条件，对雇员的抱怨给予及时关心和回应，雇员就没有必要寻求外部代表，工会就没有存在的基础。所以，有效的人力资源管理，可以增进员工满意度，降低或者阻止工人对工会的需求，甚至可以替代工会。

3. 劳动关系学派

劳动关系学派认为，工会是雇员利益的合法代表者。在这个学派看来，无论是社会还是组织中，都存在不同的利益集团。不同的利益集团之间需要协调利益关系。雇主和雇员处于两个不同的利益集团。雇员作为一个利益集团，其个体成员是没有力量与雇主抗衡的，因此雇员联合起来组建工会，用集体的力量抵制雇主的专制，争取公平待遇，就成为必然。基于以上理由，劳动关系学派认为，工会代表雇员与雇主就劳动报酬和劳动条件等进行集体谈判，以及工会、雇主和政府的三方协商机制，都是协调劳动关系的重要手段。

4. 激进劳动关系学派

激进劳动关系学派认为，资本主义劳资关系的本质特征是雇佣性、剥削性

---

① 冯刚：《企业工会的“制度性弱势”及其形成背景》，载《社会》2006 年第 3 期。

② 徐小洪：《中国工会的双重角色定位》，载《人文杂志》2010 年第 6 期。

和对抗性。劳资之间存在着不可调和的阶级利益冲突。工会的终极目标是打破资本主义雇佣劳动的生产方式，推翻资本主义制度，实现劳动者与生产资料的直接结合，集体谈判等斗争仅仅只是手段而已。工会运动必须在先进思想的指导下才能完成本阶级的历史使命。

所以，不同学派对工会性质的认识有着很大差别，产生这些认识差异的主要原因不只是研究方法和角度不同，更主要的是其所代表的利益集团不同，进而导致立场和目标的差异①。

三、工会的产生与发展

（一）早期职业工会时期（18 世纪 90 年代至 20 世纪 30 年代）

工会最早产生于 18 世纪末的西方资本主义国家，是社会经济矛盾的产物。在资本主义社会时期，存在两个根本对立的阶级，即工人阶级和资产阶级，他们在经济利益上的矛盾是当时社会经济矛盾的集中表现，其根本原因在于生产资料的私人所有。

资本主义生产方式的发展经历了简单协作、工场手工业和机器大工业三个阶段。从严格意义上讲，无产阶级是由于产业革命而产生的。产业革命使社会的阶级对立简单化，这种对立主要表现在工人阶级和资产阶级的对立。在资本主义社会中劳动和资本根本对立，工资和利润直接对抗。由于资本主义生产的目的是榨取剩余价值，资本家为了获取剩余价值就要千方百计地通过增加工时、减少福利、增加劳动强度等方法降低工资，提高利润。这就决定了工人阶级必然要向资产阶级开展阶级间的各种形式的经济斗争。工人在没有组织时，工资有不断下降的趋势。工人阶级维护自己利益的第一斗争是进行要求增加工资、缩短工时和改善劳动条件的经济斗争。在资本主义条件下，工资并不是固定不变的，而是在一定范围内通过讨价还价决定的。在这个斗争中哪方坚持得长久，哪方就会赢得胜利。产业工人的人数虽然远远超过大工业资本家，但在与资本家斗争的过程中还是处于弱势地位，单个工人不可能同资本家抗衡，分散的工人也不行，早期工人运动中工人捣毁机器的“卢德运动”，以及自发的小规模的罢工，常常以失败而告终，原因在于工人没有组织起来。所以，工人运动的实践证明，只有工人群众联合起来，结合成一个强大有力的组织，使他们在必要的时候能够同雇主相对抗，并能够作为一支力量同雇主组织进行谈判，才可能战胜资本家，最终维护自己的物质利益。在经济斗争的这一客观前提下，形成了以职工为主体，以维护和改善劳动条件、提高经济地位为主要目的而自主组织起来的团体或者联合团体，即工会。工会最早出现于 18 世纪 90

① 常凯．《劳动关系学》，中国劳动社会保障出版社 2005 年版，第 175～178 页。

年代末的英国，并于1824年在英国取得了合法地位。所以，工会是工人阶级与资产阶级进行经济斗争的产物，是以经济斗争为直接动因而产生的。

工会在资本主义社会产生之初，只是为维护工人阶级的经济利益而形成的经济组织，各个工会彼此之间是孤立的，还没有形成整个产业、整个社会的联合，这也是工人阶级在自己的发展历程中最初的和最原始的组织。但是，工会并不是只停留在维护经济利益这个性质上，而是由在经济斗争中维护个别的和一部分工人的经济利益，逐步发展到维护整个工人阶级利益的政治斗争。这样，以19世纪中期欧洲的三大工人运动为标志，工会开始逐步发展成为工人阶级的政治组织。19世纪下半叶，随着工会运动和阶级斗争的发展，各主要资本主义国家纷纷建立了工人政党，工会运动开始进入与工人阶级政党运动相互依存、相互影响的历史时期。

（二）行业工会时期

劳联本质上还是职业工会的联合，它只吸收劳动工人，排斥没有技术的工人。随着工业化的发展，工厂规模的扩大，生产流水线的普及，钢铁、汽车、电机、电气等大规模工业对工人的技术要求越来越低，半技术、非技术工人的比例越来越大，逐步形成了以行业而非职业为基础组织的工会，如1938年美国成立的产业工人联合会。

（三）总工会时期（20世纪50年代至今）

总工会是在职业工会与行业工会的基础上逐步发展形成的。如1955年美国劳联和产联完成合并，形成劳联—产联；1956年，加拿大两大工会——加拿大行业和劳动者联盟与加拿大劳工联盟——合并组成加拿大劳工大会。

四、工会的分类

根据工会运动19～20世纪的发展历程，可以把工会组织划分为职业工会、行业工会和总工会三类。

（一）职业工会

职业工会是将具有某种特殊技能、从事某种特殊职业的所有雇员组织起来的工会，而不考虑这些雇员所处的行业。在这种组织原则下，雇员所从事的工作以及他们在工作等级中所处的位置就构成了他们团结在一起的内在力量，即共同利益。由于职业工会的成员广泛分布在许多行业，因此它具有明显的横向特征。

这类工会可以分为以下的几种：

第一，同行工会。同行工会是最早的工会组织形式，具有很强的内部一致性。这种一致性一方面源于工会对加入工会者所从事职业的掌控，另一方面源于它对工会会员有特殊的技能要求。同行工会以那些未受到学徒训练且属于体力劳动者的技术工人为吸引对象，这些技术工人的技术是在从业过程中摸索得到的，他们沿着内部晋升路线从最低的技术等级上升到最高技术等级。正是这种共同的晋升经历构成了技术工人组建工会的初始动力。

第二，半技术与非技术工人工会。19 世纪末出现的“新工会主义”主张将没有加入技术工人工会的半技术及非技术工人组织起来建立工会。后来，这些工会有的合并成为总工会的核心，有的则与同一行业的技术工人合并成为行业工会。

第三，白领工会。由于这类工会所招募的会员对象的领域被限定在属于白领的工作类型，所以，它可以被划入职业协会之列。

（二）行业工会

行业工会是将在某一特定行业中从事工作的所有工人都组织起来的工会，而不考虑这些雇员的技术、技能以及所从事的职业。由于行业工会力图吸纳全行业各阶层的劳动者，因而它具有明显的纵向特征。

行业工会可以分为以下的几种：

第一，垄断性行业工会。这种工会把一个行业中的所有雇员都吸引进来，从而在劳动力市场上形成垄断力量。垄断性行业工会尤其适合以下两种场合：生产或者服务过程需要特殊知识和技能，而且这些技术和技能专属于某个特定行业，不容易向其他行业扩散或者转移；生产或者服务构成了一个特殊的工作环境，使本行业雇员与其他行业雇员相隔离。

第二，单一性行业工会。这种工会虽然也把会员的募集范围限定在某一特定行业，但并没有把本行业的所有雇员都吸收进来。

（三）总工会

总工会的组织原则就是对会员招募不加任何限制，既不考虑职业因素，也不考虑行业因素，从而体现了对职业工会和行业工会分化现象的一种修正。需要强调的是，必须把早期出于政治动机而成立的总工会（1834 年英国成立的全国大工会联盟）与经过结构演变而形成的总工会区分开。这里的总工会是在职业工会或者行业工会的基础上经过合并逐渐形成的。

五、工会的职能

工会通常具有以下几项主要职能：

第一，经济职能。即工会通过优化组合工资水平与就业人数达到效用最大化，实现企业和雇员经济利益的平衡。虽然工会以改善工人的工作条件、劳动报酬及其他待遇为目标，但不可能无限制地提高会员的工资水平，在为谋求提高会员工资待遇而制定其经济政策或者集体谈判策略时，工会必须考虑由此产生的伴随失业效应。因此，工会的一个重要经济职能就是实现工资与就业人数的最优组合。

第二，整合职能。即促进员工发挥才能，实现高绩效管理。工会通过鼓励雇员参与工会组织的各项决策，以促进员工发挥其才能。工会的整合职能还体现在它是实现高绩效管理的重要渠道，高绩效管理要求雇员与管理方减少或者消除彼此的对立和不信任，增进理解与合作。工会是实现这一目标的重要媒介。

第三，民主职能。即工会将民主原则引入劳动关系，为雇员提供各种参与企业政策乃至社会政策制定的机会。这种民主职能具体体现在：工会代表雇员与雇主进行集体谈判、通过工会的代表大会及领导选举制度，保证雇员在工会内部享有各种民主权利等。

第四，社会民主职能。主要体现在三个方面：一是集体谈判不应当只是为了提高会员的工资水平，而应该通过集体谈判提高工人阶级的整体工资水平，并改善他们的就业条件。实践中，集体谈判的影响已经超出工会范围。集体谈判所确定的工资标准成为工会化较弱地区工资决定的基准，甚至成为非工会化企业工资决定的基准。二是工会积极参与政治活动，通过参与法律的修改来加强集体谈判的力量，通过经济和社会改革减少社会不公平，保护弱势群体。三是工会积极参与社会公益事业，与妇女组织、环保组织等保持密切联系，推动社会公益事业的迅速发展。

第五，阶级革命职能。阶级革命职能在劳工运动史上曾有过重要影响，历史上，工会阶级革命职能主要分为工团主义和社会主义两类。虽然两者都强调推翻资本主义制度，代之以新的经济秩序，但是工团主义认为，工会是工人阶级的唯一工具，通过工厂罢工、联合抵制、蓄意破坏等一系列活动最终发动总罢工；而社会主义认为，只有工人阶级具有自发的革命意识，发动有组织的群众政治运动，资本主义制度才能被推翻，工会的作用就在于促进这一过程。

虽然历史上激进主义强调工会是推翻资本主义制度的最重要的力量，但是工会的这一职能正在逐渐弱化，实际上，许多激进主义者对工会运动也是持消极态度的。

此外，工会还具有服务职能。许多国家的工会组织开始向会员提供越来越多的现代服务，以吸收更多的潜在会员入会，如个人贷款、法律服务等。

第二节　工会的组织结构

一、工会组织结构的概念

工会的组织结构是指工会借以安排其内部管理体制、代表制度及职权体系的机构与过程，其核心问题是如何使效率与民主相结合。

工会组织结构大体上可以分为地方工会与全国性工会两个层级。

二、地方工会

（一）地方工会的组织结构

地方工会是由某一工厂、雇主或者地理区域的劳工组织而成的，组织结构主要包括会员大会和工会干部。会员大会是主要执行机构，地方工会的干部包括主席、副主席、秘书、财务主管和警卫官。

1. 地方工会干部

地方工会干部由全体会员选举产生，其权力的大小取决于工会的性质。他们利用非工作时间或者管理方许可的工作时间处理工会事务，主要负责工会的内部事务，集体谈判则由特设的谈判委员会负责。

2. 工会代表

工会代表由会员直接选举产生，其职责是确保一线管理人员遵守集体协议条款；此外，还负责收缴会费（如果会费不是从会员工资中直接扣款）、向会员传达地方工会政策、劝说非工会雇员加入工会等。

3. 会员大会

地方工会的会员大会是处理工会组织内部事务的最高权力机构，一般每月召开一次，会员通过民主投票方式决定工会政策。

（二）地方工会的作用

地方工会作为雇员与工会最经常接触的场所，其作用包括两方面：一是向全国性工会反映会员的要求和利益，促进全国性集体协议在地方工会会员大会上表决通过；二是监督集体协议的执行。

三、全国性工会①

（一）全国性工会的组织结构

全国性工会组织代表某一行业、某种技能或者政府机构的劳工，是最有力的工会组织。全国性工会的组织结构包括全国代表大会、主席、执行委员会以及各职能服务部门，其中，全国代表大会是决策机构，执行委员会是执行主体。

1. 全国代表大会

全国代表大会是全国性工会的最高权力机构，每两年或者三年召开一次，其作用体现为章程大会、立法机构、最高法庭、干部任命委员会。

2. 执行委员会

在全国代表大会闭会期间，由执行委员会负责其全国性工会的日常事务。执行委员会由主席、秘书、财务秘书及其他代表大会选举产生的人员组成。

3. 主席

主席是全国性集体谈判的首席代表，在全国代表大会闭会期间还是首席执法者，具有任命工会其他职员的权力，还可以保持与地方工会干部的沟通。

4. 其他职员

全国性工会下设若干部门，由主席指派或者雇用专门人员在各部门工作。这些职员主要包括以下两类：一类是职业专家，包括律师、经济学家、保险学家、工程师、研究分析员、教育指导员以及专门对议员或者政府官员进行疏通的职员；另一类是国家工会代表，每个代表通常负责几个地理位置相近的地方工会。

（二）全国性工会的作用

全国性工会的作用包括以下几种：策划工会组织运动；举行集体谈判；为地方工会提供援助，即指导地方工会开展谈判和提供经济支持。

① 程延园：《劳动关系》，中国人民大学出版社 2016 年版，第 100～101 页。

第三节　我国的工会制度

在社会主义制度下，工人阶级掌握了国家领导权后，工会仍然是社会经济矛盾的产物，其根本原因在于社会生产力的发展还没有达到完全消灭工农之间差别，消灭城乡之间、体力劳动和脑力劳动之间以及其他重大社会差别的程度。在经济矛盾和经济协调中，职工群众作为具有自身具体利益的社会利益群体，必然要组织工会表达和维护自身的应有权益。

工会是社会经济矛盾的产物，也是劳动关系矛盾的产物。因社会经济矛盾具体和直接地在劳动关系中体现出来，这种社会经济矛盾主要表现为劳动关系的矛盾。在资本主义社会，工人阶级和资产阶级的矛盾主要表现为工人与雇主之间的矛盾，这种矛盾是在劳动过程的实现中展开的。工会就是在劳动关系矛盾斗争和发展中，工人为了维护自己的劳动权益而自愿结合成的与雇主对抗的组织。工会最基本的活动即是围绕着劳动问题，如提高劳动工资、减少劳动工时、改善劳动待遇等展开的。在市场经济中，工会是作为劳动关系的有机组成部分而存在的，脱离劳动关系，工会便失去了存在的基础，而没有工会便不构成一个完整的劳动关系。

社会主义时期的社会经济矛盾同样集中表现在劳动关系问题上，劳动关系矛盾的存在是工会继续存在和发展的社会基础。劳动关系原意是指劳动者同劳动力使用单位在劳动过程中所发生的关系。但在计划经济时代，劳动关系并非原来意义上的劳动关系，而表现为一种劳动行政关系，劳动者同国家发生关系，用国家行政机关来调整劳动关系，正是由于计划经济下劳动关系的异化，工会存在与否，不能引起人们的关注。随着我国社会主义经济体制的建立和完善，劳动关系的原本性质开始复归，劳动关系由计划经济下的国家与职工的关系逐步转变为用人单位与职工的关系，并向市场化、契约化的方向发展，从而劳动关系主体双方的利益之间也将会发生摩擦和冲突。同时，随着对外开放和私营经济的发展，我国社会出现了劳资矛盾，这使我国的劳动关系更加复杂。

在这种情况下，一方面，需要国家制定有关法律来规范劳动关系主体双方的行为；另一方面，需要工会以劳动者代表的身份同劳动力使用单位进行协商谈判，协调劳动关系，保护劳动者的合法权益。

一、我国工会的发展历史[①]

（一）工会的产生和早期发展

旧中国经济十分落后，直到中国沦为半殖民地半封建社会后的19世纪中叶，才出现现代工业，随之诞生了第一代无产阶级。行会制度对手工业和商业从业人员的影响最大，但是行会与现代工会无共同之处。

工会是工人运动的产物。1851年成立的广州打包工人联合会是最早的具有工会性质的组织。这个组织曾经举行反对英国、法国等侵略中国的罢工斗争。19世纪下半叶，中国的现代工业逐步发展。产业工人在甲午战争前夕达到约10万人[②]，随着无产阶级队伍的壮大，工会组织纷纷成立，其中影响较大的工会组织是广东机器研究会、中华全国铁道工会、制造工人同盟会等。

清朝政府和民国初年的北洋政府对工会运动采取了极端仇视和严加禁止的态度。

（二）20世纪20～30年代工会运动的发展

1922年2月24日，广州国民政府国务会议通过《工会条例》，规定16岁以上的劳动者可以组织工会，工会为法人。这是中国现代工会立法的开端。

中国共产党一成立，即努力领导工人运动。1921年8月11日在上海成立了中国劳动组合书记部，这是中国共产党早期公开领导工会运动的领导机关。1922年5月，第一次全国劳动大会在广州召开，大会发表了宣言，提出了争取8小时工作制，推动了全国罢工高潮。1925年5月，第二次全国劳动大会在广州召开，会上正式成立中华全国总工会。抗战爆发后，中华全国总工会实际上已经不存在。

（三）革命根据地的工会运动

1931年中华苏维埃工农兵第一次全国代表大会通过了《中华苏维埃共和国劳动法》，这部法律对于保护劳动者的各项权利（包括组织工会的权利和工会的法律地位等）做出了全面规定，此外，还发布了许多具有指导工会运动的方针性、政策性、规范性文件。

1948年8月，在哈尔滨举行的第六次全国劳动大会恢复了中华全国总工会，通过了《关于中国职工运动当前任务的决议》，为即将诞生的新中国工会运动确定了方针和任务。这次大会具有里程碑式的重要意义。

---

① 史探径：《中国工会的性质、现状及有关问题探讨》，载《环球法律评论》2002年第5期。

② 史探径：《劳动法》，经济科学出版社1990年版，第251～252页。

（四）新中国成立后的工会运动

新中国成立之初，存在着社会主义国营经济、私人资本主义经济、农民和手工业者的个体经济、合作社经济、国家资本主义经济五种经济成分。1950 年 6 月 29 日，中央人民政府发布了《工会法》，进一步推动了工会运动的发展。

“文化大革命”期间，全国总工会停止工作，1974 年以后，各地相继结束“工代会”历史，开始整顿和恢复工会组织。但是工会是在抓阶级斗争，并没有开展工作。

1978 年 12 月，党的十一届三中全会召开，恢复了以经济建设为中心的目标。工会面临的任务是，公有制劳动关系中同样存在各种形式的劳动争议，维护劳动者权益有着新的迫切需要。1992 年 4 月 3 日全国人民代表大会通过了新的《工会法》，同年 10 月召开的中国共产党第十四次全国代表大会提出了建立社会主义市场经济体制的目标。1993 年 3 月召开的第八届全国人民代表大会通过的宪法修正案中写明“国家实行社会主义市场经济”。随着社会主义市场经济的发展，非公有制经济大量涌现，经济关系和劳动关系越来越多样化和复杂化。但是，用人单位侵犯劳动者权益的事件却时常发生，劳动争议也逐年增多。《劳动法》的实施，需要工会的监督，劳动者维护自我权益也同样需要工会的支持。而 1992 年《工会法》已经不能承担起保障新情况下的工会法律地位的责任，所以，2001 年 10 月 27 日召开的第九届全国人民代表大会常务委员会第 24 次会议通过了关于修正工会法的决定。第三次修订的《工会法》自 2022 年 1 月 1 日起施行。

半个世纪以来，我国工会立法和工会运动与时俱进的变迁发展，充分反映了社会经济发展的进步和客观需要。

二、中国工会的基本职责

工会产生和存在的客观性决定了工会必须代表和维护职工的合法权益。最初，工人群众为了保护和争取自身的利益，自愿联合起来成立工会组织，其主要目的是通过工会这个组织武器，形成整体和集中的强大力量，让工会更有力地代表自己直接抗衡处于优势地位的雇主，更好地维护自身的权益，这也是工会产生和存在的最本质的动因。

在我国社会主义条件下，工人阶级上升为国家的领导阶级，党和政府都代表和维护工人阶级的利益。从整体上看，全国人民的总体利益同职工的具体利益在根本上是一致的。

1992 年修改后的《中华人民共和国工会法》将工会的职能概括为“维护、建设、参与、教育”。2001 年修改后的《中华人民共和国工会法》将“维护”

列入工会的基本职责（第6条）。依据《工会法》（2022年修正）[①] 的规定，工会职责可以分为基本职责和具体职责。

维护职工的合法权益、竭诚服务职工群众是工会的基本职责。工会需要维护的职工合法权益包括两个方面：一是劳动权益，包括就业的权利、获取劳动报酬的权利、获得劳动保护的权利、社会保障的权利、休息休假的权利等；二是民主权利，包括劳动者依法对企业、事业单位的事务进行民主管理、民主参与和民主监督的权利。

工会维护职工合法权益的主要机制有三个：一是平等协商与集体合同制度；二是职工代表大会；三是劳动合同制度。工会在通过上述三种机制维护职工合法权益的同时，还需要通过履行其他具体职责，更好地体现工会的维护职责。

工会代表和维护职工的合法利益的职责，包括以下几个方面：

第一，代表职工参与和监督。工会履行参与和监督的职责是以维护职工切身利益为目的的。在履行这一职责的过程中，工会要参与国家和地方立法机构的法律法规制定过程，参与政府涉及职工利益的有关政策的制定过程，参与企事业单位涉及职工利益的重大事项的决策等，并代表职工对法律法规和政策的贯彻执行进行监督。

第二，为职工提供劳动权利保障。这一职责要求各级工会特别是企业基层工会承担在日常生产劳动过程中对劳动者基本劳动权利的保护责任。《工会法》第二十一条规定："企业侵犯职工劳动权益的，工会可以提出意见调解处理；职工向人民法院起诉的，工会应当给予支持和帮助。"《工会法》第二十四条规定："工会发现企业行政方面违章指挥、强令工人冒险作业，或者生产过程中发现明显重大事故隐患和职业危害，有权提出解决的建议；当发现危及职工生命安全的情况时，有权向企业行政方面建议组织职工撤离危险现场，企业行政方面必须及时作出处理决定。"

第三，为职工提供生活保障。这一职责要求各级工会保障职工的生活福利、社会保险、劳动就业及女职工特殊利益等方面的权益。《工会法》第六条规定："工会在维护全国人民总体利益的同时，代表和维护职工的合法权益。"第三十一条规定："工会协助用人单位办好职工集体福利事业，做好工资、劳动安全卫生和社会保险工作。"

除了上述与工会维护职责有关的具体职责外，按照《工会法》的规定，工会还承担了以下职责，这些职责体现了中国工会的性质和特色，并使工会在构建中国社会和企业组织内部和谐稳定的劳动关系中承担了重要角色。

其一，对职工进行教育。这一职责要求工会要教育职工不断提高思想道德、技术业务和科学文化素质，要会同企业、事业单位组织职工进行业余文化

① 如无特别说明，本教材《工会法》指2022年修订版。

技术学习和职工培训，组织职工开展文娱、体育活动。

其二，组织职工参加经济建设。这一职责要求工会吸引和组织职工群众参加经济建设。《工会法》第三十二条规定，工会“组织职工开展群众性的合理化建议、技术革新、劳动和技能竞赛活动，进行业余文化技术学习和职工培训，参加职业教育和文化体育活动，推进职业安全健康教育和劳动保护工作”。

其三，协调企业劳动关系。这一职责要求工会承担企业事业单位与职工之间劳动关系的协调责任。按照《工会法》第二十五条的规定：“企业、事业单位、社会组织发生停工、怠工事件，工会应当代表职工同企业、事业单位、社会组织或者有关方面协商，反映职工的意见和要求并提出解决意见。对于职工的合理要求，企业、事业单位、社会组织应当予以解决。工会协助企业、事业单位、社会组织做好工作，尽快恢复生产、工作秩序。”另外，基层工会要参加企业的劳动争议调解工作、地方工会要参加劳动争议仲裁机构的仲裁工作。

三、我国工会的性质①

我国的五次《工会法》② 对工会的性质做出了规定，虽然措辞有所不同，但是内容是一致的，即工会是职工自愿结合的工人阶级的群众组织。这句话阐明了工会的阶级性、自愿性和群众性特点。另外，依据 2018 年《劳动法》、2022 年《工会法》和 2020 年《中国工会章程》③ 的规定，工会还是独立性和永续性的组织。

第一，阶级性。参加工会必须是以工资收入为主要生活来源的体力劳动者和脑力劳动者，即被用人单位招用的劳动者（资本主义制度下成为雇佣劳动者）。所以，工会是工人阶级的组织，工会的阶级性特点是各国工会所共有的特点。

第二，自愿性。职工参加或者组织工会完全是自愿的，任何组织和个人不得阻挠和限制，也不能强迫他们参加和组织工会。自愿性被表述为入会自愿、退会自由，这是结社权消极和积极两个方面的体现。工会的生命和活力来源于会员的自愿。从实际情况看，职工一般均愿意参加工会。

第三，群众性。《工会法》第三条规定：“在中国境内的企业、事业单位、机关中以工资收入为主要生活来源的体力劳动者和脑力劳动者，不分民族、种族、性别、职业、宗教信仰、教育程度，都有依法参加和组织工会的权利。”

---

① 史探径.《中国工会的性质、现状及有关问题探讨》，载《环球法律评论》2002 年第 5 期，第 167～168 页。

② 1950 年《工会法》、1992 年《工会法》、2001 年修正的《工会法》、2009 年修正的《工会法》、2022 年修订的《工会法》。

③ 如无特别说明，本书中的《中国工会章程》指 2018 年修正版。

2020年《中国工会章程》第一条规定："凡在中国境内的企业、事业单位、机关和其他社会组织中，以工资收入为主要生活来源或者与用人单位建立劳动关系的体力劳动者和脑力劳动者，不分民族、种族、性别、职业、宗教信仰、教育程度，承认工会章程，都可以加入工会为会员。"尤其是随着现代化的发展，在劳动者职业身份多元化和分布面广泛化、第三产业从业人员和高科技人员持续增长的情况下，更应改变作风，采取适应不同阶层人员特定需要的工作方式方法。

第四，独立性。我国《劳动法》第七条规定，工会"依法独立自主地开展活动"。《工会法》第四条第一款规定：工会"依照工会章程独立自主地开展工作"，第三款规定："国家保护工会的合法权益不受侵犯"。

第五，永续性。中国工会不是暂设性组织，而是永久性、连续性组织。基层工会所在的企业终止或者所在的事业单位、机关被撤销，该工会组织相应撤销；它的经费财产由上级工会处置；会员的会籍可以继续保留。中国工会作为一个整体，是永久存在的组织。

四、工会在集体合同中的作用

工会在集体合同中的作用，可以从以下几个方面进行把握。

（一）工会在集体合同签订时的作用

第一，负责拟定集体合同草案。签订集体合同之前工会应当听取劳动者和企业有关部门的意见，单独或者与企业共同拟定集体合同草案。工会拟定集体合同草案，可以参照的资料包括：相关法律、法规和政策；与本企业有关的国家宏观调控政策措施；同行业和具有可比性企业的劳动标准；企业生产经营情况及有关的计划、指标；政府部门公布的有关物价指数等数据资料；本地区就业状况资料；集体合同范本；其他与签订集体合同有关的资料。

第二，工会根据拟定的集体合同草案和有关规定与企业进行平等协商。经协商达成一致的集体合同草案文本应当提交职工代表大会或者全体职工审议，工会代表应当就草案的产生过程、主要劳动标准条件的确定依据及各自承担的主要义务做出说明。

第三，上级工会对企业工会与企业进行平等协商和签订集体合同负有帮助、指导和监督检查的责任。上级工会根据企业工会的要求，可以支配工作人员作为顾问参与平等协商，帮助企业工会签订集体合同。集体合同签字后，在报送劳动行政部门的同时，企业工会应当将集体合同文本、附件及说明书报送上一级工会，上级工会收到企业工会报送的集体合同文本，应当进行审查、登记、备案。上级工会在审查集体合同时，发现问题，应当及时通知企业工会，并协助同级劳动行政部门协商解决。对尚未建立工会的企业，上级工会在组织劳动者依法组建工会的同时，帮助、指导劳动者与企业进行平等协商，签订集体合同。

（二）履行集体合同中工会的义务

工会在履行集体合同中所承担的义务，具有道义和社会的性质，反映的是工会作为劳动者代表所起的作用。

工会在集体合同履行中所起的监督作用，主要通过以下两个途径实现：一是企业工会可以与企业协商，建立集体合同履行的联合监督检查制度，定期或者不定期对履行集体合同的情况进行监督检查；二是工会小组和车间工会应当及时向企业工会报告集体合同在车间的履行情况。

（三）工会在集体合同的变更、解除和终止过程中应做的工作

在集体合同有效期间，由于环境或者条件发生重大变化，致使集体合同难以履行时，由一方提出，双方可以就变更或者解除集体合同进行协商。经协商一致后，达成的变更或者解除集体合同的协议书，应提交职工代表大会或者全体职工审议通过，并在报送集体合同管理机关登记备案的同时，企业工会应报送上一级工会。

（四）工会协调企业内部劳动关系

随着计划经济向市场经济转变，企业劳动关系出现了新的主体和矛盾。国有独资企业、国有控股企业、外商投资企业和私营企业互补共存的多元化经济蓬勃发展，企业劳动关系的主体出现了国有独资企业法人代表、国有控股企业股东、外企投资方代理人、私营企业主等“新角色”，他们与企业员工之间构成新型的劳动关系，他们之间发生的矛盾是劳动关系的新矛盾。这种新矛盾主要表现在：企业法人依法经营管理或者建立现代企业制度和劳动者就业、工资、福利待遇等需求的矛盾；企业管理者滥用经营管理自主权与劳动者正当的劳动就业、经济利益和政治权利的矛盾；企业管理者成员责、权、利的有序运行与操作失误的矛盾。工会负担着协调新型劳动关系和化解劳动关系新矛盾的重任。

五、工会在劳动争议调解中的作用

劳动争议又称为劳动纠纷，是指劳动关系当事人之间因劳动权利和义务产生分歧而引起的争议。根据《劳动法》的规定，劳动争议是指依法建立劳动关系的用人单位和劳动者之间，因劳动权利和义务问题产生分歧而引起的争议。

《劳动法》规定了用人单位与劳动者发生劳动争议时，可以依法申请调

解、仲裁和提起诉讼，确立了处理劳动争议的调解、仲裁和诉讼三个法定程序。根据《劳动法》第七十九条的规定："劳动争议发生后，当事人可以向本单位劳动争议调解委员会申请调解；调解不成，当事人一方要求仲裁的，可以向劳动争议仲裁委员会申请仲裁。当事人一方也可以直接向劳动争议仲裁委员会申请仲裁。对仲裁裁决不服的，可以向人民法院提起诉讼。"

根据《劳动法》及有关法规的具体规定，国家提倡劳动争议当事人在发生劳动争议后，主动就争议事项进行协商，协调双方的关系，消除矛盾，解决争议。劳动争议为人民内部矛盾，可以也应当协商解决，但当事人协商不是处理劳动争议的必经程序。当事人可以自愿协商，不愿协商或者协商不成的，应当向本单位劳动争议调解委员会申请调解。

调解委员会调解劳动争议是一种十分有效又有利于改善双方关系的方式，因此，调解成为处理劳动争议的法定程序。劳动争议调解是一种重要的工作方式。劳动争议调解委员会主要负责调解本单位内部发生的劳动争议，由劳动者代表、企业代表和工会代表组成。法律规定用人单位的代表和劳动者的代表均进入劳动争议调解委员会中，主要是为了保障调解委员会在调解工作中充分听取本单位劳动者和劳动争议双方当事人的意见，以便及时公正、公平地处理劳动争议。

工会在劳动争议调解委员会中的地位，是指法律规定用人单位的工会在劳动争议调解委员会中所处的位置和职责。所以，工会在劳动争议调解委员会中的地位突出体现在下列两个方面：工会代表担任劳动争议调解委员会主任，主持劳动争议调解委员会工作；工会代表担任劳动争议调解委员会委员，调解本单位劳动争议。

（一）工会代表主持劳动争议调解的意义

第一，有利于公正、及时处理劳动争议。用人单位是劳动争议的一方当事人，如果由用人单位的代表担任劳动争议调解委员会主任，主持劳动争议调解委员会工作，不利于公正处理劳动争议，容易使劳动者当事人产生不信任感。工会是劳动者自愿结合的工人阶级的群众组织，在维护全国人民总体利益的同时，维护劳动者的合法权益。在调解委员会的三方代表中，用人单位工会代表最符合第三方身份。工会代表担任劳动争议调解委员会主任，能赢得用人单位及劳动者的信任，有利于公正处理劳动争议。工会组织根植基层，了解用人单位劳动关系状况及适用的劳动法律法规，能及时了解产业劳动争议的情况，及时处理劳动争议，有利于维护劳动争议双方当事人的合法权益。

第二，有利于全面发挥工会在劳动争议调解中的作用。劳动法律法规规定劳动争议调解委员会主任由工会代表担任。根据这一规定，企业工会全面负责劳动争议调解委员会的工作，包括帮助督促用人单位依法设立劳动争议调解委员会、主持本单位劳动争议调解工作、开展劳动争议预防、搞好劳动争议调解委员会的自身建设等；上级工会（包括地方总工会或者行业工会）全面指导基层劳动争议调解工作。法律法规关于工会在劳动争议调解委员会中地位的规定，有利于全面发挥工会在劳动争议调解中的作用。

（二）工会代表主持劳动争议调解委员会工作的职责

第一，帮助、督促用人单位建立劳动争议调解委员会。全国总工会1995年8月17印发的《工会参与劳动争议处理实行办法》第十一条第一款规定："工会应当督促、帮助用人单位依法建立劳动争议调解委员会。"用人单位工会应当积极向用人单位和广大劳动者宣传劳动法律法规和工作方法，提高他们对设立劳动争议调解委员会重要性的认识，并主动就设立劳动争议调解委员会的有关问题与用人单位协商，帮助用人单位解决设立过程中的具体问题，依法律法规和《工会参与劳动争议处理实行办法》规定的人数和程序设立劳动争议调解委员会。

第二，担任劳动争议调解委员会主任的职责。担任劳动争议调解委员会主任的职责包括以下几个：

一是对调解委员会无法决定受理的调解申请，决定是否受理。劳动争议调解委员会受理调解申请必须符合规定的条件。由于劳动争议的具体情况千差万别，有些争议调解委员会无法决定是否受理，如开除、除名、辞退等争议，分厂工会提出过处理意见，当事人向总厂劳动争议调解委员会提出调解申请，总厂调解委员会无法决定受理，调解委员会主任可以决定是否受理。

二是决定调解委员的回避。根据《工会参与劳动争议处理实行办法》的规定，当劳动争议调解遇到调解委员会委员是劳动争议当事人或者当事人的近亲属，与劳动争议有利害关系或者与劳动争议当事人有其他关系，可能影响公正调解，本人或者劳动争议当事人提出回避请求时，应由调解委员会主任决定调解委员是否回避，调解委员会主任应认真履行这一职责，以保证劳动争议的公正处理和维护当事人的合法权益。

三是及时指派调解委员会调解简单劳动争议。劳动争议调解委员会主任对事实清楚、争议不大、适用法律明确的劳动争议，应在当事人提出调解申请后，及时指派调解委员调解，尽早把争议解决在萌芽之中。

四是劳动争议调解委员会受理劳动争议调解申请，一般应在调查争议事实之后，召开调解会议之前，召开调解委员会会议。调解委员会会议由承办具体劳动争议的调解委员会通报调查情况后，集体分析争议原因、责任，依法制定调解方案。调解委员会主任应当主持调解委员会会议，依据事实和法律在充分听取调解委员会意见的基础上确定调解方案，为召开调解会议做好准备。

五是召集调解会议，依法主持劳动争议调解。劳动争议调解委员会除对简单劳动争议指派一名调解委员调解外，一般应在确定调解方案后，由调解委员会主任主持召开调解会议进行调解，调解会议应由调解委员、劳动争议当事人双方，依据调解程序进行，也可以由两名调解委员主持进行。

六是建立健全劳动争议调解委员会的组织和工作制度，不断提高调解委员会的法律水平和业务素质。

第三，担任调解委员，依法调解本单位劳动争议。

六、中国工会的组织体系

《工会法》第十一条第五款规定："全国建立统一的中华全国总工会。"根据这一规定，中华全国总工会是中国唯一合法的工会。

中国工会由地方工会和产业工会两个系统组成，由中华全国总工会统一领导。

中国工会的最高权力机构是中国工会全国代表大会，工会全国代表大会每五年召开一次，其职权是：审议和批准中华全国总工会执行委员会的工作报告，审议和批准中华全国总工会执行委员会的经费收支情况报告和经费审查委员会的工作报告，修改中国工会章程，选举中华全国总工会（以下简称"全总"）执行委员会和经费审查委员会等。

全总执行委员会是中国工会全国代表大会的执行机构，由工会全国代表大会选举产生，在中国工会全国代表大会闭会期间，负责贯彻执行大会的决议，领导全国工会工作。

全总执行委员会每年至少举行一次全体会议，其主要任务是：根据工会全国代表大会确定的工作任务，审议通过每年的工会工作报告、财务工作报告和经费审查委员会的报告；根据形势和中国共产党的中心工作，研究和确定工会工作方针、任务；讨论有关人事变动事宜，替补、增补执行委员会和经费审查委员会；根据工作需要，选举主席团委员等。

在全总执行委员会全体会议闭会期间，由主席团行使执行委员会的职权，主席团下设书记处，主持全总日常工作。

全总执委会主席、副主席、委员，主席团委员和书记处书记的任期与中国工会全国代表大会届期相同，每届任期5年。

《中国工会章程》第十一条规定："省、自治区、直辖市，设区的市和自治州，县（旗）、自治县、不设区的市建立地方总工会。地方总工会是当地地方工会组织和产业工会地方组织的领导机关。"地方各级工会的领导机关是工会的地方各级代表大会和它所产生的总工会委员会。地方各级工会代表大会每五年召开一次，各级地方总工会委员会在代表大会闭会期间，执行上级工会的决定和同级工会的决议，领导本地区的工会工作，定期向上级总工会报告工作。现在，在一些经济发达地区，已经出现了乡镇工会和城市街道工会。在地方工会和基层工会组织不健全、工会工作还比较薄弱的情况下，乡镇、街道工会可以更多地发挥基层工会的作用，直接承担和处理新建企业工会难以承担的工作以及遇到的矛盾和问题。

产业工会的设置主要分为全国产业工会和地方各级产业工会。《中国工会章程》第二十一条的规定："产业工会全国组织的设置，由中华全国总工会根据需要确定。产业工会全国委员会的建立，经中华全国总工会批准，可以按照联合制、代表制原则组成；也可以由产业工会全国代表大会选举产生。产业工会全国委员会每届任期五年。"现在中国共有 7 个全国产业工会。

按照《工会法》的规定，工会的基层组织是建立在企业、事业单位、机关之内的工会。《工会法》第十一条规定："企业、事业单位、机关有会员二十五人以上的，应当建立基层工会委员会；不足二十五人的，可以单独建立基层工会委员会，也可以由两个以上单位的会员联合建立基层工会委员会，也可以选择组织员一人，组织会员开展活动……企业劳动者较多的乡镇、城市街道，可以建立基层工会的联合会。"

（一）基层工会的法律地位

《工会法》第十五条规定："中华全国总工会、地方总工会、产业工会具有社会团体法人资格。基层工会组织具备民法典规定的法人条件的，依法取得社会团体法人资格。"工会具备法人资格的作用可使工会取得民事权利主体资格，凭此资格，基层工会可以进行必要的民事活动。基层工会在获得法人资格后，可以以法人的名义，与企业、事业单位的管理方签订集体合同；当劳动者的合法权益受到侵犯时，工会可以接受劳动者委托，作为劳动者的代理人向人民法院提起诉讼；当工会自身的合法权益受到侵犯时，工会可以以独立的法人主体的身份提起诉讼，请求保护。

1997 年 10 月 9 日，全总发布《基层工会法人资格登记办法》，该文件对基层工会法人资格的条件、审查、核准、登记等程序性的事项做出了指引。基层工会申请取得工会法人资格应具备的条件包括：依照《中华人民共和国工会法》和《中国工会章程》的规定成立；有健全的组织机构和经过民主程序选举产生的工会主席或者主持工作的副主席；有自己的工作场所；能正常开展工会各项工作；工会经费来源稳定，能够独立支配和使用工会经费，能依法独立承担民事责任。

在基层工会具备上述条件后，地方工会要按照属地原则及组织隶属关系，对基层工会的法人资格进行审查、核准、登记和发证。主要程序包括：由申请取得法人资格的基层工会向工会所隶属的县级以上工会提出申请，填写并报送工会法人资格申请登记表、上级工会出具的基层工会成立的证明、自有经费和财产证明等材料；县级以上地方总工会进行审核，为合格者办理登记手续，发放《工会法人资格证书》及其副本和《工会法人法定代表人证书》，由审查登记机关报上一级工会备案。

（二）基层工会组建条件

基层工会是工会的组织基础。对中国工会而言，因为基层工会可以根据《工会法》第十一条规定，建立在企业、事业单位这种劳动关系的发生地，因此越发显示出基层工会组建的重要性。组建基层工会需要具备三个条件：一是会员的资格；二是工会领导人的资格；三是工会组织的合法性。

《工会法》第三条是对工会会员资格的规定。根据这一条款的规定，中国工会会员的资格被限定为：加入工会者应在中国境内的企业、事业单位、机关、社会组织中就业；应是以工资收入为主要生活来源者；具有在劳动关系中与用人单位相对应的劳动者身份。

（三）基层工会的组建程序

工会组织的合法性是指组建的工会是属于中华全国总工会系统的工会。因此，为保证工会的合法性，《工会法》第十二条规定："基层工会、地方各级总工会、全国或者地方产业工会组织的建立，必须报上一级工会批准。"

组建基层工会还需要经过一定的程序。这个程序主要由申请和批准两个步骤组成。在一般情况下，申请组建工会的主体是具备工会会员资格的劳动者。但是，考虑到劳动者在工会组建中尚未形成有组织的力量等多方面的因素，全国总工会为促进基层工会组织的建设，提出几种不同的申请方式：其一，在已经建立党组织的企业，可以由党组织提出的工会筹备组人选提出申请；其二，由职工自己选出的代表提出组建工会申请；其三，由上级工会组织与职工和雇主代表共同协商成立工会筹备小组提出建会申请。申请的部门是上级工会。在工会组建筹备组经过发展工会会员，召开会员代表大会，民主选举工会委员会和工会主席、副主席后，即需要向上级工会报告选举结果，请上级工会批准。只有经过上级工会批准并登记，新组建的工会组织才具有合法性，才可以享有基层工会的权利和义务。

（四）基层工会的组织形式

自新中国成立之后，中国工会基层工会的组织形式一直是以企业、事业单位和机关的工会作为主要形式，这种组织形式与多年实行的公有制与计划经济体制相吻合。随着中国经济体制改革的深入，特别是国有企业的改制与私营经济的发展，保持单一的基层工会组织形式已经很难使工会继续履行法律为其规定的职责。2000 年 11 月，全国总工会在浙江省宁波市召开"全国新建企业工会组织工作会议"，这次会议标志着中国工会基层组织的组建工作进入一个新时期。在这次会议上，时任全国总工会主席的尉健行发布了题为《认真学习贯彻党的十五届五中全会精神，进一步加快新建企业工会组织组建步伐》的讲话，提出"必须确立哪里有职工哪里就要建立工会组织的组建原则"。

根据中国学者乔建的总结，近年来，在工会组建活动中，全国总工会地方工会组建基层工会的模式可以分为六类：第一，独立组建模式。在有职工25人以上的新建企业，仍然按照传统的组建工会形式，直接建立独立的基层工会委员会。第二，联合组建模式。职工不足25人的小型新建企业，按照“就地就近”的原则，在同一地域、同一行业、专业市场、商业楼宇内，由两个以上企业建立联合基层工会委员会。第三，外挂组建模式。对个别单独、零散的小企业，又不具备建立联合基层工会条件的，由企业工会小组、会员直接挂靠在企业所在地上一级工会或者工会联合会。第四，派人组建模式。对一些外商独资企业、规模较大的私营企业，地方工会从国有集体企业、党政机关、事业单位中选派熟悉工会工作，有奉献精神、年富力强的骨干作为企业工会主席候选人，进入私营企业，帮助企业筹建工会。为避免企业工会依附于雇主，这些企业工会主席的工资由地方工会发放。第五，统筹组建模式。针对经济结构调整，大量小型新建企业向农村、城市社区延伸发展的趋势，经济发达地区采取在村、社区统一建立工会组织，以此辐射所在地区工会的组建。第六，属地组建模式。针对大量在各地经济开发区内注册、区外生产经营的企业，按照属地管理的原则，由开发区提供企业名册、生产经营地点，依靠企业所在地工会建立基层工会。

（五）基层工会的角色①

《中国工会章程》指出：“中国工会是中国共产党领导的职工自愿结合的工人阶级群众组织，是党联系职工群众的桥梁和纽带，是国家政权的重要社会支柱，是会员和职工利益的代表。”因此，作为联系国家、党和工人之间的传送带，中国工会的核心职能体现为所承担的双重政治任务，即在维护全国人民总体利益的同时，维护职工的合法权益（两个维护），理论上扮演第三方的角色。具体体现在以下两个方面：

一方面，作为执政党领导下的工人群众组织，工会将“国家—党”意志自上而下、有效地传递到工作场所，动员工人进行生产劳动；最高层的劳动政策制定者也能通过各层级工会组织了解劳工需求，保护劳动者人权。

另一方面，企业基层工会具有代表其成员与管理层集体协商的法理价值，代表员工与管理层讨价还价、调解劳资纠纷、监督工作条件和实施劳动法、为员工提供各种服务和福利、促进技术创新和员工培训，并参与公司治理和政策制定。基层工会的代表性并不源于有组织的劳动力，而是源于其官方的制度地位，因此，在维护劳动者具体权益的同时，必须服务于国家整体利益。同时工会主席不是由员工选举而是由上一级工会组织任命；基层工会的运转经费来自

---

① 张戍凡、赵曙明：《中国工会研究的再认识：工会效能研究的范式重构及层级测量框架》，载《江海学刊》2019年第5期，第141页。

企业预算而非会员，导致基层工会在与管理层进行集体谈判时无法展示强硬的一面。虽然在制度层面取得了劳动者权益的代言人资格，但会员构成会受到民意授权不充分的现实考验，基层工会角色游走于“党委想的、政府抓的、职工需要做的”夹缝之中，并没有太大的自由空间。

思考题

1. 工会的性质是什么？
2. 工会的职能是什么？
3. 组建工会的原因是什么？
4. 简述工会的结构分类和职能分类。

第六章

劳动关系中的雇主及雇主组织

本章学习重点：

1. 熟悉管理方的定义。
2. 了解雇主组织的概念、类型与作用。
3. 了解现在我国的雇主组织情况。

本章学习难点：

1. 掌握管理方的角色理论。
2. 掌握管理方的管理模式。

【导引案例6－1】

福特汽车公司独特的人力资源管理①

福特汽车公司之所以具有强大的盈利能力并取得良好的发展势头，与福特创立的独特的人力资源管理不无关系。劳动者创新及协同能力的不断提高，大大增进了企业对环境的适应能力和竞争实力。

1. 网络经济下的组织协同

传统人力资源管理大多是为达到公司目标，建立适合的组织结构和明确的岗位责任制、考核制度，以增强工作激励；或者是设计科学的研发、生产、营销制度，以加强员工之间的协调配合。虽然取得了很好的效果，但这种过于注重技术层面的方式具有一定的惰性，难以不断适应复杂而多变的环境。福特公司首席执行官纳塞尔（Jacques Nasser）希望“劳动者能从自己公司的角度去思考和行动”。经过实践，福特公司创立了一种最有效的方式，即在网络经济形势下，加强组织协同，协调劳动者的发展目标和公司的目标。

① 王跃军：《福特公司独特的人力资源管理》，载《人才市场报》2004年8月23日。

2. 内部网：快捷的信息分享平台

网络技术的成熟和广泛使用大大降低了信息的使用成本，企业有机会实现内部信息共享，劳动者也借此提高了工作能力和效率，容易形成企业认同。福特公司建立了一个包含50万种产品设计资源、产品管理工具和战略信息资源的公司局域网（内部网）。网上能提供及时和大量的信息，90%的上网劳动者都能在网上获得改善工作的方法和工具。高层管理人员也在网上讨论分部商业计划、工程实例和产品发展计划等，完全摒弃了以往缓慢而不变的纸张办公方式。人事管理部门充分利用内部网完成内部劳动者的培训、岗位轮换，处理劳动者与管理者之间的关系。内部网络成为福特公司事业发展的基石。

1. 你认为，在网络时代的今天，管理方如何发展与劳动者之间和谐的劳动关系？

2. 在网络时代的今天，劳资双方如何共同提升企业竞争力并保障劳动者就业？

第一节　雇　　主

一、雇主的概念

雇主（在我国被称为用人单位）是指一个组织中，使用雇员进行有组织、有目的的活动，且向雇员支付工资报酬的法人或者自然人。各国劳动法对雇主范围的界定不尽相同，如《美国劳资关系法》规定，雇主包括直接或者间接代表雇主利益的任何人，但不包括公共机构、劳工组织（作为雇主身份时除外）和以劳工组织负责人或者代理人名义出现的任何人。西方国家在工业化发展的过程中，企业领导制度经历了从“企业主经营管理制”到“经理经营管理制”的转变过程，雇主地位也随之发生改变。“雇主”一词在不同历史时期也表现出不同的内涵。18世纪，雇主主要是资本家，当时正处于工业社会发展初期，企业规模小，生产力水平低、技术简单，资本家既是投资者也是经营者，企业所有者凭经验直接管理企业，集财产所有权、决策权、监督权、管理权于一身，“资本家”与“雇主”的概念重合。19世纪中期之后，随着资本原始积累的扩大，企业规模有了较快发展，企业的权力结构发生了重大的变化，企业所有权与管理权开始发生分离，产生了受雇于资本家的经理阶层。这时的资本家仅通过所有权管理企业，而具体的经营管理职能则由职业经理人行使，由经理人雇佣工人进行生产劳动，这时雇主就由原来的资本家变成职业经理人。职业经理人经营管理企业，行使雇佣工人的权力，实际扮演着“雇主”的角色，“雇主”不再等于“资本家”。特别是随着公司制度的实行，企业的投资者主要通过行使股权对企业施加影响，而雇佣员工、管理员工、分配工作的权力是由经营者来行使的，经营者是名副其实的雇主。

二、管理方的概念及特征

（一）管理方的概念

管理是指一定组织中的管理者通过实施计划、组织、人员配备、指导与领导、控制等职能来协调他人的活动，使别人与自己一起实现既定目标的过程。

从这个概念可以看出，管理方是指在组织中通过行使职权，实施管理职能，率领下属完成既定工作的各级管理人员。从广义角度而言，管理方不仅包括企业中的各级管理人员，还包括各类正式与非正式的雇主协会。

（二）管理方的特征

要理解管理方的概念，需要把握以下几点：

第一，管理方具有职权。职权是指能向其隶属人员进行指挥、发出命令，强制要求下属服从并执行的权力，以及给予奖惩的权力。其中，隶属人员既可以是下层管理人员，也可以生产工人。

第二，管理方通过合法程序获得职权。企业各级管理人员的职权是经由一定正式程序而赋予某个职位的一种权力，而不是某个人的权力。它源于企业产权，因而是合法的。

第三，职权自上而下逐级授予。除非生产组织完全由一个或者几个管理人员控制，管理人员的职权通常经由自上而下逐级授权获得。上层管理人员授予中下层管理人员一定的权力，使他们在一定监督下有相当的自主权与行动权；被授予者对授权者负有报告的义务与完成任务的责任。因此，管理人员的职权有严格的等级差别。

三、概念之间的辨析

（一）用人单位

用人单位是以往实行计划经济体制的社会主义国家的劳动法中使用的概念。现在中国的劳动法仍然使用。这一概念具有鲜明的历史特征，在市场经济中具有明显的局限性。

（二）企业主

企业主是指企业的拥有者或者资产所有者，又称为“业主”。这一概念更强调企业的所有权，而并非从劳资关系的角度提出。但企业主与劳动者有一种对应关系，即企业主是资本所有者，劳动者是劳动力所有者，二者在劳动关系中有着一种本质的联系。

在现代企业中，企业主是通过经营者与劳动者发生联系的，在传统企业中企业主则是直接管理劳动者，所以，在一些国家的劳动立法中使用“企业主”这个概念。

（三）使用者

使用者是日本劳动法的一个日语汉字名词。这一名词在第二次世界大战后才被日本劳动法所采用，意为“使用劳动者的人”。与战前日本的劳动法所使用的日语汉字名词“雇主”比较，这一概念更加形象具体地表述了劳动力使用者的特点。但“使用者”的内涵与“雇主”并无区别，与英语对应的名称是雇主。

四、雇主的分类

公司是现代经济中最为普遍的雇主形式，除此之外，还有其他形式的雇主，这些雇主有不同的经营和服务目标。一般地，私营雇主经营的目标是满足市场中消费者的需求，公营雇主的目标则是满足社会公众的服务需求。

雇主可以分为以下几类：

第一，私营企业。私营企业包括私营公司和私营非公司企业。后者是小型的、非公司制的企业，经常雇佣的是临时性或者半日制的雇员。私营公司与私营非公司是市场经济制度的国家中最普遍的雇主，也是雇佣劳动力最多的雇主。

第二，公营公司。公营公司是国有公司，多为关系国计民生的企业，如国家控股的煤矿、铁路、电信、邮政、煤气等公司，也包括银行、广播公司、电视台等。这些公司不受国家公司法调整，与私营公司具有不同的法律地位。这些公司由政府委派管理人员，其出售产品与服务所获得全部或者部分收益归国家所有。

第三，公共服务部门。公共服务部门是为社会民众提供服务的机构组织，分为两类：一类是政府机构；另一类是公营服务部门。受雇于各级政府机构的主要是公务员和在政府机构从事辅助性工作的人员；公营服务部门主要是由政府建立和运营的医疗服务机构、教育机构、测绘机构、法律咨询机构等，在这些机构就业的是医护人员、教师、工程师、建筑师、律师及行政管理人员等。

第四，志愿服务部门。志愿服务部门主要是一些为自己的成员或者特殊的群体提供服务的组织，这些组织包括工会、雇主组织、宗教团体、慈善团体以及其他非政府组织。这些组织的日常工作人员多为志愿服务者，这些组织也需要雇佣一些人员从事日常的管理和服务工作。

第二节　雇主组织

一、雇主组织的概念及特征

（一）雇主组织的概念

雇主组织是以雇主为成员的、规范雇主与其雇员或者工会之间关系的组织。与工会一样，建立雇主组织也是结社权利的体现。

国际劳工组织《结社自由和组织权利保护公约》第 2 条规定："凡工人和雇主，没有任何区别地均应有权建立他们自己选择的组织，以及仅依据有关组织的章程加入自己选择的组织，而无须事前得到批准。"

（二）雇主组织的特征

各国对雇主组织的组成、运作都有明确的规定。一般地说，雇主组织有以下的特征：

第一，雇主组织必须是由一定数量的雇主所组成，是雇主的组织，并有相当的代表性。但对组成人数，各国的规定有很大差别。如智利规定雇主组织至少由 10 人组成，而意大利则规定雇主组织至少须由雇佣同一地方特定产业 10% 以上的雇主组成。

第二，雇主组织由雇主自愿加入。西方国家对雇主自由加入和自由退出雇主组织进行了明确的规定。

第三，雇主组织具有法人资格。它是独立于各雇主之外的主体，并实行独立核算，依靠为雇主服务取得服务性收入。

第四，雇主组织的机构主要为会员大会和理事会，前者决定重大事项，后者处理日常事务。

第五，雇主组织的活动宗旨是维护所代表的雇主在劳资关系中的利益，不得有政治目的。

第六，雇主组织不得从事反工会活动，不得制造困难阻止雇员加入工会或者参加工会活动，不得干涉工会事务，不得破坏工会组织的罢工，不得拒绝按规定程序与工会进行集体谈判或者阻碍集体谈判的正常进行。

第七，雇主组织负有协调劳资关系的法定职责。

第八，雇主组织内部组织机构及其活动方式可自行确定。

二、与雇主协会的概念辨析

雇主协会是由雇主组成，旨在维护雇主利益，并努力调整雇主与雇员以及雇主与工会之间关系的组织。

理解雇主协会，需要把握以下几点：

第一，区分雇主协会与纯粹的行业协会。纯粹的行业协会不处理劳动关系。而大部分雇主组织既具有雇主组织的功能，又兼有行业协会的功能；既负责处理劳动关系，也负责本行业生产事务。雇主协会是由因为劳资关系而结成的组织演变而来的，一般称为“社会”组织。

第二，雇主协会是由法人而不是自然人组成的协会。雇主协会主要负责处理劳资关系各方面的事务，包括与工会的关系、劳工政策、参与劳动立法、行政管理和仲裁，其中与工会协商劳资关系是其主要工作。这种雇主协会就是通常所说的雇主组织。雇主协会的存在只能增强其成员——各企业雇主——集体谈判的力量，而不可能具有再造谈判力量的功能。

三、雇主组织的起源与发展

18 世纪中叶，英国已有一些临时性、地方性的类似雇主组织的行业组织。现代意义的雇主组织是在中叶建立的，并在 19 世纪八九十年代迅速发展。雇主组织的产生、发展与工会的发展密切相关。

雇主组织成立之初的目的是抵制工会组织的罢工。当时英国出现了普通工会，它们以地方工会的形式，广泛吸收普通工人入会，并在各地进行罢工，为会员争取权益。他们的罢工不限于一个企业，通常会波及一个地区某个产业的诸多企业。这时，单个雇主已经无法对抗工会，必须联合起来，应对工会组织的罢工行动，于是出现了地方性的雇主组织。这些雇主组织成立之初的目的就是抵制罢工，以雇主团结的力量抵制罢工雇员团结的力量，抵制工会在罢工时提出的各种要求，并支持雇主们的关厂行动。

后来，雇主组织的主要目的是抑制工会企业内部发展会员。当工会发展壮大并成为一种永久性组织的时候，雇主们意识到，除了抵制罢工，他们还必须采取措施，抑制工会的发展，特别是制止工会在其雇员中招募会员。这时，雇主组织的组建目的已经从最初的对付工会罢工，发展为抑制工会在企业内部发展会员。基于这一目标，雇主们联合起来，相互沟通信息，制定抑制工会发展的统一对策，达成共同行动的协议。如当时雇主组织内部达成了一种制止工会在雇佣组织中发展会员的协议。根据这种协议，所有雇主都要求新招用的雇员签署一份保证书，雇员要承诺他们在受雇之后不加入工会。此后，随着地方性总工会的联合和全国性工会组织的发展，地方性雇主组织也实现了联合，建立了全国性雇主组织。

雇主组织将代表雇主与工会开展集体谈判作为主要任务。19 世纪末，雇主们组织起来抵制工会的意图逐渐减弱。当时工会已经不再是临时性的工人组织，而是一种状态稳定、结构严密的组织。雇主们不得不默认工会组织的存在并开始认真考虑工会提出的集体谈判要求。第一次世界大战前，因为工会在工作场所并没有得到雇主的承认，集体谈判主要在地方工会和雇主组织之间进行，雇主们很快发现了集体谈判的好处。这种集体谈判使工会每年只有一次提出工资方面要求的机会，可以避免工会采取蛙跳式工资增长策略而给雇主们带来的麻烦。另外，在地方工会与地方雇主组织进行谈判的同时，还共同建立了区域的争议处理程序，使工作场所无法解决的争议，通过区域性的处理程序得到解决。第二次世界大战结束时，一些雇主组织已经成为雇主集体谈判的代表，代表其会员与同级的工会进行地区或者国家级的集体谈判。

1980 年后，雇主组织的工作重点逐渐转向协调成员的管理战略和企业级集体谈判方面。随着组织外部环境的变化和市场竞争的加剧，雇主越来越需要更加灵活的产业关系政策和策略，以保证企业的生产力和利润率。适应这种变化，集体谈判的层次也开始向企业转移，地区和国家级集体谈判的规范化程度逐渐降低。这一趋势使雇主组织的工作重点逐渐转向协调成员的管理战略和企业级集体谈判方面。

四、雇主组织的类型

雇主组织主要有三种类型：

（一）在地区协会基础上组建的全国性雇主联合会（全国性协会）

德国最大的雇主协会——德国雇主联合会，是由不同地区和不同行业的雇主协会组成的，包括钢铁产业雇主协会之外的其他所有私营产业部门的雇主协会。而中国企业联合会是以企业、企业家为主体，由专家、学者、新闻工作者参加的，为推进企业改革和发展，提高企业经营管理水平，沟通企业与政府的联系，维护企业和企业家的合法权益的全国性社团法人组织。现在，中国企业家联合会拥有省、自治区、直辖市企业团体 40 个，全国性企业团体 30 个，主要工业城市企业团体 220 个，共同发起组建单位 6 个，会员企业 54.5 万家[①]，下设企业管理宣传工厂委员会、维护企业和企业家合法权益工厂委员会、企业信息工厂委员会、咨询管理委员会等八个分支组织，形成了全国性的组织体系。作为中国雇主组织的代表，中国企业联合会参与国家协调劳动关系三方协商机制的建设、国际劳工大会及国际劳工组织的各项活动。

① 程延园：《劳动关系》（第 4 版），中国人民大学出版社 2016 年版，第 69 页。

（二）由某一行业企业组成的单一产业的全国协会（行业协会）

英国的化学工业协会直属会员企业达160多家。中国电力企业联合会则是中国电力企事业单位和电力行业性组织自愿参加的自律性的全国性行业协会组织，是非营利性的社会团体法人。

（三）由同一地区企业组成的地区协会（地区协会）

英国的西英格兰毛纺织业雇主联合会是同一地区企业组成的地区协会。我国的地区协会，如广州市企业协会、广州市企业家协会分别成立于1984年和1985年，以广州地区各类企事业单位、企业家和管理工作者为主体，有关专家、学者、新闻工作者自愿联合组成，经广州市政府批准，是在社团登记管理机构核准登记的具有法人资格的非营利性社会团体。

五、雇主组织的作用

雇主组织的主要作用是在集体谈判中支持会员组织，维护雇主利益，并积极游说政府和议会。

雇主协会主要有下列作用：

第一，参与谈判。雇主协会直接与工会进行集体谈判，这种谈判结构一般是多雇主谈判。由于不可能把每个企业的具体情况都考虑进来，所以，许多企业在实际操作中往往不执行由雇主协会谈判制定的集体协议，这就大大削弱了雇主协会在集体谈判中的作用。1980年，许多企业退出了全国性雇主协会。

第二，解决纠纷。当劳资双方对全国性或者地区性集体协议的解释出现分歧，而企业内部申诉体制又无法解决这些问题时，雇主协会可以采取调解和仲裁的方式来解决这些问题。

第三，提供帮助和建议。雇主协会有义务为会员组织提供有关处理劳动关系事宜的一般性帮助和建议，为企业招聘雇员、教育和培训、绩效考核与质量管理、安全卫生、工会承认、集体谈判、解雇、裁员等提供建议或者咨询。

第四，代表和维护。与工会一样，雇主协会代表会员的利益和意见，但雇主协会一般不与政党建立正式关系。雇主协会主要通过公共宣传和直接游说方式，向工会政府、公众表明某个会员或者全体会员的利益。

雇主的联合在劳资关系双方力量的较量中有不可低估的作用。雇主协会不仅采用种种合法手段，通过活动促使政府制定有利于雇主的劳动立法，使劳资关系能最大限度地顺着自己的意愿发展，保持自己在劳动力市场上的绝对主导地位，而且还采用种种不合法的行动，歧视参加工会的雇员等反工会的手段，来阻止工会的发展。

第三节　我国的雇主组织

一、我国雇主组织的起源与发展[①]

我国在计划经济体制下没有“雇主”这个概念。但从新中国成立初期到三大改造完成之前，由于经济发展的需要，中国曾允许私营经济存在和发展，因而存在依托于私营经济的雇主，其合法地位也通过宪法或者临时宪法中对私营经济的规定而得到间接承认。《中国人民政治协商会议共同纲领》第三十条规定：“凡有利于国计民生的私营经济事业，人民政府应鼓励其经营的积极性，并扶助其发展。”第三十二条进一步规定：“私人经营的企业，为实现劳资两利的原则，应由工会代表工人职员者与资方订立集体合同。”这里的“资方”实质上就是雇主一方，因为在传统的商品经济下投资者与经营者是合一的，只是到了现代市场经济发达阶段，投资者和经营者发生了相对分离后，“资方”和“雇主方”这两个概念才不再完全等同。《中国人民政治协商会议共同纲领》的上述规定，是对雇主阶层法律地位的间接承认，并为其正当利益的平等保护提供了一定的基础。1954 年新中国成立后通过的第一部正式宪法也在第十条规定：“国家依照法律保护资本家的生产资料所有权和其他资本所有权。国家对资本主义工商业采取利用、限制和改造的政策。国家通过国家行政机关的管理、国营经济的领导和工人群众的监督，利用资本主义工商业的有利于国计民生的积极作用，限制它们的不利于国计民生的消极作用，鼓励和指导它们转变为各种不同形式的国家资本主义经济，逐步以全民所有制代替资本家所有制。”这里的“资本家”如以其经济与社会地位来考虑，相当于“雇主”，此时国家在宪法中对雇主阶层存在的合法性虽然仍持有肯定态度，但对其存在的合理性则已经有了否定的倾向，这一点从上述规定中的“利用和限制”手段与“逐步代替”的目的中得到反映。于是在三大改造完成后，雇主阶层就暂时性地在中国大陆消亡了。

党的十一届三中全会后，随着改革开放的逐步深入，高度集中的计划经济体制逐步解体，市场经济体制逐步确定，多种所有制并存的经济制度安排，使雇主阶层也开始重新经历了一个从萌芽到初步形成再到发展壮大直至趋于成熟的发展过程。中国大陆的新兴雇主阶层是经济结构多元化和经济运行市场化的产物。由于中国计划经济体制向市场经济体制的过渡尚未全部完成，所以，中国雇主阶层的构成情况较为复杂。

---

① 于桂兰、于楠：《劳动关系管理》，清华大学出版社、北京交通大学出版社 2013 年版，第 60 页。

中国具有典型的市场经济法律特征的雇主，是非公有制企业的劳动力使用者和管理者，他们或者凭借生产资料所有权或者行使经营管理权决定雇佣条件，直接管理、支配劳动者。而外商投资企业和一些大型民营企业，基本上是产权和经营权分离，出资方为国外或者港、澳、台地区的跨国公司或者个人，而经营者则是受聘负责经营这些企业的海外或者国内管理人员，他们在经营管理和用工行为中所代表的是资本所有者的利益，所以，私营企业的业主和外商投资企业的高级管理人员基本构成了中国雇主阶层。这一社会群体不论在数量、占用和支配的资金额，以及所雇佣的工人人数上，都已经远远超过了中国历史上的资产所有者，这一特征使得雇主们在劳资关系处理中居于更加有利的地位。

二、我国雇主组织的类型

随着我国改革开放的深入和计划经济体制的解体，市场经济体制逐步确定，雇主阶层也经历了从萌芽到初步形成，再到发展壮大的过程。就代表我国企业和经营者利益的组织的性质和活动的特点而言，现在我国的全国性、地方性和产业性的雇主组织主要有以下的几种类型：

（一）综合性的全国企业团体

这种类型的组织主要有现在被普遍认为是我国雇主组织代表的中国企业联合会/中国企业家协会（两会合署办公，简称为“中国企联”）。该会分别由1979年成立的中国企业管理协会和1984年成立的中国厂长经理研究会更名而来，最初所代表的是国有企业或者国有企业的厂长、经理。随着改革开放的深入发展和中国社会主义市场经济体制的逐步建立，中国企联开始负担起雇主组织的一些职能。

中国企联是经中华人民共和国民政部门核准注册登记的全国性社会团体法人，是独立于政府、自主从事各项活动的国家级雇主（企业代表）组织，其分支组织分布于各省（自治区、直辖市）、各行业、工业城市和区县。其成员包括各类所有制企业，均为自愿加入，宗旨是按照民主集中制的原则商讨有关重大问题，依照国家法律代表和维护经营者（雇主）权益。中国企联是雇主和企业的联合组织，由企业界和有关经济、科研、新闻工作者以及有关企业工作者团体组成，是非营利性社会组织。

中国企业联合会的活动宗旨是维护所代表的企业在劳资关系中的利益。现在，中国企联的首要职责是维护企业和企业家的合法权益，代表企业参与劳动关系协调，负有协调劳资关系的法定职责，符合国际惯例对雇主组织的要求。中国企联的重要工作是为企业服务，这也是雇主组织的重要特征，除了参与劳动关系协调之外，还逐步开展对会员企业的各种服务，如开展培训、咨询研究、信息交流、出版书籍刊物等。通过积极开展多项活动宣传企业的典型经验，为企业提供学习、交流的舞台，通过培训、研究和咨询提高企业的水平和整体竞争力。

（二）总商会：不分所有制的企业团体

近年来，总商会在各地有了很大的发展。这些商会一般是工商业界企业、团体及个人自愿组织的民间商会联合会。有些商会已经开始介入劳动关系工作。如海南总商会，由于大特区的经济关系，1993 年就参加了海南省三方机制工作并组建了各级商会。到 2005 年，全国已有十多个省市的总商会与企业联合会一起参与劳动关系协调工作。

（三）各类行业协会

行业协会在中国已经形成较为完善的网络体系。尽管这类协会中大多数是中国企业联合会的会员单位，但在直属企业关系和业务范围上完全独立于企业联合会。如在 2001 年国家经贸委把其下属的 9 个国家局撤销，改为行业协会。2005 年，我国行业性社会团体的总数量为 53004 家，比 2002 年的 39149 家增加了 13855 家。[①] 这些协会的主要任务是维护行业利益、搞好行业自律、配合政府宏观调控和协助行业应对国际竞争等。

（四）各类非公有制企业的雇主组织

近年来一些非公有制经济的雇主组织也有了一定的发展。此类全国性的雇主组织有全国工商联合会、中国外商投资企业协会、中国民营企业家协会和中国个体劳动者协会等。这些组织在各地都有其下属的组织和机构，并且随着非公有制经济近年来的发展，这些组织在经济关系和社会关系中也日趋活跃。但这些组织的活动更多的是侧重于政治影响和社会影响，而非作为劳动关系一方的雇主代表，来处理与政府和工会的关系。

（五）各地雇主自发成立的非正式雇主组织

在非公有制经济发达的地区，许多雇主为在与政府对话和处理劳资关系事务中共同行动，自发成立了许多民间的雇主组织，这些组织一般没有正式的章程和组织机构，而是以“联谊会”“商工俱乐部”等形式出现。

---

① 刘旭阳：《我国行业协会的发展现状及其制度完善策略》，载《河南科技》2012 年第 2 期。

第四节 管理方的角色理论①

关于管理方角色的理论主要有以下几种：

一、新古典经济理论

（一）主要内容

新古典经济学家认为，管理方作为企业所有者的代理人，通过提高企业的劳动生产率和竞争力，实现企业利润与所有者财富最大化。要达到这一目标，管理者必须投入劳动力、资金、设备、原材料等生产要素并进行优化组合，使单位产品的成本最小化，从而在市场竞争中赢得成本优势。在劳动关系上，管理者以苛刻的就业条件招聘工人，并努力提高他们的劳动生产率。

（二）评价

新古典经济理论主要强调企业效率以及劳动生产率在管理决策中的重要性。对该理论的批判主要集中在以下五个方面：

第一，新古典经济理论没有指出使企业效率最大化的内部工作模式。

第二，新古典经济理论将生产效率等同于盈利，从而忽视了劳动关系中的“政治”方面。

第三，新古典经济理论建立在把管理人员视为所有者利益的代理人这样一种过于简单的管理思想之上。

第四，新古典经济理论没有意识到管理者理性的局限性。

第五，新古典经济理论没有解释管理者自身价值观在决策过程中的作用。

由以上五个方面，演变出五种理论：权变管理理论、劳动过程理论、利益相关者理论、决策过程理论与战略选择理论。

二、权变管理理论

（一）主要内容

权变管理理论是1970年在美国形成的一种管理理论。这一理论的核心是力图研究组织的各子系统内部和各子系统之间的相互关系，以及组织与其所处

① 程延园：《劳动关系》（第4版），中国人民大学出版社2016年版，第70～74页。

的环境之间的联系，并确定各自变数的关系类型和机构类型。它强调在管理中要根据组织所处的内外部条件随机应变，针对不同的具体条件寻求不同的、最合适的管理模式、方案或者方法。

权变管理理论最大的特点是：第一，强调根据不同的具体条件，采取相应的组织机构、领导方式、管理机制；第二，把一个组织看作社会系统的子系统，要求组织各方面的活动都要适应外部环境的要求。

新古典经济理论主要关注生产投入要素的成本，而权变管理理论强调组织内部的职权结构。权变管理理论认为，如果雇主面对不确定程度较小、变化不大的环境，在一个稳定的产品市场中进行大规模社会生产，最有效的组织形式应该是权威模式。职权的集中程度由不确定性的大小以及环境的变化程度决定。相反，如果雇主面对不确定性较大、变化很大的环境，就应该采用更加灵活的“有机”组织形式：采取严格监督的独裁式管理或者高绩效范式相容的自主式管理。权威管理模式依靠等级授权链实现管理目标；而自主式管理主要依赖团队合作与雇员参与，其组织形式更加灵活，工作专业化程度更低，规则与程序更少，从而有利于提高雇员的积极性。

（二）评价

权变管理理论的价值在于，它为解释企业职权结构以及雇主的劳动关系政策与实践提供了理论支持。该理论主要关注管理过程的技术方面，强调在设计最有效的企业组织形式过程中各种权变因素的重要性，但没有指出雇主的政策如何导致劳资冲突公开化。

三、劳动过程理论

（一）主要内容

新古典经济理论与权变管理理论都是从技术角度研究管理过程，而劳动过程理论则关注组织的政治运作。该理论假定企业的利润是以最小化成本榨取工人的最大产出获得的。工人的反抗引发管理控制问题。1974 年，哈里 · 布雷弗曼在其论著《劳动与垄断资本》中首次阐述了这一理论。[①] 他指出，20 世纪初产生并逐渐普及的工业管理与科学管理思想反映了雇主的政策与实践：分割工作任务，使传统上由熟练工人掌握的技能外部化。

这一实践带来两个结果：第一，降低生产过程所需的技能水平，从而降低资方对熟练工人的依赖程度。这样，雇主更多雇佣非熟练工人与半熟练工人。由于这些工人主要来自初级劳动力市场，他们的影响力比较小。第二，管理者

① Harry Braverman, *Labor and Monopoly Capital*, New York: Monthly Review Press, 1976.

对工人的生产方式与生产进度的控制程度更强，从而可以防止工人抵制生产，保证产出水平。

最后，布雷弗曼认为，工业管理与科学管理意味着以更低的工资水平换取更大的劳动量。

（二）评价

布雷弗曼认为，科学管理旨在降低生产所需的技能水平，增强对工人的控制。对该理论的批判主要集中在以下几个方面：

第一，降低生产所需技能水平受到普遍质疑。批判者指出，资方引进新技术、改组企业组织的主要目的是提高生产率，而不是为了增强管理方对工人的控制。

第二，布雷弗曼的理论只考虑管理方对工人的直接控制，而忽视管理方对工人的间接控制。批判者指出，1980 年以来，管理方普通实施人力资源管理战略以赢得工人的认同，使他们愿意与资方合作。这里，雇员参与计划是资方对工人采取的更加隐蔽的控制手段。

实际上，管理方的政策与实践既有生产导向，也有政治导向，劳动过程理论有助于全面理解雇主的政策与实践，但该理论没有指出雇主采用不同控制战略的原因。

四、利益相关者理论

（一）主要内容

根据利益相关者理论，企业组织被看成是利益相关者的结合体，各利益相关者为企业提供资源并获取相应回报。投资者向企业提供资本，并获得股息、红利与股票升值；消费者在给企业带来经营资本的同时，享受企业提供的产品或者服务；劳动者则根据劳动合同中订立的就业条件向企业提供劳动，以此获得报酬。因此，管理方应该提高企业的盈利能力、生产更优质的产品、提供更合理的报酬和更好的工作条件，保证各利益相关者向企业持续提供所需的各种资源，维持企业的生存与发展。

（二）评价

利益相关者理论指出，为了代表企业各利益相关者的利益，管理方应该保持中立。批判者指出，这不符合现实。他们认为，管理方通常优先考虑投资者的利益，因为如果企业经营业绩不佳，持有足够多股票的少数投资者有权解雇管理人员，而且在实施利润分享计划与股票期权计划的企业，高层管理人员的收入与企业盈利水平密切相关。因此，利润最大化是管理方政策与实践的首要目的。

事实上，管理方受到投资者、消费者、劳动者等不同利益相关群体施加的压力，他们对不同压力做出反应的程度取决于这些压力是否符合利润最大化目标。

五、决策过程理论

（一）主要内容

上述管理学派都假定管理方是理性人，决策过程理论对此提出质疑：

第一，在连续的管理过程中，管理者将面临各种难题，他们缺乏足够的精力去搜寻所有信息并对各种可行方案进行权衡，最终找出最优的解决方法。而且，即使能够发现最优方案，由于信息不完备，管理者也无法预测该方案的实施后果。因此，管理方所谓的理性行为具有很大的局限性。

第二，企业内部普遍存在的管理权术，对“管理方是理性人”这一命题构成挑战。企业管理人员具有不同的文化背景、价值观和评价标准，他们总是支持符合自身利益的所谓最佳方案。管理决策在很大程度上反映了企业管理人员之间争权夺利的博弈过程，因为它直接影响管理者的权力、地位以及资源的分布。

第三，管理方容易受当前流行的管理模式的影响。管理者知道，当前流行的管理模式未必最适合本企业，但照此执行可以让他们心安理得。

（二）评价

决策过程理论有助于认清管理实践的复杂性，使我们从经济学教材中那种过于简单机械地认为管理方是理性人的观念中解脱出来。但是，管理方的行为并不是完全非理性的，原因如下：

第一，从管理者的自身素质看，通过正式教育和培训以及非正式的“干中学”，管理者积累了经验，逐渐形成了自己的决策程序，虽然这种程序是非正式的，但可以在某种程度上规范他们的行为。

第二，从组织内部的权力关系看，高层管理人员通过制定规章来控制中下层管理人员的行为，并通过建立考核评价体系监督中下层管理人员的行为。

第三，从决策的重要性看，虽然大量的日常决策在某种程度上存在许多非理性因素，但重大决策通常是由高层管理人员经过理性规划与审核后做出的。

当然，这并不是要求我们回到“纯粹理性”的假定中。事实上，信息不完备、认知能力的局限、时间的限制以及企业组织内部存在的权术，使管理方的理性行为具有很大的局限性。因此，决策过程理论又被称为“有限理性”理论。

六、战略选择理论

（一）主要内容

战略选择理论在多数文献中是指一种决策行为。1984 年，麻省理工学院教授托马斯·A. 科汉（Thomas Kochan）首次将战略选择引入劳动关系领域，并用战略选择模型分析管理方的决策行为。该理论指出，在任何时刻，管理人员的决策都受到以下限制：第一，企业过去做出的决策，企业现有的权力分配，以及企业、工会与政府之间的力量对比。第二，主要决策者的价值观、信仰与世界观，以及企业理念和企业文化。

科汉指出，由于决策者的价值观、信仰与世界观趋于不变，所以，管理方的政策与实践也将趋于制度化并具有长期稳定性，但可能出现显著变革。当环境压力危及企业的生存与发展时，管理方会考虑采用新战略。

（二）评价

科汉提出战略选择模型的主要目的在于解释 1980 年以来普遍采用的高绩效范式。批判者指出，选择高绩效范式不仅受管理者价值观、信仰与世界观的影响，而且受企业规模、技术水平与市场条件等环境变量的制约。对我们而言，考虑雇主的价值观、信仰与世界观在多大程度上独立于各环境变量，更具有现实意义。

思考题

1. 管理方的概念及特征是什么？
2. 雇主协会的作用是什么？
3. 决策过程理论的主要内容是什么？

第七章

劳动关系中的政府

本章学习重点：

1. 熟悉政府在劳动关系中的作用。
2. 理解在实践中，政府在哪些方面影响劳动关系。

本章学习难点：

1. 掌握政府在劳动关系中的角色。
2. 掌握我国政府在劳动关系中发挥的作用。

【导引案例7－1】

法国总统如何在大罢工后继续改革①

2019年12月5日，法国遭遇“黑色星期四”，80万人走上街头，抗议法国总统马卡龙的养老改革计划，要求马卡龙下台。这也是法国25年来发生的最大规模罢工。

媒体和专家指出，这次罢工直接的导火索是政府的养老金改革。马卡龙提议对全国退休制度进行全面改革，原因是政府认为目前的国家养老金制度支出过高、过于繁杂，各行各业有多达42种不同的退休制度，因此希望用一个统一的、可持续的方案予以替代。退休制度改革是目前法国内政中最重要的议题之一。这是一项较为广泛和深入的改革，牵涉到各部门的利益。每一任总统都决心改革，但近半个世纪以来，改革都特别敏感，难以推进。

法国总理菲利普在2019年12月1日召集内阁成员召开危机会议。他表示，将“进一步完善改革措施”，但仍然坚持政府的改革方向，包括退休制度改革。法国政府最近已经多次召开会议，意图制定捍卫改革、确保国家正常运

① 转引自程延园、王甫希：《劳动关系》，中国人民大学出版社2021年5，第115～116页；《法国大罢工！因为什么事情罢工？附政府最新应对措施！》，https：//www. tuliu. com/read－121394. html。

转的总体策略。马卡龙也坚称，改革行动是“必要的”。不过，民意似乎并不站在马卡龙这边。12 月 5 日，法国总统马卡龙已经推迟了该计划的启动，并收回了一些涉及数十亿欧元的改革措施，让局势得以恢复平静。面对反对声和全面罢工，马卡龙表示自己“冷静且坚持”，深信改革是必要的。2019 年 12 月 31 日，马卡龙阐述了法国退休制度改革的必要性和紧迫性，希望法国人民齐心协力将改革继续推进。

1. 政府的政治理念对政府劳动关系政策有哪些影响?
2. 政府在管理经济过程中所扮演的角色有哪些?

第一节　政府性质与劳工治理模式①

政府的性质决定了其社会经济治理模式，包括劳动关系的治理模式，成为劳动关系领域研究者所关注的议题。关于中国政府劳工治理模式的本质特征的描述，有四种主要的理论流派：生产政体理论、统合主义理论、发展型政府理论以及转型理论。

一、生产政体理论

最有影响力的是生产政体理论。生产政体理论将劳工治理模式归纳为“政体”的概念，这种创新的做法来自麦克·布洛维的经典著作《生产政治：资本主义和社会主义下的工厂政体》。布洛维的生产政体理论关注国家制度如何影响工作场所中的劳动关系和权力结构。它认为，资本主义的早期发展是建立在强制基础之上的，通过资本家对于工人的压迫和后者对于前者的依附实现劳动控制。而随着资本主义的发展和劳工力量的崛起，资本主义福利国家通过社会保障体制的建立，使工人不再依附于个别资本家（尽管工人群众仍然在阶级上依附于整个资产阶级），并且通过在制度上认可工会的代表权和集体谈判权，共同制定工厂场所的规则，实现阶级和解，即工人对于统治阶级意识形态的同意②。

生产政体同国家社会治理模式的关系密不可分。布洛维的灵感正是来自安东尼·葛兰西对于西方资本主义国家政治状况的分析。葛兰西在解释无产阶级革命为何未能像“十月革命”在俄国一样开花结果时，划分了两种生产政体：

① 参见吴清军：《中国劳动关系学 40 年（1978－2018）》，北京：中国社会科学出版社 2018 年版，第 115～124 页。

② Burawoy Michael, *The Politics of Production: Factory Regime under Capitalism and Socialism*, London: Verso, 1985.

强制主义和霸权主义。后者通过建立非政府组织在统治阶级之间形成了一个缓冲地带，而无产阶级和其他被统治阶级的抱怨，都在非政府组织的治理机制中得到了体制内的化解，从而避免了产生阶级革命的可能，保护了上层建筑。欧洲先进资本主义国家正是通过这样一种被葛兰西称为霸权主义的社会治理模式，实现了政权的长期稳固。

受到葛兰西的启发，布洛维认为当不同的社会治理模式反射到工作场所之后，在工厂内部也便形成了两种类型的生产政体。当马克思所描述的早期资本主义社会的强制主义生产方式迎来了劳动者个人此起彼伏的抗争之后，资产阶级通过霸权主义的路径实现了统治方式的进化。资产阶级社会的发展趋势正是从通过强制的控制进化到通过建立霸权主义的控制，即通过福利国家以及一系列的产业关系制度的构建——如工会和集体谈判、劳动法以及社会保障制度等——实现阶级同意。

布洛维的理论带动了20世纪后半叶西方产业社会学的复兴，也对中国劳动问题研究影响深远。

随着市场经济劳动就业规则的不断建立和完善，这些国家或者地区的政府在改革中形成了比较完善的劳工立法。另外，社会保障机制的逐步健全，使这些国家的工人开始脱离对于个别资本家的强烈依附，从而有别于传统的强制主义生产政治。

2008年以来，以《劳动合同法》为标志的一系列劳动立法使中国的劳工保护迈上了新的台阶。个别劳动关系的调整体系越发完善，而集体劳动关系的调整相对滞后。[①] 这使得中国政府的劳工治理模式更加凸显权威主义。

二、统合主义理论

统合主义理论思潮肇始于战后欧洲和拉美国家的社会治理模式的分析。统合主义是一种群体代表机制，一般认为：统合主义国家政府一方面给予公民社会组织对于不同部门的垄断性的代表权，有时还包括经济补贴和其他支持，另一方面通过对非政府组织的运行机制和“游戏规则”的制定来倡导多元主义，统合主义强调国家对于社会团体的绝对控制，以及通过这种控制间接地实现社会控制。社会团体变成了国家统合不同部门利益的管理机制。即前者更强调劳资自治和政府的机制设定，而后者强调政府如何控制社会。在结果上，前者允许多元声音和多元利益的共存，倡导基于私人治理的利益协调，而后者虽然也认可不同社会群体和部门利益的冲突存在，但是认为国家最终可以取代这些不

① 常凯：《劳动关系的集体化转型与政府劳工政策的完善》，载《中国社会科学》，2013年第6期；吴清军、刘宇：《劳动关系市场化与劳工权益保护——中国劳动关系政策的发展路径与策略》，载《中国人民大学学报》，2013年第1期。

同的声音，实现终极利益的一致性。

国家对于统合主义组织的掌控依赖两大工具：直接控制和间接诱导。基于这两个维度，统合主义的理论区分了两种不同的社会治理模式。国家统合主义以国家为中心，建立全面的掌控机制，很多统合主义组织甚至是国家自上而下一手建立起来的。随着更多自下而上的非政府组织的建立，它们同政府的关系变得密切，而政府也变得越发依赖这些组织来实现社会治理。政府对于这些组织并无太多直接约束力，但是更多地依赖间接诱导的方式实现控制，如欧洲很多国家的社会伙伴机制。

三、发展型政府理论

发展型政府理论起源于对于亚洲新兴市场经济国家的研究。战后的日本以及后来的“亚洲四小龙”（韩国、新加坡及中国香港和台湾地区）等经济体的高速发展吸引了西方学者的注意。这些经济体不依赖西方传统意义上的“最佳制度实践”——奉行新自由主义的市场经济以及西式民主——却实现了超越西方先进市场经济国家的发展速度。西方学者细致考察了这些经济体的发展模式，提出了发展型国家理论。这一理论将这些经济体的政府描述为发展型政府，政府通过积极的市场干预，动员一切资源禀赋和社会力量，并且通过积极的制度建构实现经济高速发展。在这一过程中，劳动力作为一个重要的生产要素，是被积极动员的力量，与此相关的包括教育和培训制度、产业政策，以及劳动关系制度，都为发展型政府所涉及。

后来的学者发现，这一理论可以被很方便地用来解释改革开放，特别是1990年之后中国加速的工业化进程与经济腾飞。政府的经济改革措施以及地方政府的各项大力推动GDP的干预，使学者们热衷于谈论中国政府的“发展型”特色。

发展型政府理论关注政府行为对于经济决策的影响，却忽视了政治过程以及它所嵌入的社会结构。把包括劳动力在内的生产要素看作政府可以自由支配的资源，而制度仅仅是实现这种动员的工具，这实际上同制度主义的主流分析思路相左。而将经济发展作为唯一的被解释变量，也同劳动关系领域的价值追求不尽一致。所以，传统的劳动关系相关领域对该理论的使用较少。但是这无法掩盖其对于中国相当多经济和社会政策的解释力。一般认为，为中国加速的工业化进程提供充足的劳动力而演变出的各项政策，包括促进教育和技能开发的政策、社会保障政策、促进农民工流动的政策，以及与此相关的土地政策和户籍制度改革等，都可以被看作是发展型政府策略的延伸。

四、转型理论

也有学者使用卡尔·波兰尼的转型理论来解释中国改革开放40年来政府劳动关系治理模式的变迁。波兰尼的转型理论观察到了西方社会19世纪所信奉的自我调节的市场经济在给社会带来了史无前例的巨大财富的同时，也带来了20世纪西方社会的混乱、矛盾，乃至战争。它因此所建构的历史观——不同于马克思主义的历史唯物主义——又被称为“钟摆模型”，认为历史是一个不断循环的过程。在某一阶段，市场经济的放任发展会导致劳动力的商品化，整个社会被嵌入经济机构当中，社会分配由市场逻辑主导，从而产生矛盾和裂痕。而这种矛盾发展到一定阶段，就会由社会自发地产生一种反向运动，这可以表现为政府通过一系列的社会政策，缩小贫富差距、实现劳工保护，实际上是去商品化的过程，波兰尼称之为经济重新嵌入社会当中。制度嵌入从此成为制度主义的核心概念，转型理论也因此被一些劳动关系学者所钟爱。另外，转型理论不关心阶级革命，仅关注制度变迁，这同当代劳动关系学科的多元主义意识形态也不谋而合。

在中国的研究中，王绍光考察了中国市场经济改革30年的历史进程，发现了肇始于20世纪90年代末和21世纪初的中国社会的保护性“反向运动”。这场反向运动的标志是由政府所推动的一系列社会政策，以纠正改革开放初期所迅速构建起来的市场经济以及由此所迸发的一系列社会矛盾。这些社会政策致力于缩小城乡和地区差距，以及构建全面的社会保障体系，从而形成一个去商品化的历史趋势。这种改革并不拒绝由市场作为资源配置的核心机制，而是试图将“脱嵌”的市场重新纳入由社会所编织的制度网络和伦理关系之中①。

使用“转型”或者“反向运动”的概念可以很便利地概括一定时期内很多社会政策的出台，但是这是否真的标志着政府的社会治理模式的根本性转折，是一个一直困扰着学者们的难以量化估计的难题。

转型理论的继承者们所遭遇的最大问题之一，就是难以提供具有说服力的实证研究。而将此理论应用于中国情景，还有另外一个现实的问题，就是学者们眼中的“反向运动”似乎并没有成功地避免社会矛盾的发生，也似乎并没有实现中国工人——特别是农民工的——去“商品化”。

总体而言，对政府性质的简单概括往往会陷入以偏概全。生产政体理论关注政府治理模式在工作场所的映射，发展型政府理论关注经济决策，统合主义理论关注政府的社会控制，而转型理论则关注制度的变迁。其实，无论是西方国家政府，还是东亚各国政府，在一定时期内可能都同时具有以上不同的面相。

---

① 王绍光：《大转型：1980年代以来中国的双向运动》，载《中国社会科学》2008年第1期。

第二节　政府在劳动关系治理中的角色

政府在劳动关系中的重要性受到西方劳动关系学者的广泛关注。如邓洛普在其经典的产业关系系统论中将政府看作产业关系系统的三方之一，并将其政策视为影响劳动关系的一个重要环境因素；科奇安、卡茨和麦克西在其具有开创意义的战略选择理论中引入动态的角色来研究政府的战略选择对微观层次劳动关系的影响；科尔、邓洛普、哈比森和迈尔斯提供了一个分析框架来研究政府在工业化中的作用。特别是，贝尔茨分析了政府在工业化不同阶段的不同作用：在工业化的早期，政府对工人及劳工运动采取敌视的态度，其角色因此表现为劳工运动的合法镇压者。在工业化的中期，政府对劳工逐渐采取温和的态度并开始容忍工会和劳动关系多元主义的价值观。在工业化的后期，政府则采取新自由主义的政策让市场在劳动关系中发挥主导作用。

一、政府在劳动关系中的重要性

在现代社会，政府的行为已经渗透到经济、社会和政治生活的各个方面。普尔曾经说过，劳动关系中管理方、雇主和工会、雇员的概念较为模糊，而政府作为第三方，在劳动关系中发挥着重要而特殊的作用，则是大家共同认可的。

政府在劳动关系中的重要性体现在以下几个方面：

第一，政府有权修改劳动关系的各项制度、政府起草并由议会通过的各项法律，反映了政府对于公平与公正、权力与职权以及个人主义与集体主义等主观价值的判断，这为劳动关系的最终形成确定了基本框架。

第二，政府可以通过直接或者间接的方式控制许多公共部门，包括负责提供健康、教育、消防、警察、监狱等服务的政府机构，提供通信、交通、电力等保障服务的公用事业单位，以及在航空、汽车、钢铁、银行等行业中与私人部门竞争的国有企业。政府不仅控制这些部门的劳动就业人数，而且公共部门的劳动关系成为私人部门劳动关系的“样本”，因为它代表着政府的偏好。

第三，政府针对不同经济或者社会问题采取的方针、政策和行为为管理方和工会之间的集体谈判创造了宏观环境。

二、政府在劳动关系中扮演的五种角色——5P角色

政府在劳动关系中扮演的角色及对劳动关系的干预程度，在各个国家是不一样的；即使在同一国家，政府在劳动关系中的作用在不同时期也有所区别。

一般而言，政府在劳动关系中的作用取决于三个主要因素，即意识形态导向、政治导向和社会经济导向，此外，各国的历史背景和传统文化对其政府在劳动关系中扮演的角色亦有相当大的影响。

英国利物浦大学教授罗恩·比恩在《比较产业关系》一书中指出，政府在劳动关系中主要扮演五种角色：政府扮演第三方管理者的角色，为劳资双方提供互动架构与一般性规范；政府扮演法律制定者的角色，通过立法规定工资、工时、安全和卫生的最低标准；如果出现劳动争议，政府提供调解和仲裁服务；政府作为公共部门的雇主；政府还是收入调节者。中国台湾地区学者林大钧认为，美国联邦政府是促进劳资合作的催化剂或者鞭策者，是劳动争议的调解人、仲裁者或者受害方的支持者，是劳动法律的制定者和执行者。

根据有关文献，学术界将政府在劳动关系中的角色归纳为下列五种——"5P"角色：保护者（protector）、促进者（promoter）、调停者（peace-maker）、规划者（planner）和公共部门的雇佣者（public sector employer）。

（一）劳工基本权利的保护者

政府的第一个角色是保护者或者管制者。政府通过立法机关制定法律，介入和影响劳动关系。政府的角色在于制定劳动政策并推进其实施。政府制定的政策与法律不仅仅反映了劳资双方施加的压力，而且反映了公共舆论以及劳资力量对比的变化。政府是否颁布劳动保护立法以及该法律保护的程度，直接反映了政府是否维持劳动力市场的社会正义，并反映了政府对劳动关系的基本理念，如公平与公正、权力与职权、个人主义与集体主义等问题的基本价值判断。如最低工资立法是劳动力市场中最能体现社会正义的政策，法律通过强制确定最低工资率和加班工资津贴、禁止使用童工等条款来保证每个雇员得到与其劳动相适应的报酬，保证雇员维持生活以上水平的工资，消除极端贫困。劳动保护立法的内容包括反对性别歧视与种族歧视、公平报酬、安全与卫生、职业教育、劳工保险、劳工福利等许多方面，它确定了劳动关系的调整框架，为保护劳动者的基本权益提供各项制度和规范。同时，政府还要监察劳动标准以及劳动安全卫生法规的执行，劳动监察是政府第一个角色衍生出的重要任务。

（二）集体谈判与劳工参与的促进者

政府的第二个角色是促进者。根据不同的经济、社会问题，政府采取不同的方针、政策和行动，为企业和工会之间开展集体谈判创造宏观环境，积极促进双方自行谈判和对话，促使其在遵循劳动法律的基本规则和基本劳动标准基础上发展适合其特点的劳动条件。多数国家的有关劳动法律都规定了集体谈判的主体资格、谈判机构、谈判双方的责任、道德程序和内容、集体协议的签订和约束力。规定工会享有罢工的权利，而且如果工会采取合法的产业行动将免除法律诉讼。这里，政府的角色首先体现为确定合法产业行动的边界范围以及工会采取产业行动的程序性规定；其次，政府保护工会罢工权的重要体现是政府是否保护罢工雇员免遭解雇。政府是以促进者而不是直接干预者的角色来推动集体谈判的开展以及雇员参与、分红和员工持股等活动。

（三）劳动争议的调停者

政府的第三个角色是劳动争议的调停者，有时也是调解者或者仲裁者。劳动争议是工业社会的自然现象，政府必须建立一套迅速而有效的劳动争议处理制度。为了维持良好的劳动关系，政府通常作为中立的第三方提供调解和仲裁服务。通常，企业方认为政府干预会影响企业的经营自主权，削弱企业竞争力；而工会则希望政府作为公平的第三方积极干预劳动关系。因此，在劳动关系中，如果企业方的力量占优势，则政府将自愿提供调解和仲裁服务；相反，如果工会占优势，则政府将采取强制性调解和仲裁措施，以此来平衡劳资双方的利益冲突。理想的政府应该作为中立的仲裁者，为劳动关系营造一个公平的外部环境，使劳资双方能够平等地通过协商或者谈判来解决内在冲突，使产业冲突降低到最低限度。对一些涉及国计民生的公用事业部门如天然气、电力、饮用水与污水处理、医疗机构、学校、交通等特殊部门的工会的罢工问题，政府会特别关注。这些部门的工会进行罢工，将对经济和社会生活的正常运转构成严重威胁，甚至导致社会瘫痪。因此，政府一般限制这些工会的罢工权，通过仲裁方式解决产业冲突，如美国许多州都禁止公共部门进行罢工，而实行强制仲裁程序；加拿大与意大利政府虽然没有完全剥夺这些工会的罢工权，但要求这些工会在罢工期间保证提供最基本服务，以此来减轻罢工对经济和社会生活造成的破坏作用。

（四）就业保障与人力资源的规划者

政府的第四个角色是规划者，为全体劳动者建立一套就业保障体系。这个体系包括三大支柱：职业培训、就业服务和失业保险。在当今自由化、国际化和竞争日趋激烈的社会中，政府应该在教育培训、研究开发、人力资源规划等领域进行整体设计，提供更多、更有力的支持，以增强企业的国际竞争力。政府的角色在于保持劳动关系稳定、促进劳资合作和实现经济繁荣。

（五）公共部门的雇佣者

政府的第五个角色是公共部门的雇佣者。公共部门的雇员包括政府与地方公务人员，在一些国家还包括公用事业部门的雇员，其规模和人数在各国不尽相同，但都占有很大比重。政府作为公共部门的雇主，应该提供合法、合理的劳动条件，以模范雇主的身份参与和影响劳动关系，使之成为私营部门劳动关系的“样本”。

作为保护者和规划者，政府在扮演这五种角色时应该积极而主动地完成任务；作为促进者和调停者，政府应该采取中立和不多干预的态度；至于政府作为雇佣者的角色，必须要真正成为民营企业家的表率，合法化、企业化和民主化是其基本要求。

三、政府在劳动关系中的作用

一般而言，政府在劳动关系中的作用，主要体现在以下几个方面：

第一，维护国家利益。政府的根本职能是维护国家利益，维护国家利益是政府参与三方机制的首要目标。在三方机制中，政府通过平衡雇员与雇主的关系，维护国家利益和社会进步，指导双方合作，保持劳动关系的协调和稳定，促进经济发展。

第二，组织作用。政府的组织作用具体包括：其一，在三方机制组织机构的建立上发挥作用。政府在三方机制组织机构的建设、组织原则、协商规则的制定等方面都要起主导和组织作用。一般三方机制的办事机构都设在政府部门中。其二，在三方机制的协商中起组织作用。每次三方会议的组织、议题的确定、会议的时间协调等，一般由政府负责。其三，对三方商定事项的组织实施。对每次三方商定的重要事项，一般都由政府部门组织另两方和其他部门实施。其四，组织劳动关系方面的调研与检查。定期或者不定期组织三方开展劳动关系方面的联合调研与检查，特别是对劳动合同、集体合同、劳动纠纷等方面情况进行调研和检查。

第三，平衡协调作用。在市场经济条件下，国家、企业和雇员是不同的利益主体，在经济活动中有着不同的利益追求，难免产生矛盾和冲突。在三方协商过程中，一般主要是雇主组织和工会组织对有关劳动关系问题进行协商，如制定有关法律法规和重大经济决策，政府起协调和平衡作用。特别是在调整劳动关系和解决涉及雇员根本利益的重大问题时，政府要耐心听取雇主组织和工会双方的意见，组织双方共同进行讨论，达成一致。如果双方对有些问题无法达成一致，政府应采取多种方式，进行协调和平衡，促使双方合作，达成协议。

第四，监督作用。随着劳动关系的规范化运作，政府对劳动关系的直接干预程度会越来越小，而监督的作用越来越强。在许多国家劳资双方协商签订集体合同后，要经政府有关部门依法予以确认方能生效。有些西方国家的政府劳动部门还设立专门机构对劳资协商结果进行监督、控制，通过政府确认来监督和指导集体合同的订立，确保劳资双方协商内容的公平、合理、合法、完备和可行。政府确认的方式为登记、备案、审查或者批准。监督既包括日常对劳资双方履行协议情况的检查，也包括劳资双方对履行协议争议的处理和对违反协议一方的处罚。同时，政府还对促进失业人员就业、制定消除就业歧视的政策和措施、规范雇主的裁员等问题进行监督。

第五，服务作用。在三方机制中，政府的另一重要作用体现为政府的服务功能，即政府要为劳动关系的协调创造条件和提供服务，包括：一是政府通过推动立法进程，建立完整的劳动关系法律体系，为劳动关系的法律调整提供依据；二是按照国际劳工组织 1981 年 163 号建议书的要求，政府部门要对参加集体协商、集体谈判的雇主代表和工人代表的身份予以确认，并提供谈判过程中必要的信息资料；三是政府对雇主代表和工人代表双方在建立劳动关系、进行合作方面给予指导帮助，提供中介、咨询服务；四是为雇主和工人代表双方人员提供业务培训，组织国际间的合作和交流。

第三节　政府劳动关系的实践

政府在劳动关系方面制定并实施的方针、政策和战略在很大程度上直接或者间接地受到了经济因素的影响。

一、政府对劳动关系的规制①

（一）政府规制劳动关系的原理

政府规制又称政府管制、政府监管，是指政府运用公共权力，通过制定一定的规则，对个人和组织的行为进行限制与调控。政府的规制领域分为经济和社会两大类。

1. 政府对经济领域的规制

政府对经济领域的规制是指通过制定特定产业的进入、定价、融资以及信息发布等政策对主体行为进行有效的调整，以达到避免出现竞争主体过多或者过少，而引起过度竞争或者竞争不足，造成资源浪费或者配置低效率，妨碍社会生产效率和服务供给的公正、稳定。经济性规制主要包括价格管制、进入和退出管制、投资管制、质量管制、信息管制等内容。

2. 政府对社会领域的规制

政府对社会领域的规制主要针对外部不经济和内部不经济，前者是市场交易双方在交易时，会产生一种由第三方或者社会全体支付的成本，像环境污染、自然资源的掠夺性和枯竭性开采等。政府因此必须对交易主体进行准入、

① 于桂兰、于楠：《劳动关系管理》，清华大学出版社、北京交通大学出版社 2013 年版，第 63 ~ 65 页。

设定标准和收费等方面的监管。后者是交易双方在交易过程中，一方控制信息但不向另一方完全公开，由此造成的非合约成本由信息不足方承担。如假劣药品的制售、隐瞒工作场所的安全卫生隐患等。所以，政府要进行准入、标准以及信息披露等方面的监管。

政府对劳动关系的规制，属于社会领域的规制范围。因为在劳动关系领域既存在外部不经济问题，如劳资冲突对经济发展、社会稳定以及公众生活质量等造成的消极影响，也存在内部不经济问题，如雇主与雇员双向的信息不对称造成的效率损失和安全隐患等。

第二次世界大战前，各国的工会和雇主都反对政府通过立法规范劳动关系，各国政府也秉承“自愿主义”原则，不干预劳动关系。第二次世界大战后，各国政府为了不因劳资冲突而中断资本积累过程，促进国家经济顺利发展，都对劳动关系采取了积极的干预政策，通过加强劳动关系立法，特别是对集体谈判的立法，来规范劳动关系。

各国政府对劳动关系的规制，是在承认团结权、集体谈判权和争议权（“劳动三权”）的基础上，进一步通过立法、执法和司法的程序与结果，对这三项权利和其他劳动权利的获得、行使进行保障、限制和调控。

（二）政府规制劳动关系的手段

政府通常会通过劳动立法，劳动政策制定与执行，劳动争议调解、仲裁与审判等手段，来规制劳动关系。

第一，劳动立法。发达国家政府对劳动关系的立法主要内容集中在以下方面：“劳动三权”（团结权、集体谈判权和争议权）、工资保障、工作时间、年休假及休假工资、法定节假日、最低工资、产假、解除雇佣合同的通知期限及经济补偿等。

第二，劳动政策制定与执行。制定劳动关系政策，是政府规制劳动关系的一项重要举措。收入控制政策就是一个典型。

第二次世界大战后，在长期稳定充分就业的基础上，各国工会有了长足的发展，有了通过集体谈判增加货币工资的能力，这种趋势给政府带来了问题：如果工资增长导致通货膨胀，将影响一个国家在国际市场的竞争力，即使没有通胀的压力，工资的增长也会减少资本的积累，进而影响经济的持续发展。这个问题促使政府采取收入政策，控制工资的增长幅度。政府采取了一些措施，要求劳资双方与政府合作，根据自愿的或者强制性的收入政策，限制在集体谈判中的工资增长幅度，在崇尚政府“不干预经济”的国家，这样的收入政策意味着政府对产业关系的高度介入，因此必然遭到劳资双方特别是工会的抵制。为顺利推行收入政策，政府做出一种被称为“组合主义”的制度安排。按照这种制度安排，工会、雇主组织的代表与政府共同组成一种三方合作型机制，通过这一机制，三方就政府提出的收入政策达成协议，进而形成对集体谈判中工资增长幅度的控制。

第三，劳动争议调解、仲裁与审判。在劳动关系发达的国家，政府设立和资助各种独立机构，对劳动争议提供调解、仲裁服务，这些机构具有准司法机构的性质，这里以英国为例。

在英国，这样机构主要有三个。一是“劳动咨询调解仲裁委员会”，该机构成立于1974年，由雇主、工会和独立的产业关系专家组成的委员会主持运行，它最初的职责是为劳动争议提供调解和仲裁服务并推行集体谈判。1993年以后，该机构不再承担推行集体谈判的职责，主要是负责调解个人和集体的劳资争议，为劳资双方提供信息和咨询服务。二是“中央仲裁委员会”，该委员会的前身是1919年成立的“工业法院”和1971年成立的“工业仲裁委员会”，现在的地位和职责是根据英国1992年的《工会与劳资关系（综合）法》确立的。该委员会由雇主、工会和独立的产业关系专家组成的委员会主持运行，主要职责是对工会和雇主之间因承认工会和披露集体谈判相关信息的争议提供仲裁服务。三是就业法庭，该法庭前身是根据英国《工业培训法》建立的“工业法庭”。该法庭并非真正的法院，不过在审理案件的程序上比较正规。该法庭主要是对受理的劳资争议案件进行仲裁，受理案件的范围几乎包括了所有个人和集体的劳资争议事项，并且受理不服“劳动咨询调解仲裁委员会”调解的争议案件。

二、政府对劳动关系的实践①

（一）劳动力市场政策

政府劳动力市场政策方面的职能是通过调整工资水平、就业水平和就业结构来提高生产率，降低成本，从而增强本国的国际竞争力。但是近20年来，一方面工资水平不断上升，另一方面由于妇女劳动参与率提高，就业结构从制造业向服务业发展，技术革命对熟练工人的需要等因素导致失业率普遍上升。对此，各国的政策导向决定了其劳动力市场的战略重点差异，即是优先考虑工资分配还是就业问题。

第一，失业政策。失业政策可分为两种：以只提供失业津贴为主的消极失业政策，以及提供资金为失业者提供培训或者创造新工作岗位的积极的失业政策。进入1980年，由于失业率普遍上升，消极的失业政策增加了雇主和雇员双方的负担，从而影响到劳动成本，降低了企业竞争力，导致企业裁员，最终失业者增多。采取积极的失业政策是各国根本性的处理方案，但各国做法各不相同。英、美等国政府信奉自由放任主义理论，通过降低津贴和提高领取条件

① 程延园、王甫希：《劳动关系》，中国人民大学出版社2021年版，第125～128页。

促进失业者接受临时兼职或者低收入工作；而法、德等国政府信奉社团主义，主张企业培训在职劳动者，以适应经济与技术变更，而青年与失业者由国家统一培训。

第二，收入政策。政府除了通过财政和货币政策对收入分配进行宏观调整外，还可以通过直接管制集体谈判确定工资水平，即通过限制工资增长来控制劳动力成本和物价水平。

（二）社会正义

政府通过颁布劳动保护立法来反对就业歧视、维护报酬公平、加强安全卫生等，以维持劳动力市场的社会正义，具体表现为：

第一，最低工资立法。这些立法最能体现社会正义，通过最低工资率、加班津贴和禁止使用童工等保证每个员工得到相应合理的报酬，以维持生活需要。

第二，社会倾销。这是指跨国公司利用各国劳动力市场的差别将本国就业机会转移到国外以获取更多的利润。随着贸易壁垒的减弱以及欧盟、东盟、北美自由贸易区等经济区的建立，社会倾销问题越来越突出。劳动力作为企业与国家竞争力的重要方面，主要表现为直接劳动成本、劳动者工资、间接劳动成本（如工时、节假日、小额福利和安全卫生条款等）、社会附加成本（如社保缴费、冗员与解雇成本），以及雇佣妇女、儿童、囚犯等弱势群体，等等。随着全球化的进一步发展，各国对社会倾销现象达成共识，通过国际合作共同维护劳动保护权利，协调社会附加成本，共同促进就业。

（三）产业冲突

政府一方面在确定合法产业行动的边界范围和合法产业行动的程序规定的基础上保护员工的罢工权，但另一方面，对电力、天然气、水、医疗、教育、交通等涉及公共利益的部门的工会罢工予以严格的限制，通过强制性仲裁解决冲突或者要求工会在罢工期间必须提供最基本服务。多数政府认为，由于产业行动对社会带来破坏作用，因此政府作为中立的第三方能够为维持良好的劳动关系提供调解和仲裁，以避免产业行动的发生。

第四节　我国政府在劳动关系中的作用

现在，我国的劳动关系总体上是和谐稳定的，但是局部的利益矛盾比较突出，有的地区劳动关系还比较紧张，协调劳资关系的任务相当艰巨，因此迫切需要作为社会公共权力和公共利益代表的政府加强和改善劳资关系协调工作，促进劳动关系和谐运行。

一、我国政府的劳动关系角色

一般地，在市场经济条件下，一切可以由市场机制调节的领域，都应交由市场去调节，政府只提供公共产品和服务。但是，市场调节在有些领域也会失灵。在劳动关系领域，由于劳动力与一般商品的本质差别，完全依靠市场调节会造成一系列严重后果，危及社会稳定和经济可持续发展，因此，政府对劳动关系不同程度的介入，对各市场经济国家都是必要的。在我国由计划经济到市场经济转型期，政府担负着培育和完善市场体系的职能。但需要指出的是，在我国劳动关系中，所指的是广义的政府，还包括中国共产党的组织系统。党的劳动关系理念、战略、政策和行动，对我国的劳动关系现实和未来走向起着非常重要的作用。

借鉴国外先进的经验，结合我国的实际情况，政府在劳动关系中要扮演以下的几种角色：

第一，劳动法律和政策制定者。政府依照法定的权限和程序制定劳动行政法规和规章以及规范劳资关系，使劳资关系双方和各项劳动事务都有法可依，具体表现在对工资、工时、职业培训、保险福利、女职工和未成年人保护等方面。政府对劳工政策为主要内容的行政立法对于完善我国的劳动法律体系是不可或缺的。

第二，劳工权利的保护者。相对于强大的用人单位，劳动者在劳动关系中处于弱势地位，往往导致劳动者合法权益得不到保护。作为社会公共利益保护者和社会公正代表者的政府有责任将劳资关系建立在尊重劳动者基本权利基础上，维护劳动者尊严，实现体面劳动，使广大劳动者都能够分享社会进步和经济发展的成果，使经济和社会协调发展。

第三，劳动就业的促进者。就业关系到公民的生存。劳动权是公民的一项基本权利，任何单位和个人都没有权力非法剥夺公民的劳动权。

第四，劳动安全的守护者。我国劳动的安全形势严峻，矿难、职业病等企业安全卫生事故时有发生，严重侵害了劳动者的人身生命健康。政府要以人为本，把劳动者的生命健康安全放在首位。要实行严格的责任制，对企业的生产安全进行定期和非定期的检查，要监督企业减少安全事故。

第五，劳动力资源的开发和管理者。我国的劳动力质量总体不高，不仅严重影响到我国企业的进一步发展，更是影响到我国经济的可持续发展。这就要求政府要重视教育和职业培训，将劳动者作为国家人力资本投资的对象，提高人力资本增量，实现经济的良性发展。

第六，劳动争议的协调者。为了维持良好的劳动关系，政府通常作为中立的第三者提供调解和仲裁服务，使产业冲突减少到最低程度。劳动行政部门不仅行使自身的行政权，而且还享有一定的司法权。劳动行政司法行为是一种按照准司法程序建立起来的特殊具体行政行为，通过审理和裁处劳动争议或者纠纷，以影响劳动者和用人单位之间的权利、义务关系，如劳动仲裁、调解行为等。劳动行政司法行为能够及时、便捷、专业化地解决纠纷，能有效防止矛盾激化，化解劳资矛盾，保持社会稳定，促进社会和谐。

第七，劳动规则的监察者。虽然我国劳动关系方面已有不少的法律法规，如《劳动法》《劳动合同法》《未成年人保护法》《禁止使用童工规定》等，但现实中，劳动行政部门由于监察范围狭窄、监察方式不当、人员素质不高等原因，监察不力、执法不严，造成侵犯劳动者权益的事件屡屡发生。

二、我国劳动关系中面临的主要问题

从当前看，我国劳动关系调整中面临的主要问题有以下几种：

第一，劳动法律法规没有全面贯彻实施，用人单位劳动违法现象广泛存在。我国虽然制定了大量的劳动法律、法规和规章，但执行情况不尽如人意，用人单位劳动违法现象广泛存在。从地域看，从南国到北疆，从东南沿海到大西北，都有劳动违法的报道，违法用工是全国性的现象。受害者涉及的面非常广泛。2022 年 6 月 7 日人力资源和社会保障部发布的《2021 年度人力资源和社会保障事业发展统计公报》显示，2021 年我国各级劳动人事争议调解组织和仲裁机构共办理劳动人事争议案件 263.1 万件，涉及劳动者 285.8 万人，涉案金额 576.3 亿元。[①] 如果再加上没有补签劳动合同和没有补发被拖欠工资的劳动者以及其他违法受害劳动者，违法用工的受害者人数更多。从劳动违法的表现看，违法的内容多种多样，劳动者的诸多权益受到侵害，主要有：用人单位拖欠和克扣工资；不与劳动者签订劳动合同；不依法缴纳社保费；工作时间超过法定工作时间；劳动环境和工作条件恶劣；劳动者人身权利受到侵害等。

第二，农民工的处境堪忧，农民工问题仍然需要引起高度重视并切实加以解决。现在，我国进城农民工主要在非公有制企业工作，集中分布在制造业，矿山、建筑业等行业。他们是被拖欠工资的主体、生产安全事故中的主要受害者、职业病患者的重要组成部分、城市就业者中的最低收入阶层。

第三，劳动关系趋于紧张，劳动合同制度和集体合同制度未充分发挥作用。我国的劳动合同制度、集体合同制度等自主协商的新型劳动关系调整机制，虽然已在劳动关系调整中发挥着重要作用，但其作用发挥得还不够充分，直接表征劳动关系秩序的指标在恶化。全国劳动争议案件呈逐年大幅攀升的趋势。因劳动和社会保险问题引发的劳动者集体上访、罢工、静坐、堵路等群体性事件急剧上升，有的规模还很大。由于欠薪或者出现其他劳动纠纷得不到及时解决而引起的自杀、他杀、抢劫的案件也越来越多地见诸各类媒体。为此政

① 数据来自中华人民共和国人力资源和社会保障部网站，2022 年 9 月 1 日。

府不得不实际使用行政权力来推动劳资矛盾的解决。但这种办法不能一而再、再而三地使用。因为这样做一方面会大大增加政府的社会管理成本，况且政府也难以管到每一家企业、每一个人，另一方面，也是更为重要的是，政府干预只能治标，不能治本。因此，解决劳资纠纷，维护劳动者的权益，只靠政府加强监管是远不能奏效的，还必须建立和完善劳动关系双方自主协商的新型劳动关系调整机制，使其发挥实施劳动标准、规范劳动关系、保护劳动者合法利益、维护劳动关系和谐稳定的作用。

第四，劳动争议处理体制不能适应现实劳动关系发展的需要。劳动争议处理工作是协调劳动关系、化解劳动矛盾的重要机制和手段。但是我国的劳动争议处理体制未能发挥其作用。这是各级劳动争议仲裁机构不健全、人手少、人员业务素质偏低所致。

三、我国政府在劳动关系中发挥的作用

政府干预劳动力市场调节有两种基本方式：一是市场经济国家通行的集体谈判模式；二是以人力资源管理为主的劳动关系调节模式。我国的劳动关系是建立在尊重劳动者基本人权和各项劳动权利的基础上，使广大劳动者都能够分享社会进步和经济发展的成果，从而达到整个经济和社会的协调与发展。

我国政府在劳动关系调整上的作用有如下几种：

第一，支持建立一个力量强大的工会组织。政府要在劳动关系领域做到公正执法、避免“权力寻租”，就必须注重培育一种监督和制约力量，根本途径是培育工人自己的力量，即建立强有力的工会组织，使其能够对企业和政府行为发挥监督作用。事实上，劳动者合法权益的表达与维护，只有通过工会组织，才能从自发盲目走向组织有序，从而保证社会运转的秩序和理性。政府的当务之急，一是要支持所有企业组建工会，特别是要花大力气把非公有制企业的工会组织组建起来。同时，将进城务工人员最大限度地吸纳到工会中。二是要努力推进平等协商、集体合同制度等维护劳动者合法权益的基本制度，并建立健全协商谈判的救济制度，增强工会组织的维权能力。只有这样，才能建立能够将广大职工组织起来、切实维权的力量足够强大的工会组织。

第二，加快和谐劳动关系的法制建设。我国是中国共产党领导的社会主义国家，坚持以科学发展观为指导，坚持社会主义和谐社会的发展战略，规定着政府的劳动法制必须以建立和谐的劳动关系为价值取向。政府既要积极参与劳动立法并提出建议，又要针对劳动关系失衡状况，颁布有关劳动行政法规，以规范劳动关系，使劳资双方和各项劳动事项都有法可依。要尽快出台劳动法单行法律，形成较为完善的劳动法律体系，扩大《劳动法》的适用范围，并且进一步明确和强化法律责任。

现在，政府要支持在地方或者基层做好以下四项工作：全面推行以劳动合

同和平等协商集体合同制度为主要内容的劳动者劳动权益维护制度；坚持和发展以职工代表大会制度为基本形式的职工民主管理制度；建立和完善劳动关系三方协调机制；努力构建新型的以劳动争议调解为重点的联合维权机制。

第三，加大劳动关系的宏观调控力度。政府从宏观上调节劳动关系的手段主要有劳动力市场调节和劳动福利政策实施两个方面。在劳动力市场调节方面，首先是调节劳动力市场供需，通过就业政策，包括运用税收和货币手段，调节劳动力的需求；通过人力资源政策，包括开展职业预测、职业培训和再培训，调节劳动力的供给，从而力求实现充分就业条件下的市场均衡目标。其次，调节劳动力市场的运行，通过调节工资价格变动的工资政策、就业服务政策、社会保险制度，以及保证公平就业和公平报酬的反歧视政策和劳动保护等，保证劳动者的经济利益、就业权利和就业条件，保证劳动力市场的正常协调运行。要通过三方协调机制，对工资等问题规定最低标准和增长指导线，以避免不同行业、企业之间差距悬殊，影响劳动关系的稳定。在推行社会福利制度方面，通过建立社会保障、社会救助和福利补贴制度，以及调节收入的税收政策，改善劳动者生活，缩小贫富差距，推动劳动关系的稳定发展。

第四，支持劳动争议的调解、仲裁和诉讼。政府要鼓励和支持劳动关系双方尽可能通过调解和仲裁程序解决劳动争议，进入诉讼程序要努力促进公正裁判，避免出现激烈的冲突。通过体制的改变达到降低仲裁或者诉讼成本的目的。政府对弱势群体的劳动争议仲裁和诉讼应当实行救助，从财力上支持工会建立困难职工法律援助制度。

第五，加强政府的执法和监督力度。要坚持贯彻《劳动保障监察条例》，确保劳动监察机构在劳动执法中的调查权、审核权、请求协助权等诸项权力，尤其是要强化对违法行为的处罚权力；加快健全省、市、县三级劳动保障监察机构，有条件的地方应向街道、乡镇和社区延伸，充实人员队伍，保证工作经费，完善劳动保障法律监督检查网络；定期对企业进行劳动合同、社会保险、安全生产等方面的监督和检查，发现企业有违法用工和存在安全隐患的，要给予一定的行政处罚，使企业能够自觉执行劳动法规，将劳动争议抑制在萌芽状态；要强化对劳动执法权力的监督和制约，保证这一权力落到实处并得到正确的行使，包括强化劳动监察组织内部的监督和发挥工会的民主监督作用。

思考题

1. 简述政府在劳动关系中的五种角色。
2. 我国现阶段应如何加强政府的执法和监督力度？
3. 如何理解市场经济下政府的职能以及作用？
4. 如何理解政府制定劳动政策的重要性？

第八章

劳动合同法律制度

本章学习重点：

1. 劳动合同的性质。
2. 劳动合同的分类。
3. 劳动合同的内容。
4. 劳动合同的履行。
5. 劳动合同的终止。
6. 劳务派遣制度。
7. 非全日制用工制度。

本章学习难点：

1. 未订立劳动合同的后果。
2. 劳动合同的无效。
3. 服务期和竞业禁止。
4. 劳动合同的解除。
5. 经济补偿金制度。
6. 经济赔偿金制度。
7. 劳动合同的变更。

【导引案例 8-1】

三方协议不等于劳动关系的建立[①]

2009 年 11 月 15 日，某上海跨国公司开始到全国各地高校进行校园招聘。3 天后，南京某高校的大四学生苏某与该上海跨国公司签订了三方就业协议，该三方就业协议明确约定，该学生毕业后到该上海跨国公司或者其在苏州的子

① 王桦宇：《劳动合同法实务操作与案例精解》，中国法制出版社 2011 年版，第 25 页。

公司工作，否则需要承担相应的违约金。2010 年 6 月 20 日，苏某毕业离校，该上海跨国公司告知其到上海总公司报到，进行专业技术学习，1 个月后派往苏州子公司正式上班。2010 年 6 月 25 日，苏某抵达上海向该公司报到，在结束 1 个月的专业技术学习后，于同年 7 月 25 日到苏州子公司上班。2010 年 8 月 15 日，苏州子公司与苏某签订了为期 3 年的书面劳动合同，合同约定的起始时间为 2010 年 8 月 15 日至 2013 年 8 月 14 日。

1. 苏某与企业的劳动关系什么时间建立？
2. 苏某是与哪家公司建立的劳动关系？

第一节　劳动合同法概述

劳动法源于民法，但成为全新的法律体系。为了制约雇主在劳动合同中的强势地位，平衡劳动主体双方的利益，劳动法这种私法公法化的法律属性体现在一项重要的契约制度上——劳动合同法律制度。劳动合同源于传统民法中的雇佣合同，劳动合同法律制度脱胎于一般的民事合同法，因而继受了意思自治、诚信原则等在民事合同制度中具有核心与基础地位的一般原则和基本理念，但劳动合同标的直接涉及“人”的因素，从而包含丰富的社会经济属性，对一般的民事合同法的具体制度和规则进行了改造，使之成为与当代劳动关系性质和特点相适应的、新的、特别的合同法制度。

一、劳动合同法制度的发展及立法现状

（一）外国劳动合同立法概述

工业化国家的劳动合同立法经历了一个由民法到劳动法转换的过程。20 世纪以前，劳动合同归属于民法，各国对雇佣关系不加干预，完全适用契约自由原则。但随着工人运动的兴起，劳资矛盾加剧，各国为了维护阶级统治，逐渐意识到立法保护劳动者利益的必要性，劳动合同立法也逐渐从传统民法中脱离出来。法国 1804 年制定的《拿破仑法典》中关于劳动合同的专门条款，将其称为“劳动力租赁合同”。在该法典的影响下，意大利、加拿大、日本等国家都把劳动合同列入其民法典。1896 年的德国《民法典》开始将劳动契约作为独立的契约，专门列出一节对其进行详细规定。

20 世纪后，劳动合同逐渐被认为是独立于民事契约的一种契约，劳动合同和劳动关系具有的社会性凸显出来，出于国家干预劳动合同和协调劳动关系的需要，各国开始对契约自由加以限制，劳动基准法立法对劳动合同进行了专门的规定，劳动合同立法由民法转入劳动法的范畴。随着经济的发展、社会的

进步、法律思想的变化以及世界各国实施的社会政策的差异，劳动合同在各国法律体系中的定位呈现出多样化的发展状态，对劳动合同行为的管制程度出现较大不同，这也使得各国劳动合同法律制度展现出不同的具体形式。

1900 年比利时首先制定《劳动合同法》，将劳动契约从民法中分离出来；1920 年芬兰也制定了专门的《劳动合同法》；日本在 1947 年《劳动基准法》及相关判例法制度的基础上，在 2007 年制定了专门的《劳动合同法》，虽然条文只有 19 条，但却将相关权利义务进一步具体化，增强了劳动合同制度的科学性和约束力；新西兰在 1991 年制定了单独的《雇佣劳动法》，2000 年被《雇佣关系法》取代。

（二）中国劳动合同立法概括

中国的劳动合同立法有较长的发展过程。1930 年，全国苏维埃区域代表大会通过并公布了《劳动保护法》，共 8 章 44 条，规定了工作时间、休息时间、工资、保障与抚恤、工会、社会保障、劳动保护监察事项。

1931 年 11 月，中华苏维埃第一次全国代表大会通过了《中华苏维埃共和国劳动法》，同年 12 月 1 日经中华苏维埃共和国中央执行委员会颁布，1932 年 1 月 1 日生效。这个法共 11 章 75 条，主要内容为：适用范围、雇佣的手续、集体合同与劳动合同、工作时间、休息时间、工资、女工、青工及童工、劳动保护、社会保险、工会。同年 12 月 21 日，中央执行委员会发布《关于实施劳动法的决议》。因许多规定的标准过高，与革命根据地苏区的实际情况不能适应，所以，1933 年 10 月 15 日中华苏维埃共和国中央执行委员会又对劳动法草案加以审查修改，在 1933 年 10 月 15 日公布实施。新的《劳动法》由原来的 11 章增加到 15 章，由 75 条增加到 121 条。但是，修改后的《劳动法》许多条件规定仍然过高，在苏区难以执行。

中华人民共和国成立以来，劳动合同立法一直是劳动立法的一个重要组成部分。新中国成立初期，在劳动部制定的《失业技术员工登记介绍办法》（1950 年）、《关于各地招聘职工的暂行规定》（1951 年）、《关于建筑工程单位往外地招用建筑工人订立劳动合同的办法》（1954 年）等法规中，都要求通过订立劳动合同来确立劳动关系。社会主义改造完成以后，随着固定工制度的普遍实行，在正式工中订立劳动合同的办法消失，有关法规中仅要求临时与用人单位订立劳动合同。在始于 1980 年的劳动制度改革过程中，劳动合同立法有了突破性的发展。1980 年，国务院发布了《中外合资经营企业劳动管理规定》，要求合资企业职工的雇佣、解雇和辞职，以及劳动关系各项内容，都要通过订立劳动合同予以规定。1984 年，国务院先后颁布和批转了关于矿山、建筑和搬运装卸作业从农村招用合同制工的几个规定，使劳动合同的法定适用范围从国营企业的临时工扩大到正式工中的农民轮换工。1986 年，国务院发布了《国营企业实行劳动合同制暂行规定》（已经废止），要求全民所有制单位招用常年性工作岗位上的工人，统一实行劳动合同制。此后，在《全民所有制企业招用农民工合同制工人的规定》（1991 年）（已经废止）、《全民所有制企业临时工管理暂行规定》（1989 年）、《私营企业劳动管理暂行规定》（1989 年）（已经废止）、《关于股份制试点企业劳动工资管理暂行规定》（1992 年）（已经废止）、《城乡个体工商户管理暂行条例》（1987 年）（已经废止）等法规中，都要求把劳动合同作为缔结劳动关系的法律形式。

在中国劳动合同立法的发展过程中，1994 年《中华人民共和国劳动法》具有特别重要的意义。它就劳动合同的定义和适用范围，订立、变更和无效，内容、形式和期限，终止和解除等主要问题做出了专门的系统规范，为统一和完善劳动合同制度奠定了法律基础，使劳动合同立法进入了一个新的发展阶段。此后，劳动部制定了若干项与《劳动法》相配套的有关劳动合同的规章，如《违反和解除劳动合同的经济补偿办法》（1994 年 12 月）、《违反〈劳动法〉有关劳动合同规定的赔偿办法》（1995 年 5 月）等。《劳动法》根据 2009 年 8 月 27 日第十一届全国人民代表大会常务委员会第十次会议通过的《全国人民代表大会常务委员会关于修改部分法律的决定》修正，根据 2018 年 12 月 29 日第十三届全国人民代表大会常务委员会第七次会议通过的《全国人民代表大会常务委员会关于修改〈中华人民共和国劳动法〉等七部法律的决定》第二次修正。2007 年 6 月 29 日，我国发布了《中华人民共和国劳动合同法》，并在 2008 年 1 月 1 日开始正式施行，这是一部重要的劳动法律，同年 9 月 18 日发布实施《中华人民共和国劳动合同法实施条例》，标志着我国劳动和社会保障法律制度进入新的发展阶段。2012 年 12 月 28 日，中华人民共和国第十一届全国人民代表大会常务委员会第三十次会议对《劳动合同法》进行了修改，2013 年 7 月 1 日开始实施。

二、劳动合同的概念和特征

（一）劳动合同的概念

劳动合同又称劳动契约或者劳动协议，国外还称为雇佣合同或者雇佣契约。在我国，劳动合同是劳动者和用人单位在一定条件下建立劳动关系的法律形式。用合同形式明确劳动者与用人单位之间的劳动关系，是我国劳动法制进步的标志，对实现劳动关系调整从行政手段向法律手段转变具有重大意义。我国《劳动法》第十六条规定："劳动合同是劳动者与用人单位确立劳动关系，明确双方权利和义务的协议。建立劳动关系应当订立劳动合同。"该条规定从法律上明确了劳动合同的概念和特征。

（二）劳动合同的特征

劳动合同具有下列特征：

第一，劳动合同的主体特定为劳动者和用人单位。劳动合同是劳动关系的法律形式，而劳动关系则是劳动者与用人单位在实现劳动过程中形成的社会关系，所以作为劳动关系的法律形式，劳动合同必须由劳动者与用人单位以当事人的身份订立。

劳动合同的主体，即劳动法律关系当事人，是“劳动者（雇员或者受雇人）”和“用人单位（雇主）”。给付是过程，其中体现的人身特性，即劳动力与劳动者人身不可分离性，使得劳动合同履行主体具有特定性，即一方必须是以劳动给付为目的的劳动者。

第二，劳动合同是确立劳动关系的法律形式。通过订立劳动合同，劳动者成为用人单位的一员，并遵守用人单位的内部规章制度，向用人单位提供劳动并取得劳动报酬，实现劳动力和生产资料的结合。用人单位则分配被录用劳动者的工作，按照劳动的数量和质量支付工资，并提供劳动法规定和双方协商的劳动条件，实现对劳动力的管理。我国《劳动法》规定，建立劳动关系应当订立书面劳动合同。这表明，劳动合同成为在劳动力市场上确立劳动关系的普遍性法律形式。

第三，劳动合同的内容是劳动权利和义务。劳动合同的内容包括工作内容、劳动保护、劳动报酬、劳动纪律、违约责任等条款，用以明确劳动者和用人单位双方当事人在劳动过程中的相互权利和义务，这些权利和义务都与劳动过程密切相关，是当事人享受劳动权利和承担劳动义务的依据。

劳动合同作为一种双方法律行为，除具有合同的一般属性外，它还具有以下特定的法律属性：

一是诺成性。只需双方当事人意思表示一致劳动合同即可成立，法律不要求劳动者提供劳动或者用人单位支付劳动报酬作为劳动合同成立的前提条件。

二是附合性。双方当事人就劳动合同内容意思表示一致的过程，在实践中通常表现为劳动者对用人单位提出的劳动合同主要条款附和表示同意的过程。只要用人单位提出的合同的条款不违法，这种附和性合意行为就是为法律所允许。

三是双务性。劳动者和用人单位都负有义务，且各方所负义务既是与各自所享有权利相对应的代价，又是实现对方相应权利的保证。

四是从属性。在现实中的劳动关系中，用人单位拥有政治、经济的优越地位，劳动力始终处于有利于用人单位的买方市场。按照劳动合同的约定，劳动者在身份上和组织上从属于用人单位，遵照用人单位的要求为用人单位劳动、服从用人单位的管理和指挥，完全纳入用人单位的经济组织和生产结构之内。

五是有偿性。依据劳动合同，劳动者一方面向用人单位提供劳动，另一方面向用人单位取得劳动报酬等劳动力再生产费用，这是一种等量劳动相交换的关系。

六是继续性。劳动合同所约定的权利和义务在劳动关系存续期间继续存在，要求由劳动者和用人单位在此期间继续实现，即劳动者应当持续性地履行为用人单位提供劳动的义务，用人单位履行其义务的行为则与此相伴随。

三、劳动合同的分类

（一）以合同期限为标准的分类

以合同期限为标准，劳动合同分为三类：固定期限劳动合同、无固定期限劳动合同和以完成一定工作任务为期限的劳动合同。劳动合同期限是指劳动合同的有效时间，是双方当事人订立的劳动合同起始和终止的时间，也是劳动关系具有法律约束力的时间。

1. 固定期限劳动合同（又称定期劳动合同）

固定期限劳动合同是指用人单位与劳动者约定合同终止时间的劳动合同。用人单位与劳动者协商一致，可以订立固定期限劳动合同。固定期限劳动合同终止时，是否续订在很大程度上取决于用人单位。签订固定期限劳动合同，对于用人单位而言，可获取用工灵活性和降低用工成本，但劳动者的职业稳定性较差。

2. 无固定期限劳动合同（又称为不定期劳动合同）

无固定期限劳动合同是指用人单位与劳动者约定无确定终止时间的劳动合同。用人单位与劳动者协商一致，可以订立无固定期限劳动合同。

许多国家和地区在立法中把无固定期限劳动合同作为劳动合同的一般类型，因为从就业保障的角度看，无固定期限劳动合同对劳动者更为有利，尤其是就防止用人单位在使用完"劳动者的黄金年龄段"后不再使用劳动者而言，无固定期限劳动合同更有效。所以，我国《劳动合同法》第十四条规定了用人单位应当订立无固定期限劳动合同的情形："有下列情形之一，劳动者提出或者同意续订、订立劳动合同的，除劳动者提出订立固定期限劳动合同外，应当订立无固定期限劳动合同：劳动者在该用人单位连续工作满十年的；用人单位初次实行劳动合同制度或者国有企业改制重新订立劳动合同时，劳动者在该用人单位连续工作满十年且距法定退休年龄不足十年的；连续订立二次固定期限劳动合同……用人单位自用工之日起满一年不与劳动者订立书面劳动合同的，视为用人单位与劳动者已经订立无固定期限劳动合同。"

《劳动合同法实施条例》第十一条进一步规定："除劳动者与用人单位

协商一致的情形外，劳动者依照劳动合同法第十四条第二款规定，提出订立无固定期限劳动合同的，用人单位应当与其订立无固定期限劳动合同。对劳动合同的内容，双方应当按照合法、公平、平等自愿、协商一致、诚实信用的原则协商确定；对协商不一致的内容，依照劳动合同法第十八条的规定执行。”

3. 以完成一定工作任务为期限的劳动合同

以完成一定工作任务为期限的劳动合同是指用人单位与劳动者约定以某项工作的完成作为合同期限的劳动合同。用人单位与劳动者协商一致，可以订立完成一定工作任务为期限的劳动合同。

此类合同实际上也是一种定期的劳动合同，一般用于以下情形：一是完成单项工作任务为期限的劳动合同；二是以项目承包方式完成承包任务的劳动合同；三是因季节原因临时用工的劳动合同；四是其他双方约定的以完成一定工作任务为期限的劳动合同。

（二）以用人方式不同为标准的分类

依据用人方式不同，劳动合同分为三类：录用合同、聘用合同、借调合同。

1. 录用合同

录用合同是指用人单位与被录用劳动者之间，为确立劳动关系、明确相互权利义务关系而签订的协议。它具有普遍适用性，是劳动合同的基本类型。我国企业、个体经济组织等用人单位招工时与劳动者签订的劳动合同，就属于录用合同。

录用合同具有以下的特点：适用对象为普通劳动者；由用人单位事先拟定招工简章，面向社会公开招收录用劳动者；应招者自愿报名，提供招工单位所需各种证件；用人单位实行全面考核、择优录用的方法，合格者才有资格参加签订劳动合同。

2. 聘用合同

聘用合同是指用人单位与被聘用劳动者之间，为确立劳动关系、明确双方权利义务而签订的协议。该种合同适用于有特定技术业务专长的劳动者。企业、事业单位和个体经济组织等用人单位聘请某方面专家、技术顾问、法律顾问等都采用聘用合同方式。

聘用合同具有以下特点：被聘用对象是特殊劳动者，即必须具备较高文化水平和技术业务专长；被聘用者可以为专职或者兼职的技术专业人员或者管理人员或者某方面的专家；用人单位一般以聘书方式聘请被聘用人员从事某项工作，且在合同有效期限内不得调动其从事其他工作；应聘人员的生活待遇比普通劳动者更优厚。

3. 借调合同

借调合同又称为借用合同，是指借调单位、被借调单位、借调劳动者三方当事人之间，因借调劳动者从事某项工作，明确相互权利义务关系的协议。借调合同一般适用于借调单位短期且急需使用的劳动者。该类合同有利于合理调剂劳动力，以及用人单位之间相互交流先进生产技术人员。

借调合同具有以下特点：借调合同是三方当事人签订的协议；借调合同应明确规定三方当事人之间的相互权利义务，且借调单位、被借调单位对借调人均应承担相应的义务和责任；借调人身份较为特殊，即在借调期间属于借调单位人员，但与被借调单位应保持劳动关系，借调合同终止时，借调人员仍回原单位工作。

（三）以就业方式为标准的分类

根据就业方式的不同，劳动合同可分为全日制劳动合同、非全日制劳动合同、劳务派遣合同。

全日制劳动合同是依据国家法定劳动时间的规定，从事全日制工作的合同。《劳动合同法》从法律层面上对非全日制劳动合同做出了与全日制劳动合同不同的特别规范：

一是对非全日制用工做了定义。规定非全日制用工是指以小时计酬为主，劳动者在同一用人单位一般平均每日工作时间不超过 4 小时，每周工作时间累计不超过 24 小时的用工形式。

二是规定从事非全日制用工的劳动者可以与一个或者一个以上的用人单位订立劳动合同；但是，后订立的劳动合同不得影响先订立劳动合同的履行。而全日制用工劳动者只能与一个用人单位订立劳动合同。

三是规定非全日制用工双方当事人可以订立口头协议，而全日制用工的，应当订立书面劳动合同。

四是规定非全日制用工双方当事人不得约定试用期。而全日制用工的，除以完成一定工作任务为期限的劳动合同和 3 个月以下固定期限的劳动合同外，其他劳动合同可以依法约定试用期。

五是规定非全日制双方当事人任何一方当事人都可以随时通知对方终止用工；终止用工，用人单位不向劳动者支付经济补偿。而全日制用工的双方当事人应当依法解除或者终止劳动合同；用人单位解除或者终止劳动合同，应当依法支付经济补偿。

六是规定非全日制用工不得低于用人单位所在地人民政府规定的最低小时工资标准。而全日制劳动者执行的是月最低工资标准。

七是非全日制用工劳动报酬结算周期最长不得超过 15 日。而全日制用工的，工资应当最少每月支付一次。

劳务派遣合同是指劳务派遣单位（用人单位）和受派遣劳动者签订劳动合同后，将受派遣劳动者派遣至劳务派遣接受单位（用工单位），在劳务派遣关系中，受派遣劳动者和劳务派遣单位签订劳动合同，劳务派遣单位和实际用工单位签订劳务派遣协议。劳务派遣单位（用人单位）违反法律规定，给受派遣劳动者造成损害的，劳务派遣单位与接受派遣劳动者单位（用工单位）承担连带赔偿责任。

（四）按照劳动合同的存在形式进行分类

按照劳动合同的存在形式进行分类，劳动合同可分为书面劳动合同、口头劳动合同等。

另外，还可以按照劳动者的岗位性质、劳动者的国籍等标准进行分类。

四、劳动合同的形式

劳动合同的形式，即劳动合同当事人双方意思表示一致的外部表现。它是劳动合同内容赖以确定和存在的方式，各国关于劳动合同的形式均由立法明确规定。

（一）口头合同与书面合同

劳动合同形式有口头形式和书面形式两种。以各国劳动立法对此做出的选择，可以归纳为三种模式：第一，允许一般劳动合同采用口头形式，只要求特殊劳动合同采用书面形式；第二，一般要求采用书面形式，但允许在特殊情况下采用口头形式；第三，要求所有劳动合同都采用书面形式。口头劳动合同方便简洁，但不利于双方履行合同，发生争议不易取证和举证；书面劳动合同是双方履行的法律依据，发生劳动争议便于当事人举证和有关部门处理。因此，我国《劳动法》规定，凡劳动合同都应当采用书面形式订立。

我国《劳动合同法》第十条规定："建立劳动关系，应当订立书面劳动合同。已建立劳动关系，未同时订立书面劳动合同的，应当自用工之日起一个月内订立书面劳动合同。用人单位与劳动者在用工前订立劳动合同的，劳动关系自用工之日起建立。"

（二）要式劳动合同与非要式劳动合同

凡是法定应当书面形式订立的劳动合同，均为要式合同。在要式合同的适用范围内，如果合同形式不符合要式合同的要求，就会给合同当事人带来一定的法律后果。由于立法规定要式劳动合同的目的在于更有效地保护劳动者合法权益，因而许多国家从有利于劳动者的角度，规定了劳动合同不符合要式合同要求的法律后果。其中常见的是：

第一，定期劳动合同因未采用书面形式而转化为不定期劳动合同。例如，《比利时雇佣合同法》规定，如缺乏书面文件表示的合同已经按一定期限或者明确的任务签订，则应当作为以相同条件签订的没有一定期限的合同。《法国劳动法典》规定，有固定期限的雇佣合同采用书面形式，而非书面合同就意味着签订了一个没有特别说明时间的合同。

第二，劳动者因劳动合同未采用书面形式而有权单独证实其权利。例如，《利比亚劳工法》规定，雇佣合同应当用阿拉伯文字书写，在没有书面合同的情况下，应允许工人单独以任何有效的证明方式确立其权利。又如《伊拉克共和国劳工法》规定，若书面合同遗失，唯独工人有权用某种可行的证明方式对合同加以证实。

法律没有明文规定不以书面形式订立的劳动合同称非要式劳动合同，其主要表现为口头合同。

【导引案例8-2】

上海两企业不依法签订劳动合同被判决双倍工资[①]

上海两家企业分别以“员工是其他公司派来的”“与员工是承包关系”为借口，不与员工签订劳动合同。上海市某区人民法院对此做出一审判决，判定企业与员工存在事实劳动关系，责令两企业按《劳动合同法》关于“双倍工资”的规定偿付工资。

黄女士2007年8月在上海一家化妆品公司工作，2008年7月被辞退，其间双方未签订劳动合同。黄女士此后申请劳动仲裁，要求公司支付未签订劳动合同期间的双倍工资并补缴社会保险费。黄女士称，双方曾以口头约定确定了劳动关系，月工资为1.2万元，职务为培训教育总监。但公司称双方不存在劳动关系，并称黄女士是浙江一家日化公司派来的员工，其工资也由日化公司发放。法院认为，化妆品公司对“员工是其他公司派来”的说法不能提供足够证明，而黄女士实际是在化妆品公司工作并接受管理，因此认定存在劳动关系。

1. 用工之日如何认定？

2. 用人单位不与劳动者签订书面劳动合同，须承担什么法律责任？

① 林嘉：《劳动法和社会保障法》（第3版），中国人民大学出版社2014年版，第126～127页。

第二节　劳动合同的订立和续订

一、劳动合同的订立原则

劳动合同的订立是作为劳动合同主体双方的劳动者和用人单位就各自的权利和义务进行协商，双方的意志协调一致从而签订对双方具有约束力的劳动合同的法律行为。在将劳动合同纳入法律调整范围的现代国家，由于劳动合同内容上的特性，劳动合同的订立已经不单纯是双方当事人各自的事情，而是要在不同程度上服从国家的强制干预，受到法律的规范和调整。劳动者与用人单位都必须了解劳动合同订立的法律规定，遵循订立的原则，按照订立的程序，在劳动合同订立过程中利用法律手段保障自己的权利，保证劳动关系的依法确立和劳动过程顺利实现。

由于劳动合同仍然具有合同的一般特性，所以，劳动合同订立也要遵循合同订立的一般的、共同的要求。我国《劳动合同法》第三条规定：“订立劳动合同，应当遵循合法、公平、平等自愿、协商一致、诚实信用的原则。”

劳动合同订立原则不仅是双方当事人应遵循的理念和指导思想，也是决定劳动合同效力的关键因素。

具体而言，订立劳动合同应当遵循以下原则：

（一）平等自愿、协商一致的原则

订立劳动合同，首先应当遵循平等自愿、协商一致的原则。所谓平等，是指双方当事人的法律地位平等，这既是民事法律关系成立的有效要件，也是劳动法律关系确立的基本原则。合同关系的成立，以当事人双方在平等的法律地位上进行协商一致为根本条件，任何一方都不得以地位、权势、经济实力等因素把自己的意志强加于对方。劳动合同的当事人一方是用人单位，一方是劳动者个人，双方具有极强的隶属性特征，劳动者必须服从用人单位劳动过程中的支配和管理，但在订立劳动合同时，不存在谁命令谁、谁服从谁的问题。所谓自愿，是指劳动合同的订立，完全出于合同当事人的意愿，任何一方不得强迫对方接受某种条件，第三人也不得干涉劳动合同的订立。自愿原则要求，订立合同是对对方的选择和合同内容的协商，必须具有当事人自由意志，包括选择合同当事人、选择合同内容、选择合同变更、解除或者终止的条件等。协商一致，是指在订立劳动合同的过程中，劳动合同订立与否、劳动合同内容如何，应当在双方当事人以协商的方式达成一致意见的基础上确定。平等是自愿的前提，自愿是平等的体现，是平等原则在确立劳动关系时直接推导出来的结果，

没有平等，自愿就不成立。而协商一致是平等自愿的唯一表达方式，在意见分歧的情况下，只有通过协商达成统一，才能真正体现平等自愿。

（二）合法原则

合法原则，亦称遵守国家法律、行政法规的原则，它是劳动合同有效的前提条件，这一原则的具体要求是：

第一，劳动合同的当事人必须要有劳动权利能力和劳动行为能力。用人单位作为劳动合同的一方当事人，必须以单位的名义与劳动者签订合同，而不能以单位内部的职能科室或者党、团、工会组织的名义签订合同。劳动者成为劳动合同的当事人（除法律特别规定者外）必须年满 16 周岁且具有劳动能力。对未达到法定年龄的特殊劳动者，必须履行审批手续。

第二，劳动合同的内容必须合法。劳动合同的双方当事人在确定具体的劳动权利义务时，不得违背国家有关法律、法规的规定。如《劳动合同法》第十九条规定，劳动合同的期限三个月以上不满一年，试用期不得超过一个月。在这种情况下即使双方在合同中约定了 1 个月以上的试用期，也是违反法律规定的，该约定的条款无效。

第三，劳动合同的形式要合法，除非全日制用工外，劳动合同需要以书面形式订立，这是劳动合同法对劳动合同形式的要求，否则，用人单位要承担不订立书面合同的法律后果。

（三）公平原则

公平原则是指劳动合同的内容应当公平、合理。在符合法律的强制性规定的前提下，劳动合同双方当事人之间的权利义务要公平合理，大体上平衡。公平原则是社会公德的体现，将公平原则作为劳动合同订立的原则，可以防止劳动合同当事人尤其是用人单位滥用优势地位，损害劳动者的权利，有利于保护劳动合同双方当事人的合法权益，维护和平衡当事人之间的利益。

（四）诚实信用原则

诚实信用原则要求当事人在订立、履行合同，以及劳动合同终止后的全过程中，都要诚实、讲信用、相互协助。《劳动合同法》第八条规定：“用人单位招用劳动者时，应当如实告知劳动者工作内容、工作条件、工作地点、职业危害、安全生产状况、劳动报酬，以及劳动者要求了解的其他情况；用人单位有权了解劳动者与劳动合同直接相关的基本情况，劳动者应当如实说明。”诚实信用是合同法的一项基本原则，也是劳动合同法的一项社会道德原则。将诚实信用原则作为指导劳动合同当事人订立合同、履行合同的行为准则，有利于保护劳动合同当事人的合法权益，更好地履行合同义务。如果劳动合同没有约定或者约定不明确而法律又没有规定的，可以根据诚实信用原则进行解释。

二、订立劳动合同的程序

劳动合同的订立程序是指通过订立劳动合同，建立劳动法律关系的过程，包括签订合同的步骤和方式。它既能保障合同签订的正常运行，也是合同内容合法化、完备化的重要措施。我国法律目前还没有对劳动合同的签订程序做出规定，但是根据实践经验和客观需要，订立劳动合同主要应经过要约和承诺两个基本阶段。

（一）要约

要约是指劳动合同的一方当事人向另一方当事人提出的订立劳动合同的建议。要约人可以是用人单位，也可以是劳动者。要约的内容应当包括：订立劳动合同的愿望，订立劳动合同的条件，以及要求对方考虑答复的期限。其中订立合同的条件必须明确具体，以便对方当事人进行考虑、衡量和选择，决定是否签订合同。

实践中，在劳动合同的要约行为实施之前，要做大量的准备工作（此环节应定性为要约邀请），如用人单位招用劳动者，首先要向社会公布招收简章，以便符合基本要求的劳动者进行报名，然后经过全面考核，在择优录用的基础上确定应招用人员并发出要约。还有的是通过广告媒介或者劳动力市场中的中介机构寻找特定对象，然后实施要约行为。

订立劳动合同的要约同样是一种法律行为，会对要约人产生一定的法律约束力。要约人在要约有效期内不得随意撤销要约，也不得拒绝受要约人的有效承诺。

（二）承诺

承诺是指受要约人对劳动合同的要约内容表示完全同意和接受，即受要约人对要约人提出的劳动合同的全部内容表示赞同，而不是提出修改，或者部分同意，或者有条件地接受。当然，订立劳动合同的过程也是一个要约邀请、反要约邀请、要约、反要约、再要约直至承诺的反复协商取得一致意见的过程。

劳动合同的承诺也是一种法律行为。一般情况下，要约一经承诺，写成书面合同，经双方当事人签名盖章，合同即告成立。依法成立的劳动合同，从合同成立之日或者合同约定生效之日起就具有法律效力。

实践中劳动合同的签订程序通常为：首先，用人单位拿出书面合同草案。其次，用人单位介绍符合相关条件的内部劳动规章制度（用人单位在签订劳动合同时，应向劳动者公示劳动规章制度的内容，对一些重要规定，应予以专门提示，最终以合同附件的形式订立合同的重要内容。但在具体操作时，劳动合同中一般只列明劳动规章制度的名称、文号以及劳动者遵守劳动规章制度的相关内容)。再次，经与劳动者协商达成一致意见（允许双方对劳动合同草案提出修改和补充)。最后，双方签字盖章，合同即告成立。

此外，有些劳动合同（如涉外劳动合同)，国家行政法规或者地方性法规要求备案的，应当按照规定向劳动行政主管部门备案，劳动合同才发生法律效力。

三、未订立书面劳动合同的后果

（一）用工、建立劳动关系与订立书面劳动合同的关系

对于用工、建立劳动关系与订立劳动合同三者之间的关系，《劳动合同法》规定：用人单位自用工之日起即与劳动者建立劳动关系。建立劳动关系，应当订立书面劳动合同。已建立劳动关系，未同时订立书面劳动合同的，应当自用工之日起一个月内订立书面劳动合同。用人单位与劳动者在用工前订立劳动合同的，劳动关系自用工之日起建立。据此，用工就等于建立劳动关系，但订立书面劳动合同与用工的关系比较复杂，时间上未必一致，存在以下三种情况：

第一，在用工的同时订立书面劳动合同，即“同时签用”。这是最不容易引起争议的理想情形。《劳动合同法》第七条规定：“用人单位自用工之日起即与劳动者建立劳动关系。”用工，是指用人单位实际上开始使用劳动者的劳动力，劳动者开始在用人单位管理、监督、指挥下提供劳动。用工之日，即劳动者开始上班的那一天。用工之日就是建立劳动关系之时，建立劳动关系之时就是劳动者开始在用人单位的管理监督、指挥下提供劳动之时，是计算劳动者工资的起始时间，也是劳动者在该用人单位的工作年限的起算时间。

第二，在用工后订立，即“先用后签”。对于建立劳动关系早于签订劳动合同的情形，《劳动合同法》第十条第二款规定：“已建立劳动关系，未同时订立书面劳动合同的，应当自用工之日起一个月内订立书面劳动合同。”即只要在一个月内补签，并不违法，这是考虑用人单位劳动用工管理的实际工作量，给予一段合理的宽限时间是必要的。

第三，在用工前订立书面劳动合同，即“先签后用”。对于这种建立劳动关系晚于签订劳动合同的情形，《劳动合同法》第十条第三款规定：“用人单位与劳动者在用工前订立劳动合同的，劳动关系自用工之日起建立。”可见，用工前订立劳动合同的情况是完全合法的，

需要注意的是，《劳动合同法》规定引起劳动关系产生的法律事实是用工，其目的是保护事实劳动关系中劳动者的权益，并不是肯定用人单位不与劳动者订立劳动合同的行为。相反，《劳动合同法》要求建立劳动关系必须订立书面劳动合同。

此外，为保存用工证据，《劳动合同法》第七条还规定："用人单位自用工之日起即与劳动者建立劳动关系。用人单位应当建立职工名册备查。"《劳动合同法实施条例》第八条进一步明确规定："《劳动合同法》第七条规定的职工名册，应当包括劳动者姓名、性别、公民身份证号码、户籍地址及现住址、联系方式、用工形式、用工起始时间、劳动合同期限等内容。"该条例第三十三条规定："用人单位违反劳动合同法有关建立职工名册规定的，由劳动行政部门责令改正；逾期不改正的，由劳动行政部门处2000元以上2万元以下的罚款。"

（二）未订立书面劳动合同的法律后果

根据《劳动合同法》第十四条、第八十二条和《劳动合同法实施条例》第五条、第六条、第七条的规定，在三个不同的时间段，未订立书面劳动合同的法律后果各有不同：

第一，自用工之日起1个月内。用人单位未与劳动者订立书面劳动合同的，法律没有明确规定。因为这1个月是宽限期，用人单位在此期间未与劳动者订立书面劳动合同并不违法；劳动者不与用人单位订立书面劳动合同的，用人单位应当书面通知劳动者终止劳动关系，无须向劳动者支付经济补偿，但应当依法向劳动者支付其实际工作时间的劳动报酬。

第二，自用工之日起超过1个月、不满1年的。用人单位未与劳动者订立书面劳动合同的，用人单位应当向劳动者每月支付的两倍工资，起算时间为用工之日起满1个月的次日，截止时间为补订书面劳动合同的前1日，并与劳动者补订书面劳动合同；劳动者不与用人单位订立书面劳动合同的，用人单位应当书面通知劳动者终止劳动关系，并依照《劳动合同法》第四十七条的规定支付经济补偿。

第三，自用工之日起满1年。用人单位自用工之日满1个月的次日至满1年的前1日应当向劳动者每月支付两倍的工资，并视为自用工之日起满1年的当日已经与劳动者订立无固定期限劳动合同，并应当立即与劳动者补订书面劳动合同；劳动者不与用人单位订立书面劳动合同的，却没有明确法律规定。

《劳动合同法》要求用人单位必须在用工之日起1个月内与劳动者签订劳动合同，否则将承担经济上的严重不利后果——双倍工资，以此来解决劳动合同签订率偏低的问题。但是考虑到用人单位人力资源管理工作的实际情况（订立书面劳动合同需要一定的周期，尤其是在大量招用劳动者时），《劳动合同法》在确立书面劳动合同是劳动合同的唯一合法形式的同时，也规定了1个月的宽限期，用人单位在自用工之日起1个月内签订书面劳动合同的均为合法，不用承担法律责任，自用工之日起超过1个月未签订书面劳动合同的，才开始承担双倍工资的不利后果，需要注意的是，这里的工资是指包括加班工资在内的应发工资。

需要特别注意的是，用人单位应当书面通知劳动者订立书面劳动合同，而不能用口头方式通知。参考相关法律的规定，即“书面形式是指合同书、信件和数据电文（包括电报、电传、传真、电子数据交换和电子邮件）等可以有形地表现所载内容的形式。”劳动合同可以认定为书面形式，一般是指用人单位以书信、电报、电传、传真和电子邮件等形式通知劳动者，在实践中一般还包括布告（公告）式通知。

此外，对已经形成劳动关系但未订立劳动合同情况下劳动者的工资待遇，《劳动合同法》第十一条规定：“用人单位未在用工的同时订立书面劳动合同，与劳动者约定的劳动报酬不明确的，新招用的劳动者的劳动报酬按照集体合同规定的标准执行；没有集体合同或者集体合同未规定的，实行同工同酬。”

【导引案例8－3】

竞业禁止条款的效力案[①]

2007年8月23日，原、被告签订了劳动合同，约定劳动合同期限自2007年8月23日到2010年8月22日。同时，双方签订了保密协议，如被告违反了保守商业秘密的约定，对原告造成经济损失的，应依法承担赔偿责任。当天，双方还签订了保守技术和其他商业秘密以及有关竞业禁止事宜的协议，该协议约定：被告无论在何种情况下，自离开原告单位之日起2年内不得在生产与原告同类业务的单位任职，不得自己生产、经营与原告有竞争关系的同类产品或者业务；如被告违反上述规定，应承担相应的违约责任，退还原告预发的竞业禁止补偿金，并支付违约金。原告在支付被告工资报酬时，预发被告在职及离职后承担保密和竞业禁止义务的补偿金，离职时结算，多退少补。被告支付的违约金，相当于其3个月至1年的收入，如果原告的损失超过违约金，被告应全额赔偿。

2007年11月中旬，被告离开原告公司，同年12月13日，被告与另外3人成立了一家电子有限公司，该公司的经营范围与原告的经营范围基本相同。

1. 原告是否违反竞业禁止条款？

2. 被告是否应向原告支付竞业禁止的经济补偿金？

① 转引自齐艳华：《劳动合同法导引与案例》，经济科学出版社2017年版，第77～78页；王林清、杨心忠：《劳动合同纠纷裁判精要与规则适用》，北京大学出版社2014年版，第341页。

第三节　劳动合同的内容

劳动合同的内容是指劳动合同所包含的所有条款，即通过劳动合同条款反映出来的当事人双方的权利和义务。劳动合同的内容是劳动合同的实质所在，体现了双方当事人之间劳动法律关系的具体含义。

从我国《劳动法》和《劳动合同法》的规定来看，劳动合同的内容由法定内容和约定内容两部分组成。法定内容是国家法律要求劳动合同必须具备的条款，又称为必备条款，约定内容是双方当事人根据双方具体情况协商约定的条款，又称为可备条款；根据劳动合同订立的合法性原则，约定条款必须不违反现有法律、法规的规定，否则无效。

一、劳动合同的必备条款和约定条款

（一）必备条款的含义、必要性和影响

劳动合同的必备条款是指劳动法要求劳动合同必须包括的条款。法律要求劳动合同必须包括某些内容，是因为缺少这些条款，劳动合同当事人的主要权利和义务很难明确，特别是在我国集体合同的应用还处于推广阶段，如果对于劳动关系的主要方面规定不明确，在当事人法治观念差的情况下，很容易引发纠纷，并且缺少证据也不利于纠纷的处理。因此，我国《劳动法》和《劳动合同法》都采取了强制性的规定，要求劳动合同要有必备条款，这符合我国的国情。这种做法有利于引导劳动合同双方当事人正确全面地订立合同，对于减少劳动纠纷很有益处。从国外的立法而言，很多市场经济国家劳动法不要求劳动合同必须包含哪些内容，甚至劳动合同也不要求必须以书面形式订立。因为这些国家集体合同非常普及，雇主和雇员之间的具体劳动权利义务通常都是以集体合同为依据的。

从《劳动合同法》第八十一条的“劳动合同文本未载明本法规定的劳动合同必备条款或者用人单位未将劳动合同文本交付给劳动者的，由劳动行政部门责令改正”的规定看，缺少劳动合同的必备条款并不必然导致合同无效，实质上，如果仅仅从合同文本上看是否具备必备条款来判断合同的效力，未免过于形式化。劳动合同效力的认定上应当透过形式看到劳动合同关系的客观事实，不能因为劳动合同书中缺少一项内容就认定为无效。

（二）必备条款的内容和《劳动合同法》关于必备条款的立法进步

我国《劳动法》和《劳动合同法》都对必备条款做过规定。

《劳动法》第十九条规定："劳动合同应当以书面形式订立，并具备以下条款：劳动合同期限；工作内容；劳动保护和劳动条件；劳动报酬；劳动纪律；劳动合同终止的条件；违反劳动合同的责任。"

《劳动合同法》第十七条规定："劳动合同应当具备以下条款：用人单位的名称、住所和法定代表人或者主要负责人；劳动者的姓名、住址和居民身份证或者其他有效身份证件号码；劳动合同期限；工作内容和工作地点；工作时间和休息休假；劳动报酬；社会保险；劳动保护、劳动条件和职业危害防护；法律、法规规定应当纳入劳动合同的其他事项。"

比较二者，可以发现《劳动合同法》比《劳动法》的规定体现了立法的进步，体现了对劳动者弱势地位的特别考虑和倾斜保护①。

第一，《劳动合同法》增加了三项必备条款：一是双方当事人的基本信息；二是职业危害；三是社会保险。增加当事人的基本信息是为了明确双方当事人，并且保证双方当事人的合法资格，防止非法用工和使用童工。把职业危害增加到劳动合同的必备条款中，是《劳动合同法》对于实践中发生的侵害劳动者合法权益事件的保障。在《劳动合同法》实施前，很多用人单位不把岗位的有毒、有害情况告知劳动者，造成劳动者在劳动关系解除后出现病症无法追究用人单位的责任。职业危害是关于岗位的具体信息，劳动者有权了解，用人单位有义务在劳动合同中明确。把社会保险必须纳入必备条款中，这不是一项新增加的用人单位的义务，而是为了强化用人单位的社会保险义务，减少实践中用人单位不为劳动者缴纳社会保险的情况。

第二，《劳动合同法》第十七条规定中取消了一项必备条款，即"取消了劳动合同终止的条件"。劳动合同终止的条件和情形是由法律规定的，不是由双方当事人协商确定的，目的是避免在双方协商下，用人单位利用优势地位强迫劳动者接受对其不利的终止条件。

第三，《劳动合同法》限制了一项必备条款的应用：约定违约金（或者约定违反劳动合同的责任条款）。在《劳动合同法》实施前，实践中普遍存在用人单位利用《劳动法》的规定，在合同中约定劳动者解除劳动合同的违约金条款，违约金的数额完全由用人单位单方决定；劳动者想在劳动合同期满前变更用人单位，就受到违约金条款的限制。用人单位由此合法地建立了"想走人，就要交钱"的"辞职规则"，使无数想流动的劳动者不能实现劳动力的自由流动。更有甚者，用人单位单方确定的违约金数额超过劳动者在用人单位工作期间工资的数倍。这种现象在实践中非常普遍，无疑极大地损害了劳动者的合法权益。必须认识到劳动关系是形式平等而实质上不平等的一种社会关系，劳动合同不能完全适用民法上的契约自由原则。因此，需要立法者通过规定进行干预，使形式上的平等趋向实质平等。为此，《劳动合同法》从劳动合同的

① 关怀、林嘉：《劳动法》，中国人民大学出版社2016年版，第97～99页。

必备条款中删除了这一项内容，并且在第二十五条规定：“只有在约定培训条款和竞业禁止条款的情况下，当事人才能够约定违约金。这无疑是对劳动者权益保护上的一大立法进步。”

所以，《劳动合同法》是在总结《劳动法》实施十几年的经验和教训的基础上对《劳动法》规定的必备条款的发展、补充和修正，表现出立法的进步，体现了社会法的属性。

（三）劳动合同的约定条款

劳动合同的约定条款是指法律没有要求必须包含的合同内容，是当事人之间通过协商确定下来的合同内容。在必备条款之外，劳动合同当事人还可以协商约定其他内容，如劳动合同的试用期、竞业禁止条款、培训条款、补充社会保险条款、其他福利待遇条款等。

需要注意的是劳动合同的约定条款也并不是双方当事人完全的意思自治，而是在遵守《劳动合同法》中有关规定的前提下进行的约定条款。

《劳动合同法》第十七条第二款规定：“劳动合同除前款规定的必备条款外，用人单位与劳动者可以约定试用期、培训、保守秘密、补充保险和福利待遇等其他事项。”为防止用人单位滥用约定条款，《劳动合同法实施条例》第十三条做出了一项禁止性规定：“用人单位与劳动者不得在劳动合同法第四十四条规定的劳动合同终止情形之外约定其他的劳动合同终止条件。”

劳动合同的约定条款具体内容如下：

1. 试用期

试用期是指包括在劳动合同期限内的，劳动关系处于非正式状态，用人单位对劳动者是否合格进行考核，劳动者对用人单位是否适合自己要求进行了解的期限。《劳动合同法》对试用期进行了规范：

第一，试用期的适用次数限制。同一用人单位与同一劳动者只能约定一次试用期。这是考虑到对于劳动者的人品和基本技能，试用一次即可了解，无须再次试用。

第二，试用期的最长期限。劳动合同期限 3 个月以上不满 1 年的，试用期不得超过 1 个月；劳动合同期限 1 年以上不满 3 年的，试用期不得超过 2 个月；3 年以上固定期限和无固定期限的劳动合同，试用期不得超过 6 个月。

第三，禁止约定试用期的情形。以完成一定工作任务为期限的劳动合同或者劳动合同期限不满 3 个月的，不得约定试用期。

第四，试用期与劳动合同期限的关系。试用期包含在劳动合同期限内。劳动合同仅约定试用期的，试用期不成立，该期限为劳动合同期限。在此期限内，用人单位不能对劳动者实行试用期的工资标准，双方均不能按照试用期解除劳动合同的规定解除劳动合同。

第五，试用期的工资标准。《劳动合同法》第二十条规定："劳动者在试用期的工资不得低于本单位相同岗位最低档工资或者劳动合同约定的工资的80%，并不得低于用人单位所在地的最低工资标准。"从文义解释出发，该条中"本单位相同岗位最低档工资或者劳动合同约定工资的80%"存在两种不同的含义，为澄清这一问题，《劳动合同法实施条例》第十五条规定："劳动者在试用期的工资不得低于本单位相同岗位最低档工资的80%或者不得低于劳动合同约定工资的80%，并不得低于用人单位所在地的最低档工资标准。"这里的"劳动合同约定工资"是指劳动合同中约定的试用期满后的工资。

第六，试用期内解除劳动合同的限制。《劳动合同法》第二十一条规定："在试用期中，除劳动者有本法第三十九条和第四十条第一项、第二项规定的情形外，用人单位不得解除劳动合同。用人单位在试用期解除劳动合同的，应当向劳动者说明理由。"

第七，用人单位的法律责任。《劳动合同法》第八十三条规定："用人单位违反本法规定与劳动者约定试用期的，由劳动行政部门责令改正；违法约定的试用期已经履行的，由用人单位以劳动者试用期满月工资为标准，按已经履行的超过法定试用期的期间向劳动者支付赔偿金。"

试用期应当同时具备以下四个要件才能被认定为合法有效，具有法律效力：一是建立劳动关系的用人单位和劳动者订立了书面劳动合同；二是该书面劳动合同合法有效；三是该合法有效的书面劳动合同约定有试用期，在招聘广告等文件或者用人单位规章制度中统一规定试用期不产生试用期的法律效力；四是试用期的长短和次数符合《劳动合同法》规定。

2. 培训和服务期

培训条款是指用人单位和劳动者在劳动合同中约定由用人单位为劳动者提供专项培训费用，对其进行专业技术培训的条款。专项培训一般并非用人单位的法定义务，因此一般要同时约定劳动者的服务期。服务期是指用人单位和劳动者在劳动合同签订之时或者劳动合同履行过程中，用人单位出资招用、培训或者提供特殊待遇后，经双方协商一致确定的一个服务期限。服务期的本质与劳动合同期限并无太大区别，但由于用人单位提供的专项培训并非法定义务，双方为此约定服务期纯属其意思自治范围，应予许可。只有当用人单位为员工提供了特殊待遇或者出资招用、培训的情况下，才有权设定服务期，进而约定违约金。从服务期的目的分析，它更多的是为了保护用人单位的权益。

对于培训和服务期，《劳动合同法》第22条规定："用人单位为劳动者提供专项培训费用，对其进行专业技术培训的，可以与该劳动者签订协议，约定服务期。劳动者违反服务期约定的，应当按照约定向用人单位支付违约金。违约金的数额不得超过用人单位提供的培训费用。用人单位要求劳动者支付的违约金不得超过服务期尚未履行部分所应分摊的培训费用……用人单位与劳动者约定服务期的，不影响按照正常的工资调整机制提高劳动者在服务期期间的劳动报酬。”《劳动合同法实施条例》第十六条规定：“劳动合同法第二十二条第二款规定的培训费用，包括用人单位为了对劳动者进行专业技术培训而支付的有凭证的培训费用、培训期间的差旅费以及因培训产生的用于该劳动者的其他直接费用。”

对于劳动合同和服务期的关系，《劳动合同法实施条例》第十七条规定：“劳动合同期满，但是用人单位与劳动者按照劳动合同法第二十二条的规定约定的服务期尚未到期的，劳动合同应当继续延长至服务期满；双方另有约定的，从其约定。”

对于约定了服务期情形下违约金的支付，在出现法定情形时劳动者单方解除劳动合同的不需要支付违约金，用人单位因为劳动者存在过失而单方解除劳动合同，则劳动者需要支付违约金。《劳动合同法实施条例》第二十六条规定：“用人单位与劳动者约定了服务期，劳动者依照劳动合同法第三十八条的规定解除劳动合同的，不属于违反服务期的约定，用人单位不得要求劳动者支付违约金。有下列情形之一，用人单位与劳动者解除约定服务期的劳动合同的，劳动者应当按照劳动合同的约定向用人单位支付违约金：劳动者严重违反用人单位的规章制度的；劳动者严重失职，营私舞弊，给用人单位造成重大损害的；劳动者同时与其他用人单位建立劳动关系，对完成本单位的工作任务造成严重影响，或者经用人单位提出，拒不改正的；劳动者以欺诈、胁迫的手段或者乘人之危，使用人单位在违背真实意思的情况下订立或者变更劳动合同的；劳动者被依法追究刑事责任的。”

3. 保守秘密和竞业限制（又称为竞业禁止）

保守秘密条款是指用人单位与劳动者在劳动合同中约定由劳动者对用人单位的秘密负保密义务的合同条款，包括对保密的内容、范围、期限和措施等的约定。保密条款常常和竞业限制条款紧密联系在一起。《劳动合同法》第二十三条规定了保密条款：“用人单位与劳动者可以在劳动合同中约定保守用人单位的商业秘密和与知识产权相关的保密事项。对负有保密义务的劳动者，用人单位可以在劳动合同或者保密协议中与劳动者约定竞业限制条款，并约定在解除或者终止劳动合同后，在竞业限制期限内按月给付劳动者经济补偿。劳动者违反竞业限制约定的，应当按照约定向用人单位支付违约金。”第二十四条规定了竞业限制条款：“竞业限制的人员限于用人单位的高级管理人员、高级技术人员和其他负有保密义务的人员。竞业限制的范围、地域、期限由用人单位与劳动者约定，竞业限制的约定不得违反法律、法规的规定。在解除或者终止劳动合同后，前款规定的人员到与本单位生产或者经营同类产品、从事同类业务的有竞争关系的其他用人单位，或者自己开业生产或者经营同类产品、从事同类业务的竞业限制期限，不得超过二年。”

2020 年最高人民法院《关于审理劳动争议案件适用法律若干问题的解释（一）》对竞业限制做了规定：

第一，未事先约定经济补偿情形下经济补偿的计算标准。第三十六条规定："当事人在劳动合同或者保密协议中约定了竞业限制，但未约定解除或者终止劳动合同后给予劳动者经济补偿，劳动者履行了竞业限制的义务，要求用人单位按照劳动者在劳动合同解除或者终止前 12 个月平均工资的 30% 按月支付经济补偿的，人民法院应予支持。"前述规定的月平均工资的 30% 低于劳动合同履行地最低工资标准的，按照劳动合同履行地最低工资标准支付。

第二，解除劳动合同情形下竞业限制协议的效力。第三十七条规定："当事人在劳动合同或者保密协议中约定了竞业限制和经济补偿，当事人解除劳动合同时，除另有约定外，用人单位要求劳动者履行竞业限制义务，或者劳动者履行了竞业限制义务后要求用人单位支付经济补偿的，人民法院应予支持。"

第三，劳动者解除竞业限制约定的权利。第三十八条规定："当事人在劳动合同或者保密协议中约定了竞业限制和经济补偿，劳动合同解除或者终止后，因用人单位的原因导致 3 个月未支付经济补偿，劳动者请求解除竞业限制约定的，人民法院应予支持。"

第四，用人单位解除竞业限制协议的权利。第三十九条规定："在竞业限制期限内，用人单位请求解除竞业限制协议的，人民法院应予支持。在解除竞业限制协议时，劳动者请求用人单位额外支付劳动者 3 个月的竞业限制经济补偿的，人民法院应予支持。"

第五，竞业限制义务的继续履行。第四十条规定："劳动者违反竞业限制约定，向用人单位支付违约金后，用人单位要求劳动者按照约定继续履行竞业限制义务的，人民法院应予支持。"

保密的客体是商业秘密和与知识产权相关的保密事项：

第一，商业秘密。根据《中华人民共和国反不正当竞争法》（2019 年修正）第九条规定："商业秘密是指不为公众所知悉、具有商业价值并经权利人采取相应保密措施的技术信息、经营信息等商业信息。"《国家工商行政管理局关于禁止侵犯商业秘密行为的若干规定》（根据 1998 年 12 月 3 日国家工商行政管理局令第 86 号修订）第二条规定：不为公众所知悉，是指该信息是不能从公开渠道直接获取的。商业秘密能为权利人带来经济利益，具有实用性，是指该信息具有确定的可应用性，能为权利人带来现实的或者潜在的经济利益或者竞争优势。权利人采取保密措施，包括订立保密协议、建立保密制度及采取其他合理的保密措施。技术信息和经营信息，包括设计、程序、产品配方、制作工艺、制作方法，管理诀窍、客户名单、货源情报、产销策略、招投标中的标底即标书内容等信息。权利人是指依法对商业秘密享有所有权或者使用权的自然人、法人或者其他组织。

第二，与知识产权相关的保密事项。与知识产权相关的保密事项是指尚未依法取得知识产权，但与知识产权相关的事项，主要包括非专利技术。

第三，法律责任。《劳动合同法》第九十条规定："劳动者违反劳动合同中约定的保密义务或者竞业限制，给用人单位造成损失的，应当承担赔偿责任。"据此，劳动者违反竞业限制约定，如果未约定违约金的，劳动者无须支付违约金，但因此给用人单位造成损失的，应当承担赔偿责任。

4. 补充保险和福利待遇

用人单位与劳动者可以约定对劳动者的补充保险。用人单位补充保险是指由用人单位根据自身经济实力，在国家规定的实施政策和实施条件下为本单位劳动者所建立的一种辅助性保险，包括补充养老保险和补充医疗保险等。补充养老保险制度是指企业年金，其特点是依靠企业和个人缴费筹资，通过个人账户管理，养老金待遇与缴费挂钩，完全积累。《劳动法》第九章"社会保险和福利"第七十五条规定："国家鼓励用人单位根据本单位实际情况为劳动者建立补充保险。"

用人单位与劳动者可以约定对劳动者的福利待遇。福利待遇，称为职工福利，又称为职业福利或者劳动福利，是指用人单位和有关社会服务机构为满足劳动者生活的共同需要和特殊需要，在工资和社会保险之外向劳动者及其亲属提供一定货币、实物、服务等形式的物质帮助。其中包括：为减少劳动者生活费用开支和解决劳动者生活困难而提供的各种补贴；为方便劳动者生活和减轻劳动者家务负担而提供的各种生活设施和服务；为活跃劳动者文化生活而提供的各种文化设施和服务。《劳动法》第九章"社会保险和福利"第七十六条规定："国家发展社会福利事业，兴建公共福利设施，为劳动者休息、休养和疗养提供条件。用人单位应当创造条件，改善集体福利，提高劳动者的福利待遇。"

《〈中华人民共和国企业劳动争议处理条例〉若干问题解释》指出："福利"是指用人单位用于补助职工及其家属和举办集体福利事业的费用，包括集体福利费、职工上下班交通补助费、探亲路费、取暖补贴、生活困难补助费等。

（四）限制和禁止约定的劳动合同条款

1. 限制约定的劳动合同条款

限制约定的劳动合同条款主要包括违约金和赔偿金条款。违约金和赔偿金条款即约定不履行劳动合同而应支付违约金或者赔偿金的合同条款，它包括对违约金或者赔偿金的支付条件、项目、范围和数额等内容的约定。在有些国家的立法中，禁止劳动合同约定违约金或者赔偿金的数额。如《日本劳动标准法》第16条规定："禁止雇主签订预先约定不履行劳动合同时的违约金或者损害赔偿金的合同。”这是因为在签订劳动合同时对违反劳动合同可能造成的损失难以预计，并且劳动者承担赔偿责任的能力极为有限。所以，对违反劳动合同所造成的损失，应当实行法定赔偿标准，而不宜由劳动合同约定赔偿金数额。至于违约金的确定，也必然要考虑违反劳动合同可能造成的损失和劳动者的财产承受能力等因素，因而违约金的适用也应受到限制。我国《劳动法》和《违反〈劳动法〉有关劳动合同规定的赔偿办法》允许劳动合同约定违约金和赔偿金条款。现实中用人单位滥用违约金和赔偿金条款的现象较多，损害了劳动者的合法权益。为此，《劳动合同法》第二十五条规定：“除本法第二十二条和第二十三条规定的情形外，用人单位不得与劳动者约定由劳动者承担违约金。”即除了服务期条款和竞业限制条款可以约定由劳动者承担违约金外，用人单位不得与劳动者约定由劳动者承担违约金。

2. 禁止约定的劳动合同条款

（1）歧视条款。歧视条款即约定给予劳动者以歧视待遇的合同条款。这种条款因违背了权益平等精神而为各国立法所明令禁止，有的国家还专门对与工会有关的歧视条款做了禁止性规定。我国劳动立法也禁止劳动合同中的歧视条款，如《就业促进法》第二十七条规定：“用人单位录用女职工，不得在劳动合同中规定限制女职工结婚、生育的内容。”

（2）生死条款。生死条款是指劳动合同中约定“合同履行期间，发生死伤病残，公司概不负责”或者“工伤概不负责”以及类似内容的条款。生死条款属于违反法律、行政法规的劳动合同，是无效的劳动合同条款，从订立时起，就没有发生法律效力。

（3）保证金条款（又称为押金条款）。保证金条款即约定劳动者向用人单位交纳一定数量货币或者其他财物而在有特定违约金或者解约行为时不予退还，并以此作为缔结劳动关系前提条件的合同条款。我国法律禁止用人单位以任何形式向劳动者收取保证金和押金等财物，如《劳动合同法》第九条规定：“用人单位招用劳动者，不得扣押劳动者的居民身份证和其他证件，不得要求劳动者提供担保或者以其他名义向劳动者收取财物。”据此，劳动合同中约定劳动者交纳保证金也应是无效约定。《劳动合同法》第八十四条规定：“用人单位违反本法规定，扣押劳动者居民身份证等证件的，由劳动行政部门责令限期退还劳动者本人，并依照有关法律规定给予处罚。用人单位违反本法规定，以担保或者其他名义向劳动者收取财物的，由劳动行政部门责令限期退还劳动者本人，并以每人五百元以上二千元以下的标准处以罚款；给劳动者造成损害的，应当承担赔偿责任。劳动者依法解除或者终止劳动合同，用人单位扣押劳动者档案或者其他物品的，依照前述规定处罚。”

二、劳动合同的续订

（一）劳动合同续订的定义

1. 劳动合同续订的概念

劳动合同的续订是指劳动合同当事人双方依法达成协议，使原订的即将期满的劳动合同延长有效期限的法律行为。

2. 劳动合同续订与劳动合同订立的区别

劳动合同续订与劳动合同订立的区别是：第一，它是在劳动合同当事人双方均已经确定的前提下进行的，不需要再经过确定当事人阶段；第二，它是原订劳动合同所确立的劳动关系的延续，而不是在原劳动关系终止后再次确立劳动关系；第三，它以原订劳动合同为基础，当事人双方继续享有和承担与原有效期限届满前一样或者基本相同的权利和义务，因而对劳动者不再实行试用期。

（二）劳动合同续订的条件

劳动合同的续订，应当具备法定的条件。在许多国家的立法中，被列为劳动合同续订条件的主要有下述几项：

第一，续订的只限于一定范围内的定期劳动合同。如根据 1996 年 1 月 22 日颁布的《劳动部、公安部、外交部、对外贸易经济合作部关于外国人在中国就业管理的规定》，已经满 5 年的外国人劳动合同不得续订；以完成一定工作（工程）为期限的劳动合同，不存在续订的必要。

第二，劳动合同续订不能超过一定的次数或者期限。有的国家由于对定期合同的最长期限做了规定，因而立法中对其续订的次数和期限予以限制。如法国法律规定，定期劳动合同只能延期一次，并且不得超过原合同的约定期限；如果合同中有允许延期两次的条款，其前提条件是该合同总的延续不得超过 1 年。德国法律规定，定期劳动合同的期限最长不得超过 5 年，且只能延长一次。在我国《关于贯彻执行〈中华人民共和国劳动法〉若干问题的意见》和《劳动部、公安部、外交部、对外贸易经济合作部关于外国人在中国就业管理的规定》中，对农民定期轮换工劳动合同和外国人劳动合同的最长期限（分别是 8 年和 5 年）做了规定，因而这两种合同的续订不得超过此期限。

第三，劳动合同续订须由当事人双方同意。有的国家要求当事人双方同意续订合同的意思表示记载于原合同中，如法国法律规定，有约定允许延期之条款的劳动合同，才可以续订；而我国立法规定，仅要求在合同续订前当事人双方同意续订即可。

第四，在特定条件下劳动合同当然续订。如我国劳动部1996年发布的《关于实行劳动合同制度若干问题的通知》第十四条规定：“劳动合同期满后，因用人单位方面的原因未办理终止或者续订手续而形成事实劳动关系的，视为双方同意续订劳动合同，用人单位应及时办理续订手续。”有一种主张认为，劳动合同解除或者期满，用人单位未依法支付经济补偿，或者未办理解除、终止劳动合同的手续并办理工作交接手续，仍继续留用劳动者的，视为续订定期劳动合同。

第五，在特定条件下劳动合同应当续订。如《北京市劳动合同规定》（2001年）第四十三条规定，劳动者患职业病或者因公负伤并被确认达到伤残等级，要求续订劳动合同的，用人单位应当续订劳动合同。

第六，在特定条件下续订为不定期劳动合同。如德国法律规定，劳动合同如第二次延期，则应当订立不定期劳动合同；我国《劳动合同法》第十四条第二款、第三款也有规定。

（三）劳动合同续订的程序

劳动法律要求劳动合同续订程序一般包括以下环节：第一，当事人双方就劳动合同的续订，签订书面协议；第二，原劳动合同在签订书面协议后经过鉴证、备案或者其他程序的，续订劳动合同也需要办理同样的手续。

《北京市劳动合同规定》（2001年）要求：“劳动合同期限届满前，用人单位应当提前30日将终止或者续订劳动合同意向以书面形式通知劳动者，经协商办理终止或者续订劳动合同手续。”

第四节　劳动合同的法律效力

【导引案例8－4】

劳动合同部分无效案①

王某与某兼职公司签订了一份为期3年的劳动合同，合同中约定有“发生伤亡事故本公司概不负责”的条款。王某家境困难，在抱有侥幸心理的情况下在合同上签了字。5个月后，王某在一次施工中不慎从脚手架上摔伤，造成腰椎粉碎性骨折，下身瘫痪，生活不能自理。事故发生后，王某一家无力承担巨

① 黎建飞：《〈中华人民共和国劳动合同法〉最新完全释义》，中国人民大学出版社2008年版，第96～97页。

额费用，生活陷入困境，王某家属要求建筑公司支付医疗费用。建筑公司以劳动合同中规定“发生工伤事故本公司概不负责”的免责条款为由拒绝支付，并对家属说，以后王某与建筑公司无关，不要再找建筑公司索要任何费用，王某遂向劳动争议仲裁委员会申请仲裁。

1.“发生工伤事故本公司概不负责”的免责条款是否有法律效力？

2. 用人单位是否承担责任？如何承担责任？

一、劳动合同的成立与生效

（一）劳动合同的成立

劳动合同的成立是指劳动合同的缔结双方当事人因意思表示一致而达成合意的客观状态。

劳动合同的成立需要具备三个要件：第一，双方当事人做出完整的意思表示；第二，当事人的意思表示以订立劳动合同为目的，并能产生相应的法律后果；第三，当事人的意思表示须一致。其中，基本要件是双方意思表示一致。如果当事人约定了成立的特殊条件或者期限，则劳动合同于该条件或者期限成就时成立。

（二）劳动合同的有效（生效）

劳动合同的有效（生效）是指依法成立的劳动合同，对当事人双方产生法律约束力。在各国立法中，劳动合同有效要件通常散见于具体的合同法规范，而无集中性规定。从理论上归纳，一般而言，劳动合同的有效（生效）须符合下列条件：合同的主体必须合法；合同的内容和形式必须合法；订立合同的程序必须合法；当事人的意思表示必须真实。

（三）劳动合同成立与生效的关系

对比劳动合同的成立要件和有效（生效）要件，我们会发现：劳动合同的成立不完全等同于劳动合同的有效（生效），依法成立的劳动合同为有效合同，绝大多数劳动合同的成立和生效是同时发生的，也有一些劳动合同因未依法成立而推迟生效或者无法有效（生效），这里的“依法”中的“法”，是指强制性和任意性的法律。

依据合同原理，一般情况下，依法成立且符合法定生效要件的合同，成立即生效，合同成立与生效之间的时间差可以忽略不计；而在特殊情况下，合同生效要件多于合同成立要件，合同成立后须在合同生效要件完全具备时才生效。如附条件或者附期限的合同，依法成立后须在所附条件成就或者所附期限届至时才能生效；须经审批的合同，依法成立后履行审批手续才成生效。

而《劳动合同法》第十六条第一款规定的“劳动合同由用人单位与劳动者协商一致，并经用人单位与劳动者在劳动合同文本上签字或者盖章生效”，仅指一般情况下，即劳动合同“成立即生效”的情况。但在特殊情况下，双方当事人“在劳动合同文本上签字或者盖章”，只是书面劳动合同劳动中双方当事人达成合意的法定标志，如果是附条件或者附期限，或者须经审批的劳动合同，还不能随同“在劳动合同文本上签字或者盖章”而发生“用人单位与劳动者应当履行劳动合同约定义务”的效力；如果劳动合同当事人不合格或者被确认无效，也不能随同“在劳动合同文本上签字或者盖章”而生效。

（四）劳动合同生效后的法律约束力

劳动合同有效（生效）后对当事人双方产生的法律约束力具体表现在以下几个方面：第一，当事人双方必须亲自全面履行劳动合同所规定的义务（并同时享受权利），否则，当事人必须依法承担相应责任；第二，合同的变更和解除都必须遵循法定的条件和程序，任何一方当事人都不得擅自变更和解除合同，否则，当事人必须依法承担相应责任；第三，当事人双方因劳动合同发生争议，必须以法定方式处理。

二、劳动合同的无效

（一）劳动合同无效的概念

无效劳动合同是指当事人违反法律、法规或者违背平等、自愿原则签订的对当事人全部或者部分不产生法律约束力的劳动合同。

签订劳动合同是一种法律行为，它是劳动法律关系产生的重要法律事实。订立劳动合同应当遵循平等自愿、协商一致的原则，不得违背法律、行政法规的规定。只有当订立劳动合同的行为符合《劳动法》《劳动合同法》的规定及有关法律规范时，才能受到国家法律的保护，产生当事人期望的法律后果，否则将导致合同无效。

（二）劳动合同无效的种类

无效的劳动合同不能发生预期的法律后果，不能得到法律的保护。

无效的劳动合同分为全部无效和部分无效。全部无效的劳动合同是指劳动合同从订立时即无效，对当事人不具有约束力，不应当履行。部分无效劳动合同是指劳动合同内容中违反法律法规的部分不具有法律约束力，该部分不影响其他有效部分的履行，其他合法的部分仍然有效，当事人应当继续履行，无效部分的内容则根据法律法规的规定来执行。

（三）劳动合同无效的情形

按照《劳动法》第十八条和第三十五条、《劳动合同法》第二十六条的规定，无效劳动合同包括以下几种：

1. 违反法律、行政法规强制性规定的劳动合同

国家的法律、行政法规是国家利益和人们利益的集中体现，也是为全社会主体一致遵守的行为规范。这就要求当事人在订立劳动合同时，必须遵循合法原则。否则，所签的劳动合同不仅得不到法律的保护，反而会受到法律的追究。

违反合法性原则的具体情况包括以下几种：

第一，主体资格不合法。如劳动者一方达不到法定就业年龄、不具有劳动权利能力和劳动行为能力而订立的劳动合同。

第二，内容不合法。凡是与国家法律、行政法规相矛盾、相抵触的条款，均属于无效条款。如违反工时休假制度、安全卫生标准、最低工资标准等规定的劳动合同条款，均属内容不合法。有些黑社会组织雇人行凶杀人、贩毒走私，从事赌博、色情陪侍或者生产毒品等有损社会善良风俗的行业，此类劳动合同明显都违反社会公共利益，应当归于无效。

第三，以欺诈、胁迫的手段或者乘人之危，使对方在违背其真实意思的情况下订立或者变更的劳动合同。欺诈是指一方当事人故意隐瞒事实真相或者制造假象，使对方当事人在上当受骗的情况下表示愿意，如用人单位提供虚假的劳动条件和劳动待遇信息，劳动者提供假证件、假文凭等。胁迫是指一方当事人以暴力或者其他手段相威胁，强迫对方当事人与自己订立合同，如用人单位以限制人身自由的手段、拖欠工资的方式等迫使劳动者与其订立或者续订劳动合同。乘人之危是指行为人利用他人的危难处境或者紧迫需要强迫对方接受某种明显不公平的条件并做出违背其真意的意思表示。采取欺诈、胁迫、乘人之危等手段签订的劳动合同，违背了平等自愿、协商一致的订立劳动合同的原则，是一种严重违法的行为，对此类劳动合同，不仅要宣告无效，而且还应追究过错方当事人的法律责任。

2. 用人单位免除自己的法定责任、排除劳动者权利的劳动合同无效

如有的劳动合同中规定“不享受星期天休假”，还有一些用人单位在劳动合同中规定“工伤概不负责”“社会保险自理”，或者规定女性劳动者在劳动合同期限内不得结婚或者生育等，都属于用人单位免除自己的法定责任、排除劳动者权利因而无效的条款。

无效劳动合同的确认机关，必须是劳动争议仲裁委员会或者人民法院。我国《劳动法》第十八条第三款规定：“劳动合同的无效，由劳动争议仲裁委员会或者人民法院确认。”《劳动合同法》第二十六条第二款规定：“对劳动合同

无效或者部分无效有争议的，由劳动争议仲裁委员会或者人民法院确认。”其具体操作程序是，应首先由劳动争议仲裁委员会确认，在当事人不服劳动争议仲裁委员会的确认而依法提起诉讼的条件下，才由人民法院确认。

（四）无效劳动合同的处理

对无效劳动合同的处理，法律有特殊的要求和规定。对于无效民事合同的处理，一般采用返还财产、赔偿损失和追缴国库等方式，而无效劳动合同中，由于劳动者用以交换的劳动力的特殊性（劳动力支出后不可回收），所以，对劳动者实施的劳动行为和所得的物质待遇不可能采取返还办法处理，并且对处于事实劳动关系中的劳动者应当依法予以保护。所以，只能根据无效劳动合同的特点采取相应的处理措施。

第一，《劳动法》第十八条第二款规定：“无效劳动合同，从订立的时候起，就没有法律约束力。确认劳动合同部分无效的，如果不影响其余部分的效力，其余部分仍然有效。”《劳动合同法》第二十七条规定：“劳动合同部分无效，不影响其他部分效力的，其他部分仍然有效。”

第二，对于已经履行的部分，即劳动者付出了劳动的，应得到相应的报酬和有关待遇。《劳动合同法》第二十八条规定：“劳动合同被确认无效，劳动者已经付出劳动的，用人单位应当向劳动者支付劳动报酬。劳动报酬的数额，参照本单位相同或者相近岗位劳动者的劳动报酬确定。”

第三，赔偿损失。《劳动合同法》第八十六条规定又做出了如下规定：“劳动合同依照本法第二十六条规定被确认无效，给对方造成损害的，有过错一方应当承担赔偿责任。”

第四，劳动合同无效的认定主体，《劳动合同法》第二十六条第二款规定：“对劳动合同无效或者部分无效有争议的，由劳动争议仲裁机构或者人民法院确认。”

第五节　劳动合同的履行和变更

【导引案例8－5】

企业性质的改变是否影响劳动合同的履行[①]

吕某（原告）与集体性质的酒店（被告）签订了为期5年的劳动合同，

① 苏号朋：《劳动合同法案例评析》，对外贸易大学出版社2008年版，第204～205页。

约定吕某的工资每月为1000元。吕某在1997年8月1日正式上班，因当时酒店忙于筹建，吕某没有拿到同年8月、9月的工资。1997年10月，张某承包了酒店并开始对外经营，吕某任副总经理职位。因酒店经营效益不好，张某承包2个月后不辞而别，吕某从张某处按约定领取了四个月的工资，共计4000元。1998年春节期间，酒店宣布放假，要求所有职工节后等待通知上班。在此期间，主管领导曾征求过吕某的意见，问其是否愿意承包酒店，但吕某表示无力承包。1999年4月，酒店由他人承包经营，并经市资产重组领导小组批准，改为个体性质，颁发了个体营业执照。新的承包人与原负责人约定吕某的工作安排与其无关，之后，酒店未再安排吕某工作。吕某多次要求酒店及其主管领导安排工作并支付工资未果，遂向劳动争议仲裁委员会申请仲裁。

1. 酒店与吕某之间是否存在变更劳动合同的情况？

2. 酒店是否应补发吕某劳动报酬并支付经济补偿金？

一、劳动合同的履行

（一）劳动合同履行的概念

劳动合同的履行是指劳动合同的双方当事人各自履行劳动合同所规定的义务的法律行为。劳动合同依法订立就必须履行，这既是劳动法赋予劳动合同当事人双方的义务，也是劳动合同对当事人双方具有法律约束力的主要表现。

（二）劳动合同履行的原则

劳动合同的履行，应遵循以下几项原则：

1. 全面履行原则

我国《劳动合同法》第二十九条规定：“用人单位与劳动者应当按照劳动合同的约定，全面履行各自的义务。”即要求合同当事人双方都必须履行劳动合同的全部条款和各自承担的全部义务，既要按照合同约定的标的及其种类、数量和质量履行，又要按照合同约定的时间、地点和方式履行。同时，我国《劳动合同法》第三十三条规定：“用人单位变更名称、法定代表人、主要负责人或者投资人等事项，不影响劳动合同的履行。”

2. 亲自履行原则

合同当事人双方都必须以自己的行为履行劳动合同所规定的各项义务，而不得由他人代理。其中，劳动者的义务只能由本人履行，用人单位的义务只能由单位行政中的管理机构和管理人员在其职责范围内履行。

3. 协助履行原则

劳动关系是一种需要双方当事人互助合作才能在既定期限内存续和顺序实现的社会关系，它要求在劳动合同履行过程中始终坚持配合、协作。特别是用人单位应为劳动者提供必要的劳动条件，用人单位劳动管理和劳动者民主参与应当协商一致，以便相互督促和协商；任何一方遇到困难，对方都应当在法律允许的范围内尽力给予帮助；劳动者违纪，用人单位应当以思想教育为主，并帮助其改正；用人单位违约，劳动者应当及时反映问题，尽快协助纠正，并设法防止或者减少损失。

（三）劳动合同履行的特殊规则

劳动合同的履行，在一定条件下还应遵循下述特殊规则：

1. 履行条款不明确的规则

对于劳动合同中内容不明确的条款，应当先依法确定其具体内容，然后予以履行。一般认为，用人单位内部规章制度有明确规定的，按照规定履行；用人单位内部规章制度未做出明确规定的，按照集体合同的规定履行；集体合同未做出明确规定的，按照有关劳动法和政策的规定履行；劳动法规和政策未做出明确规定的，按照通行的习惯履行；没有可供遵循的习惯的，就由当事人双方协商确定如何履行，其中，劳动给付义务也可按照用人单位的指示履行。如《劳动合同法实施条例》第十四条规定：“劳动合同履行地与用人单位注册地不一致的，有关劳动者的最低工资标准、劳动保护、劳动条件、职业危害保护和本地区上年度职工月平均工资标准等事项，按照劳动合同履行地的有关规定执行；用人单位注册地的有关标准高于劳动合同履行地的有关标准，且用人单位与劳动者约定按照用人单位注册地的有关规定执行的，从其约定。”

2. 向第三人履行的规则

劳动合同的一方当事人，一般只向对方当事人履行义务，且要求对方当事人履行义务的请求权一般不得转让给第三人。即只有在法律允许的特殊情况下，劳动者或者用人单位才应当向第三人履行义务。关于劳动者向第三人履行劳动给付义务的条件，有的国家（如德国）立法规定，在劳动合同已有向第三人提供劳动之约定，或者雇主要求向第三人提供劳动并取得劳动者同意的情况下，劳动者才应当向第三人履行劳动给付义务；但是，在雇主死亡而其营业由其继承人承受，或者雇主的营业转让给第三人情况下，若劳动合同无特别约定，劳动者应当向第三人履行劳动给付义务，而不必取得劳动者同意。关于用人单位向第三人履行劳动给付义务的条件，各国都严格实行法定原则，即只有在法律特别规定的场合，用人单位才可以将工资等劳动待遇向法定第三人按法定标准支付一定数额，而不允许合同当事人就此做出约定。

3. 履行约定之外劳动给付的规则

劳动者履行劳动给付义务原则上以劳动合同约定的范围为限，在劳动合同未变更时，用人单位一般不得指示劳动者从事劳动合同约定之外的劳动。但有些国家和地区的立法中特别规定了例外，即遇到有紧急情况时，为了避免发生危险事故或者进行事故后抢救和善后工作，用人单位可指示劳动者临时从事劳动合同约定之外的劳动，劳动者应当服从这种指示。如我国台湾地区“劳动契约法”规定，劳动者于其约定之劳动给付外，无给付其他附带劳动义务，但有紧急情形或者其职业上有特别习惯时，不得拒绝其所能给付之劳动①。

（四）劳动合同履行中止

1. 劳动合同履行中止的概念

劳动合同的履行中止是指在劳动合同的履行中，出现了法定或者当事人商定的合同履行暂时停止的事由，当事人双方暂停履行各自承担的义务，待暂停事由消失后继续履行。劳动合同的履行中止与劳动合同的履行终止不同：前者是使合同双方约定的权利和义务暂时停止履行，合同关系仍然存在，在暂停事由消失后，仍然恢复合同的履行；后者是使合同双方约定的权利和义务归于消失，合同关系不复存在。我国《劳动法》和《劳动合同法》都没有规定劳动合同履行中止制度。

从完善劳动合同的制度角度看，应当建立劳动合同中止制度。

2. 劳动合同履行中止适用的情形②

根据合同的一般原理和某些劳动法规，可以认为劳动合同的履行中止有如下几种情况：

（1）由于劳动者的原因引起劳动合同的履行中止。具体包括：第一，劳动者涉嫌违法犯罪。如劳动部在劳部发［1995］309号《关于贯彻执行〈中华人民共和国劳动法〉若干问题的意见》第28条规定，劳动者涉嫌违法犯罪被有关机关收容审查、拘留或者逮捕，用人单位在劳动者被限制人身自由期间，可与其暂停劳动合同的履行。暂停履行劳动合同期间，用人单位不承担劳动合同规定的相应义务。劳动者经证明被错误限制人身自由的，暂时停止履行劳动合同期间劳动者的损失，可由其依据《国家赔偿法》要求有关部门赔偿。第二，劳动者因健康或者其他个人的原因引起劳动合同履行中止。在劳动合同的

---

① 转引自徐智华：《劳动法学》，北京大学出版社2016年版，第84页。

② 关怀、林嘉：《劳动法》，中国人民大学出版社2016年版，第106～107页。

履行中，如果出现劳动者因病或者负伤必须停止劳动进行治疗的情形，用人单位就应按照劳动法的有关规定给付劳动者医疗期，并支付相应的医疗救济费，但不再支付劳动合同约定的工资。“其他个人原因”主要指劳动者请事假。事假是指根据劳动者的申请，用人单位给予劳动者一定的不上班以处理个人事务的时间。在实践中，一般都由用人单位制定内部规章制度对劳动者请事假的手续和待遇加以规定。

（2）由于用人单位的原因引起劳动合同的履行中止。具体包括：第一，劳动者下岗。在我国企业深化改革阶段，下岗是指因企业生产经营处于严重困难或者停止生产，劳动者没有岗位，但是，与企业之间的劳动关系仍然存在，企业停止向劳动者发放工资，劳动者依照国家的有关规定享受下岗生活补助费。第二，用人单位由于其他原因造成劳动合同的履行中止。如企业拆迁、搬厂、停工待料期间，可以暂停劳动合同的履行。

二、劳动合同的变更

（一）劳动合同变更的概念

劳动合同变更是指劳动合同订立生效后、期限届满前，双方当事人就劳动合同的内容进行修改、增删的法律行为。它是对合法生效劳动合同的修改或者补充，是针对合同内容或者条款的变更。

（二）劳动合同变更的对象

劳动合同变更应当符合下述要求：

第一，尚未履行或者尚未完全履行的有效条款。已经履行完毕的条款再无变更的必要和可能；而无效的条款应予取消，不应适用变更。

第二，依法可予变更的条款。即依法不应作为变更对象的条款，如合同当事人条款，不得进行变更。

第三，引起合同变更的原因所指向的条款。合同变更由于法定或者约定的原因不同，所应变更的条款也就有所不同。凡是与合同变更的原因无关的条款，就不必予以变更。只有在订立劳动合同所依据的主客观条件发生变化，致使劳动合同中一定条款的履行成为不可能或者不必要的情况下，劳动合同才可变更。

（三）劳动合同变更的原因

司法实践中，引起劳动合同变更的原因，按照其来源不同可大致归纳为三个方面：

1. 用人单位方面的原因

第一，登记事项发生变更。用人单位变更名称、法定代表人、主要负责人或者投资人等事项，不影响合同的履行。

第二，合并、分立。我国《劳动合同法》第三十四条规定："用人单位发生合并或者分立等情况，原劳动合同继续有效，劳动合同由承继其权利和义务的用人单位继续履行。"

2. 客观情况发生重大变化，致使劳动合同无法履行

《劳动合同法》第四十条规定："有下列情形之一的，用人单位提前三十日以书面形式通知劳动者本人或者额外支付劳动者一个月工资后，可以解除劳动合同……劳动合同订立时所依据的客观情况发生重大变化，致使劳动合同无法履行，经用人单位与劳动者协商，未能就变更劳动合同内容达成协议的。"即劳动合同订立时所依据的客观情况发生重大变化，是劳动合同变更的一个重要事由。而所谓的劳动合同订立所依据的客观情况发生重大变化，包括以下三种情况：

第一，订立劳动合同所依据的法律、法规已经修改或者废止。劳动合同的签订和履行必须以不得违反法律、法规的规定为前提。如果合同签订时所依据的法律、法规发生修改或者废止，合同如果不变更，就可能出现与法律、法规不相符甚至是违反法律、法规的情况，导致合同因违法而无效。因此，根据法律、法规的变化而变更劳动合同的相关内容。

第二，用人单位方面的原因。用人单位经上级主管部门批准或者根据市场变化决定转产、调整自己的经营策略和产品结构、调整生产任务或者生产经营项目等。在这种情况下，有些工种、产品生产岗位就可能因此撤销或者为其他新的工种、岗位所替代，原劳动合同就会发生因签订条件的改变而变更。

第三，劳动者方面的原因。如身体健康状况发生变化、劳动能力部分丧失、所在岗位与其职业技能不相适应、职业技能提高到一定等级等，造成原劳动合同不能履行或者如果继续履行原合同规定的义务对劳动者明显不公平。

第四，客观方面的原因。如法规和政策发生变化、物价水平大幅度上升、国民经济调整、社会动乱、自然灾害等。客观原因的出现使得当事人原来在劳动合同中约定的权利义务的履行成为不必要或者不可能。这时应当允许当事人对劳动合同有关内容进行变更。一是由于不可抗力的发生，使得原来合同的履行成为不可能或者失去意义。不可抗力是指当事人所不能预见、不能避免并不能克服的客观情况。二是由于物价大幅度上涨等客观经济情况变化致使劳动合同的履行会花费太大代价而失去经济上的价值。这也是民法的情势变更原则在劳动合同履行中的运用。

上述各个方面的原因，按照其引起劳动合同变更的依据不同，可分为法定

原因和约定原因。前者即劳动法规所规定的引起劳动合同变更的原因，后者即集体合同或者劳动合同所规定的引起劳动合同变更的原因。在上述各种原因中，有的是可以变更劳动合同的条件，有的则是应当变更劳动合同的条件，这应依据劳动法律、法规、集体合同和劳动合同中关于劳动合同变更条件的规定来确定。

（四）合同变更的形式

劳动合同变更基于各种各样的原因，如用人单位经营情况的变化、劳动者身体状况的变化、不可抗力发生、国家政策调整等，但不管出于何种原因，劳动合同变更的方式只有一种，即当事人协商一致。《劳动合同法》第三十五条第一款规定："用人单位与劳动者协商一致，可以变更劳动合同约定的内容。变更劳动合同，应当采用书面形式。"

如果当事人不能协商一致，即劳动合同变更不成，劳动合同应该继续履行，但个别情况下，可以解除劳动合同，如《劳动法》第三十六条第三款规定："有下列情形之一的，用人单位可以解除劳动合同，但是应当提前三十日以书面形式通知劳动者本人：……劳动合同订立时所依据的客观情况发生重大变化，致使原劳动合同无法履行，经当事人协商不能就变更劳动合同达成协议的。"

（五）劳动合同变更的程序

我国《劳动合同法》第 35 条规定："用人单位与劳动者协商一致，可以变更劳动合同约定的内容。变更劳动合同，应当采用书面形式。变更后的劳动合同文本由用人单位和劳动者各执一份。"

我国立法所规定的劳动合同变更，一般为协议变更，其法定程序包括下述主要环节：

第一，预告变更要求。需要变更合同的一方当事人，应当按照规定时间提前向对方提出变更合同的要求，说明变更合同的理由、条款、条件，以及请求双方当事人答复的期限。

第二，按期做出答复。得知对方当事人提出的变更合同的要求后，通常应当在对方当事人要求的期限内做出答复，可以表示同意，也可以表示不同意而要求另行协商，如果不属于法定应当变更合同的情况，还可以表示不同意。

第三，签订书面协议。当事人双方均同意变更合同的，应当就合同变更达成书面协议，并签名盖章。协议书中应当指明变更的条款，并约定所变更条款的生效日期。

第四，鉴证或者备案。凡在订立时经过鉴证或者备案的合同，变更合同的协议签订后也要办理鉴证或者备案手续。

1996 年 10 月 31 日发布的第二条《劳动部关于企业职工流动若干问题的

通知》还规定了用人单位有权单方面变更劳动合同的特殊情形。即用人单位对掌握商业秘密并负有约定保密义务的劳动者，有权按照合同约定在合同终止前或者该劳动者提出解除合同后的一定时间内（不超过6个月），调整其工作岗位，变更合同的相关内容。

（六）劳动合同变更的法律后果

劳动合同依法变更的法律后果，即劳动合同当事人双方的权利和义务，从变更合同的协议所约定之日起发生变更。如果约定的权利和义务变更日期在合同变更手续完毕日期之前，在前一日期至后一日期之间劳动者因合同变更而应增加的利益，则应当追补，如补发工资等。

第六节　劳动合同的解除和终止

一、劳动合同的解除与劳动合同终止的概念辨析

劳动合同的解除直接关系到劳动者的前途与生活来源，也关系到用人单位的生产秩序与工作秩序。所以，《劳动法》从第二十四条到第三十二条，对解除劳动合同的条件和程序做了较为全面的规定，《劳动合同法》从第三十六条到第四十三条也做了基本一致的规定。

（一）劳动合同解除和劳动合同终止的概念

1. 劳动合同解除的概念

劳动合同的终止在法理上有广义和狭义之分，狭义的终止不包括合同的解除；广义的终止则包括合同的解除。根据我国的《劳动法》《劳动合同法》及相关规定，劳动合同的解除并不包括在劳动合同终止的范围内，而是一项单独的制度。劳动合同解除是指合同当事人依法提前终止劳动合同的法律效力。

2. 劳动合同终止的概念

劳动合同终止是指劳动合同所确立的劳动关系因劳动合同解除以外的法律事实而消灭。

（二）劳动合同解除和劳动合同终止与劳动关系解除和劳动关系终止的概念辨析

《劳动合同法》中的劳动合同仅限定为书面劳动合同，根据《劳动合同

法》关于劳动合同订立与劳动关系建立的规定，一般情况下，劳动合同解除与终止，即劳动关系解除与终止；在已经建立劳动关系而未订立劳动合同或者已经订立劳动合同而未建立劳动关系的情况下，劳动合同解除和终止并非劳动关系解除与终止。对于未订立劳动合同的劳动关系，劳动关系的解除与终止应当适用关于劳动合同解除与终止的法律规定；而对于尚未建立劳动关系的劳动合同，劳动合同的解除与终止，除应当适用《劳动合同法》的有关规定外，还需要特别法的规定。

（三）劳动合同解除与终止与合同的解除与终止的概念辨析

劳动合同解除和终止是劳动合同效力和劳动合同关系消灭的两种形式。我国《劳动法》和《劳动合同法》规定的劳动合同解除和终止，与我国《民法典》（合同篇）规定的合同解除与终止，在含义上存在差异。

第一，解除与终止的关系。根据《民法典》（合同篇）第五百五十七条、第五百五十八条规定，合同解除是合同终止的一种情形。而根据《劳动法》和《劳动合同法》的规定，劳动合同解除虽然包括协议解除和单方解除，但与终止并列，并各有特定的法定事由。

第二，效力的内容。根据《民法典》（合同篇）第五百六十六条的规定，合同解除不仅具有终止合同履行的效力，而且对于非继续性合同还具有溯及力，即“合同解除后，尚未履行的，终止履行；已经履行的，根据履行情况和合同性质，当事人可以请求恢复原状或者采取其他补救措施，并有权请求赔偿损失。”但是合同终止不具有溯及力。而根据《劳动法》和《劳动合同法》的规定，劳动合同解除和终止都不具有溯及力。

根据我国台湾地区“劳动基准法”和“劳动契约法”的规定，劳动合同效力和劳动关系的消灭，被称为“劳动合同终了”，其中，劳动合同终止（又称为解约）相当于我国《劳动法》和《劳动合同法》所规定的劳动合同单方解除；劳动合同终了的其他情形，包括因契约期满、预告期满、劳动目的完成、劳动者死亡、当事人之间同意而终了等。

（四）劳动合同解除与劳动合同终止的区别

二者的主要区别如下：

第一，解除是劳动合同的提前终止（又称提前终止）。对于定期劳动合同，是在合同目的完全实现之前，合同当事人双方仍具备法律资格时终止。终止则是劳动合同因期满、目的实现或者当事人资格丧失而终止。

第二，解除须当事人依法做出提前消灭劳动合同关系的意思表示，即须经当事人双方协商一致或者一方当事人依法行使解除权。即使具备劳动合同解除的条件而无合同当事人解除劳动合同的意思表示，劳动合同仍未解除。终止则在一定法律事实出现后无需当事人双方合意和任何一方专门做出终止劳动合同的意思表示，只需当事人在具备终止的法定事由时无延续劳动关系的意思表示即可。

二、劳动合同解除的分类

劳动合同的解除依据不同的标准具有不同分类。其中，有法律意义的分类主要包括以下的几种：

（一）按劳动合同解除方式划分

按照劳动合同解除的方式不同，可分为双方协议解除与单方解除。

1. 双方协议解除

双方协议解除是指劳动合同经当事人双方协商一致而解除。立法中对这种解除方式一般不规定条件，只要求双方当事人解除合同的合意在内容、形式、程序上合法即可。

2. 单方解除

单方解除是指享有单方解除权的当事人以单方意思表示解除劳动合同。所谓的单方解除权，是指当事人依法享有的，无需对方当事人同意而单方决定解除合同的权利。立法要求，当事人应当以要式行为行使其单方解除权。按照行使单方解除权是否需要预告，分为单方预告解除权和单方即时解除权，前者即经预告通知对方当事人后才可单方解除，后者即在通知对方当事人的当时就可单方解除合同。按照行使单方解除权的主体不同，可分为劳动者单方解除（辞职）和用人单位解除（辞退或者解雇）。对于不同形式的单方解除，立法所规定的要求有所不同。辞职，一般只对即时辞职规定条件，而对预告辞职则不规定条件。劳动者可以无条件地预告辞职，但即时辞职则受一定条件限制。辞退，各国法律都有严格的限制，即要求用人单位在符合法定或者约定条件的情况下，才能辞退劳动者。

劳动合同的协议解除与单方解除的区别主要有以下两种：

第一，协议解除由双方当事人协商一致而解除，体现当事人的意思自治，实际上是以一个新的合同替代了原来的合同；单方解除权则由法律直接规定解除的条件和程序，体现了国家公权力对当事人合同自由的干预，实际上是由国家意志代替了当事人意志。在劳动合同法中，单方解除权一般不由当事人约定或者用人单位单方决定，而只由法律明确规定。即基于劳动合同较之法律可以对劳动者更有利的原理，在法定辞职权之外约定给予劳动者更多的辞职自由，在法定辞退权之外约定给付用人单位更多的辞退限制，不得就单方解除权由当事人约定或者用人单位单方决定。

第二，协议解除是基于双方当事人的自愿，法律推定其符合双方利益，并不对任何一方行为实施限制。而单方解除却是由一方当事人单方行使解除权的意志行为，并不与对方协商以征得其同意，法律推定其基于自身利益考虑，存在不顾及他方利益或者损害他方利益的可能。单方解除不当，就会发生损害对方权益，破坏合同效力，故需对单方解除行为实施限制。

（二）按劳动合同解除的条件依据划分

按照劳动合同解除的条件依据是法规还是合同，可分为法定解除与约定解除。

1. 法定解除

法定解除是劳动者或者用人单位在符合劳动法规定的合同解除条件的情况下，单方解除劳动合同。立法规定合同解除条件，旨在限制单方解除劳动合同（辞退）的任意性，以维持劳动关系的稳定。所以，许多国家在劳动立法中，既有许可性条件的规定，也有禁止性条件的规定。

许可性条件即许可劳动者或者用人单位解除劳动合同的条件。凡不是具备法定许可性条件的，除有合法的特别约定外，不得单方解除劳动合同，但在具备法定许可性条件时，也可不单方解除劳动合同；不过，有单方解除权的劳动者不解除劳动合同，应是出自其单方选择，而不应是合同约定或者被强迫的结果。

禁止性条件即禁止用人单位辞退劳动者的条件。在具备法定禁止条件时，用人单位不得辞退劳动者；即使是用人单位兼备法定许可性和法定禁止性条件的场合，在法定禁止性条件的适用范围内，也不得辞退劳动者。

2. 约定解除

约定解除是指劳动者或者用人单位在符合集体合同或者劳动合同依法约定的合同解除条件的情况下，单方解除劳动合同。它不同于劳动合同因合同约定终止条件而终止，当约定条件成立时，劳动合同当然终止；而在具备约定解除条件时，须做出解除合同的意思表示，劳动合同才终止。

约定解除，必须以关于合同解除的约定合法为前提。首先，这种约定只能限于法定的适用约定解除的范围之内，即在劳动法规允许约定解除的场合，集体合同和劳动合同才能对合同解除条件做出约定；其次，这种约定不得与辞职的法定许可性条件相冲突，即如果法律允许劳动者在一定条件下辞职，合同就不得约定在该条件下禁止或者限制劳动者辞职。

（三）按导致合同解除的原因划分

按照导致合同解除的原因中是否含有对方当事人的过错，可分为有过错的解除和无过错的解除。

1. 有过错的解除

有过错的解除是指由于当事人的过错行为而导致劳动合同解除。它包括劳动者因用人单位有过错而辞职和用人单位因劳动者有过错而辞职。这里的过错，只限于已经严重到足以导致辞退或者辞职的程度，轻微的过错不包括在内。所以，有过错解除的条件应由立法规定。在这里，解除合同的主动权在无过错方，由其提出的解除要求对有过错方具有强制性，并可以不经过预告就行使单方解除权；用人单位如果是过错方，就应该赔偿劳动者因辞职所受的损失；劳动者如果是过错方，就无权要求用人单位因辞退而给付经济补偿金。

2. 无过错解除

无过错解除即在对方当事人无过错行为或者其过错行为轻微的情况下单方解除劳动合同。为了避免或者减少合同解除可能给对方当事人造成的损失，立法要求劳动者或者用人单位在解除合同前向对方当事人预告。尤其是为保障劳动者利益，立法不仅应当对辞退规定严格的条件，而且还应当要求用人单位对辞退或者辞职的劳动者给予一定的经济补偿金。

【导引案例 8 -6】

劳动者患病医疗期未满，但查实持有假学历，用人单位解除劳动合同①

2008 年 1 月 6 日，某公司在某人才招聘大会上欲招聘会计，要求应聘者会计专业本科学历毕业。李某持会计专业本科学历应聘，最后被公司录用，双方签订了为期 5 年的劳动合同。刚开始，李某表现得非常热情，与同事之间的关系融洽，业务上不懂的经常请教其他同事。尽管大家觉得李某在工作能力上有所欠缺，有些基本的会计知识都不太清楚，但大家只是认为李某刚参加工作，慢慢磨炼就会好。李某上班 1 年后，其业务能力还是较差，不能独立完成相关会计业务，大家的议论也多了起来。公司人事部门知道这个情况后，觉得李某有虚构学历的嫌疑，后经查实，李某只是大专毕业，其当时持有的会计专业本科学历是李某花钱买的假学历。公司决定解除与李某之间的劳动合同。但李某当时正患有肾病，医院要求其在家休息，有医院病历可以证明。李某认为，自己在医疗期内，公司不能解除劳动合同，遂向劳动争议仲裁委员会申请

① 孙瑞玺：《劳动合同法原理精要与实务指南》，人民出版社 2008 年版，第 150 页。

仲裁。

1. 用人单位与劳动者之间劳动合同是否具有法律效力?

2. 在这种情况下，用人单位是否能够解除与劳动者之间的劳动合同? 依据是什么?

三、劳动合同解除的条件和程序

(一) 劳动者解除劳动合同的情形

《劳动合同法》第三十六、三十七、三十八条规定了劳动者可以解除劳动合同的情形，《劳动合同法实施条例》第十八条将其综合起来进行了列举式规定，共计13种情形。劳动者与用人单位协商一致解除劳动合同，也可以按照法律规定单方解除劳动合同。但是，劳动者单方解除劳动合同必须符合法律规定的解除条件并按照法定的程序。按照解除条件和程序的不同，劳动者单方解除劳动合同又可以分为提前30日通知解除和试用期内提前3日通知解除、随时解除劳动合同、立即解除劳动合同。

这些劳动者解除劳动合同的情形适用于固定期限劳动合同、无固定期限劳动合同和以完成一定工作任务为期限的劳动合同。

《劳动合同法》第九十条规定："劳动者违反本法规定解除劳动合同，或者违反劳动合同中约定的保密义务或者竞业限制，给用人单位造成损失的，应当承担赔偿责任。"赔偿责任的范围，依据劳动部于1995年5月10日发布的《违反〈劳动法〉有关劳动合同规定的赔偿办法》，主要包括对生产、经营和工作造成的直接经济损失。

1. 当事人双方协商一致解除

当事人双方协商一致解除劳动合同即劳动合同的协议解除，又称为约定解除。劳动合同是用人单位和劳动者基于建立劳动关系的合意而订立的，双方当事人也可以合意解除劳动合同。《劳动合同法》第三十六条规定："用人单位与劳动者协商一致，可以解除劳动合同。"

当事人双方协商解除劳动合同，要符合以下条件：一是双方当事人之间的劳动合同依法成立并生效；二是协商解除是在被解除的劳动合同依法订立生效之后、尚未全部履行之前；三是双方自愿、平等协商达成一致意见，任何一方当事人不得采取暴力、威胁等手段强制对方同意解除劳动合同，否则该解除无效；四是双方均有权提出解除劳动合同。

双方当事人都可以提出解除劳动合同，但是提出解除劳动合同的主体不同，经济补偿金的支付也不同。依据《劳动合同法》第四十六条第二项的规定，用人单位提出解除劳动合同并与劳动者协商一致解除劳动合同的，用人单位必须依法向劳动者支付经济补偿金；而由劳动者提出解除劳动合同并与用人单位协商一致解除劳动合同的，用人单位不需要向劳动者支付经济补偿金。

2. 劳动者单方解除劳动合同

劳动者在符合法律规定的情形下，可以单方解除劳动合同。劳动者行使解除权的意思表示属于无须对方当事人同意，但需要对方接受的意思表示，应适用民法关于意思表示的规定，劳动者解除劳动合同的通知在到达用人单位时发生劳动合同解除的效力。从形式上看，劳动者解除权的行使除法律规定必须提前 30 日书面通知的情形外，可以书面解除，也可以口头解除。但是，如果用人单位以暴力、威胁或者非法限制人身自由的手段强迫劳动者劳动的，或者用人单位违章指挥、强令冒险作业，危及劳动者人身安全的，劳动者无须事先告知用人单位即可解除劳动合同。劳动者行使解除权的首要法律后果是使劳动合同向将来消灭，已经履行的劳动合同仍然是有效的，用人单位必须向劳动者支付工资，劳动者随时和立即解除劳动合同时，用人单位必须向劳动者支付经济补偿金。

（1）提前 30 日书面通知解除和试用期内提前 3 日通知解除（预告解除）。在劳动合同履行过程中，劳动者进入工作场所，在用人单位的管理、指挥和监督下从事劳动，完成工作任务。相对于用人单位，劳动者处于弱势地位。因此，法律赋予了劳动者劳动合同一般解除权，以保障劳动者的就业自主权利。《劳动法》第三十一条规定："劳动者解除劳动合同，应当提前三十日以书面形式通知用人单位。"《劳动合同法》第三十七条规定："劳动者提前三十日以书面形式通知用人单位，可以解除劳动合同。劳动者在试用期内提前三日通知用人单位，可以解除劳动合同。"该规定赋予了劳动者辞职权，其首要目的是保护劳动者的自主择业权，保护劳动者的人身自由权不受劳动合同的限制，促进劳动力的自由流动。

劳动者行使法律赋予的劳动合同一般解除权，不需要考量理由或者动机，也无须说明任何理由，但必须按照法定的程序和要求，主要有两个方面：

一是劳动者遵守解除劳动合同和预告期，即提前 30 日书面通知用人单位或者试用期内提前 3 日通知。劳动者提前通知有利于用人单位及时安排人员接管工作，保持正常的工作秩序，避免因劳动者辞职而给用人单位的生产经营活动带来不利影响。依据《劳动合同法》第九十条，劳动者没有履行提前通知义务，给用人单位造成损失的，应当承担赔偿责任。

二是劳动者要通知用人单位。解除劳动合同的通知涉及预告期的起算时间，并且该通知产生劳动合同解除的法律效果，因而其意思表示应明确、具体，一旦发生争议，该通知是重要的证据，故《劳动法》和《劳动合同法》均要求劳动者提前三十日解除劳动合同的通知必须是书面形式。由于试用期是劳动者和用人单位的相互考察期，劳动者和用人单位的劳动关系还处于不稳定的状态，《劳动合同法》规定试用期内劳动者解除劳动合同只需要提前三天通知即可，没有要求书面形式，劳动者可以书面解除，也可以口头解除。

（2）随时解除劳动合同。劳动者随时解除劳动合同又称为即时辞职，是指劳动者无须向用人单位预告就可以随时通知解除劳动合同。在劳动合同履行过程中，如果用人单位不能按照法律规定或者劳动合同约定为劳动者提供安全卫生保护，及时、足额支付工资，办理社会保险等，会严重损害劳动者的合法权益，影响劳动者的人身权利和基本生活保障。在这种情况下，如果还要求劳动者提前30日通知解除劳动合同，对劳动者是不公平的。因此，法律赋予了劳动者以劳动合同特别解除权，即劳动者可以无条件随时解除劳动合同。《劳动合同法》第三十八条第一款规定了劳动者可以随时通知解除劳动合同的情形。由于劳动者随时通知解除劳动合同可能会给用人单位的生产经营活动带来较大的影响，所以法律明确规定了劳动者行使劳动合同特别解除权的条件，一般限于用人单位有过错行为的场合，具体包括以下几种情况：第一，用人单位未按照劳动合同约定提供劳动保护或者劳动条件的。第二，用人单位未及时、足额支付劳动报酬的。第三，用人单位未依法为劳动者缴纳社会保险费的。第四，用人单位的规章制度违反法律、法规的规定，损害劳动者权益的。第五，因《劳动合同法》第二十六条第一款规定的情形致使劳动合同无效的。该情形包括用人单位以欺诈、胁迫的手段或者乘人之危，使劳动者在违背真实意思表示的情况下订立或者变更劳动合同，用人单位在劳动合同中免除自己的法定责任、排除劳动者的权利，用人单位违反法律、行政法规的强制性规定。第六，法律、行政法规规定劳动者可以解除劳动合同的其他情形。

（3）立即解除劳动合同。《劳动合同法》第三十八条第二款规定："在用人单位严重违法、劳动者人身自由和人身安全受到威胁时，劳动者可以立即解除劳动合同而不需要事先通知用人单位。"主要包括以下几种情形：

第一，用人单位以暴力、威胁或者非法限制人身自由的手段强迫劳动者劳动。人身自由是自然人各种自由权利中的一项基本权利，是自然人参加社会活动和享受其他权利的先决条件，受我国宪法和法律的保护。用人单位以暴力、威胁或者非法限制人身自由的手段强迫劳动者劳动，显然严重侵犯了劳动者的人身自由。

暴力是指对劳动者身体实行打击等强制手段，如殴打、捆绑等。威胁是指以现实的或者可能的危害对劳动者形成精神强制。非法限制人身自由是指没有限制劳动者人身自由权利的人通过禁止劳动者出入单位等方式，非法限制劳动者按照自己意志支配自己身体活动的自由。强迫劳动是指用人单位通过上述手段迫使劳动者违背自己的意志提供劳动。用人单位以暴力、威胁、非法限制人身自由等手段强迫劳动者劳动，都属于严重侵犯劳动者人身权利的行为，构成犯罪的，还要追究刑事责任，所以，用人单位以暴力、威胁或者非法限制人身自由的手段强迫劳动者劳动的，劳动者有权随时解除劳动合同，而不需要事先告知用人单位。

第二，用人单位违章指挥、强令冒险作业危及劳动者人身安全。劳动合同履行过程中，劳动者在用人单位的指挥、监督、管理下提供劳动，完成工作任务，如果用人单位不遵守生产规律和操作规程，不预防和避免生产风险，可能会危害劳动者的生命权、健康权。相对于用人单位的用工管理权而言，劳动者的生命权和健康权更为重要，更需要优先保护，所以，《劳动法》第五十六条规定："劳动者对用人单位管理人员违章指挥、强令冒险作业，有权拒绝执行；对危害生命安全和身体健康的行为，有权提出批评、检举和报告。"《劳动合同法》第三十二条规定："劳动者拒绝用人单位管理人员违章指挥、强令冒险作业的，不视为违反劳动合同。劳动者对危害生命安全和身体健康的劳动条件，有权对用人单位提出批评，检举和控告。"

违章指挥是指用人单位违反规章制度或者操作规程等既定规则指挥劳动者工作。强令冒险作业是指用人单位明知进行该作业存在较大风险而不顾劳动者反对，仍然命令劳动者进行该作业。危及劳动者人身安全是指劳动者所从事的工作存在高度风险，很可能会对劳动者的人身造成损害。面对用人单位违章指挥、强令冒险作业危及自身安全的情形，劳动者有权立即解除劳动合同，而不需要事先通知用人单位。

用人单位侵害劳动者人身权益还需要承担其他法律责任。《劳动合同法》第八十八条规定，用人单位有下列情形之一的，依法给予行政处罚；构成犯罪的，依法追究刑事责任；给劳动者造成损害的，应当承担赔偿责任：以暴力、威胁或者非法限制人身自由的手段强迫劳动的；违章指挥或者强令冒险作业危及劳动者人身安全的；侮辱、体罚、殴打、非法搜查或者拘禁劳动者的；劳动条件恶劣、环境污染严重，给劳动者身心健康造成严重损害的。

（二）用人单位解除劳动合同的情形

《劳动合同法》在赋予劳动者劳动合同解除权的同时，也赋予用人单位劳动合同解除权。《劳动合同法实施条例》第十九条将《劳动合同法》第三十六条、第三十九条、第四十条、第四十一条规定的用人单位可以解除劳动合同的情形进行了综合，共计 14 种情况。这里的劳动合同包括固定期限劳动合同、无固定期限劳动合同和以完成一定工作任务为期限的劳动合同。

用人单位解除劳动合同的 14 种情况，可以分为协议解除和法定解除两种。而法律为了防止用人单位滥用解除权损害劳动者的权益，没有赋予用人单位无条件的一般解除权。所以，在每种法定解除权的情况下，用人单位都要依照法定的条件和程序进行，否则即构成违法解除，应当承担法律责任。《劳动合同法》第八十七条规定："用人单位违反本法规定解除或者终止劳动合同的，应当依照本法第四十七条规定的经济补偿金标准的二倍向劳动者支付赔偿金。"此外，用人单位单方解除劳动合同还应当接受工会的监督，工会享有事先知情权、要求纠正的权利和要求告知处理结果的权利。《劳动合同法》第四十三条明确规定："用人单位单方解除劳动合同，应当事先将理由通知工会。用人单位违反法律、行政法规规定或者劳动合同约定的，工会有权要求用人单位纠正。用人单位应当研究工会的意见，并将处理结果书面通知工会。"据此，用人单位解除劳动合同未事先通知工会的，应当向劳动者支付赔偿金，但只要用人单位通过合理方式补正了相关程序，及时通知工会并听取工会意见，即可不再承担赔偿金责任。

用人单位可以解除劳动合同的情形，依据解除条件和程序的不同，可分类如下：

1. 双方协商一致解除

《劳动合同法》第三十六条规定："用人单位与劳动者协商一致，可以解除劳动合同。"

2. 用人单位单方解除劳动合同

用人单位单方解除劳动合同的首要法律效果是使劳动合同向将来发生消灭，已经履行的劳动合同仍然有效，用人单位必须按照约定支付劳动报酬。如果用人单位是由于劳动者有过错的原因而即时解除劳动合同的，不需向劳动者支付经济补偿金。如果在劳动者无过错时用人单位解除劳动合同，则用人单位应当向劳动者支付经济补偿金。

（1）因劳动者过错，用人单位单方解除劳动合同。因劳动者的过错，用人单位单方解除劳动合同，又称用人单位的随时解除、即时辞退，是指用人单位无须向对方预告就可随时解除劳动合同，一般适用于劳动者经试用不符合录用条件，或者劳动者违纪、违法达到一定严重程度，或者劳动者存在其他过错等情形。在劳动合同中，用人单位与劳动者在事实上处于不平等的状态，为防止用人单位利用其强势地位任意解除劳动合同，法律必须对用人单位随时解除劳动合同的条件进行限制，只有在劳动者经试用不符合录用条件或者存在过错的情况下，才允许用人单位随时解除劳动合同。

因劳动者过错用人单位单方解除劳动合同，主要包括《劳动合同法》第三十九条规定的六种情形：

第一，劳动者在试用期间被证明不符合录用条件的。一是用人单位和劳动者约定的试用期符合法律规定，并且还处于试用期内。如果约定的试用期不符合法律规定或者已经过试用期的，用人单位不得以此解除劳动合同。二是用人单位招聘该劳动者时，有明确的文字记载的录用条件。所谓的录用条件，是指用人单位在招用劳动者时提出的具体要求和标准，包括文化、技能、身体、品质等。三是劳动者各方面的表现与录用条件的要求不相符合。四是用人单位必须提供确凿的证据证明劳动者不符合录用条件。此外，根据《劳动合同法》

第二十一条的规定，用人单位在试用期解除劳动合同的，应当向劳动者说明理由。

第二，劳动者严重违反用人单位规章制度。用人单位规章制度是指用人单位为加强劳动管理而制定，在本单位实施的保障劳动者依法享有劳动权利和履行劳动义务的行为准则。用人单位依法制定的规章制度对用人单位的全体劳动者都有约束力。

对于用人单位规章制度，《劳动合同法》第四条规定："用人单位应当依法建立和完善劳动规章制度，保障劳动者享有劳动权利、履行劳动义务。用人单位在制定、修改或者决定有关劳动报酬、工作时间、休息休假、劳动安全卫生、保险福利、职工培训、劳动纪律以及劳动定额管理等直接涉及劳动者切身利益的规章制度或者重大事项时，应当经职工代表大会或者全体职工讨论，提出方案和意见，与工会或者职工代表平等协商确定。在规章制度和重大事项决定实施过程中，工会或者职工认为不适当的，有权向用人单位提出，通过协商予以修改、完善。用人单位应当将涉及劳动者切身利益的规章制度和重大事项决定公示，或者告知劳动者。"所以，用人单位规章制度是用人单位用工自主权和劳动者参与民主管理权相结合的产物。

劳动者严重违反用人单位的规章制度包括以下几个含义：一是"规章制度"必须是用人单位根据《劳动合同法》第四条的规定制定的合法、有效的规章制度，才能适用于劳动者。二是劳动者有义务遵守用人单位的规章制度。三是劳动者没有遵守本应该遵守的规章制度。四是劳动者违反规章制度，从程度和影响来判断，属于"严重违反"。所谓"严重"程度，一般应当以劳动法所规定的限度和用人单位的规章制度的具体界定为准，并按照规章制度的程序处理，但不得违反法律、法规规定，不得违反公平原则。用人单位直接涉及劳动者切身利益的规章制度违反法律、法规规定的，由劳动行政部门责令改正，给予警告；给劳动者造成损害的，应当承担赔偿责任。

第三，劳动者严重失职，营私舞弊，给用人单位造成重大损害的。这里包括两种情况：一是劳动者严重失职，给用人单位造成重大损害，如劳动者因玩忽职守而造成事故，因工作不负责而经常产生废品，损害设备工具，浪费原材料或者能源；二是劳动者营私舞弊，给用人单位的利益造成重大损害，如劳动者贪污受贿、出卖商业秘密而给用人单位造成重大损失。劳动者在履行劳动合同期间，没有按照岗位职责忠实履行自己的义务，有严重过失行为，或者利用职务之便牟取私利的故意行为，使用人单位的财产或者人员遭受重大损失的，用人单位即可单方面解除劳动合同。这里所指的严重失职或者营私舞弊，必须是导致用人单位的利益遭受重大损害，但不够刑罚处罚的程度，如果劳动者被追究刑事责任，则是依据《劳动合同法》第三十九条第六项解除劳动合同。

第四，劳动者同时与其他用人单位建立劳动关系，对完成本单位的工资任务造成严重影响，或者经用人单位提出，拒不改正的。

劳动者同时与其他用人单位建立劳动关系，就是所谓的“兼职”。《劳动合同法》并没有对兼职做出禁止性规定，但是用人单位在以下两种情况下可以解除劳动合同：一是劳动者同时与其他用人单位建立劳动关系，对完成工作任务造成严重影响的；二是劳动者同时与其他用人单位建立劳动关系，即使没有影响完成本单位的工作任务，经用人单位提出，拒不改正。出现上述任何一种情况，用人单位即可单方面解除劳动合同。

此外，劳动者还可能向用人单位承担损害赔偿责任，《劳动合同法》第九十一条规定：“用人单位招用与其他用人单位尚未解除或者终止劳动合同的劳动者，给其他用人单位造成损失的，应当承担连带赔偿责任。”

第五，劳动者以欺诈、胁迫的手段或者乘人之危，使用人单位在违背真实意思的情况下订立或者变更劳动合同。即《劳动合同法》第二十六条第一款第（一）项规定的情形致使劳动合同无效的情形。根据《劳动合同法》第二十六条的规定，这种情况也会引起劳动合同无效的法律后果。

第六，劳动者被依法追究刑事责任。劳动者在劳动合同存续期间，因构成犯罪而被依法追究刑事责任，一般而言已经不能再为用人单位提供劳动，其与用人单位之间的劳动合同也就失去了存在的意义，用人单位可以即时解除劳动合同。刑事责任是指依照刑事法律的规定，犯罪人应当承担而国家司法机关也强制犯罪人接受的刑法上的否定性的评价。劳动部 1995 年 8 月 4 日发布的《关于贯彻执行〈中华人民共和国劳动法〉若干问题的意见》第 29 条规定：“被依法追究刑事责任”是指被人民检察院免予起诉的、被人民法院判处刑罚的、被人民法院依据刑法第三十二条免予刑事处分的。劳动者被人民法院判处拘役、三年以下有期徒刑缓刑的，用人单位可以解除劳动合同。而劳动和社会保障部办公厅《关于职工被人民检察院作出不予起诉决定用人单位能否据此解除劳动合同问题的复函》规定：“人民检察院根据《中华人民共和国刑事诉讼法》第一百四十二条第二款的规定作出不起诉决定的，不属于《劳动法》第二十五条第（四）项规定的被依法追究刑事责任的情形。”所以，劳动者被人民法院判处刑罚（包括主刑和附加刑）或者被人民法院免于刑事处分的，用人单位可以解除劳动合同。

（2）劳动者无过失，用人单位解除劳动合同。劳动者无过失，用人单位解除劳动合同，又称为无过失解除、无过失辞退，是指劳动合同成立、生效后，基于客观情况的变化，劳动合同无法履行，用人单位经过预告或者支付代通知金解除劳动合同。劳动合同在履行过程中，因为遇到一些客观原因无法履行的，应当允许用人单位解除劳动合同，以保障其生产经营利益。同时，由于劳动者没有主观上的过错，为了加强对劳动者的保护，用人单位在这种情况下解除劳动合同应当受到一定的限制。

《劳动合同法》第四十条规定了无过失解除的三种情况，这三种情况都是在劳动合同履行过程中客观情况发生了变化，这些原因都不能归因于用人单位或者劳动者。所以，用人单位需要提前30日通知劳动者解除劳动合同，或者额外支付劳动者1个月的工资，为劳动者寻找新的工作提供必要的时间保障。这里额外支付劳动者1个月的工资在我国香港地区被称为代通知金，是指用人单位在提出解除劳动合同时应当提前1个月通知，如果用人单位没有依法提前1个月通知，以支付1个月工资作为代替。《劳动合同法实施条例》第二十条规定："用人单位依照劳动合同法第四十条规定，选择额外支付劳动者一个月工资解除劳动合同的，其额外支付的工资应当按照该劳动者上一个月的工资标准确定。"

无过失解除的三种情况具体如下：

第一，劳动者患病或者非用工负伤，在规定的医疗期满后不能从事原工作，也不能从事由用人单位另行安排的工作。这里的医疗期，是指劳动者因患病或者非因工负伤，停止工作，治病或者休息，不得解除劳动合同的期限。这里的不能从事原工作，应当由劳动者本人提出或者经劳动能力鉴定委员会确认，用人单位不能直接认定劳动者不能从事原工作。

第二，劳动者不能胜任工作，经过培训或者调整工作岗位，仍不能胜任工作。

用人单位适用该项规定解除劳动合同必须满足三个条件：

一是证明劳动者不能胜任工作。依据劳动部办公厅1994年9月5日发布的《关于〈中华人民共和国劳动法〉若干条文的说明》第二十六条，"不能胜任工作"是指劳动者不能按要求完成劳动合同中约定的任务或者同工种、同岗位人员的工作量。但用人单位不得故意提高定额标准，使劳动者无法完成，即劳动定额标准应该合法、合理。用人单位证明的内容应当参照劳动合同约定的工作内容或者企业职位、岗位工作描述的内容，且这些内容需要事先告知劳动者。如果劳动合同对工作内容没有明确的，或者职位、岗位描述不清的，劳动者可以要求企业参照平均的同工种、同岗位的人员工作量。

二是对劳动者进行培训或者调岗。劳动者不能胜任工作，说明劳动者没有具备从事某项工作的能力，不能完成某一岗位的工作任务，对此用人单位负有协助劳动者适应岗位的义务，可以对其进行职业培训，提高职业技能，也可以调换到能够胜任的岗位上，以保持劳动关系的稳定性。

三是再次证明劳动者不能胜任工作。用人单位对劳动者经过培训或者调岗后，用人单位再次证明劳动者不能胜任工作的，可以解除劳动合同。

第三，劳动合同订立时所依据的客观情况发生重大变化，致使劳动合同无法履行，经用人单位与劳动者协商，未能就变更劳动合同内容达成协议的。

这是关于劳动合同履行过程中重大情势变更原则的规定。《劳动法》第二十六条规定有同样的规定。同时，依据劳动部办公厅《关于〈劳动法〉若干条文的说明》第二十六条："本条中'客观情况'指：发生不可抗力或者出现致使劳动合同全部或者部分条款无法履行的其他情况，如企业迁移、被兼并、企业资产转移等，并且排除《劳动法》第二十七条所列的客观情况。”用人单位濒临破产进行法定整顿期间或者生产经营状况发生严重困难，确需裁减人员的，将《劳动法》规定的两种经济性裁员原因排除在重大情势变更原则之外。这里的客观情况，包括履行原劳动合同所必要的客观条件，如自然条件、原材料或者能源供给条件、生产设备条件、产品销售条件、劳动安全卫生条件等。因客观情况发生重大变化，致使原劳动合同无法履行，当事人必须依据变化后的客观情况对劳动合同的变更进行协商，如变更原劳动合同中的工作内容、岗位以及劳动保护、劳动条件、工资报酬等有关条款，双方无法达成一致意见的，用人单位可以解除劳动合同。

（3）经济性裁员。经济性裁员是指用人单位由于生产经营状况发生变化而出现劳动力过剩，通过一次性辞退部分劳动者，来改善生产经营状态的一种手段。在市场经济中，经济性裁员是用人单位克服经营困难的内在需要的通常做法，具备不可避免性，但又会给社会和劳动者带来不利后果，影响社会稳定和增加就业压力。所以，在法律上必须赋予用人单位在一定条件下的经济性裁员自主权，同时必须对裁员进行一定的限制。所以在经济性裁员的劳动合同解除中，劳动者本人既无主观过失，也无客观过失，完全是由于劳动者自身之外的原因，甚至是用人单位的原因而解雇劳动者，是让劳动者对与之无关的行为或者事件承担不利的后果和责任。

为了平衡用人单位和被裁员劳动者之间的权益，《劳动合同法》第四十一条对用人单位裁员做了下述限制：

第一，裁员规模要求上，如果用人单位裁减人员在20人以上或者裁减不足20人但占企业劳动者总数的10%以上的，必须经过一定程序后，才能进行裁员。

第二，裁员程序如下：一是说明情况。用人单位应当提前30日向工会或者全体劳动者说明有关裁减人员的原因、方案等情况。二是听取意见。用人单位应当听取工会或者劳动者的意见。三是报告。用工单位应当将裁减人员方案向劳动行政部门报告。

第三，裁员时应当优先留用的人员：一是与本单位订立较长期限的固定期限劳动合同的劳动者；二是与本单位订立无固定期限劳动合同的劳动者；三是家庭无其他就业人员，有需要抚养的老人或者未成年人的劳动者。

第四，在实体要件上，只有在法律规定的几种情况下，用人单位才可以进行经济性裁员：

一是用人单位依照《企业破产法》的规定进行重整。企业重整是指具有一定规模的企业出现破产原因或者有破产原因出现的危险时，为防止企业破产，经利害关系人申请，在法院的干预下，对该企业实行强制治理使其复兴的法律制度。2007年《企业破产法》第七十条第一款规定：“债务人或者债权人可以依照本法规定，直接向人民法院申请对债务人进行重整。”企业重整以恢复生产经营能力为目的，所以可能需要裁减部分人员。

二是生产经营发生严重困难。生产经营发生严重困难是指用人单位的生产经营难以为继，不得不进行裁员。

三是企业转产、重大技术革新或者经营方式调整，经变更劳动合同后，仍需要裁减人员。企业转产是指改变主要经营的业务。重大技术革新可能导致同样的工作只需要更少的劳动者即可完成。

四是其他因劳动合同订立时所依据的客观情况发生重大变化，致使劳动合同无法履行的情况。这是兜底性的条款，为其他情况下企业裁减人员提供法律依据。实践中，除了《劳动合同法》第四十一条列举的三种情况之外，还有一些劳动合同订立时所依据的客观经济情况发生变化的情形，如国家产业政策调整，企业需要迁移、停产、转产的，也应当允许用人单位进行经济性裁员。在市场经济条件下，竞争日趋激烈，企业为增强竞争力和经营的需要，经常要采取调整人员的方式来应对，这是企业经营自主权的表现。如果对经营自主权限制过多，不利于企业的发展。所以，在法律上应该采用列举和概括相结合的方式，为用人单位裁减人员提供可能性。

（4）预告辞退和裁员的禁止性条件。辞退制度中的禁止性条件与许可性条件相对，是指法定的即使在许可辞退的情况下也不得辞退的条件，只有在被禁止辞退的情况消失后，用人单位以许可性条件为依据的辞退权才可以恢复。《劳动合同法》第四十二条规定预告辞退和裁员的禁止性条件包括：

第一，从事接触职业病作业的劳动者未进行离岗前职业健康检查，或者疑似职业病病人在诊断或者医学观察期间的。本项规定仅适用于在作业中接触职业病危害因素的劳动者。本项规定列举了禁止性辞退的两种情形：一是“从事接触职业病危害作业的劳动者未进行离岗前职业健康检查”，二是“疑似职业病病人在诊断或者医学观察期间”，即有职业病危害接触史或者健康检查发现异常的劳动者经诊断机构受理正处于诊断期间，或者经诊断而不能确诊的疑似职业病病人正处于必要的医学检查或者住院观察等待再次诊断期间。

第二，在本单位患职业病或者因公负伤并被确认丧失或者部分丧失劳动能力的。职业病和工伤都是由劳动过程中的职业危害因素所致，所以，用人单位对由此而丧失或者部分丧失劳动能力的劳动者，负有保障其生活或者劳动权利的义务，不得将其辞退。

第三，患病或者非因公负伤，在规定的医疗期内的。“患病”是指劳动者患职业病以外的疾病，“负伤”是指非因公负伤。劳动者患病或者负伤，依据《企业职工患病或者非因公负伤医疗期规定》，用人单位应当给予一定的医疗期，以保证劳动者治病疗伤的需要，并在此期限内负有保障其医疗和生活的义务。在医疗期内，即使出现特殊的经营困难，用人单位也不得解除劳动合同。

第四，女职工在孕期、产期、哺乳期的。此项作为禁止性条件，旨在保护妇女和儿童的特殊权益，保障人类再生产的条件。孕期与产期和哺乳期，或者孕期与产期为一个连续的过程，其中，产期长度应当以生育正产、难产或者小产的法定产期为准，哺乳期长度一般限于婴儿周岁。处于孕期、产期和哺乳期的女性劳动者，用人单位不得将其辞退，除非提供证据证明引起辞退的事由在法定禁止性条件的适用范围之外，并且与怀孕、分娩或者哺乳期毫无关系。

第五，在本单位连续工作满 15 年，且距法定退休年龄不足 5 年。一般而言，这类劳动者对本单位的发展已经有相当多的贡献积累，并且处于就业困难年龄段，所以，用人单位有义务给予其特殊就业保障。禁止辞退具备本项规定条件的劳动者，对鼓励劳动者忠诚于用人单位和稳定的劳动关系，具有不可忽视的积极意义。

第六，法律、行政法规规定的其他情形。如依据《工会法》第五十三条规定："违反本法规定，有下列情形之一的，由劳动行政部门责令恢复其工作，并补发被解除劳动合同期间应得的报酬，或者责令给予本人年收入二倍的赔偿：职工因参加工会活动而被解除劳动合同的；工会工作人员因履行本法规定的职责而被解除劳动合同的。"据此，2004 年发布的劳动和社会保障部《集体合同规定》（下同）第二十八条规定："职工一方协商代表在其履行协商代表职责期间劳动合同期满的，劳动合同期限自动延长至完成履行协商代表职责之时，除出现下列情形之一的，用人单位不得与其解除劳动合同：严重违反劳动纪律或用人单位依法制定的规章制度的；严重失职、营私舞弊，对用人单位利益造成重大损害的；被依法追究刑事责任的。"

所以，劳动合同解除的禁止性条件就适用于用人单位的无过失解除（《劳动合同法》第四十条）和经济性裁员（《劳动合同法》第四十一条），而不适用于用人单位与劳动者协商解除劳动合同、劳动者单方解除劳动合同以及用人单位单方随时解除劳动合同的情况。

用人单位在解除劳动合同争议中还应依法承担举证责任。2020 年最高人民法院《关于审理劳动争议案件适用法律的问题解释（一）》第四十四条规定："因用人单位作出的开除、除名、辞退、解除劳动合同、减少劳动报酬、计算劳动者工作年限等决定而发生的劳动争议，用人单位负举证责任。"如果未能充分有效证明，用人单位应承担违法解除劳动合同的法律后果。

（5）工会对用人单位单方解除劳动合同的干预。对用人单位单方解除劳动合同进行干预，是工会的一项非常重要的维权职能。用人单位单方解除劳动合同，对于劳动者的权益影响极大。单个劳动者处于分散、孤立、弱小、无助的地位，无法与用人单位形成抗衡的态势。特别是在用人单位对劳动者进行即时辞退、预告辞退或者裁员时，劳动者更是处于不利地位，其权益更容易受到侵犯，更需要工会的支持和维护。所以，《劳动合同法》第四十三条工会干预辞退规定为辞退的必要程序，赋予工会对辞退的参与和监督权，该条款规定："用人单位单方解除劳动合同，应当事先将理由通知工会。用人单位违反法律、行政法规或者劳动合同约定，工会有权要求用人单位纠正。用人单位应当研究工会的意见，并将处理结果书面通知工会。”此外，在《劳动法》和《工会法》中对于工会干预用人单位单方解除做出了规定。《劳动法》第三十条规定：“用人单位解除劳动合同，工会认为不适当的，有权提出意见。如果用人单位违反法律、法规或者劳动合同，工会有权要求重新处理；劳动者申请仲裁或者提起诉讼的，工会应当依法给予支持和帮助。”《工会法》第二十二条规定：“企业、事业单位、社会组织处分职工，工会认为不适当的，有权提出意见。用人单位单方面解除职工劳动合同时，应当事先将理由通知工会，工会认为用人单位违反法律、法规和有关合同，要求重新研究处理时，用人单位应当研究工会的意见，并将处理结果书面通知工会。职工认为用人单位侵犯其劳动权益而申请劳动争议仲裁或者向人民法院提起诉讼的，工会应当给予支持和帮助。”

《劳动合同法》第四十三条、《劳动法》第三十条、《工会法》第二十二条的规定表明，工会对用人单位辞退劳动者的干预，主要表现为以下几点：

第一，工会对辞退有知情权，即用人单位单方解除劳动合同，应当事先将理由通知工会。

第二，工会对不当辞退有要求纠正权，即工会认为用人单位解除劳动合同不适当的，有权提出意见；如果用人单位违反法律、法规或者劳动合同，工会有权要求纠正；用人单位应当研究工会的意见，并将处理结果书面通知工会。

第三，工会有义务支持和帮助劳动者提起仲裁和诉讼。即劳动者认为企业侵犯其劳动权益而申请劳动争议仲裁或者向人民法院提起诉讼的，工会应当给予支持和帮助。

四、劳动合同的终止

《劳动法》第二十三条规定了劳动合同终止制度，但是劳动合同终止的情形限定于劳动合同期满和当事人约定的终止条件出现，不能满足现实需要。《劳动合同法》第四十四条规定了劳动合同终止的事由：

（一）劳动合同终止的事由

第一，劳动合同期满。即定期劳动合同所约定的期限届满或者以完成一定工作任务为期限的劳动合同所约定的工作任务完成。除劳动合同依法续订或者依法延期外，劳动合同期满即行终止。

第二，劳动者开始依法享受基本养老保险待遇。劳动者因达到退休年龄或者丧失劳动能力而办理退休手续，开始依法享受基本养老保险待遇，劳动合同即行终止。劳动者已经具备退休条件，但未开始依法享受基本养老保险待遇的，劳动合同可不终止。

第三，劳动者死亡，或者被人民法院依法宣告死亡或者宣告失踪。劳动关系具有人身属性，作为劳动力载体的劳动者死亡或者被宣告死亡（失踪），劳动合同当然终止。宣告死亡是指自然人下落不明达到一定期限（4年或者2年），经利害关系人申请，而由法院宣告其死亡。宣告失踪是指自然人离开自己的住所或者居所，没有任何消息达2年，处于生死不明状态，经利害关系人申请，由法院在查明事实后依法宣告为失踪人。

第四，用人单位被依法宣告破产。我国现行立法中，只有企业破产制度。企业破产是指企业因不能偿还到期债务而依法经一定程序由法院消灭其主体资格。

第五，用人单位被吊销营业执照、责令关闭、撤销或者用人单位决定提前解散。这属于经营主体资格消灭的情况，而用人单位资格以经营主体资格为基础，故经营主体资格被消灭，劳动合同即终止。

第六，法律、行政法规规定的其他情形。这说明，劳动合同终止的事由只可依法律规定，而不能双方当事人之间约定。

（二）劳动合同的延期终止

作为劳动合同终止的例外情况，存在劳动合同的延期终止情形，即劳动合同期满时因存在法定的特殊情况，劳动合同应当续延至相应的情形消失时终止。它作为劳动合同终止的一种特殊情形，与劳动合同期满终止对应，是劳动合同期满终止的例外和对劳动合同期满终止的补充。

延期终止的事由，即法定的阻却劳动合同期满终止的法律事实。存在该事实，劳动合同应当延续至该事实消失时终止。《劳动合同法》第四十五条把延期终止的事由限定为预告辞退禁止性条件：

第一，从事接触性职业病危害作业的劳动者未进行离岗前职业健康检查，或者疑似职业病病人在诊断或者医学观察期间的。劳动合同期满时，从事接触性职业病危害作业而未进行离岗前职业健康检查者，劳动合同应当续延至离岗前职业健康检查完毕时终止；而疑似职业病患者，应当续延至诊断期或者医学观察期届满时终止。

第二，在本单位患职业病或者因公负伤并被确认丧失或者部分丧失劳动能力的。即工伤劳动者劳动合同的终止，按照国家有关工伤保险的规定执行。

第三，患病或者负伤，在规定的医疗期内的。即患普通疾病或者非因公负伤的劳动者，应当延续至规定的医疗期届满时终止。

第四，女职工在孕期、产期、哺乳期的。即女职工的劳动合同如果在孕期、产期、哺乳期内期限届满的，应当分别延续至规定的孕期、产期、哺乳期届满时终止。

第五，在本单位连续工作满15年，且距法定退休年龄不足5年的。

第六，法律、行政法规规定的其他情形。如《工会法》第十九条规定：

"基层工会专职主席、副主席或者委员自任职之日起，其劳动合同期限自动延长，延长期限相当于其任职期间；非专职主席、副主席或者委员自任职之日起，其尚未履行的劳动合同期限短于任期的，劳动合同期限自动延长至任期期满。但是，任职期间个人严重过失或者达到法定退休年龄的除外。"《集体合同规定》第二十八条规定："职工一方协商代表在其履行协商代表职责期间劳动合同期满的，劳动合同期限自动延长至完成履行协商代表职责之时，除出现下列情形之一的，用人单位不得与其解除劳动合同。"

五、劳动合同解除和终止时的经济补偿

经济补偿，也称为离职费或者遣散费，即劳动合同解除或者终止时，用人单位在法定条件下应当按照法定标准向劳动者支付的经济补偿金。《劳动法》只规定劳动合同解除经济补偿而未规定劳动合同终止经济补偿，这被认为是导致劳动合同短期化的原因之一，并且，《劳动法》未规定劳动者因用人单位违约或者违法而即时辞职的经济补偿。《劳动合同法》则增加规定了劳动合同终止的经济补偿和劳动者因用人单位违约或者违法而即时辞职的经济补偿，在一定程度上有助于克服劳动合同短期化的现象。

（一）支付经济补偿金的事由

根据《劳动合同法》的规定，支付经济补偿金的事由包括以下几点：

1. 劳动合同解除的经济补偿

劳动合同解除的经济补偿主要包括以下几点：

第一，因用人单位有《劳动合同法》第三十八条规定的违反劳动合同和劳动和社会保障法律法规的情形，劳动者即时辞职。

第二，用人单位依照《劳动合同法》第三十六条规定向劳动者提出解除劳动合同并与劳动者协议解除劳动合同。

第三，因劳动者有《劳动合同法》第四十条规定的由于健康、劳动能力的原因，或者由于劳动合同订立时所依据的客观情况发生重大变化，不能履行劳动合同，用人单位经努力仍无效果而预告辞退。

第四，用人单位由于有《劳动合同法》第四十一条第一款规定企业破产重整、生产经营发生严重困难等劳动合同订立时所依据的客观经济情况发生重大变化，致使劳动合同无法履行，而依法进行规模裁员，上述事由表明，在据此解除劳动合同的事由中劳动者本人没有过错的，应当给予经济补偿。

根据劳动部 1995 年 8 月 4 日发布的《关于贯彻执行〈中华人民共和国劳动法〉若干问题的意见》第 37 条规定，用人单位发生分立或者合并后，分立或者合并后的用人单位可依据其实际情况与原用人单位的劳动者遵循平等自

愿、协商一致的原则变更、解除或者重新签订劳动合同。在此种情况下的重新签订劳动合同视为原劳动合同的变更。所以，劳动者不能以原劳动合同解除为由要求经济补偿。

根据劳动部1996年10月31日发布的《关于实行劳动合同制度若干问题的通知》第21条的规定："劳动者在劳动合同期限内，由于主管部门调动或者转移工作单位而被解除劳动合同，未造成失业的，用人单位可以不支付经济补偿金。"

2. 劳动合同终止的经济补偿

劳动合同终止的经济补偿主要包括以下几点：

第一，除用人单位维持或者提高劳动合同约定条件续订劳动合同，劳动者不同意续订的情形除外，劳动合同期满终止。即用人单位以维持或者提供劳动合同约定的劳动报酬等待遇为条件提出续订劳动合同，而劳动者不同意续订，故定期劳动合同期满终止的，不支付经济补偿。

第二，劳动合同因用人单位被依法宣告破产，被吊销营业执照、责令关闭或者撤销，或者用人单位决定提前解散而终止。上述事由说明，劳动合同终止不是劳动者本人原则造成的，用人单位应当给予经济补偿。

3. 法律、行政法规规定的其他经济补偿事由

这表明，经济补偿的事由只能由法律、行政法规做出规定。

4. 劳动合同解除或者终止的医疗补助费

在与《劳动法》配套的规章中，还对特殊情况下劳动合同解除与终止时在一般经济补偿之外还应当支付医疗补助费的问题，做出了特别规定。其包括的事由有以下：

第一，劳动合同解除的医疗补助费事由。根据劳动部1994年12月3日发布的《违反和解除劳动合同的经济补偿办法》第六条规定："劳动者患病或者非因公负伤，经劳动鉴定委员会确认不能从事原工作、也不能从事用人单位另行安排的工作而解除劳动合同的，用人单位在支付经济补偿金的同时，还应当发给不低于6个月工资的医疗补助费，患重病或者绝症的还应当分别增加不低于50%或者100%的数额。"

第二，劳动合同终止时的医疗补助费事由。劳动部《关于对劳部发［1996］354号文件有关问题解释的通知》的规定："患病或者非因公负伤的劳动者，在劳动合同期满终止时，医疗期满或者医疗终结被劳动鉴定委员会鉴定为5～10级的，用人单位应当支付不少于6个月工资的医疗补助费；对患重病或者绝症的，还应当适当增加医疗补助金。"

（二）经济补偿的标准

经济补偿标准分为一般标准和特殊标准。

1. 经济补偿一般标准

一般标准是指经济补偿按劳动者在本单位工作的年限，每满 1 年支付 1 个月工资的标准向劳动者支付。6 个月以上不满 1 年的，按 1 年计算；不满 6 个月的，向劳动者支付半个月工资的经济补偿。其中，月工资是指劳动者在劳动合同解除或者终止前 12 个月的平均工资。

2. 经济补偿的特殊标准

经济补偿特殊标准包括以下几个方面：

（1）高薪劳动者的特殊标准。劳动者月平均工资高于用人单位所在直辖市、设区的市级人民政府公布的本地区上年度劳动者月平均工资 3 倍的，向其支付经济补偿的标准按劳动者月平均工资 3 倍的数额支付，向其支付经济补偿的年限最高不超过 12 年。

（2）本单位连续工作年限的特殊计算规则。劳动和社会保障部办公厅在《关于复转军人及有关人员工龄是否作为计算职工经济补偿金年限的答复意见》中规定了经济补偿年限计算的两种特殊情形：

第一，关于退伍、复员、转业军人的经济补偿年限问题。《军队转业干部安置暂行办法》第三十七条规定，“军队转业干部的军龄，计算为接收安置单位的连续工龄（工作年限）”，《关于退伍义务兵安置工作随用人单位改革实行劳动合同制度的意见》第五条规定：“退伍义务兵的军龄连同待分配的时间应一并计算为所在单位的连续工龄”，而《违反和解除劳动合同的经济补偿办法》第五条规定，经济补偿金按职工在本单位的工作年限计发，所以，退伍、复员、转业军人的军龄应当计算为据以计发经济补偿金的“本单位工作年限”。

第二，组织调动、企业分立、合并后经济补偿金年限的计算问题。因用人单位的合并、兼并、合资、单位改变性质、法人改变名称等原因而改变工作单位的，其改变前的工作年限可以计算为在本单位工作年限，企业改制改组中已经向劳动者支付经济补偿金的，劳动者被改制改组后企业重新录用的，在解除劳动合同支付经济补偿金时，劳动者在改制前用人单位的工作年限可以不计算为改制后用人单位的工作年限。

六、经济赔偿金

（一）赔偿金的概念

解除或者终止劳动合同的赔偿金是指用人单位违反法律规定解除或者终止劳动合同而给劳动者造成经济损失的惩罚性的补偿措施。

（二）经济补偿金与经济赔偿金的区别

经济补偿金是指在劳动者无过失的情况下，用人单位解除或者终止与劳动者的劳动合同时，依照法律规定的条件和标准，以货币方式给予劳动者的补偿。

二者的性质和适用情况不同：赔偿金适用于用人单位违法解除劳动合同的情形，经济补偿金适用于用人单位依法解除或者终止劳动合同的情形，二者不能同时适用。

所谓违法解除劳动合同，是指在《劳动合同法》规定的可以解除劳动合同的情形之外解除劳动合同，未按照《劳动合同法》规定的程序解除劳动合同或者违反《劳动合同法》规定的禁止性解除劳动合同的规定解除劳动合同。

用人单位违反法律规定解除或者终止劳动合同时，劳动者可以请求用人单位按照经济补偿标准的二倍支付赔偿金。《劳动合同法》第四十八条规定："用人单位违反本法规定解除或者终止劳动合同，劳动者要求继续履行劳动合同的，用人单位应当继续履行；劳动者不要求继续履行劳动合同或者劳动合同已经不能继续履行的，用人单位应当依照本法第八十六条规定支付赔偿金。"《劳动合同法》第八十七条规定："用人单位违反本法规定解除或者终止劳动合同的，应当依照本法第四十七条规定的经济补偿标准的二倍向劳动者支付赔偿金。"

对于用人单位违反本法规定解除或者终止劳动合同时的经济补偿金和赔偿金的关系，《劳动合同法实施条例》第二十五条规定："用人单位违反劳动合同法的规定解除或者终止劳动合同，依照劳动合同法第八十七条规定支付了赔偿金的，不再支付经济补偿。赔偿金的计算年限自用工之日起计算。"

（三）支付经济赔偿金的情形

《劳动合同法》第八十五条规定了用人单位因违法支付赔偿金的情形：用人单位有下列情形之一的，由劳动行政部门责令限期支付劳动报酬、加班费或者经济补偿；劳动报酬低于当地最低工资标准的，应当支付其差额部分；逾期不支付的，责令用人单位按应付金额百分之五十以上百分之一百以下的标准向劳动者加付赔偿金：未按照劳动合同的约定或者国家规定及时足额支付劳动者劳动报酬的；低于当地最低工资标准支付劳动者工资的；安排加班不支付加班费的；解除或者终止劳动合同，未按照本法规定向劳动者支付经济补偿金的。

七、用人单位违法解除或者终止劳动合同的后果

用人单位解除和终止劳动合同的行为，包括用人单位与劳动者协议解除劳动合同和用人单位单方解除劳动合同的行为，以及用人单位具备法定和约定劳动合同终止事由时终止劳动合同的行为。如果违反了法律法规关于劳动合同解除和终止的强制性规定，或者集体合同和劳动合同依法约定的解除和终止劳动合同的规则，则属于用人单位违法解除或者终止。

依据《劳动合同法》第四十八条的规定，其后果包括以下几方面：

（一）强制继续履行

作为违约责任形式的继续履行，是指违反合同的当事人不论是否已经承担赔偿金或者违约金的责任，都必须根据对方的要求，并在自己能够履行的条件下，对原合同未履行的部分继续按照要求履行。

强制继续履行合同作为违约责任的形式，要求用人单位继续履行劳动合同，须符合以下条件：第一，用人单位已经实施违法解除或者终止劳动合同的行为；第二，劳动者有继续履行劳动合同的要求；第三，用人单位具备继续履行劳动合同的条件。

（二）支付赔偿金

用人单位解除或者终止劳动合同，劳动者不要求继续履行劳动合同或者劳动合同已经不能继续履行的，用人单位应当依照《劳动合同法》第八十七条的规定支付赔偿金，即用人单位违反《劳动合同法》规定解除或者终止劳动合同的，应当依照《劳动合同法》第四十七条规定的劳动合同解除和终止经济补偿标准的二倍向劳动者支付赔偿金。

八、劳动合同解除或者终止后的后合同义务

劳动合同解除或者终止后，并不意味着双方当事人权利义务全部消失，按照《劳动合同法》的规定，用人单位和劳动者均负有一定的后合同义务。

（一）用人单位的后合同义务

1. 出具劳动关系状况证明书

在劳动关系结束后，由用人单位向劳动者出具解除或者终止劳动关系证明

书，对劳动者有多方面的用途。如果劳动者再次就业，新的用人单位可以通过劳动者提供的用人单位终止劳动关系的证明，了解劳动者的雇佣状况；如果劳动者在劳动关系终止后不能顺利再次就业，按照规定可以享有失业保险，此时也需要这一证明。所以，《劳动合同法》第五十条第一款规定："用人单位应当在解除或者终止劳动合同时出具或者终止劳动合同的证明，并在十五日内为劳动者办理档案和社会保险关系转移手续。"

2. 办理劳动关系转移手续

在解除劳动关系后，劳动者和用人单位应当按照双方约定，本着协作的原则顺利办理交接手续。劳动者应当交还用人单位所有的劳动工具以及有关的证件。用人单位依照《劳动合同法》的有关规定，应当向劳动者支付经济补偿的，补偿金在办结工作交接时支付。用人单位应当在解除或者终止劳动合同时，出具解除或者终止劳动合同的证明，并在 15 日内为劳动者办理档案和社会保险关系转移手续。用人单位对已经解除或者终止的劳动合同的文本，至少保存 2 年备查。

（二）劳动者的后合同义务

1. 办理工作移交

为了保障用人单位工作的连续性，劳动者在劳动合同解除或者终止时，应当按照有关的规定，办理工作移交的手续。在移交工作办理过程中，双方应本着协作的原则，使移交的工作顺利进行。如果因过错行为，使得工作移交未能顺利进行，过错方应赔偿由此造成的损失。

2. 遵守竞业禁止和保守商业秘密的协议

在劳动合同解除或者终止且双方办理交接完毕后，双方之间不再存在劳动关系，这并不意味着双方之间不再有权利义务关系。如果劳动者和用人单位之间签订了保护商业秘密或者竞业禁止的协议，双方应当按照协议履行，如果违反协议则应当按照约定承担责任。保守用人单位的商业秘密，是劳动者的法定义务，即使劳动者和用人单位之间没有签订保密协议或者在劳动合同中约定保密义务，劳动者在劳动合同结束后，也应当保守用人单位的商业秘密。

第七节　劳务派遣制度

【导引案例8-7】

劳务派遣中加班工资的支付[①]

黄某从事市场工作多年，在业内也小有名气。2008年1月1日，黄某与A劳务派遣公司签订劳动合同，被派往B外资企业担任市场部经理。劳动合同期限从2008年1月1日开始，到2009年12月31日结束。双方约定黄某月薪15000元。随后A公司与B公司签订了劳务派遣协议，A公司则与黄某签订了聘用协议。

黄某在公司刚开始的时候，工作努力，与用工单位B公司相处愉快，但是由于2008年底国际经济形势的恶化，黄某所在公司为了减少企业开支，希望缩减在华的业务。相应地，B公司也决定减少在中国办事机构的人员。黄某所在的市场部被企划部合并，因此黄某也成为减员中的一员。由于黄某本身业务过硬，人缘广，不愁找不到新的工作，因此黄某同意A公司结清之前工作期间的加班费共计30000多元，黄某拿出了详细的考勤记录作为证明。但是，A公司认为与黄某的劳动合同非常明确，每月工资为15000元，至于加班费，在劳动合同中没有提及，同时A公司与B公司之间签订的劳务派遣协议也非常明确，就是黄某到B公司担任市场部经理，如果黄某在工作过程中加班，应当向B公司要求支付加班费。B公司则认为自己与黄某之间没有实际意义上的劳动关系，因此B公司无须向黄某支付加班费。

在与双方都无法协商一致的情况下，黄某向当地的劳动争议仲裁委员会提出了仲裁申请。

1. 黄某的加班费应由哪个公司支付？依据是什么？
2. 用人单位在劳务派遣中的义务是什么？
3. 用工单位在劳务派遣中的义务是什么？

① 《中华人民共和国劳动合同法适用与实例》，法律出版社2013年版，第125~126页。

一、劳务派遣概述

（一）劳务派遣的概念

劳务派遣在不同的国家称谓不同，如在德国称为“员工出让”，而在日本、韩国则称为“劳动派遣”。我国《劳动合同法》明确其概念为劳务派遣，但未做具体的定义。

劳务派遣是指劳务派遣机构与用工单位签订派遣协议，将与之建立劳动合同关系的劳动者派往用工单位，受派劳动者在用工单位提供劳动，派遣机构从用工单位获取派遣费用，并向派遣劳动者支付劳动报酬的一种特殊劳动关系。

（二）劳务派遣与其他概念的辨析

劳动派遣与职业介绍、人员借调以及承揽等劳动力调节形态在外观上有诸多类似之处，为了更好地适用劳务派遣的相关法律规定，需要区别这些用工关系。

1. 劳务派遣与一般劳动关系

一般劳动关系是指用人单位直接招收和使用劳动者；而劳务派遣中，用工单位是通过派遣单位招收劳动者，劳动者的招收和使用发生了分离，即招工与用工的分离。

2. 劳务派遣与外包用工

外包用工是指发包人将其特定的工程或者生产经营项目发包给承包人，由承包人招用劳动者来完成所承包的项目。在这里，发包人与承包人之间是劳务关系，承包人与劳动者是劳动关系。而在劳务派遣中，派遣单位与用工单位之间不存在承包关系，派遣单位为用工单位提供的劳务只限于部分劳动人事管理服务，被派遣劳动者从事的劳动不由派遣单位所承包和管理。

3. 劳务派遣与职业介绍、劳动人事代理

职业介绍只是中介服务，劳动关系由劳动者与用人单位自己缔结；职业介绍是指劳务中介机构对社会所有求职者和用工单位提供中介服务的活动，是待业人员、在职职工实现就业和转换就业以及用工单位寻求合适劳动者的重要渠道，其目的是满足就业与用工的需求，并从中获取一定的报酬，即职业介绍是一种居间行为。劳动人事代理虽然服务内容比职业介绍有所扩展，但不具有用人单位身份。而派遣单位具有用工单位的部分身份和职能，最显著的特征是将自己所雇佣的劳动者派遣到要派单位并置于要派单位的指挥下工作，派遣单位

与要派单位是受派劳动者的共同雇主，承担雇主的责任。

职业介绍与劳动派遣之间的主要区别在于职业介绍仅是媒介求职者与求才者之间缔结劳动合同，而与求职者间并不签订劳动合同，而劳务派遣是由派遣单位与受派劳动者缔结劳动合同，约定受派劳动者到要派单位，并在要派单位的指挥监督下提供劳动。

4. 劳务派遣与人员借调的区别

人员借调是指借用单位因工作需要，与被借用单位协商后，约定特定的被借用单位的劳动者到借用单位工作的协议。该协议包括借调时间、期限、双方的权利、义务，以及被借调人员的权利、义务等。

派遣劳动关系与人员借调关系有诸多相同之处：长期派遣劳动人员的协议内容与借调人员协议内容大同小异；劳动纠纷的处理方式，也与被借调人员的单位发生纠纷的处理方式类似。

但在人员借调关系中，被借用单位不以派遣劳动者为经营目的，是出于协助或者集团内部劳动调节的需要所做出的出借行为，具有经营指导、技术指导、促进相互交流的功能；而在劳务派遣中，派遣机构以劳动力派遣为经营业务，以盈利为目的。

5. 劳务派遣与承揽的关系

承揽合同是承揽人按照定作人的要求完成工作，交付工作成果，定作人给付报酬的合同。承揽合同的主体是承揽人和定作人，承揽人和定作人可以是法人或者其他组织，也可以是自然人。承揽合同属于完成特定工作类的合同，承揽人应承担取得工作成果的风险，对工作成果的完成负全部责任，同时，定作物发生损坏、灭失，或者加工人员出现伤亡的，都要承揽人独立承担责任。

但是，劳务派遣的关系较为复杂，要派单位通过约定的形式将一部分雇主的责任分配给了派遣单位，并向派遣单位支付了对价，另一部分雇主的责任如安全卫生等义务依法由自己承担。

二、劳务派遣的适用范围

（一）岗位限制

法律对劳务派遣适用范围的限制，主要集中在对适用劳务派遣的岗位、工种、行业的限制。此限制有许可式与禁止式、刚性限制与弹性限制的区分。许可式是指在某种情况下允许劳务派遣，而禁止式则是指在某种情况下不得实行劳务派遣。对于工种而言，劳务派遣的工作限定在两类：一类是需要专门知识、能力或者经历以便更快捷、准确操作的工作；另一类是由于从事或者从业形式的特点，对员工需要特殊管理的工作。

我国《劳动合同法》第六十六条第一款规定："劳务派遣……只能在临时性、辅助性或者替代性的工作岗位上实施。"其中，临时性岗位是指在用工单位存续不超过6个月的工作岗位；辅助性岗位是指用工单位的非主营性业务岗位；替代性岗位是指用工单位的常设性主营业务岗位中因临时性缺员而需要由其他劳动者顶替工作的工作岗位，这种岗位限制只具有一般意义，属于弹性限制。鉴于我国劳务派遣泛滥的现状，应把这种弹性限制转化为刚性限制，即把用工单位在临时性、辅助性、替代性岗位之外的岗位适用的派遣用工，视为直接用工。

（二）非全日制的限制

劳务派遣和非全日制用工，在《劳动合同法》中是两种独立的特别法制度。非全日制用工存在双重或者多重劳动关系，且流动性很强；劳务派遣中的劳动关系结构则是一重劳动关系分两个层次运行，且派遣单位与被派遣劳动者的劳动关系具有相对稳定性。所以，若运行劳务派遣制度与非全日制制度竞合适用，则会发生规则冲突，如《劳动合同法》第七十一条关于非全日制用工双方当事人任何一方都可以随时通知对方终止用工而不支付经济补偿的规定，与劳务派遣的有关规定不一致。所以，应当明确规定，非全日制用工不得适用于劳务派遣。

三、劳务派遣的劳动关系结构[①]

劳务派遣的劳动关系呈现出一重劳动关系分为两个层次运行的结构。其中有下述几个方面：

一是"一重"。劳动关系实质上是劳动力与生产资料相结合的社会关系。某个劳动者劳动力如果只与一个主体的生产资料相结合，就只存在一重劳动关系；如果与两个主体的生产资料相结合，则存在双重劳动关系。在劳动派遣中，由于只出现劳动力和生产资料的一重结合，因而只有一重劳动关系。

二是"三角"。在劳动派遣中，存在三个主体，即派遣单位、用工单位和劳动者，形成三角关系。

三是"两方"。就利益结构而言，派遣单位具有从用工单位中分离出来的雇主身份和职能，其与用工单位的共同利益一般多于其与劳动者的共同利益。因而，派遣单位不是独立于用工单位与劳动者的第三方，而是与用工单位共同为雇主一方，构成劳动者的相对人。

四是"两层"。雇主和劳动关系都分为两个层次。派遣单位为名义雇主、

① 王全兴：《劳动法学》，高等教育出版社2008年版，第209~210页。

招工雇主，用工单位为实际雇主、用工雇主。一个完整的劳动关系也相应分为两个完整而又相互联系的层次，劳动者与派遣单位之间有劳动关系而无劳动，这是形式上的劳动关系，其内容中没有劳动力与生产资料的结合，为非生产性的权利义务；劳动者与用工单位之间是无劳动合同而有劳动的关系，这是实质上的劳动关系，以劳动力与生产资料的结合，亦即生产性的劳动权利义务为内容。其中，有的权利义务在内部分为两个层次，如雇主对劳动者的工资和社会保险费义务，用工单位承担负担义务，派遣单位承担支付、缴纳义务。

五是“纽带”。在劳动关系的两个层次之间存在两根“纽带”：一是委托关系，即派遣单位受用工单位委托为其提供招工、派遣等服务，与民法中的隐名代理相似；二是默示担保关系，即派遣单位因招工和派遣就用工单位履行劳动法义务能力对劳动者有担保的义务，用工单位因委托派遣单位招工派遣或者接受派遣单位的派遣就其履行劳动法义务的能力对派遣单位和劳动者有担保义务。

四、劳务派遣合同的特征

与传统劳动关系相比，劳务派遣关系具有以下特征：

第一，劳务派遣关系是三方主体参与，即派遣机构、要派单位及受派遣的劳动者。派遣机构与派遣劳动者之间存在劳动关系，派遣劳动者通过与派遣机构签订劳动合同，明确双方之间的权利义务关系。派遣机构只是雇佣劳动者而并非实际使用劳动者，但需要从要派单位那里获取派遣费用并向派遣劳动者支付劳动报酬。

第二，雇佣与使用的分离。与传统的劳动关系相比，在劳务派遣法律关系中，用工单位与派遣劳动者之间并不存在直接劳动关系，雇佣与使用相分离，派遣单位通常负责受派；劳动者的录用、派遣、档案管理、工资支付、社会保险登记和缴费等非生产性事务，受派劳动者与派遣单位签订劳动协议，与派遣单位成立劳动关系，成为派遣单位的员工，但不在派遣单位从事劳动；要派单位则负责安排受派劳动者从事劳动，并承担安全卫生管理、劳动纪律制定和生产性事务管理等义务，要派单位（用工方）虽然是劳动力的实际使用者，但它并不与受派劳动者订立劳动合同，与受派劳动者没有劳动合同意义上的劳动关系。

第三，劳动关系的复杂性。与传统劳动关系不同，在劳务派遣关系中，派遣机构、劳动者与用工单位之间存在着复杂的合同关系。用工单位享受派遣劳动者提供的劳动或者服务的利益，支付使用劳动力的对价给派遣机构，派遣机构则承担提供劳动力的义务并享有从用工单位收取报酬的权利。

五、劳务派遣的主体

（一）派遣单位

《劳动合同法》第五十七条第一项规定：“派遣单位只能是依据我国《劳动法》设立的公司，且注册资本不得少于200万元。”此外，劳务派遣单位不得是用工单位设立的分支机构或者子公司。《劳动合同法》第六十七条规定，用人单位不得设立劳务派遣单位向本单位或者所属单位派遣劳动者。

用人单位（雇主）是使用他人劳动力的主体，派遣单位却不使用被派遣劳动者的劳动力。但是，派遣单位以用人单位名义与劳动者订立劳动合同，确立劳动者与派遣单位和用工单位的劳动关系，并明确其中的劳动权利义务；同时还派遣劳动者到用人单位劳动，并履行劳动合同约定的部分与劳动力使用相关的义务。可见，派遣单位作为劳动合同的缔约人和履约人以及劳动者的派遣人，已经具备法律意义上用人单位（雇主）内涵的部分必备内容，故《劳动合同法》第五十八条强调，派遣单位是《劳动合同法》所称用人单位，应当履行用人单位对劳动者的义务。派遣单位作为用人单位（雇主）不具有完整性，只是名义上的用人单位（雇主）、缔约或者招工用人单位（雇主）、非用工用人单位（雇主）。

（二）用工单位

用工单位是接受以劳务派遣形式用工的单位，即使用被派遣劳动者的主体。用工单位虽然不是劳动合同的缔约人，却是劳动力的使用人和劳动合同的缔约人。给予劳动关系是劳动力使用关系的实质，用工单位较之派遣单位，更有理由是用人单位（雇主）。正因为如此，不应当以法律未特别强调用工单位是用人单位（雇主）而否定其是用人单位（雇主）。不过，用工单位作为用人单位（雇主）也具有不完整性。

六、劳务派遣关系的主要内容

（一）明确了三方主体之间的法律关系

首先，《劳动合同法》明确了派遣单位和被派遣劳动者之间存在劳动合同关系。即派遣单位是被派遣劳动者用人单位（雇主），要对劳动者承担劳动法上的用人单位（雇主）义务。而且，《劳动合同法》还进一步明确了二者之间的劳动合同为期限最低2年的固定期限劳动合同。该劳动合同，除应当载明法律规定的一般劳动合同应该具备的事项外，还应当载明被派遣劳动者的用工单位以及派遣期限、工作岗位等情况。在劳动合同的有效期内，劳务派遣单位要按月向被派遣员工支付劳动报酬，不得克扣用工单位按照劳务派遣协议支付给被派遣劳动者的劳动报酬。被派遣劳动者在无工作期间，劳务派遣单位应当按照所在地人民政府规定的最低工资标准，向其按月支付报酬。跨地区派遣劳动者的，被派遣劳动者享有的劳动报酬和劳动条件，要按照用工单位所在地的标准执行。另外，劳务派遣单位和用工单位不得向被派遣劳动者收取费用。

其次，明确了派遣单位和用工单位之间的特殊民事关系，即两者之间通过订立劳务派遣协议的方式明确了双方之间的权利义务。劳务派遣协议应当约定派遣岗位和人员数量、派遣期限、劳动报酬和社会保险费的数额与支付方式以及违反协议的责任。用工单位应当根据工作岗位的实际需要与劳务派遣单位确定派遣期限，不得将连续用工期限分割订立数个短期劳务派遣协议。劳务派遣单位应当将劳务派遣协议的内容告知被派遣劳动者。

最后，明确了用工单位和被派遣劳动者之间的权利义务关系。用工单位对于劳动者负有和劳动的履行有关的法律义务，如提供劳动岗位的义务、提供劳动安全卫生保护的义务、支付岗位上的所需技能培训的义务、支付岗位上的加班工资和福利待遇的义务、实行正常的工资调整机制的义务、不得将被派遣劳动者再派遣到其他用人单位的义务。而劳动者则要服从用工单位关于劳动履行的指挥、命令和管理，服从用工单位制定的关于劳动方面的合法的规章制度。

（二）对劳务派遣机构的设置提出了要求

首先，对经营劳务派遣业务提出了行政许可的审批程序。经营劳务派遣业务，应当向劳动行政部门依法申请行政许可；经许可的，依法办理相应的公司登记。未经许可，任何单位和个人不得经营劳务派遣业务。2013 年发布的《劳务派遣行政许可实施办法》第六条第一款规定：“经营劳务派遣业务，应当向所在地有许可管辖权的人力资源和社会保障行政部门（许可机关）依法申请行政许可。”第七条规定：“申请经营劳务派遣业务应当具备以下条件：注册资本不得少于人民币 200 万元；有与开展业务相适应的固定的经营场所和设施，有符合法律、行政法规规定的劳务派遣管理制度；法律、行政法规规定的其他条件。”第十四条第二款规定：“《劳务派遣经营许可证》有效期为 3 年。”

其次，对劳务派遣单位的设立门槛提出了更高的要求。劳务派遣单位作为被派遣员工的用人单位，必须具备对被派遣员工承担雇主责任的民事责任能力。根据修订后的《劳动合同法》第五十七条的规定，劳务派遣单位应当依照公司法的有关规定设立，注册资本不得少于 200 万元，而非以前的 50 万元。该门槛条件要求的目的在于淘汰掉资金能力不足的劳务派遣机构，从而可以促使劳务派遣机构逐步优化，使劳动者权益的保护更加完备。

最后，禁止用人单位自设派遣机构。《劳动合同法》第六十七条规定：“用人单位不得设立劳务派遣单位向本单位或者所属单位派遣劳动者。”《劳动合同法实施条例》第二十八条进一步规定:“用人单位或者其所属单位出资或者合伙设立的劳务派遣单位,向本单位或者所属单位派遣劳动者的,属于劳动合同法第六十七条规定的不得设立的劳务派遣单位。”

(三)规定劳务派遣为用工的补充形式

为了既允许劳务派遣的发展,又不至于使劳务派遣的发展侵害到主流的、传统的、双方性的用工关系,修改后的《劳动合同法》第六十六条明确规定:劳动合同用工是我国的企业基本用工形式。劳务派遣用工是补充形式。这一明示表明立法者对待劳务派遣的立场明晰,以及对劳务派遣岗位限定和数量规模的严格规范。

(四)严格限定劳务派遣适用的岗位

修改后的《劳动合同法》第六十六条规定,劳务派遣只能在临时性、辅助性和替代性岗位上实施,并且对于临时性、辅助性岗位和替代性岗位进行了定义。临时性工作岗位是指存续时间不超过6个月的岗位;辅助性工作岗位是指为主营业务岗位提供服务的非主营业务岗位;替代性工作岗位是指在用工单位的劳动者因脱产学习、休假等原因无法工作的一定期间内,可以由其他劳动者替代工作的岗位。

为了避免用工单位在主营岗位上以所谓的辅助性岗位名义使用劳务派遣,2014年发布的《劳务派遣暂行规定》第三条第三款明确规定了辅助性岗位的确定办法:“用工单位决定使用被派遣劳动者的辅助性岗位,应当经职工代表大会或者全体职工讨论,提出方案和意见,与工会或者职工代表平等协商确定,并在用工单位内公示。”

为了区分国内企业之间的劳务派遣与不具备独立招聘资质的机构或者国际海员派遣,《劳务派遣暂行规定》第二十五条规定:“外国企业常驻代表机构和外国金融机构驻华代表机构等使用被派遣劳动者的,以及船员用人单位以劳务派遣形式使用国际远洋海员的,不受临时性、辅助性、替代性岗位和劳务派遣用工比例的限制。”

(五)严格限制劳务派遣使用的规模

在限制劳务派遣发展规模上,采用劳务派遣用工数量不得超过一定比例的方式进行限制。《劳务派遣暂行规定》第四条规定:“用工单位应当严格控制劳务派遣用工数量,使用的被派遣劳动者数量不得超过其用工总量的10%。”《劳务派遣暂行规定》第二十八条规定:“用工单位在本规定施行前使用被派遣劳动者数量超过其用工总量10%的,应当制定调整用工方案,于本规定施行之日起2年内降至规定比例。但是,《全国人民代表大会常务委员会关于修改〈中华人民共和国劳动合同法〉的决定》公布前已依法订立的劳动合同和劳务派遣协议期限届满日期在本规定施行之日起2年后的，可以依法继续履行至期限届满。”

（六）特别明确了被派遣劳动者的某些权利

被派遣劳动者与企业自雇员工一样享有劳动法上规定的劳动者享有的所有合法权利。针对劳务派遣容易给被派遣劳动者利益带来损害的特点，《劳动合同法》对被派遣劳动者的某些权利做了特别的规定：

一是同工同酬的权利。《劳务派遣暂行规定》第九条规定：“用工单位应当按照劳动合同法第六十二条规定，向被派遣劳动者提供与工作岗位相关的福利待遇，不得歧视被派遣劳动者。”

二是参加或者组织工会的权利。根据《劳动合同法》第六十四条规定：“被派遣劳动者有权在劳务派遣单位或者用工单位依法参加或者组织工会，维护自身的合法权益。”

三是最低工资保障制度。根据《劳务派遣暂行规定》第十二条：“用工单位有以下情形之一的，可以将被派遣劳动者退回劳务派遣单位：用工单位在重大情况发生变化无法与劳动者达成变更劳动合同协议时或者需要进行经济性裁员时；用工单位被依法宣告破产、吊销营业执照、责令关闭、撤销、决定提前解散或者经营期限届满不再继续经营的；劳务派遣协议期满终止的。对于被退回的劳动者，在无工作期间，劳务派遣单位应当按照所在地人民政府规定的最低工资标准，向其按月支付劳动报酬。”

四是明确了劳动者被退回后的劳动合同经济补偿问题。劳动者被用工单位合法退回后，劳务派遣单位对其重新派遣时维持或者提高劳动合同约定条件的，被派遣劳动者不同意的，劳务派遣单位可以解除劳动合同，但是，根据《劳务派遣暂行规定》第十七条规定：“劳务派遣单位因劳动合同法第四十六条或者本规定第十五条、第十六条规定的情形，与被派遣劳动者解除或者终止劳动合同的，应当依法向被派遣劳动者支付经济补偿。”

五是明确了工伤处理。《劳务派遣暂行规定》第十条规定：“被派遣劳动者在用工单位因工作遭受事故伤害的，劳务派遣单位依法申请工伤认定，用工单位应当协助工伤认定的调查核实工作。劳务派遣单位承担工伤保险责任，但可以与用工单位约定补充办法。被派遣劳动者在申请进行职业病诊断、鉴定时，用工单位应当负责处理职业病诊断、鉴定事宜，并如实提供职业病诊断、鉴定所需的劳动者职业史和职业危害接触史、工作场所职业病危害因素检测结果等资料，劳务派遣单位应当提供被派遣劳动者职业病诊断、鉴定所需的其他材料。”

六是明确规定跨地区劳务派遣的社会保险。为防止劳务派遣单位侵害被派遣劳动者的合法权益，实现跨地区被派遣劳动者与用工单位劳动者的“同工同保”，《劳务派遣暂行规定》第十八条规定：“劳务派遣单位跨地区派遣劳动者的，应当在用工单位所在地为被派遣劳动者参加社会保险，按照用工单位所在地的规定缴纳社会保险费，被派遣劳动者按照国家规定享受社会保险待遇。”《劳务派遣暂行规定》第十九条规定：“劳务派遣单位在用工单位所在地设立分支机构的，由分支机构为被派遣劳动者办理参保手续，缴纳社会保险费。劳务派遣单位未在用工单位所在地设立分支机构的，由用工单位代劳务派遣单位为被派遣劳动者办理参保手续，缴纳社会保险费。”

（七）加强了违法责任，并明确了合理的连带责任

修改后的《劳动合同法》加强了对违法经营劳务派遣业务的单位和违法派遣单位、用工单位的法律责任。根据《劳动合同法》第九十二条规定：“未经许可，擅自经营劳务派遣业务的，由劳动行政部门责令停止违法行为，没收违法所得，并处违法所得一倍以上五倍以下的罚款；没有违法所得的，可以处五万元以下的罚款。劳务派遣单位、用工单位在进行劳务派遣时有违法行为的，由劳动行政部门责令限期改正；逾期不改正的，以每人五千元以上一万元以下的标准处以罚款，对劳务派遣单位，吊销其劳务派遣业务经营许可证。”

修改后的《劳动合同法》第九十二条明确了当用工单位给被派遣劳动者造成损害时，劳务派遣单位要与用工单位承担连带赔偿责任。这样确立的连带赔偿责任比本条原来规定的更加合理。

（八）明确派遣劳动者退回劳务派遣单位的情形及处理

为保障被派遣劳动者的就业稳定性，防止用工单位无正当理由随意退回被派遣劳动者，《劳务派遣暂行规定》第十二条第一款在劳动合同法第六十五条第二款的基础上进一步明确了用工单位可以退回劳动者的情形，即“用工单位有劳动合同法第四十条第三项、第四十一条规定的情形的；用工单位被依法宣告破产、吊销营业执照、责令关闭、撤销、决定提前解散或者经营期限届满不再继续经营的；劳务派遣协议期满终止的”。

但是，《劳务派遣暂行规定》第十三条规定了例外情形：“被派遣劳动者有劳动合同法第四十二条规定情形的，在派遣期限届满前，用工单位不得依据本规定第十二条第一款第一项规定将被派遣劳动者退回劳务派遣单位；派遣期限届满的，应当延续至相应情形消失时方可退回。”

被派遣劳动者被用工单位退回后，劳务派遣单位应当区分情形依法妥善处理与被派遣劳动者的劳动关系。《劳务派遣暂行规定》第十五条规定：“被派遣劳动者因本规定第十二条规定被用工单位退回，劳务派遣单位重新派遣时维持或者提高劳动合同约定，被派遣劳动者不同意的，劳务派遣单位可以解除劳动合同。被派遣劳动者因本规定第十二条规定被用工单位退回，劳务派遣单位重新派遣时降低劳动合同约定条件，被派遣劳动者不同意的，劳务派遣单位不得解除劳动合同。但被派遣劳动者提出解除劳动合同的除外。”《劳务派遣暂

行规定》第十六条规定："劳务派遣单位被依法宣告破产、吊销营业执照、责令关闭、撤销、决定提前解散或者经营期限届满不再继续经营的，劳动合同终止。用工单位应当与劳务派遣单位协商妥善安置被派遣劳动者。"

第八节　非全日制用工

【导引案例 8－8】

非全日制用工的认定案①

2008 年 3 月 11 日，王某经朋友介绍，进入上海某宾馆在前台工作，工作时间为晚上 9 点到早上 7 点，每月工资 800 元，工作至 2009 年 4 月 10 日。随后在一次闲谈中，王某从朋友李某处得知，2008 年上海市最低工资标准为 840 元，某宾馆给其的工资还不足最低工资。于是王某向用人单位提出要求补发工资差额，同时认为自己每天工作 10 小时，超过了标准工资时间的 8 小时，属于超时加班，所以还要求单位补发 2008 年 3 月至今的加班费。某宾馆则辩称，王某是晚上上班，属于公司的非全日制员工，其工资不适用于最低工资标准，同时不存在加班现象。于是，王某向当地的劳动争议仲裁委员会提出仲裁。

1. 非全日制用工与全日制用工有何区别？

2. 非全日制用工法律的特殊规定有哪些？

一、非全日制用工的概念和特征

（一）非全日制用工的概念

非全日制用工与全日制用工是相对的概念，国际劳工组织 175 号公约《非全日制工作公约》第 1 条规定，非全日制劳动，也称部分时间劳动，是相对于全日制劳动而言。非全日制用工在我国出现的时间不长，但作为灵活就业的一种重要形式，近年来呈现出较快增长的趋势，我国《劳动合同法》第一次用法律形式对非全日制用工进行了确定。该法第六十八条规定："非全日制用工，是指以小时计酬为主，劳动者在同一用人单位一般平均每日工作时间不超过四小时，每周工作时间累计不超过二十四小时的用工形式。"

① 《中华人民共和国劳动合同法适用与实例》，法律出版社 2013 年版，第 143 页。

（二）非全日制用工与全日制用工的区别

非全日制用工与全日制用工的区别主要在于：第一，非全日制用工的工作时间少于全日制用工；第二，全日制用工为一般用工形式，非全日制用工为特殊用工形式；第三，非全日制用工的劳动关系具有临时性，全日制用工的劳动关系多具有稳定性；第四，全日制用工一般是一重劳动关系，非全日制用工可以存在双重或者多重劳动关系；第五，对非全日制用工需要制定和适用特别法（如小时计酬为主）。

所以，区别全日制用工与非全日制用工的主要标志是正常工作时间差异，即非全日制用工的正常工作时间少于全日制用工的正常工作时数。

（三）非全日制用工的特征

第一，是一种特殊劳动合同关系。除了应遵循劳动合同法的一般原则和一般规定，劳动法中有关劳动安全保护、职业危害防护等保护性规定外，基于用工的特殊性，非全日制用工要遵循一些特殊的法律规定。

第二，具有灵活性。与全日制用工相比，非全日制用工劳动关系相对宽松，如劳动合同形式不拘书面性，允许达成口头劳动合同；劳动关系存续时间不确定；合同双方均可随时解除劳动关系，不必提前通知，用人单位无须支付经济补偿；劳动关系具有双重甚至多重性，允许同一劳动者同时存在两个或者两个以上的劳动关系。

第三，工资形式以小时为主。与全日制劳动相比，非全日制的工资分配，既不是计件工资，也不是日工资制、周工资制或者月工资制，而是采取以小时计酬，在同一单位平均每日工作不超过 4 小时，每周工作时间不超过 24 小时。这是由于非全日制用工一般适用于服务行业、工作任务不平均的情形。所以，采取以小时计酬，可以更好地保护劳动者的合法权益。

二、非全日制用工的特殊法律规定

（一）非全日制用工的劳动合同订立

我国《劳动合同法》第六十九条规定：“非全日制用工双方当事人可以订立口头协议。从事非全日制用工的劳动者可以与一个或者一个以上的用人单位订立劳动合同；但是，后订立的劳动合同不得影响先订立的劳动合同的履行。”考虑到实践中存在大量非书面合同的劳动关系和国际上通行的做法，为了更好地保持非全日制用工形式的灵活性以促进就业，劳动合同法采用了最为宽松的模式，允许非全日制用工既可以订立书面协议，也可以订立口头协议。关于劳动合同的形式，劳动合同法颁布之前，我国地方立法和部门规章对非全日制劳动合同形式曾采取三种模式：书面形式；一般要求采用书面形式，但是合同期限在 1 个月以下的，可以采用口头形式；允许采用书面形式或者口头形式。同时，本条规定，从事非全日制用工的劳动者可以与一个或者一个以上的用人单位订立劳动合同，即允许从事非全日制用工的劳动者建立双重或者多重劳动关系，这就突破了原劳动法禁止多重劳动关系的限制。劳动者既可以增加收入，用人单位也可以降低用人成本。但是，订立一个以上劳动合同的，后订立的劳动合同不得影响先订立劳动合同的履行，不得侵害到先订立的劳动合同。

（二）试用期的规定

非全日制用工是一种灵活就业形式，劳动关系的不确定性比全日制用工要强，而且非全日制劳动者的收入也低于全日制劳动者，考虑到很多单位把试用人员当成廉价劳动力，甚至利用试用期解除劳动合同相对容易的特点更换劳动者，所以我国《劳动合同法》第七十条规定："非全日制用工双方当事人不得约定试用期。"

本条针对非全日制用工的特殊性，对《劳动合同法》第十七条规定的用人单位与劳动者可以约定试用期等其他事项做出了限制性的规定，明确禁止非全日制用工约定试用期，更严格地控制试用期以加强对非全日制劳动者的保护。这是继承了 2003 年劳动和社会保障部颁布的《关于非全日制用工若干问题的意见》第三条规定："非全日制劳动合同的内容由双方协商确定，应当包括工作时间和期限、工作内容、劳动报酬、劳动保护和劳动条件五项必备条款，但不得约定试用期。"同时，用人单位违反本法规定与非全日制用工的劳动者约定了试用期的，应当承担相应的法律责任，按照《劳动合同法》第八十三条的规定："用人单位违反本法规定与劳动者约定试用期的，由劳动行政部门责令改正；违法约定的试用期已经履行的，由用人单位以劳动者试用期满月工资为标准，按已经履行的超过法定试用期的期间向劳动者支付赔偿金。"

（三）劳动报酬的规定

我国《劳动合同法》第七十二条规定："非全日制用工小时计酬标准不低于用人单位所在地人民政府规定的最低小时工资标准。非全日制用工劳动报酬结算支付周期最长不得超过十五日。"该法规定了非全日制用工的工资不低于用人单位所在地人民政府规定的小时最低工资标准，这样就很好地保护了劳动者的合法权益；同时该条规定缩短了《关于非全日制用工若干问题的意见》第九条的规定："非全日制用工的工资支付可以按小时、日、周或者月为单位结算。"

（四）终止用工的规定

为了更好地利用非全日制用工的灵活性，从而促进就业，促进劳动力资源的优化配置，在权衡保护劳动者权益和保持非全日制用工灵活促进就业之间的价值冲突的基础上，我国《劳动合同法》第七十一条规定："非全日制用工双方当事人任何一方都可以随时通知对方终止用工。终止用工，用人单位不向劳动者支付经济补偿。"此处的"终止用工"既包括因劳动合同期限届满而导致的终止，也包括劳动合同期没有届满而解除劳动合同的情形。我国立法选择了非全日制用工的特点及其促进就业的积极意义。本条规定也是对非全日制用工不得约定试用期的一种救济性规定。对用人单位而言，不得约定试用期就不能以劳动者在试用期间被证明不符合录用条件为由而与劳动者解除劳动合同。有了可以随时通知劳动者终止用工的权利，用人单位即使没有试用期也同样可以解除与不符合录用条件的劳动者的劳动合同。对劳动者而言，在试用期情况下，可以随时通知用人单位解除劳动合同的权利也通过这一条规定得到了救济。此外，在建立劳动关系后，劳动者也不再需要按照该法第三十七条规定提前30日以书面形式通知用人单位，而可以随时以书面形式或者口头形式提出终止用工。

（五）非全日制劳动关系中的社会保险问题

1. 养老保险

从事非全日制工作的劳动者应当参加基本养老保险，原则上参照个体工商户的参保办法执行。对于已经参加过基本养老保险和建立个人账户的人员，前后缴费年限合并计算，跨统筹地区转移的，应办理基本养老保险关系和个人账户的转移、接续手续。符合退休条件时，按国家规定计发基本养老金。

2. 医疗保险

从事非全日制工作的劳动者可以以个人身份参加基本医疗保险，并按照待遇水平与缴费水平相挂钩的原则，享受相应的基本医疗保险待遇。参加基本医疗保险的具体办法由各地劳动保障部门研究制定。

3. 工伤保险

用人单位应当按照国家有关规定为建立劳动关系的非全日制劳动者缴纳工伤保险费。从事非全日制工作的劳动者发生工伤，依法享受工伤保险待遇；被鉴定为伤残5～10级的，经劳动者与用人单位协商一致的，可以一次性结算伤残待遇及有关费用。

（六）劳动基准法的适用问题

1. 适用最低小时工资标准

根据《劳动合同法》第七十二条第一款的规定："非全日制用工小时计酬

标准不得低于用人单位所在地人民政府规定的最低小时工资标准。”

2. 非全日制用工的小时最低工资标准的确定

劳动和社会保障部发布的《关于非全日制用工若干问题的意见》第八条规定：“确定和调整小时最低工资标准应当综合参考以下因素：当地政府颁布的月最低工资标准；单位应缴纳的基本养老保险费和基本医疗保险费（当地政府颁布的月最低工资标准未包含个人缴纳社会保险费因素的，还应该考虑个人应缴纳的社会保险费）；非全日制劳动者在工作稳定性、劳动条件和劳动强度、福利等方面与全日制就业人员之间的差异。”

最低小时工资标准的测算方法为：

小时最低工资标准＝[（月最低工资标准÷月平均计薪工作日数÷8）]×（1＋单位应当缴纳的基本养老保险费、基本医疗保险费比例之和）×（1＋浮动系数）

3. 非全日制用工的工资支付周期

可以按小时、日、周单位结算，最长劳动报酬结算周期为15天。所以，根据《劳动合同法》的规定，非全日制劳动者的工资支付是不能按月支付结算的。

（七）非全日制用工的劳动争议处理

从事非全日制工作的劳动者与用人单位因履行劳动合同引发的劳动争议，按照国家劳动争议处理规定执行。劳动者直接向其他家庭或者个人提供非全日制劳动的，当事人双方之间发生的争议不适用劳动争议处理办法。

思考题

1. 劳动合同的性质是什么？
2. 我国劳动合同的分类是什么？
3. 劳动合同订立的原则是什么？
4. 劳动合同的内容是什么？
5. 劳动合同的无效制度是什么？
6. 经济补偿金与经济赔偿金的区别是什么？
7. 劳动合同解除的情形有哪些？
8. 劳动合同的履行原则是什么？
9. 劳务派遣合同的内容是什么？
10. 非全日制用工合同的内容是什么？

第九章

劳动规章制度

本章学习重点：

1. 了解惩处的概念。
2. 理解热炉规则和渐进性惩处。
3. 了解劳动纪律的内容。
4. 熟悉劳动规章制度的制定程序。
5. 了解劳动纪律和职业道德的特点。

本章学习难点：

1. 掌握惩处的事实和程序。
2. 掌握申诉的程序。
3. 掌握劳动规章制度的法律效力。
4. 内部申诉制度化的内容。

【导引案例 9－1】

内部规章制度要合法[①]

冯某在2008年3月与某电子公司签订了为期5年的劳动合同，2009年6月某电子公司提前解除了与劳动者冯某之间的劳动合同（罚款300元，并扣除6个月奖金），解聘理由是：冯某未按公司的管理制度与考勤规则履行正当的请假手续，仅经过常务副总裁批准即行归家倒休，而依据该公司管理制度，常务副总裁并无人事权，故无权批准员工倒休，所以，该公司认定冯某回家倒休之行为系无故旷工，并以此为由与冯某之间解除了订立合同。冯某不服，双方发生争议，在对劳动争议仲裁委员会的仲裁裁决都有异议后，诉至法院。在案件审理过程中，该电子公司向法庭提交了公司管理制度与考勤规则。劳动者冯

① 黎健飞：《劳动法案例分析》，中国人民大学出版社2010年版，第227～228页。

某辩称该电子公司从未向劳动者公示过上述管理制度与考勤规定，劳动者的休假实际上也一直由常务副总裁批准，并向法庭提交了该公司另一常务副总裁多次签署劳动者辞职与交接的信函。所以，冯某认为其履行了正当的请假手续，不构成矿工，要求撤销公司的解除劳动合同决定书。

1. 用人单位制定内部规章制度的程序是什么？

2. 用人单位解除与劳动者之间的劳动合同是否合法？依据是什么？

第一节　劳动规章制度概述

一、劳动规章制度的概念

劳动规章制度又称为用人单位的内部劳动规则，有的国家和地区称为雇佣规则、工作规则或者从业规则等，是指用人单位依法制定并在本单位实施的组织劳动和进行劳动管理的规则。

对此，需要明确以下几点：

第一，它是用人单位的规章制度。劳动规章制度是以用人单位为制定主体，以公开和正式的用人单位文件作为表现形式，只在本单位范围内适用，既不同于法规和政策，也与社会团体规章不同。

第二，它是劳动者和用人单位在劳动过程中的行为规则。劳动规章制度调整在劳动过程中用人单位与劳动者之间以及劳动者相互之间的关系，它所规范的行为是作为劳动过程必要组成部分的劳动行为和用人行为。所以，劳动规章制度在本单位的范围内，既约束全体劳动者，又约束用人单位的各个组成部分。

第三，它是用工自主权和职工民主管理权相结合的产物。制定和实施劳动规章制度，是用人单位应在其自主权限内用规范化、制度化的方法对劳动过程进行组织和管理的行为。即劳动规章制度是行使用工自主权的一种形式和手段。劳动者作为劳动过程的主体，有权参与劳动规章制度的制定，有权对用人单位遵守劳动规章制度实行监督。所以，劳动规章制度具有协调劳动关系的功能。

二、劳动规章制度与劳动合同、集体合同的区别

劳动规章制度和劳动合同、集体合同都是确定劳动关系当事人双方权利和义务的重要依据，都是协调劳动关系的重要手段。

劳动规章制度与劳动合同、集体合同的区别是：

第一，劳动规章制度的制定是用人单位的单方法律行为，制定程序中虽然有职工参与的环节，但由用人单位最后决定和公布，劳动者不是制定主体；而

劳动合同和集体合同的订立，都是劳动关系双方当事人或者其团体之间的双方法律行为。

第二，劳动规章制度所规定的是全体或者部分劳动者的共同权利和义务；而劳动合同所规定的只是单个劳动者的权利和义务。

第三，劳动规章制度与集体合同在内容上虽然有交叉，但各有侧重。劳动规章制度侧重于规定在劳动过程中的组织和管理中劳动者与用人单位双方的职责，即劳动行为规则和用工行为规则；劳动合同和集体合同侧重于规定本单位范围内的最低劳动标准。

三、劳动规章制度的界定

劳动规章制度是企业规章制度的重要组成部分，由于其受到劳动法的专门规制，所以，有必要对企业规章制度中的劳动规章制度与其他规章制度进行区分。《劳动合同法》第四条第一款规定，劳动规章制度即“保障劳动者享有劳动权利、履行劳动义务”的规章制度，这是从功能和任务的角度做出的界定；第二款规定，劳动规章制度即“有关劳动报酬、工作时间、休息休假、劳动安全卫生、保险福利、劳动者培训、劳动纪律以及劳动定额管理等直接涉及劳动者切身利益的规章制度”，这是从内容的角度做出的界定。这说明，“保障劳动者享有劳动权利、履行劳动义务”的规章制度，也是“直接涉及劳动者切身利益”的规章制度，这两种表述的内涵和外延都具有一致性。

四、劳动规章制度的作用[①]

结合多方面研究分析，劳动规章制度的作用如下：

第一，通过劳动规章制度不仅能够对企业现有劳动力状况实施全面优化，还能约束劳动人员日常工作状况，严防企业劳动人员在日常工作过程中出现问题。如果劳动规章制度与企业发展要求存在出入，就应要求相关人员按照标准化要求对企业劳动规章制度实施优化调整，充分发挥各项规章制度的现实作用，在保障劳动人员合法权益条件下，确保他们可以全身心投入各项基础工作当中。

第二，在劳动规章制度支持下，还能对企业劳动人员日常工作情况实施有效审查，一旦发现企业劳动人员在日常工作中出现问题，用人单位可以制定合理解决措施，以避免企业劳动人员日常工作问题愈演愈烈。

第三，企业在核算劳动人员日常薪资福利时很有可能会因为外在因素干扰而出现问题，如果不能及时解决各项问题，必然影响劳动人员参与各项工作的积极性和企业现实经济效益。而通过劳动规章制度则能够调整劳动人员薪资福

① 杨一凡：《劳动规章制度法律问题研究》，载《西部学刊》2020 年第 2 期。

利核算问题，体现出劳动规章制度在企业发展中的作用。

第二节　劳动规章制度的制定和法律效力

一、劳动规章制度的制定程序

（一）劳动者参与

劳动规章制度虽然是单位行政部门制定的，但只有在吸收和体现了劳动者方面的意志，或者得到劳动者认同的情况下，才能确保实施。所以，立法中要求劳动规章制度制定程序中应当有劳动者参与的环节。

我国《劳动合同法》第四条规定，用人单位在制定、修改或者决定直接涉及劳动者切身利益的规章制度或者重大事项时，应当经职工代表大会或者全体职工讨论，提出方案和意见，与工会或者职工代表平等协商确定。

（二）报送审查或者备案

内部规章制度涉及劳动法律、法规和政策的实施，同劳动者的利益密切相关。为了保证内部规章制度内容合法和保护全体劳动者的利益，法律要求把内部规章制度的制定置于国家法律的监督之下。我国《劳动合同法》对劳动规章制度的报送审查或者备案没有做出规定，但在以前的国家劳动部规章中，曾要求新设立的企业应当将其制定的劳动规章制度报送劳动行政部门备案。

（三）正式公布

内部规章制度是以全体劳动者和用人单位的各个行政部门为约束对象，就应该为全体劳动者和用人单位的各个行政部门所知晓。所以，法律中要求以合法有效的方式公布。我国法律规定，内部规章制度必须经过用人单位的法定代表人签章和加盖公章，从公布之日起在本单位范围内生效。

二、劳动规章制度的效力

（一）内部规章制度具有效力的理论依据①

西方国家对于内部规章制度有无效力的问题存在争论。无效说认为，内部

① 徐智华：《劳动法学》，北京大学出版社 2016 年版，第 167 页。

规章制度是厂方单方制定的，劳动者事后才知道，因而不属于劳动契约，不能约束劳动者。有效说则主张，内部规章制度应当具有效力，但对于为什么具有效力，则有不同观点。

1. 契约说[①]

契约说认为内部规章制度是劳动契约的一部分，劳动契约既已经成立，内部规章制度作为劳动的附属契约只要合法，同样具有效力。这种主张认为，劳动者只有以明示或者默示的方式与雇主达成合意，才受内部规章制度的约束。

契约说的缺点在于：把内部规章制度作为契约只是一种拟制，在实践中往往与事实不符，即劳动者大多数是在契约订立之后才知晓内部规章制度的详细内容，并且，在契约订立后雇主可以不经劳动者的同意而单方修改内部劳动规章制度。这都无法用契约说进行解释。

2. 法规说

此种学说认为，内部规章制度具有法规的性质。即企业作为一种社会组织从其依法成立之日起就被国家赋予制定本组织内部规范的权力，这也是法律所赋予的内容。所以，制定内部规章制度是一种“授权立法”。劳动者既然已经入厂，就表明劳动者与用人单位之间在建立劳动关系方面意思表示是一致的，并表明劳动者已经承认用人单位的法定代表人作为一厂之主具有谋求工厂发展而在本工厂范围内的“立法”权力。所以，这种主张认为，不论劳动者对内部规章制度的内容是否知悉和同意，都要无条件地受其约束。如公务员，既然已经就职，表明其已有意思表示在先，而后自然可以附加其他内容，要求其接受有关工作条例的约束。

法规学的缺点在于：企业并不是国家机关，对其授权立法没有充分的法理依据。

3. 折中说

这种主张认为，以上两种观点都失之偏颇，并认为，内部规章制度之所以发生效力，既是由于法律的确认，也是由于当事人双方的合意。所以，内部规章制度具有效力的条件是：其内容不违法并且征得劳动者的同意。

（二）劳动规章制度的效力

劳动规章制度的效力来自法律的赋予。我国《宪法》规定，遵守劳动纪律是公民的一项基本义务；《劳动法》和《劳动合同法》规定，用人单位应当依法建立和完善规章制度，劳动者应当遵守劳动纪律。

① 常凯：《劳动法》，高等教育出版社 2011 年版，第 339 ~ 340 页。

劳动规章制度的效力为：

第一，劳动规章制度是法律规范的延伸和具体化。即劳动规章制度是实施劳动法律规范的必要手段，应当赋予其效力。

第二，劳动规章制度是劳动合同的附件。在劳动合同的订立过程中，劳动规章制度是劳动者有权了解、用人单位有义务告知的必要信息。双方订立劳动合同，就表明劳动者承认劳动规章制度并愿意受其约束，劳动规章制度实际上成为劳动合同的附件。法律赋予内部规章制度以效力，是强化劳动合同效力的必然要求。

第三，劳动规章制度是实现劳动过程的自治规范。一方面，用人单位制定劳动规章制度，是行使用人自主权的法律行为；另一方面，劳动者也参与劳动规章制度的制定，内容是由双方协商确定。这说明，劳动规章制度是用人单位与劳动者依法自律的手段，反映了用人单位和全体劳动者的共同意志，所以，法律赋予其效力。

（三）劳动规章制度具备的法定有效要件

劳动规章制度发生效力，必须完全具备法定有效要件。包括：

第一，制定主体合法。有权代表用人单位制定劳动规章制度的，应当是用人单位组织系统中处于最高层次、对于用人单位的各个组成部分和全体劳动者有权实行全面和统一管理的机构。这样，才能保证所制定的劳动规章制度在本单位范围内具有统一性和权威性，在我国现行立法对劳动规章制度的制定主体要件尚未明确的情况下，应当依据经工商行政管理部门核准登记的企业章程来确定什么机构有资格制定劳动规章制度。在法人与非法人分支机构之间，非法人分支机构制定劳动规章制度必须经过总机构授权。

第二，内容必须合法。劳动规章制度的内容，不仅不得违反法律、法规和政策的规定，而且不得违反集体合同的规定，即其规定的劳动者利益不得低于法律、法规、政策和集体合同规定的标准。

第三，制定程序必须合法。在制定劳动规章制度的过程中，凡是法定必要程序，都必须严格履行。

（四）劳动规章制度与劳动合同效力上的关系

劳动规章制度与劳动合同效力上的关系，主要表现在以下几个方面：

第一，劳动合同中规定的劳动条件和劳动待遇不得低于劳动规章制度中所规定的标准，否则，以劳动规章制度所规定的标准代替。

第二，劳动规章制度作为劳动合同的附件，具有补充劳动合同内容的效力。

第三，劳动合同中可以特别约定其当事人不受劳动规章制度中特定条款的约束，但这种约定应当以对劳动者更有利为前提。因为劳动合同作为主件，对作为其附件的劳动规章制度的效力，可以在合法的范围内予以一定的限制。

（五）劳动规章制度的效力范围

劳动规章制度的效力范围主要体现在以下几个方面：

第一，劳动规章制度必须在本单位范围内全面实施，劳动过程中的各种劳动行为和用工行为都必须受劳动规章制度约束，全体劳动者与用人单位的权利和义务都应当以劳动规章制度为依据。

第二，遵守劳动规章制度是全体劳动者和用人单位的法定义务和约定义务，对模范遵守劳动纪律的劳动者应当予以奖励，对违反劳动纪律的劳动者应当予以惩罚，对违反劳动规章制度的用人单位应当依法追究其法律责任。

第三，劳动者与用人单位因执行劳动规章制度发生争议，应当依法定的劳动争议处理制度予以处理。

第四，在劳动争议处理过程中，劳动规章制度是仲裁和审理劳动争议的依据。

第三节 劳动纪律与职业道德

一、劳动纪律与职业道德的概念

劳动纪律是指劳动者在劳动过程中必须遵守的劳动规则和秩序。它是保证劳动者按照规定的时间、质量、程序和方法完成自己承担的工作任务的行为准则。

职业道德是指劳动者履行劳动义务、完成岗位职责活动中形成的评价人们的思想和行为的观念、原则和规范的总和。

二、我国劳动纪律和职业道德的特点

（一）我国劳动纪律的特点

我国劳动纪律具有以下特点：

第一，它是劳动者自己的纪律。社会主义社会制定纪律的目的是保证实现生产过程的需要，是为劳动者的安全等自身利益服务的。所以，它是劳动者自己的纪律。

第二，它是劳动者自觉的纪律。社会主义劳动纪律是劳动者以主人翁身份要求建立的，同时也是劳动者出于关心自己的安全和健康，要求有一套能保证正常生产劳动的规则和秩序，所以它又是劳动者用自觉性来维持的纪律。

第三，它是劳动者自愿的纪律。社会主义劳动纪律既是劳动者为维护自己利益而要求制定的，对于执行纪律的手段，也是自己愿意接受的；对于破坏纪律的行为，除必须的强制手段外，大多数是以同志式的批评和自我批评的方式解决。

在资本主义的社会中，由于生产资料的私人占有，制定纪律是为了维护资本家的最终利益，资本主义的劳动纪律，不管具体内容如何，最终都不会是劳动者自己的纪律、自觉的纪律、自愿的纪律，只能为资产阶级的利益服务。

（二）职业道德的特点

职业道德是一定历史条件和社会关系的产物。不同的社会、不同的阶级有着不同的做人标准和要求，所以有不同的职业道德和理想。

职业道德的主要特点是：

第一，从与法律、纪律相比的层次而言，职业道德是人类历史上最崇高、最先进的行为规范。

第二，从调整的范围而言，职业道德是最广泛、最完整的行为领域、思想领域，把有限的本职工作和无限的奉献精神相结合起来。

第三，从实现道德的手段而言，是无穷无尽的社会舆论、社会习俗，是人们内心的信念和强大的自制力。对绝大多数人而言，职业道德的力量是防止少数人违法违纪的铁壁，是法律和纪律的后盾。

三、劳动纪律与职业道德的关系

在了解了劳动纪律与职业道德的概念与特点之后，就可以发现，它们之间的区别是：第一，劳动纪律属于法律关系范畴，是一种义务；职业道德属于思想范畴，是一种自律信条。第二，劳动纪律的直接目的是保证劳动义务的实现；职业道德的目的是为了企业的最佳经济效益和其他劳动权益的实现。第三，劳动纪律实现的手段必须伴以惩戒；职业道德主要是凭借内疚和自责。

劳动纪律与职业道德存在如下关系：一是共同寓于同一主体——劳动者；二是共同调整同一行为；三是最终目的的一致性。

可见，劳动纪律和职业道德既有区别，又有联系，都是企业不可缺少的。为此，我国《宪法》第五十三条规定，中华人民共和国公民必须遵守劳动纪律。《劳动法》第三条规定，劳动者应当遵守劳动纪律和职业道德。劳动纪律和职业道德对于加强社会主义文明建设、提高劳动生产率、生产合格优质产品有着十分重要的意义。

第四节　奖惩制度

企业奖励什么行为就是鼓励员工多发生类似的行为；同样，惩罚什么行为也就是希望在员工中抑制甚至杜绝类似行为的发生。

一、奖惩的意义

奖励和惩罚是纪律管理中不可缺少的方法。奖励属于积极性的激励诱因，是对员工某项工作成果的肯定，旨在利用员工的上进心、荣誉感，促使其守法守纪，负责尽职，并发挥最高的潜能。奖励可以给员工带来高度的自尊、积极的情绪和满足感。惩罚则是消极的诱因，其目的是利用人的畏惧感，促使其循规蹈矩，不敢实施违法行为。惩罚会使人产生恐惧，除非十分必要，否则不要滥施惩罚。

奖惩是管理者对工作努力或者严重违反劳动纪律的员工所采取的激励或者惩罚的措施。奖惩措施不应随便使用，而应该符合预先设定的规则，并按照规定的程序进行；应明确奖惩的原因、奖惩依据、奖惩程度、奖惩的具体形式，对事不对人。奖惩不当，无论对员工还是对管理方都十分有害，并会影响劳动生产率的提高和员工关系的改善。

二、奖励的种类

奖励是管理者根据劳动者的行为、情节，依据奖励制度所给予的处理，一般可分为精神奖励和物质奖励。除了口头的赞许之外，正式的奖励主要有如下几种：

一是嘉奖、记功、记大功。根据程序和对劳动者奖励的事实，给予嘉奖、记功、记大功。嘉奖三次相当于记功一次，记功三次相当于记大功一次。这些奖励措施通常可以作为绩效加分或者增发奖金的依据或者晋升参考，如获得嘉奖一次，在绩效考核中加一分，记功一次加三分，记大功一次加九分。记功的奖励可以根据其程度，分为一等功、二等功、三等功。

二是奖金。以金钱激励受奖者，奖金数目可以根据月薪的百分比发放，也可以另定数目。

三是奖状、奖牌、奖章。这类奖励方式可以使受奖者长期显示荣耀。另外，奖状、奖牌、奖章的设计样式、本身的价值以及赠奖人的身份地位，都可以影响奖励的价值。

四是晋级加薪。调升受奖者的薪级，提高薪酬水平。

五是调升职务。提升受奖者职务，如将技术员调升为工程师，或者由职责较轻的工作调任职责较重的工作等。

六是培训深造。优先选送受奖者进修、深造，或者送其出国考察。

七是表扬。利用开会等公开场合给予表扬、赞美、慰勉、嘉许，或者将事迹公布，或者刊登在公司发行的刊物上等。

三、惩处的种类

所谓惩处，是指管理方对严重违反劳动纪律或者规章制度的劳动者采取的惩罚措施。以前，管理方拥有随意处罚劳动者的权力，当他们对劳动者的业绩或者行为不满时，可以随意解雇。惩处措施不应随便使用，而应符合预先设定的原则，并按照规定的程序进行；应明确惩处的原因、惩处的依据、惩罚的程度、惩罚的形式，对事不对人。惩处不当，无论是对劳动者还是管理方都十分有害，而且会影响到劳动生产率的提高和劳动关系的改善。

一般情况下，惩处分为正式惩处和非正式惩处。非正式惩处主要是指口头责备。正式的惩处措施主要有以下几种：

一是申戒、记过、记大过。一般地，申戒三次相当于记过一次，记过三次相当于记大过一次。在绩效考核减分上，申戒一次扣一分，记过一次扣三分，记大过一次扣九分。记过也可以分为一等过、二等过、三等过。同样，这种惩罚措施也可以作为减发奖金的依据。

二是降级。降低受惩罚者的薪酬等级，减少薪酬；降级一般有时间限制，如 3 个月、6 个月，时间一到，即应该恢复原来的薪酬等级。

三是降调职务。降低受惩罚者的职务等级，如由主管降为非主管，或者由环境较好的地区调往环境较差的地区。

四是停职。在一段时间内停止受惩罚者的任职，该期间停发薪酬和津贴。

五是免职。对严重违反劳动纪律者，可以解除劳动关系。

六是追究刑事责任。对触犯刑律者，如侵占公款等，可以移送到司法机关，追究其刑事责任。

这些惩罚措施可以同时使用，如记大过，同时降级以及降调职务。管理者使用惩处措施，应当详细考察情节严重程度，妥善运用。在进行处理时，须考虑多方面的因素，具体问题具体分析，做到公平公正。

四、惩处的事实

惩处的事实是指劳动者的哪种行为应当受到惩处。一般从劳动者工作、考勤、品德等方面进行考量。

一是工作方面。擅离职守；执行工作不力或者懈怠疏忽；执行工作畏难规避或者推诿；不服从管理人员的指挥监督；故意浪费材料或者损毁机器；在工作时间睡觉；在工作时间嬉戏影响工作；在禁止吸烟的场所吸烟；在工作场所制造私人物品；泄露职务上的机密。

二是考勤方面。迟到、早退；托人打卡或者代入打卡；连续旷工或者一段时间内旷工多次；伪造出差事由；伪造请假证明。

三是品德方面。盗窃物品；制造事端，影响团结；撕毁或者涂改公司文件、记录；在工作场所出现有伤风化的行为；收受贿赂；侵占公款等。

四是其他方面。对同事不法行为隐瞒不报；其他违反国家法律、法规的行为。

此外，一些国家规定企业对劳动者实施惩处的情况还有：种族歧视、工作绩效不能令人满意、拒绝接受工作安排、参加法律禁止的罢工、怠工等。

五、惩处的原则

（一）热炉规则

热炉规则形象地阐述了如何有效地惩处，它强调惩处的即时性、预警性和一致性原则。

第一，即时性。热炉会立即灼烧触摸它的人，比喻对劳动者的错误应迅速做出惩罚，这样才能使劳动者明白处罚的原因。如果处罚不及时，在一定程度上会削弱惩处的效果。

第二，预警性。火炉发出的热量会警告人们，如果触摸就会被烫伤。管理者应加强对劳动者规章制度的培训，使劳动者清楚出现什么样的行为就会受到惩处。这是惩处能够得到认可和支持的重要程序。

第三，一致性。火炉会烫伤任何一个触摸它的人，而且对以同样力度、在同样时间触摸火炉的每一个人来说，烫伤的程度是相同的。这意味着惩处应具有一致性、公平性，不管是谁，都应一视同仁，不带有个人的好恶、情感和私心。惩处应让劳动者相信，在基本情况相同的情况下，任何劳动者受到的惩罚将是相同的。保持处罚措施的一贯性，是确保公平关键的因素。但一致性并不是不考虑劳动者过去的违纪行为、服务年限、工作记录和其他情况。

（二）渐进性惩处

渐进性惩处是指管理方对劳动者的处罚应采取逐步加强严厉性的方式进行，即按口头警告、书面警告、降级、降职、停职和解雇这种顺序进行，其目的是确保对劳动者所犯错误施以最轻的惩处。渐进性惩处要求对劳动者所犯的错误按照其严重程度进行分类。除了需要立即解雇的违纪行为外，对劳动者的各种违纪行为应制定不同的处罚标准，并规范处理程序，如劳动者未经允许擅自离开岗位的，初犯时受到口头警告，第二次违犯时会受到书面警告，第三次违犯时将被解雇。

总之，处罚应与错误的严重承担相当，并不是越严厉越好。处罚劳动者应公正。

六、奖励和惩罚的实施

对劳动者进行奖惩，应遵循一定的程序和步骤。

第一，建立绩效考核等规章制度。绩效考核一般通过绩效评价过程来确定，规章制度是获得高绩效的保证，其内容应合法、公正、具体、明确，具有可操作性。

规章制度是用人单位内部实施的组织劳动和进行劳动管理的规则，在劳动关系的调整体系中发挥着重要作用。合法有效的规章制度是法律在企业内部的延伸，其范围可以涉及一切与劳动有关的规定和调整机制，如工时制度、薪酬福利制度、录用考核制度、考勤请假制度等。

第二，符合民主程序。制定规章制度和工作规则，应直接或者间接征求劳动者的意见和建议，应符合法定的民主程序。

《劳动合同法》第四条第二款规定："用人单位在制定、修改或者决定有关劳动报酬、工作时间、休息休假、劳动安全卫生、保险福利、职工培训、劳动纪律以及劳动定额管理等直接涉及劳动者切身利益的规章制度或者重大事项时，应当经职工代表大会或者全体职工讨论，提出方案和意见，与工会或者职工代表平等协商确定。用人单位应将直接涉及劳动者切身利益的规章制度和重大事项决定公示，或者告知劳动者。"《劳动合同法》第四十三条规定："用人单位单方解除劳动合同，应当事先将理由通知工会。用人单位违反法律、行政法规规定或者劳动合同约定的，工会有权要求用人单位纠正。用人单位应当研究工会的意见，并将处理结果书面通知工会。"

第三，向劳动者公示。管理方负有将绩效考核标准和规章制度传达给劳动者的责任和义务，其方式多样，如：通过发放劳动者手册，介绍工作规则和组织政策；通过上岗引导，向新进的劳动者解释相关规则；通过让新进的劳动者在文件上签字，表明他们已经收到或者读过工作手册；通过公告牌、公司简报和备忘录传达工作规则等。

第四，量化处罚标准。管理方对劳动者进行处罚，应采取逐步严厉的方式进行，即口头警告、书面警告、停职和解雇这种正常顺序，其目的是确保对所犯错误施以最轻惩处。实施渐进性惩处方式，要求对劳动者所犯错误，按照严重程度进行分类。除了需要立即解雇的违纪行为，如盗窃、工作时间斗殴等之外，对劳动者的各种违纪行为要制定出不同的处罚标准，并规范处理程序。

在劳动争议中，企业胜诉率低的原因之一，是对违纪劳动者的处罚没有具体细化、量化，惩罚标准不明确。我国现行劳动法律、法规对违纪行为的规定使用了大量的程度副词，如“严重违纪”“重大损失”等，在这些情况下，企业可以解除劳动合同，但对什么行为是违纪行为、违纪行为达到何种程度才构成“严重违纪”等，却没有进行具体列举，这就需要企业根据不同岗位要求，在规章制度中将其细化和量化。

第五，必要时，采取纠正性惩处行动。当劳动者的工作绩效低于预期或者违反了规章制度时，必须采取纠正措施。

第六，调查和取证。奖惩应建立在事实清楚、证据确凿的基础上，以充分、恰当的记录为依据。2020 年 12 月发布的《最高人民法院关于审理劳动争议案件适用法律若干问题的解释》第四十四条规定：“因用人单位作出的开除、除名、辞退、解除劳动合同、减少劳动报酬、计算劳动者工作年限等而发生的劳动争议，用人单位负举证责任。”企业在处理违纪劳动者时，应该先调查了解情况。只有在事实依据和法律依据充分，并有相关证据能够证明的情况下，才能做出处理决定。

建立详细的工作档案，对劳动者的工作表现、工作业绩、过去违反规则的行为，要有扎实的考核评价和书面记录，因为良好的工作绩效以及在企业工作时间的长短，都可能会影响惩处行为的严厉程度。管理者要避免对劳动者进行草率的惩罚，更不能在惩罚劳动者后再去收集、寻找相关证据。

第七，书面记录。凡是违纪处罚，一定要有书面记录，并在劳动者档案中保存。即使是口头警告，也要有书面记录。书面记录为以后发生的劳动争议提供了证据，提高了企业预防劳动争议的能力，可以有效避免劳动争议或者在争议中败诉。

第五节　申　诉

一、申诉的概念及种类

申诉是指劳动者认为自己在工作中的权利受到侵犯，要求得到解决的行为。申诉通常是在劳动者认为企业违反了集体协议、劳动纪律，或者违背了过去的惯例、规章制度，企业应承担相应的责任时发生。

建立申诉制度，为处理劳资之间的纠纷、分歧和不满提供了有效的途径。它用一种正式的、事先安排的方式，为澄清纠纷提供了一种机制，有利于发挥工会在处理纠纷过程中的作用，有利于劳资双方在不同层次上的协商，从而确保劳动者的问题能得到及时的处理。

申诉分为个人申诉和集体申诉。个人申诉多是由于管理方对劳动者进行惩处引起的，通常由个人或者工会的代表提出。个人申诉的范围包括从管理方的书面警告开始到最终劳动者被解雇整个过程中可能引起的任何争议。集体申述是为了集体利益而提起的政策性申诉，通常是工会针对管理方（在某些情况下，也可能是管理方针对工会）违反协议条款的行为提出的质疑。集体申诉虽不直接涉及个人权利，但影响整个谈判单位的团体利益，通常由工会委员会的成员代表工会的利益提出。

二、申诉的范围

劳动者申诉制度的主要作用在于处理劳动者工作过程中的不满，其范围一般限于与工作有关的问题。与工作无关的问题通常应排除在外，如劳动者的情感问题、家庭问题、个人问题等，虽然这些问题可能间接影响其工作绩效，但并不是申述制度应该或者能够处理的问题。一般而言，劳动者可以通过申诉制度处理的事项主要有以下一些：薪资福利、劳动条件、安全卫生、管理规章与措施、工作分配及调动、奖惩与考核、群体间的互动关系以及其他与工作相关的不满。

三、申诉的程序

处理申诉的程序，因企业的规模大小、事情轻重以及有无工会组织而有所不同，有的只有一两个阶段，有的则多达五六个阶段。但一般而言，申诉的起诉阶段多由申诉人与其管理者直接协商，然后由工会代表和工厂主管协商，如争端仍未解决，最终则通过外人仲裁。原则上，问题如果能在前一个阶段获得解决，申诉就不再进入下一个阶段。

在无正式工会组织的企业，劳动者若有任何抱怨与不平，大多由申诉人与其主管直接协商。如果没有解决，则依序向上一级提出，直至最高主管。

在有工会组织的企业内部，劳动者申诉程序需要通过正式的流程来处理，通常在集体合同中都包括了处理争议的申诉程序，具体步骤的设计由当事人双方自行决定。在小企业，这一程序可能仅包括工会代表与雇主之间进行见面磋商这样一个简单的步骤，但在大企业，则通常包括以下的步骤：第一，由劳动者及其工会代表与直接监督管理人员讨论，尝试通过非正式途径解决事端。第二，由工会领导或者工会代表与更高一级的管理者（部门经理或者工厂负责人）会面磋商。如果不能得到解决，申诉就进入第三阶段。第三，由资深的工会管理者和公司管理人员（当地工会主席和人力资源部负责人）进行讨论解决。第四，如果仍然不能得到解决，则结束申诉，进入仲裁。通常为了防止拖延，每一阶段都规定了时间限制。在许多申诉，尤其是那些涉及解雇问题的申诉中，集体合同都规定了“及时仲裁制度”，即当事人可以不经过规定的申诉阶段而直接进入仲裁。从理论上说，及时仲裁制度有助于防止案件的拖延，快速解决对一方或者双方至关重要的问题。

总之，处理劳动者申诉，不管企业内部是否有工会组织，其主要程序可以归纳为以下步骤：

（一）受理劳动者申诉

即由申诉者与监督者、管理者商谈，管理者在接受申诉的过程中，要心平气和地对待申诉人，用客气、关怀的态度接纳申诉人，并观察其态度，从其态度和谈话中寻找产生抱怨的关键所在。

（二）查明事实

管理者要查明事实，不得有所偏袒，如果事情涉及双方，则对双方都要就事实进行调查、了解。调查的内容主要包括：劳动者是否确实违反了有关规定？劳动者是否已经得到适当的警告和提示？对劳动者的处理是否与过去的个案一致？处理是否合理、公平？查明事实的方法有：进行实地调查，广泛地与劳动者面谈；分析和检查各项政策、规定和措施；检查劳动者资料；与有关人员讨论。

（三）解决问题

管理者了解劳动者申诉的事实后，应设法为其解决，消除劳动者的误解。一般而言，解决劳动者申诉的方法有下列几种：

第一，提供与抱怨发生有关的原因信息；

第二，对各项事实真相迅速给予解释；

第三，在特殊情况下，对劳动者个人表示充分的同情；

第四，向苦恼的劳动者保证并说明事实绝非想象中的那样；

第五，承认个人的人格尊严和价值；

第六，必要时给予有效的训练；

第七，协助劳动者勇敢面对现实；

第八，帮助劳动者解决个人遇到的各种困难；

第九，利用工作轮换，解决冲突；

第十，改变物质上的不利条件。

（四）申请仲裁

如果劳动者的不满不能在组织内部获得满意解决，则双方都可以诉诸第三者或者公权力来仲裁。仲裁者的角色犹如法官，对劳动者的申诉进行裁决。在有工会的企业，通常集体合同中都包括仲裁条款，即规定在协议的有效期内，当双方不能自行解决争端时，可向第三方寻求裁决。一般要求约定双方都认可的仲裁者或者中立的第三者，通常为有资格从事仲裁活动的律师或者大学教授，在某些情况下也可以由一个由仲裁者、工会代表和雇主代表组成的三方委员会进行仲裁。仲裁员一旦选定，接下来就是安排案件的审理时间，选定双方都满意的审理地点。在安排和审理案件的过程中，审理程序要严格按照法律规定，通常双方都会聘请律师作为其委托代理人。

仲裁结果对双方具有约束力。在多数西方国家，劳动者申诉一经仲裁，双方必须完全服从，但如果裁决被证明不实、不当、有重大错误或者显然违反法律，则可能请求法院予以撤销。在我国，劳动争议仲裁委员会对争议进行裁决后，双方当事人如果不服，可以在规定的期限内向人民法院提起诉讼。实际上，除非有充分、明显的根据质疑仲裁结果，否则仲裁员的裁决就是最终的裁决，双方当事人必须遵守。

四、申诉的制度化

企业内部申诉制度的建立，是为了化解劳动者的不满情绪，改善组织内部的管理体制，除了非正式的申诉处理制度（当事人之间的私下沟通）外，组织应建立明确的申诉制度，给劳动者提供正常、合法的申诉渠道。

一般来说，内部申诉制度主要包括下列内容：

（一）申诉规则的制度化

申诉制度和程序必须明确加以说明和明示，这对保护劳动者及企业的合法权益具有重要作用。值得注意的是，企业在制定申诉制度过程中，应仔细听取劳动者意见，不能单方自行制定，否则将难以被劳动者接受和遵守。

（二）申诉机构的正式化

企业内部机构应力求正式化。建立正式的申诉机构，不仅能确保申诉渠道的畅通，而且能够使管理者通过正式渠道了解劳动者的工作状况和心理反应。非正式化的申诉运作除了会使企业处理申诉问题不方便外，还容易产生直属主管刻意隐瞒事实的弊端。正式的申诉机构应由劳资双方代表共同组成，以确保申诉处理的客观、公正。

（三）申诉范围的明确化

明确界定申诉的范围，可以准确判断申诉时间是否成立，以及是否值得进一步调查；可以使组织和劳动者了解申诉的问题所在，从而使申诉制度运作方向更加明确。对申诉问题加以分类，不仅可以及时有效地平息劳动者的不满，而且可以发现组织管理制度存在的不合理之处，不断提高组织的管理水平、工作效率和竞争能力。

（四）申诉程序的制度化

虽然申诉制度的设计和运作受到组织规模大小的影响，但一个合理的申诉程序应具备以下特征：劳动者有机会表达其意见；企业有接受意见并处理的机构或者执行者；申诉处理按照正式的渠道和程序进行；问题处理后必须能反馈给申诉者，明示申诉处理过程及结果；企业应定期整理并公布申诉处理的事件及问题特征，让劳动者知晓申诉的重点问题及处理情况。

思考题

1. 对劳动者进行惩处的事实包括哪些内容？
2. 试述申诉的程序是什么？
3. 申诉制度化包括哪些方面的内容？
4. 劳动规章制度的制定程序是什么？
5. 劳动纪律的特点是什么？
6. 职业道德的特点是什么？

第十章

集体谈判和集体合同

本章学习重点：

1. 了解集体谈判和集体合同的概念及其作用。
2. 掌握集体谈判的程序和内容。
3. 了解集体合同争议的处理程序。

本章学习难点：

1. 了解集体谈判的方式及集体谈判结果的决定因素。
2. 掌握集体合同与劳动合同的区别。
3. 了解集体合同的内容和签订程序。

【导引案例 10－1】

集体合同管理[①]

2000 年，中国大连某房地产开发公司、日本某株式会社共同出资建立了某商厦。2000 年 2 月向当地工商管理部门登记注册，注册资本为 200 万美元，3 月 5 日，经工商管理部门核准后，领取了中外合资企业法人营业执照，合营期限为 15 年。2002 年 2 月，商厦建成，2002 年 5 月正式对外营业。2002 年 6 月，商厦工会代表 200 名职工与商厦集体协商后，双方签订了为期 3 年的集体合同。该集体合同经当地劳动行政部门登记、审查后发生法律效力。商厦分别与员工签订了 3～5 年的劳动合同。

由于商厦经营不善，合资方的日方决定将 50% 的股份转给德国的一家公司。2004 年 2 月，德国某公司买下 50% 的日方股份后，承包了商厦，并向商厦董事会提出要求停止集体合同的履行，解除与现在劳动者的劳动合同。商厦董事会经讨论后，同意了德国某公司的要求，决定公布后，引起劳动者的强烈

① 张倜：《劳动关系管理》，电子工业出版社 2006 年版，第 55～56 页。

反响。劳动者认为，商厦与劳动者签有3年期的集体合同，合同尚未到期，这种做法严重侵犯了劳动者的合法权益。经工会与商厦多次协商，均未达成共识，劳动者要求通过法律程序解决。于是工会代表全体劳动者向劳动争议仲裁委员会提出申请，要求商厦继续履行集体合同。

1. 用人单位股东方发生变化，集体合同的履行是否受到影响？
2. 集体合同和劳动合同的区别是什么？

第一节 集体谈判和集体合同概述

集体谈判与集体合同制度作为协调劳动关系的基本法律制度，在推动现代企业制度建设、实现新型工业化和社会公平过程中具有重要作用。市场经济体制的发展、劳动关系的市场化和民主政治建设的加强为其推行创造了必要的条件。

集体谈判和集体合同制度在实际运行过程中必须遵循主体独立原则、合法的原则和相互合作原则。

一、集体谈判和集体合同的概念

（一）集体谈判的概念

“集体谈判”一词是表示集体合同双方协商过程的专业术语。“集体谈判”这一术语是由英国学者比阿特丽斯·韦伯在1981年的研究论文《英国合作运动》中首先提出并使用的，西德尼·韦伯和比阿特丽斯·韦伯夫妇在1902年出版的研究工会和集体谈判的代表作《产业民主》中指出：“在无工会组织的行业，劳动者个人无论在寻找工作，还是接受或者拒绝雇主提供的就业待遇时，除了考虑自身所处的紧急状况之外，并没有与其同伴进行交流。为了出卖劳动力，劳动者个人不得不与雇主进行艰难的个人交涉，但如果工人团结起来，推选代表以整个团体的名义与雇主谈判，其弱势地位将会得到改变，雇主也无须再分别与每个雇员签订一系列的个别劳动合同，而只要签订一个能够满足集体意愿、规定集体劳动条件的合同即可。根据这一集体合同所确立的准则，从签订之日起，所有特定群体、特定阶层、特定等级的人员都要遵守该合同。”这一论述阐明了集体谈判制度的起源。

国际劳工组织发布的《促进集体谈判公约》对集体谈判的定义为：适用于一个雇主、一些雇主或者数个的雇主组织为一方，与一个或者一个以上的工人组织为另一方之间的集体合同的谈判。

在我国，法律、法规中并没有使用“集体谈判”这一称谓，而是用“平等协商”“集体协商”这样的术语。1994 年《集体合同规定》（已经废止）第七条规定：“集体协商是指企业工会或职工代表与相应的企业代表，为签订集体合同进行商谈的行为。”

（二）集体合同的概念

集体合同又称“集体协议”“团体契约”“集体契约”等。国际劳工组织第 91 号建议书《1951 年集体协议建议书》将集体协议定义为：“由一个或者几个雇主或者组织为一方与一个或者几个工人代表组织所达成的，涉及工作条件和就业条件的任何书面协议。”

我国《劳动法》①、《劳动合同法》②、《集体合同规定》③ 都对集体合同进行了规定。

这三个定义之间的区别主要集中在主体的变化上。即从未明确规定主体，到将主体明确为一方是企业，另一方是工会及其所代表的职工，再到一方是企业，另一方是职工；在 2004 年的《集体合同规定》中，专门强调了集体协商制度通过集体协商签订的书面协议。

二、集体谈判和集体合同制度的运行原则

集体谈判和集体合同制度在实际运行过程中，必须遵循以下原则：

第一，主体独立的原则。即集体谈判的双方必须是各种身份独立的利益主体。相互之间没有依附关系，这是集体谈判的先决条件。随着企业产权关系的变化，以及独立经营、自负盈亏的经营模式的确立和劳动合同制度的推行，劳动关系双方的主体身份和地位已经客观存在，但实际上劳动者作为一个独立的利益主体的身份并未得到业主、社会甚至一些政府官员的承认。据调查，相当多的经营者和业主都否认劳动者或者工会与企业协商解决劳动问题的资格，需要在市场经济的发展完善、劳动法律不断健全、劳动者权利意识逐渐觉醒、工

---

① 《劳动法》第三十三条规定：“企业劳动者一方与企业可以就劳动报酬、工作时间、休息休假、劳动安全卫生、保险福利等事项，签订集体合同。集体合同草案应当提交职工代表大会或者全体职工讨论通过。集体合同由工会代表职工与企业签订；没有建立工会的企业，由职工推举的代表与企业签订。”

② 《劳动合同法》第五十一条规定：“企业职工一方与用人单位通过平等协商，可以就劳动报酬、工作时间、休息休假、劳动安全卫生、保险福利等事项订立集体合同。集体合同草案应当提交职工代表大会或者全体职工讨论通过。集体合同由工会代表企业职工一方与用人单位订立；尚未建立工会的用人单位，由上级工会指导劳动者推举的代表与用人单位订立。”

③ 《集体合同规定》第三条规定：“本规定所称集体合同，是指用人单位与本单位职工根据法律、法规、规章的规定，就劳动报酬、工作时间、休息休假、劳动安全卫生、职业培训、保险福利等事项，通过集体协商签订的书面协议；所称专项集体合同，是指用人单位与本单位职工根据法律、法规、规章的规定，就集体协商的某项内容签订的专项书面协议。”

运同国际惯例接轨的过程中逐步解决。

第二，合法的原则。即协商的内容、程序等必须符合劳动法律规范的要求。内容合法是指协商的劳动标准以及集体合同的订立、变更、解除等符合劳动法律规定；程序合法是指协商的提出、合同的起草及讨论、争议处理等符合劳动法律规定；主体合法是指参加协商的双方代表必须具备法定的条件和要求等。从我国现阶段实行这一制度的实际情况看，违背法律规范的现象是具有普遍性的。并且，对于因履行集体合同而引发的集体争议，政府主管部门的重视程度不够，法院也极少受理此类案件，这是导致集体合同履约率不高的重要原因之一。

第三，相互合作原则。协商双方必须充分认识和尊重对方的主体权利，即体现权利对等。权利对等是主体独立的必然结果和重要标志。权利对等是建立在法律地位平等基础之上的，任何一方都无权指示或者强迫另一方接受自己单方的意见。所谓合作，是协商的双方争取自己利益或者体现单方意志时，必须建立在既符合法律规定，又不损害对方利益的基础上。劳资两利是双方共同的价值取向。因为市场竞争激烈，客观上要求企业与劳动者密切合作，这种合作不但体现在生产管理方面，也体现在利益分配方面。

三、集体谈判和集体合同的作用

由于集体谈判和集体合同制度有益于劳动关系的稳定和社会经济的发展，这一制度逐渐被许多国家的法律所认可，而逐步成为一种劳动法律制度。作为一种法律制度，集体谈判和集体合同制度具有积极的作用，主要体现在以下几个方面：

第一，这一制度改变了雇主和雇员双方力量不平衡的状况，使双方在协商谈判中的地位和权利趋于平等。在西方国家，集体谈判和集体合同制度诞生之前，劳动关系双方主体彼此之间劳动经济利益的形成和调整主要是以自由契约为依据。以劳动者个人与雇主签订个人劳动合同的形式来实现。而这种个别劳动合同的签订并不能保证双方主体之间的对话平等性和权利对等性。往往是由于雇主在经济上的优势性和主动性，个人劳动合同所反映的是雇主的意志，劳动者凭借个人的力量无法与雇主相抗衡。集体谈判和集体合同制度诞生和发展之后，情况发生了变化。通过集体谈判和集体合同制度的推行，劳动者一方完全可以集体的形式与雇主进行对话和抗衡，这就改变了劳动关系主体双方力量不平衡的状况，使得劳动者不仅在一般法律意义上，而且在劳动利益关系的实际处理上，取得了与雇主平等的地位。

第二，集体谈判和集体合同制度促进现代企业制度建设，满足实行经济民主的需要。现代产权制度、管理制度和劳权制度构成了现代企业制度内部的权利关系及制约机制。现代企业制度的基本特征和要求，就是产权与劳权的利益关系和谐、公正，任何一方的利益得不到公平的对待和尊重，其结果必将使双方的利益都受到损害。市场经济也是民主经济，其民主包括三层含义：一是产权民主，即产权构成多元化；二是管理民主，即劳动者广泛参与企业管理；三是利益分配民主，即劳方的利益由劳资双方在集体谈判一致的基础上确定。从这个意义上说，集体谈判和集体合同制度不仅仅是利益保护制度，也是现代企业的科学管理制度。

第三，集体谈判和集体合同制度是以劳动者权益保障为中心和出发点，其最终目的在于协调企业劳动关系，促进企业与劳动者的共同发展。集体谈判和集体合同的侧重点是实现劳动权的保障，这一点自集体谈判和集体合同产生之初就非常明确。但集体谈判和集体合同的作用并不只是单方面地片面强调劳动者的权益，而是在劳动关系双方利益的妥善处理中来动态地施以保护。集体合同是双务合同，即劳动者在享有权利的同时也需要履行义务，雇主在承担义务的同时也享有权利。集体谈判和集体合同制度就是在兼顾双方主体利益的情况下完成自己的历史使命。集体谈判和集体合同对于双方都是有益的，这种益处主要表现在劳动者可以得到相对“公平”的劳动报酬和劳动条件，雇主可以保证生产稳定而有序地发生。正是在这个意义上，集体谈判和集体合同可以减少罢工、怠工和抵制等劳动冲突事件的发生。即集体谈判和集体合同的基本作用是协调和稳定了劳动关系，从而保证了雇主和劳动者双方的合法权益，促进企业和劳动者的共同发展。

第四，集体谈判和集体合同制度实现劳动者的民主权利，促进民主政治建设。劳权的实质是人权。尊重集体谈判权就是尊重人权。在一个企业中，劳动者的政治地位是通过参与民主选举、民主管理、民主决策、民主监督等权利的实现而得以体现的，集体谈判作为劳动者实现经济利益和民主权利的重要法律途径，在推进民主政治建设方面具有重要的现实意义，而不能把它仅仅视为劳动者实现眼前经济利益的一种手段。

第二节 集体谈判

集体谈判是市场经济国家调节劳动关系的基本手段和重要机制，是工会维权活动的途径之一，也是判断企业经营管理水平和对职工权益维护力度的重要标准。集体谈判的最终成果——集体合同，不仅体现了企业的劳动关系，也规定了劳动者的基本权益以及保障条件。

一、集体谈判的历史渊源

集体谈判最早出现在英、美等市场经济发达国家，18 世纪末资本主义自由竞争时期，英国雇佣者与工厂主谈判所签订的劳动合同是集体合同的萌芽。1799 年，美国费城制鞋业工人工会与雇主举行谈判。1850 年，英国纺织、矿山、炼钢业工会与雇主谈判达成一系列协议。这些出现在英、美等国的工会与雇主进行谈判达成协议的现象，标志着集体谈判制度的产生。

集体谈判是劳动力市场机制运行的必要条件。劳动力市场机制的有效运行，要依赖于市场主体力量的相互平衡和制约，依赖于建立规范的程序规则。

在集体谈判产生之初，政府对集体谈判多采取禁止的态度，通过制定禁令把工会进行集体谈判和签订集体谈判的协议视为非法。如英国议会在 1799 年到 1800 年通过了《禁止结社法》，宣布组织工会非法。《禁止结社法》导致劳资矛盾更加激烈，最终“工会运动是真正地诞生了，更为广泛的统一、更普通的团结开始代替了地方同业俱乐部的狭隘观念”。[①] 政府通过立法禁止工会进行谈判，从而导致了工会向地下转移，工会组织罢工的规模越来越大，手段越来越激烈。在工会活动的巨大压力下，承认工会享有结社权、谈判权逐渐成为各国政府立法的趋势。从 20 世纪初期开始，各国开始制定承认并支持集体合同的法律，规定集体合同具有法律效力。新西兰在 1904 年制定了有关集体合同的各种法律，是世界上最早进行集体合同立法的国家，随后，奥地利、荷兰、瑞士等国也先后制定了这类法律。

第一次世界大战后，集体谈判和集体合同作为调整劳动关系的手段在西方国家得到了新的发展，各国出台单行的集体合同法，或者在劳动法典等基本法中对集体合同做出专章规定。第二次世界大战之后，世界范围内经济结构和社会体制发生了巨大变化。摒弃劳资对立，谋求劳资合作，成为工业国家劳资关系发展的主要潮流。集体谈判制度不仅是对劳动者的一种契约保障，而且也成为雇主谋求工业和平与工业利润的手段之一，在西方国家得到了新的发展。同时，国际劳工组织也通过了一系列推动集体谈判的文件，包括 1949 年的《组织权利和集体谈判权利公约》（第 98 公约）、1951 年的《集体协议建议书》（第 91 号建议书）、1971 年的《工人代表公约》（第 135 号公约）、1981 年的《促进集体谈判公约》（第 154 号公约）和《促进集体谈判公约》的建议书（第 163 号建议书）。

劳动关系具有隶属关系的属性，劳动者处于弱势地位，使得劳动者个人难以在劳动力市场中与雇主相抗衡，而劳动关系具有的人身特点更加重了这种失衡。集体谈判制度的建立，可以使劳动者的个人意志通过劳动者团体表现出来，由团体代表劳动者个人交涉劳动过程中的事宜，这有助于克服个别劳动关系的内在不平衡，增强劳动者一方的力量，有效地促使双方互相让步，达成妥协，签订协议，降低诸如怠工、辞职等冲突产生的副作用。

---

① 转引自于桂兰、于楠：《劳动关系管理》，清华大学出版社、北京交通大学出版社 2013 年版，第 351 页。

总之，集体谈判制度的产生是劳资斗争的成果之一，工人运动迫使雇主不得不正视工人作为一支最重要的社会力量的存在。为了避免更多的经济利益损失，雇主必须缓解劳资矛盾，缓解矛盾的有效方式就是通过协商谈判的方法，一方面对劳工提出的要求做出一定程度的让步，另一方面让协商谈判也对劳工的行为做出某种程度的约束。

所以，集体谈判制度被视为使劳资冲突规范化的一项伟大的“社会发明”，是现代民主社会中每一位劳动者都拥有或者应当拥有的特定权利。集体谈判是市场经济条件下调整劳动关系最主要的手段和国际惯例，它不仅确立了集体劳动关系调整的正式规则，而且本身也是解决经济冲突的一种重要机制，这种斗争与妥协带来的劳资关系的相对稳定更有利于经济的发展和社会的稳定，因而集体谈判制度逐步得到了认可和肯定。通过集体谈判规范的劳动关系，构成了市场经济国家劳动关系制度的核心。

二、国外的集体谈判制度①

（一）美国的集体谈判制度

美国是世界上经济最为发达的资本主义国家，集体谈判在美国经济发展过程中占有重要地位。美国作为市场经济模式的代表，其集体谈判制度不可避免地带有这种经济模式的某种特征。

一是拥有深厚的法律基础。19 世纪末，美国的一些州相继制定了承认并保护集体谈判的制度。1935 年《国家劳动关系法》标志着美国联邦在法律上对集体谈判制度的承认。该法规定了工会与企业进行集体谈判的权利及要件。此后，美国相继颁布了相关的法律法案，这些法律法案把集体谈判制度列入国家法律的保护之下。集体谈判的基本议题是由法律明确规定的。《国家劳动关系法》规定：资方与工会务必就分配比例、工资、劳动时间和就业条件进行协商。集体合同具有法律上的约束力。在美国，集体合同的法律效力和国家的法律相一致。合同生效后，双方必须在规定的时间内执行合同，否则会受到法律的追究。

二是谈判主体结构分散。从工会一方而言，美国工会是自由的工会，工会组织程度不高，结构分散而复杂。从类型看，工会分为行业工会、产业工会和总体工会；从组织形式看，工会分为地方工会、全国工会及劳联—产联。从雇主一方看，美国没有中央级别的雇主组织，雇主仅是产业与地方一级组织团体，它们在谈判中所起的作用不太，劳动关系问题一般由企业自行处理。

---

① 于桂兰、于楠：《劳动关系管理》，清华大学出版社、北京交通大学出版社 2013 年版，第 352 ~ 355 页；欧阳帆：《国外集体谈判制度的比较分析》，载《中国集体经济》2007 年第 23 期。

三是谈判形式独特。在美国的集体谈判中，由于劳资双方组织机构都比较分散，导致其谈判形式与其他西方市场经济国家明显不同，主要采用单一工会与单一雇主进行谈判的方式。

（二）英国的集体谈判制度

英国的集体谈判分为两个层次：一是行业间的谈判，主要在行业协会和工会之间进行，而全国性的产业联合会和工会联合会不直接参与谈判；二是企业级的谈判。过去，行业谈判占主导地位，而最近10年的趋势是行业谈判逐渐转移到企业谈判，旧的全国性谈判方式很少适用，越来越多地把纠纷解决在低层次。

1989年以前全国性的谈判在行业协会和行业工会之间进行，主要谈判内容是最低工资的支付、如何计算加班工资、工时和休假待遇等。

保守党执政期间出台了8个法规限制工会的力量。1989年后，行业工会提出工作时间从39小时缩短到37小时，但不影响工资水平。雇主协会经过艰苦的谈判后，决定不参与谈判。此后全国性的谈判非常少，集体谈判主要在企业内部进行，并且集体谈判的方式发生了很大变化。公司可以自主决定工资和工作条件，不受全国性谈判的限制；每个公司根据自己的文化和背景来决定谈判的方式，没有固定的谈判模式；企业与工会谈判的数量也减少了，有时同时与企业内的几个工会在一起谈判，甚至有些企业不承认公司里的工会，直接与雇员谈判。

集体谈判模式的变化有多方面的原因。在保守党制定的限制法律没有出台前，工会的力量非常强大，经常罢工，但由于法律严格的限定，工会的力量减弱，谈判的力量也被削弱。1979年工会参与率为57%、工会的组建率为90%，2003年下降为26%和52%。此外，立法的主导作用非常大，《个人就业权利法》给劳资双方一定的工作标准，集体谈判获取权益的空间较小；劳动力市场的变化也影响到集体谈判的方式，以前的罢工存在于采煤和钢铁业，现在这种行业减少了，并且在高科技企业中很难组织工会；妇女更多地参与劳动力市场，而妇女参加工会的比例较低。并且，在英国，集体谈判争议没有法律规定要求必须去解决，一般通过自愿的方式解决占主导，也可以自愿请劳动咨询调解委员会解决。

工党执政后修改了限制工会的法律，并且在1999年发布了《劳动关系法案》，对集体谈判的规则进行了规范，在一定程度上有利于集体谈判的开展。政府发布《劳动关系法案》的目的是在工作场所达到一种公平，在雇员和雇主需求方面达到一种均衡。《劳动关系法案》主要内容有两点：首先，也是最重要的是承认工会。《劳动关系法案》发布之前企业对工会的认可是自愿的，而现在规定了工会可以向政府提出申请的权利，并进行注册。其次，是对参加罢工的劳动者提供额外的保护。劳动者参加合法的罢工，在8周之内雇主是不能解雇劳动者的，8 周之后也只能采取合理的方式解决纠纷。

对《劳动关系法案》的修改，雇主提出的主要有两方面的意见：一是对工会的认可；二是对罢工的雇员如何合法地解雇。工会方的修改意见主要是明确工人参加工会的途径和渠道、建议把养老金作为谈判的内容等。

对《劳动关系法案》的制定和修改有利于工会组织的进一步发展。

（三）德国的集体谈判制度

德国是较早推行集体谈判的国家，经过近百年的发展，已经形成了较为完整的集体谈判法律体系，以及相应的集体谈判制度。

大体而言，德国的集体谈判制度具有以下几个特点：

第一，工会组织具有自发性，入会率不平衡，但工会影响力较大，在谈判中占据优势地位。在德国，工会是自发组织的，劳动者可以自愿加入和退出。从行业看，矿山、钢铁企业的入会率一般达到 100%，银行业只有 20%；从身份看，公务员的入会率一般达到 64%，职员达到 20%，工人达到 50%。德国的工会在企业里具有举足轻重的影响，无论在企业经营管理还是在生活福利等问题上，工会与资方享有同等的权利，对于企业内任何重大事项均需双方协商决定，任何谈判均以法律为基础。

第二，谈判结构中以产业谈判为主。德国劳资双方谈判分别在国家、产业和企业三级劳资双方之间进行，其中以产业级别谈判为主，由国家级谈判达成的协议是产业和企业劳资谈判的基础和前提，这一点与美国和英国不同。

第三，工资自治政策。在德国，自魏玛共和国以来，就实行工资自治政策，即工资水平与工资结构受劳动力供求双方力量对比的影响，完全由劳资双方自主商定，政府不予干涉。

第四，“共决权”制度。在劳资共决政策框架内，德国建立了“共决权”制度。所谓共决权制度，是指德国法律规定的、在所有企业中建立的雇员享有参与和与雇主共同决定企业事务的权利的制度。

第五，国家、政府对集体谈判主要采取间接控制的方式。德国政府对劳资谈判采取不干预、不介入的立场。

但是，国家对企业工资的间接控制仍然是存在的，主要通过以下几种方式：通过立法规范劳资双方的权利和义务，使集体谈判始终建立在法制化的基础之上；通过政府发言的形式，运用舆论导向对集体谈判产生影响，这种发言没有约束力，但它通常是成功的；中央银行通过调整利率来影响企业成本，从而间接影响工资；利用税收政策从收入分配角度调节工资增长和收入差距。

三、集体谈判制度的程序[①]

（一）集体谈判的程序

企业集体谈判的程序是指企业集体谈判所要经过的步骤和所要处理的问题。

一般而言，我国集体谈判主要有以下的环节：

1. 谈判准备阶段

集体谈判的准备工作是谈判能否成功的关键环节，准备工作主要包括以下一些：

第一，拟定谈判方案。根据最近的经济形势和企业经营状况，双方当事人各自拟定内容，包括谈判的基本原则、最低目标和主要谈判策略等。

第二，组建谈判机构和人员。在没有谈判常设机构的情况下，双方当事人都要临时成立自己的谈判机构，具体确定自己一方的谈判人员及其首席代表。工会一般由一个工会地区分会作为雇员一方的谈判代表；雇主方面，谈判人员一般由管理方的高级管理人员组成。

第三，约定谈判地点和日期。这是工会和雇主双方共同协商确定的，即要将预定的谈判主题、谈判地点和日期以及谈判的双方当事人代表等上报政府有关主管部门。

第四，收集信息。企业管理者有义务向工会方面提供有关企业发展的准确信息和数据，以此作为双方拟定谈判方案和进行谈判的客观依据和共同基础。

2. 发出谈判要求和回应

集体谈判通常是应雇员和工会的要求举行的，在正式谈判开始之前，工会或者雇员代表要在征求雇员意见基础上准备谈判提案，以书面形式传递给雇主方，并且提出集体谈判回应的召开时间、地点等建议。谈判提案中的事项应当是具有可操作性、符合实际情况、通过谈判可以达成协议的事项，这些事项要给予管理方足够的财力空间，使其能够在有限财力的基础上考虑工会提出的谈判要求。雇主在收到对方的谈判提案后，要在一定时期内做出回应，并就对方提出的谈判时间和谈判地点予以答复。

3. 进行正式谈判

劳资双方按照约定的时间和地点召开集体谈判会议。会议开始后，双方要

---

① 李琪：《产业关系概论》，中国劳动社会保障出版社2008年版。

确定谈判的规则和谈判会议的议事日程。

谈判的规则包括以下几个方面：所有的谈判会议都要如期按时在双方约定的谈判地点进行；劳资双方的首席谈判代表应当是双方谈判会议中的主要发言人，但是，其他谈判代表也可以应要求发言；在谈判中，一方就谈判所需信息向对方提出获取要求，如果要求合理，另一方应当予以满足；任何一方的谈判代表团队发生人员变动，应当及时通知对方；双方应提出合理的谈判提案和反提案，提案和反提案应当有双方代表的签名和日期；双方可以在合适的时间内同时交换各自的谈判提案；双方就具体的谈判事项达成协议后，应在一份书面文件上签字并注明日期，并且要将这个事项从谈判日程中去除；谈判双方的首席代表有权对合同的条款达成一致意见，然而，任何在谈判中双方达成的协议都是初步的协议，要以最终的集体合同为准，任何初步协议中有关个人劳动合同的条款都需要首席谈判代表的签章和日期；如果双方同意采用调解的方式解决争端，调解人应当由双方共同认定。

4. 达成一致协议，签订集体合同

劳资双方在就谈判事项达成一致协议后，要将所有的协议事项转变为书面的集体合同。在这份集体合同文件的准备过程中，最为重要的是集体合同条款的文字表述。条款的表述应当准确、完整地表达谈判双方的意思，这关系到未来对集体合同的理解和履行。

在集体谈判的整个过程中，“诚意谈判”已经成为双方谈判代表的一项基本义务。“诚意谈判”要求谈判双方带着一种真诚和诚实的意图进行谈判，要保证合理的谈判地位、谈判策略和谈判行为。“诚意谈判”的原则最早出现在美国 1935 年的《国家劳工关系法》中，该法规定：“进行集体谈判是雇主与雇员代表履行相互的义务，双方应就任何一方的要求，在合适的时间就有关工资、工作时间和其他雇佣条件进行诚意的谈判，或者就一项协议，或者就该协议产生的任何问题，或者就一个书面合同中任何协议条款的执行问题进行诚意的谈判。”

这一原则目前已经被很多国家的法律所采用，列为集体谈判双方的主要义务。这些义务包括四项要求：双方要在合理的时段和相互便利的地点进行谈判；要就所有的谈判事项进行有实质意义的谈判；在不能满足对方要求的时候要出示理由；在否决对方提案时，要提出反对案。

（二）集体谈判程序中的注意事项

第一，谈判对手的承认问题。这一问题主要是指企业管理者一方对工会组织代表资格的承认问题，在美国等一些西方国家，对于某一具体的工会组织作为某一类具体的集体谈判的劳方代表问题，还要由政府或者相应的法律做出规定或者承认。

第二，谈判义务和常设机构问题。谈判义务主要是针对企业管理者或者雇主。西方市场经济国家普遍规定，企业管理者有义务定期举行诚意谈判，也有些国家规定工会有定期促成和进行企业集体谈判的义务。对于集体谈判的常设机构问题，大多数西方国家并没有做出明确的法律规定。但常设机构能保证集体谈判的连续举行，有利于谈判双方就有关问题或者共同感兴趣的问题展开谈判，为谈判的顺利举行奠定基础，还有利于谈判订立的集体合同的实施与履行等。

第三，谈判进程问题。就谈判进程而言，可能会出现这样几种情形：谈判双方相互谅解和妥协，谈判能够快速达成协议；双方就有关问题互不相让，谈判渐入僵局，但经过调解后可达成协议；谈判陷入僵局后，经调解无效，导致谈判破裂甚至引发罢工或者关闭工厂，这时就需要由仲裁或者法律诉讼的办法加以解决，或者由政府出面促成谈判继续举行，直至最终达成协议。不论出现哪种情况，谈判双方最终都要签订集体合同，并经双方签字、盖章后生效。

第四，谈判代表的权利问题。谈判代表的权利问题就是指谈判代表有没有权利签订集体谈判达成的协议。各国的规定不大一致：美国、加拿大和日本等国规定，在企业级别谈判中，工会代表对谈判最后结果无权决定，需要由企业职工大会批准；比利时、奥地利和瑞典等国介于中间状况，即有些集体合同可由工会代表直接签署，有些则需要经职工代表大会批准。在大多数市场经济国家，企业集体合同的签订要经企业职工大会批准，而行业集体合同的签订则不需要提交全行业的职工讨论批准。

四、集体谈判的内容

（一）工资集体谈判

工资是与劳动者关系最为密切，也是受劳动者关注的问题，因此，工资问题是企业集体谈判永恒的主题。工资集体谈判主要包括以下内容：

第一，工资标准和工资水平。在谈判中，谈判双方就企业不同岗位的工资进行协商，并确定工资标准、加班工资标准以及特殊情况下的工资标准等。

第二，工资制度。它主要包括工资形式（如计时工资和计件工资等），奖金津贴的形式，工资支付的方法、方式、时间、地点等内容。

第三，工资差别。它包括新老工人的工资差别和不同岗位、不同工种、不同职务、不同技术等级的工资差别等。

第四，工资的最后确定。它是指所有岗位的工资确定下来以后，对工资相对较低的岗位再争取提高一个工资档次。

要做好企业工资集体谈判工作。工会方面在工资谈判前，需要做好一系列的准备工作，主要包括：对不同工种、不同岗位的工人的工资要求了解清楚、细致，考虑周到、科学；应当考虑保持劳动者之间工资的合理差别；注意通货膨胀等经济环境因素对工资的实际影响；要将劳动生产率的提高作为确定工资增长的基础；要了解企业的财务收支状况，以此作为工资要求的依据等。此外，在工资的实际谈判中，还须遵守国家有关工资的法律、法规。

（二）工时集体谈判

工时集体谈判是企业集体谈判的重要内容，是一种重要类型的企业集体谈判。

工时谈判主要包括以下内容：

第一，要对国家关于工作时间的有关规定进行深入了解。

第二，要注意国家对于特殊岗位和工种缩短工作时间的规定。

第三，要了解不同岗位、不同工种的工作时间特点。有些岗位和工种有一定的上班前准备时间、下班后的整理时间，有些岗位和工种有连续劳动的间歇时间，女工有一定的哺乳时间等。一般而言，这些时间要计算在工作时间之内。

第四，特殊情况下工作时间的计算问题。在集体谈判中，受不可抗力的影响，或者受原材料质量的影响，劳动者不得不占用工作以外的时间甚至周末和假期时间进行生产，以保证完成企业的生产任务，这种情况下的时间要加以合理计算。

第五，休息休假劳动时间的工时计算问题。一般而言，平时加班加点、法定节假日加班、没有公休日加班等不同情况下的加班，其工时计算的标准是不同的，有些工种（如弹性工作制）对加班时间的认定有特殊性。这些工时的计算问题要在工时集体谈判中加以解决。

第六，计件工资工作时间的认定。这一问题是工时集体谈判中较为棘手的问题之一。这里的关键问题是如何合理确定劳动定额和计件报酬标准等内容。

（三）休息休假集体谈判

休息休假集体谈判一般包括两个方面的内容：

第一，休息休假时间问题。进行集体谈判时，工会要在了解本国有关法律规定的基础上，就工作日内的间歇时间、每周公休假日、每年节假日、探亲假、年休假以及婚丧假等问题与管理者达成符合法律规定的协议。

第二，休息休假时间工作的补偿问题。因生产或者工作的需要，如供电或者供水等方面的问题，劳动者不能在法定的休息时间里休息的，他们的休息时间如何安排、如何补偿等问题，也需要在集体谈判中加以解决。

（四）劳动安全卫生集体谈判

在劳动安全卫生集体谈判中，谈判双方一般就以下几个问题进行磋商：

第一，工作场所劳动条件的改善问题。在集体谈判中，工会要向管理者提出切实可行的劳动条件改善的方案，以防止劳动者在劳动过程中发生意外事故或者受职业病侵害，对于企业中存在的一些事故隐患，也要在谈判中要求管理者尽快解决。

第二，劳动者安全卫生教育、培训、监督等问题。工会方面在谈判中应加强对劳动者安全卫生教育和培训、对特种劳动者进行安全训练、非常情况下对劳动者的紧急救护、建立工伤医疗制度、建立安全监督机构等问题向管理者提出建议。

第三，劳保用品和健康检查问题。谈判双方还要就劳动者劳保用品的购置与发放、从事有毒有害工作的劳动者的健康检查等问题进行谈判。

第四，劳动事故的赔偿问题。对事故责任属于管理人员违章指挥和强行冒险作业的，要强调加大赔偿数额。

第五，女职工的特殊保护问题。对于一般女工的“四期”保护，为女工设置卫生室和哺乳室等问题，在集体谈判中要予以提出。

（五）保险福利集体谈判

保险福利集体谈判主要包括以下内容：

第一，保险与福利的范围问题。一般而言，保险的范围主要由国家的有关法律做出规定，但也有补充性的保险项目，福利的随意性较大。所以，对于保险与福利的范围问题，谈判主要集中在补充性保险项目和福利的范围上。

第二，保险与福利的标准问题。工会根据企业的实际能力在谈判中提出提高劳动者保险与福利标准的要求，要求企业为劳动者进行更多的社会保险投保，要求企业为劳动者提供小额优惠、带薪假期等。

第三，保险金的筹措问题。各国对于保险金的筹措一般都有自己的规定，但也可以通过集体谈判来扩大筹措渠道。谈判中对于这种问题的协商要结合考虑社会经济发展水平和企业的实际承受能力，不能不切实际地提出要求。

第四，各种具体的保险、福利的特点和标准问题。这些问题是劳动者最为关心的问题，也是集体谈判中最为棘手的问题，如工伤赔偿标准、医疗保险标准、失业救济标准、退休补助标准和提高福利待遇等问题。

（六）工作生活质量集体谈判

一般情况下，工作生活质量集体谈判包括这样一些内容：保护和改善劳动者工作场所的周围环境，如工作环境污染、工业有毒物质或者有毒废料危及劳动者及其家庭生活环境等问题；劳动者尤其是女职工的特殊利益保护要求，如卫生室、托儿所、食堂、体育娱乐设施、厂区园林绿化等问题。

五、集体谈判的方式

集体谈判是劳资双方就雇员集体的工资和工作条件等事项进行讨价还价的过程。在这个过程中，双方可以采取不同的谈判方式，也存在与谈判有关的协调过程。集体谈判方式分为以下几种：

（一）对立式谈判

人们通常把传统的集体谈判假定为一个“对立的”谈判模型。虽然工会和管理方都知道双方存在着共同利益，但仍然认为他们最大的任务是从谈判对手那里为自己获取最大利益。通常是工会要为其成员争得最大利益，而管理方认为这一模式并不能解决矛盾，只会引起不必要的冲突。这种传统的、对立式的谈判常常使矛盾尖锐化。

（二）合作式谈判

合作式谈判是指劳资双方之间的一体化谈判、互惠式谈判，是目前为人们所倡导的。在这种谈判中，冲突区域被看作是双方要解决的问题，而不是要获胜的位置。因此，谈判双方作为一个利益共同体，共同努力、采取措施，解决彼此的分歧。合作式谈判关注的是双方利益的一致性，而不是冲突性，关注的是如何扩展共同利益空间并使双方从中获益。

这种谈判方式认为，对立和冲突的产生很大程度上是由于双方的定位存在差别（谈判底线），没有客观评价什么是他们的最大利益所在。所以，对谈判结果的评价应该关注客观标准，而不是主观标准，应当设身处地站在对方的角度考虑问题。从理论上看，从管理方的角度，合作式谈判能够支持企业的高效率运作。但是谈判双方之间存在的真正冲突，使这种谈判的可行性受到限制。

（三）让步式谈判

让步式谈判常常存在于雇主要求工会减少工资福利，或者减少管理权威的限制方面。雇主认为，这些让步对于确保企业的生命力非常必要，否则企业就可能倒闭。尤其是在一个雇主拥有几个生产企业的情况下，如果工会之间不会推诿，雇主很可能以长时间的停产作为威胁的手段。

雇主经常用一个企业对付另一个企业。雇主会选择一个工会力量最为薄弱的企业作为目标，开始谈判。即使工会谈判者不肯让步，但由于劳动者害怕丢掉工作而不会支持罢工，最后使雇主赢得让步。雇主接着再以这些让步作为与其他工会进行谈判的基础。事实上，一种行业的“趋势”已经使之除了符合这一标准之外，很少再有选择的余地，而且如果要保持企业的长期发展，必须超出一般的行业劳动标准。

20 世纪 80 年代初期，让步式谈判开始变得特别普遍，这反映了经济增长的放缓和工会谈判力量的全面下降。其结果是雇主在谈判中明显地采用越来越强硬的方法，并在 90 年代将这种方法扩展到公共部门。随着劳资合作的日益普遍，未来的工会运动和劳资谈判必将发生变化。世界竞争已经不再允许那些经过严密组织的劳资谈判只把工资和福利与经济因素联系起来，而要求它们同各公司自己的具体运作相联系。实际上，工会在集体谈判中越来越多地放弃原来的立场，因为工会已经逐步接受这样的观点，即工资的增长来源于工作中的合作、联合管理和生产力的全面提高。工会愿意以合作来寻求解决问题、提高组织效率以及合作。

六、集体谈判结果的决定因素

谈判过程的中心问题是双方是否愿意，并且能在多大程度上让步。谈判的结果如何，在很大程度上取决于以下几个方面的因素：双方的谈判力量；利益、价值观和期望值；谈判技巧。

（一）双方的谈判力量

谈判力量是三个因素中最重要的，也是最难解决的问题，包括：一是退出力量，它会给雇主带来额外的成本；二是罢工力量，即劳动者停止工作，会给雇主带来损失或者成本；三是岗位力量，指劳动者仍旧在工作岗位上，由于主观故意或者疏忽而造成雇主的损失。同样，管理方也有退出、停工和岗位的力量，岗位的力量体现在它具有指挥、安排劳动者工作的权力。

对管理方而言，罢工带来的直接成本和工人的罢工力量是对等的。在私有部门，这些成本主要表现为：在罢工期间和罢工结束后，由于销量和市场份额下降引起的利润损失。通常在经济繁荣时期，这些成本是最高的，因为这时雇主不能有效地利用替代工人从其他工作场所为顾客供货，也没有专门为预防罢工储备产品或者服务。在公共部门，罢工力量在某种程度上更为复杂，但主要表现为公众对罢工者的同情和对政府信任度的降低。这两种情况下让步越大，超过其罢工成本的利益就越多。

对管理方而言，间接成本包括罢工后因劳动者不满和敌意引起的辞职的增加，以及管理成本的提升，由于这与劳动者的退出力量和岗位力量紧密地结合在一起，因而，尤其是对那些技术水平高、专业技能强的工作，以及那些高度复杂、精确、资本技术密集型的工作而言，成本通常是高的。

对工会而言，直接成本与管理罢工的能力是相等的。主要是参与罢工者能够在多大程度上弥补因为罢工而损失的收入，包括罢工前后的加班工资收入、在别处从事临时或者非全日制工作所得，以及罢工期间工会提供给他们的津贴等。间接损失包括由于罢工而引起的潜在的损失，以及由于管理政策的改变而有可能被转移到条件更艰苦的工作场所。同时，这些又与管理者的退出力量和岗位力量相结合，管理方辞退劳动者，其结果可能增加在职劳动者的工作负担。

（二）利益、价值观和期望值

双方的利益、价值观和期望值直接决定了彼此会在多大程度上抵制对方的要求，承受罢工带来的损失，因而对于谈判结果有着重要的影响。

对管理方而言，有三类要素是很重要的：一是各种让步的成本，具体数额依赖于雇主的实际支出；二是管理方持有的反工会化的价值和观念；三是关于管理决策者的想法，他们相信能够转移这些成本的程度。

对工会而言，同样有三类因素会对谈判结果产生重要影响：一是工人及其谈判代表认为做出让步的成本很高，尤其是工资和福利，以及在协议有效期内如何保护劳动者权利的程序性问题；二是工人及其谈判代表受到压抑，或者对管理政策和实践不满而引起的强烈反应；三是公平感，特别是雇主有能力做出让步而不肯让步时，或者受到相似职业劳动者就业条件和待遇的影响时，这种感觉更加明显。

（三）谈判的技巧

谈判技巧的重要性表现在两个方面：一是改变对方期望值和谈判底线的技巧；二是准确判断对方让步位置的能力。谈判技巧的获得，不仅要通过对对手在谈判中的行为进行准确分析，还要对谈判力量、对方的价值观以及期望值判断正确，以确定对方可能做出的让步限度。

显然，这三类因素之间是相互关联的，如果工会的谈判力量弱而管理方的力量强，劳动者就会降低期望值并且改变强硬的态度。另外，这些因素的变化也与经济状况和经济形势紧密相连。对一个具体的谈判结果的影响，从根本上是有赖于谈判者及其所代表的群体对形势的把握和选择。

第三节　集体合同

集体合同制度是市场经济条件下调整劳动关系的重要形式，世界各国基本上都采用了这一制度。它是充分发挥工会在协调劳动关系中的地位和作用的有效形式，有利于弥补劳动法律、法规的不足，有利于从整体上维护劳动者的合法权益，有利于促进企业管理，有利于调动劳动者的生产工作积极性，巩固发展和谐稳定的劳动关系。

一、集体合同的立法沿革

集体合同是产业革命以后随着工人运动的发展（特别是工会的兴起）而产生和发展起来的。国家对集体合同的态度，经历了反对、承认和保护三个阶段。

20世纪初，资本主义各国先后开始了集体合同立法。1904年，新西兰颁布了世界上最早的集体合同的法律；1907年，奥地利和荷兰也相继制定了有关集体合同的法律制度；1911年瑞士发布的《债务法》中也有关于集体合同的规定。第一次世界大战以后，一些较有影响的单行集体合同法或者劳动法典等基本法中的集体合同专章（篇）相继出现。德国1918年发布《劳动协约、劳动者及使用人委员会暨劳动争议调停令》，1921年发布了《劳动协议法（草案）》。法国于1919年发布了《劳动协约法》，后来又将其编入《劳动法典》。美国1935年的《国家劳工关系法》（华格纳法）也规定了有关集体合同的内容。第二次世界大战后，一些国家在制定和修改劳动法时，也对集体合同做了专门规定。

在中国，1924年《工会条例》确认工人有组织工会的权利，工会有权与雇主或者雇主组织缔结团体协约；1930年《团体协约法》是中国历史上第一部专门的集体合同法；1931年《中华苏维埃共和国劳动法》对集体合同的定义、内容、效力等问题做了明确规定，该法在1933年10月修订之后又将集体合同设为专章。新中国成立初期，《中国人民政治协商会议共同纲领》和《工会法》等立法对集体合同做了规定，关于集体合同的专项规章也得以制定。改革开放后，在1983年《中国工会章程》、1986年《全民所有制工业企业职工代表大会条例》和1992年《工会法》中，都规定了工会可以代表职工与企事业单位签订集体合同。《劳动法》将集体合同置于与劳动合同并列的地位，并对集体合同的内容、订立和效力做了较具体的规定。1994年，劳动部制定了《集体合同规定》（已经废止），就集体合同的签订、审查和争议处理做了较为具体的规定。1995年，全国总工会制定了《工会参加平等协商和签订集体合同试行办法》，就工会对集体合同运行各个环节的参与规定了较具体的规则。1996年，劳动部、全国总工会、国家经贸委和中国企业家协会发出《关于逐步实行集体协商和集体合同制度的通知》，提出“集体协商和集体合同制度是市场经济条件下协调劳动关系的有效机制。当前重点应在非国有企业和实行现代企业制度试点的企业进行”。2000年，劳动和社会保障部颁布了《工资集体协商实行办法》。2004年，劳动和社会保障部发布经修改的《集体合同规定》。2006年，劳动和社会保障部、中华全国总工会和中国企业联合会/中国企业家协会联合发布《关于开展区域性行业性集体协商工作的意见》。2007年发布、2012年修正的《劳动合同法》在第五章“特别规定”中进一步完善了集体合同的法律规范。

二、集体合同的特征

集体合同不同于其他民事合同，有其自身的特性，一般认为，集体合同具有下列特征：

第一，主体的特定性。集体合同是特定的当事人之间达成的协议，一方当事人是雇主（用人单位）或者雇主团体，另一方则是代表全体劳动者的工会。在没有建立工会的情况下，则是由劳动者推选出来的代表与雇主订立集体合同，而不能由劳动者个人或者其他团体作为代表与雇主签订集体合同。工会与雇主之间必须存在利益冲突或者矛盾的关系，否则签订的集体合同没有意义。

第二，内容的特定性。集体合同虽然是雇主与代表劳动者的工会之间集体谈判达成的意思表示一致的协议，但是其内容却受到严格的限制。一般而言，集体合同涉及的主要是关系到劳动者的全体性、整体性的劳动权利和义务问题，如劳动报酬、工作时间、保险福利、安全卫生等，并且集体合同主要规定的是雇主一方对劳动者承担的义务，对劳动者一方的义务不做规定或者规定得很少。这是由于集体合同主要是修正劳动者个人同雇主之间的不平等地位。劳动者个人与雇主相比，无论从经济地位还是从劳动地位看，都是处于弱势，无法做到和雇主处于实质上的平等地位，因而难以要求雇主提供公平的劳动条件。集体合同制度的作用是使分散的劳动者集合起来，以工会的形式与雇主相抗衡，从而迫使雇主提供公平的劳动条件。

第三，程序的法定性。集体合同的订立要采用法定的形式，并要以书面的形式订立。集体合同要经过集体谈判（或者协商）程序，这一过程的进行及后果要受到国家法律的特别规范，如谈判主体资格的要求、谈判内容的要求、冲突的解决等方面。同时，大多数国家也要求集体合同必须向政府部门进行登记备案。1951 年国际劳工组织第 91 号《集体协议建议书》第 8 条也规定："国家法律或者条例可着重规定集体合同以及后来所做的任何修改均须登记备案。"通过集体谈判方式签订集体合同并且对集体合同登记备案，是国际上的通行做法，主要原因在于集体合同涉及众多劳动者的切身利益，影响大，其重要性绝非一般民事合同所能相比。

企业集体谈判的结果一般是企业集体合同的签订，即企业集体谈判和企业集体合同是一件事情的两个阶段，企业集体谈判是企业集体合同的前提和准备，企业集体合同是企业集体谈判的成果和结论。没有企业的集体谈判，就不会有集体合同的签订；没有企业集体合同的签订，企业集体谈判也不是成功的。

所以，企业集体谈判和企业集体合同之间是对立统一、密不可分的。

三、集体合同与劳动合同的区别

集体合同与劳动合同的区别，主要包括以下几个方面：

第一，当事人不同。劳动合同当事人为单个劳动者和用人单位，集体合同当事人为劳动者团体（即工会或者由劳动者推举的代表）和用人单位或者其团体。

第二，目的不同。订立劳动合同的主要目的是确立劳动关系；订立集体合同的主要目的是为确立劳动关系设定具体标准，即在其效力范围内规范劳动关系。

第三，内容不同。劳动合同以单个劳动者的权利和义务为内容，一般包括劳动关系的各个方面；集体合同以集体劳动关系中全体劳动者的共同权利和义务为内容，可能涉及劳动关系的各个方面，也可能只涉及劳动关系的某个方面（如工资合同等）。

第四，形式不同。劳动合同在不同国家，或者为要式合同，或者为非要式合同；集体合同一般为要式合同。

第五，效力不同。劳动合同对单个用人单位和劳动者具有法律效力；集体合同对签订合同的单个用人单位或者用人单位所代表的全体用人单位，以及工会所代表的全体劳动者，都具有法律效力。

并且，集体合同的效力高于劳动合同的效力。此外，集体合同与劳动合同在签订程序和适用范围等方面有所不同。

四、我国集体合同的分类

（一）基层集体合同和区域性、行业性集体合同

我国《劳动法》只规定了企业集体合同，之后，实践中在一些地方出现了行业性集体合同和区域性集体合同。《劳动合同法》首次以法律形式规定了行业性集体合同和区域性集体合同，其第五十三条规定：“在县级以下区域内，建筑业、采矿业、餐饮服务业等行业可以由工会与企业方面代表订立行业性集体合同，或者订立区域性集体合同。”第五十四条规定：“行业性、区域性集体合同对当地本行业、本区域的用人单位和劳动者具有约束力。”

根据《劳动合同法》第五十三条规定和《关于开展区域性行业性集体协商工作的意见》的规定，区域性、行业性集体合同的适用范围为“县级以下的区域”，包括县级及其以下区域。现在，行业性、区域性集体合同一般适用于小型企业或者同行业企业比较集中的乡镇、街道、社区和工业园（经济技术开发区、高新技术产业园等），在具备条件的地区可以根据实际情况在区域开

展行业性集体协商、签订集体合同。

“行业”以建筑业、采矿业、餐饮服务业等行业为主。因为这些行业的非公性质较为明显，且从业劳动者流动性较大，属于有必要开展行业性、区域性集体协商的领域。但并不局限于所列的行业，因为这是开放式列举形式，在行业特点明显的区域重点推行行业性集体协商和集体合同工作。

行业性、区域性集体谈判主要适用于非公有制企业。现在，开展行业性、区域性集体谈判的主要是非公有制企业。因为这些企业大多规模较小，劳动者流动性较大，工会力量薄弱，劳动者合法权益受到侵害的现象时有发生，劳动关系矛盾相对突出。

（二）综合性集体合同和专项集体合同

根据集体合同的内容不同，可分为综合性集体合同和专项集体合同。综合性集体合同的内容较为广泛，涉及劳动条件、劳动保护、劳动关系、争议处理等诸多问题。专项集体合同是指用人单位与企业劳动者一方，就劳动安全卫生、女职工权益保护、工资调整机制等劳动关系中的某些内容，通过集体协商签订的专项书面协议。

《劳动合同法》第五十二条对专项集体合同的种类做了开放式列举，规定用人单位与企业职工一方，可以就劳动安全卫生、女职工权益保护、工资调整机制等劳动关系的某些内容，通过集体协商签订专项书面协议。其中，工资专项集体合同应当每年订立一次；企业有女职工 25 人以上的，应订立女职工特殊保护专项集体合同；矿山、交通、化工、建筑等行业的企业应当订立劳动安全卫生专项集体合同。专项集体合同的优势是可以就专项问题做出具体化、细化和可操作的规定，这对于保护某些特殊劳动者的合法权益，或者劳动者某一方面的合法权益，具有重要意义。

《工资集体协商试行办法》第三条第二款规定：“企业依法开展工资集体协商，签订工资协议；已经订立集体合同的，工资协议作为集体合同的附件，并与集体合同具有同等效力。”据此，综合性集体合同与专项集体合同的关系如下：

第一，在形式上是主件与附件的关系，即专项集体合同作为综合性集体合同的附件而存在。

第二，在内容上是一般与特殊的关系，即专项集体合同与综合性集体合同相比，是就某一事项做出的特别而具体的规定。

第三，在适用范围上是整体与局部的关系，即综合性集体合同可以普遍适用于劳动关系的诸多事项，而专项集体合同仅适用于其所规定的特别事项。

第四，在作用上是互补的关系，即二者具有相同的效力，共同维护劳动关系的和谐、稳定，保障劳动者的权益。

五、集体合同的订立原则

集体合同的订立要遵循相应的原则，这些原则体现了集体合同的本质，贯穿于集体谈判的整个过程。订立集体合同，应遵循合法、平等、合作的原则。2004年《集体合同规定》第五条规定，进行集体协商，签订集体合同或者专项集体合同，应当遵循以下原则：

第一，遵守法律、法规、规章及国家有关规定。合法原则是进行谈判、签订协议的基本准则，其内容包括双方主体资格合法、内容合法、程序合法和形式合法。

第二，相互尊重，平等协商。平等原则要求劳资双方以平等的地位，进行谈判和对话。

第三，诚实守信，公平合作。合作原则要求劳资双方在谈判过程中相互配合、相互合作。谈判是两个团体之间进行磋商和交涉，双方利益既有差别性，又有一致性，合作贯穿于签订集体合同的全过程，体现了集体合同的基本精神。

第四，兼顾双方合法权益。兼顾双方合法权益原则要求协议条款所确定的权利和义务相对等，做到互利互惠。

第五，不得采取过激行为。不得采取过激行为原则要求双方在进行谈判、签订协议的过程中，不得采取怠工、罢工、关闭工厂等争议行为，实际上要求谈判双方负有和平的义务。

六、集体合同的内容、形式和期限

（一）集体合同的内容

关于集体合同的内容，有些国家在立法中详细规定了其必要条款，如法国《劳动法典》将全国性集体合同应当包括的一般条款列举为15项、特别条款列举为8项，并对其中有的项目还列举了若干子项；有些国家在立法中只是简单地规定其必要条款，我国《劳动法》就是这种模式；有些国家在立法中不做规定，完全由签约双方商定应规定哪些条款，如日本等。从发展趋势看，集体合同内容越来越广泛，凡是在劳动关系中可能发生的问题，都可以纳入集体合同范围，甚至被认为是雇主特权的某些内容，如引进新技术、变更管理组织、生产计划等，也可以成为集体合同的内容。

我国《劳动法》和《劳动合同法》就集体合同的条款做了不完全的列举规定，《集体合同规定》则将集体合同的条款列举规定为15项，即：劳动报酬；工作时间；休息休假；劳动安全与卫生；补充保险和福利；女职工和未成年工特殊保护；职业技能培训；劳动合同管理；奖惩、裁员；集体合同期限；变更、解除集体合同的程序；履行集体合同发生争议时的协商处理办法；违反集体合同的责任；双方认为应当协商的其他内容。同时，《劳动合同法》规定还对上述条款所包含的要目进行了具体规定。

（二）集体合同的形式

各国集体合同的形式都由法律明确规定。一般地说，集体合同为要式合同，必须采用书面形式。我国《集体合同规定》明确要求集体合同应当采用书面形式，口头形式的集体合同不具有法律效力。

（三）集体合同的期限

按照期限不同，集体合同可分为定期集体合同、不定期集体合同和以完成一定项目为期限的集体合同。集体合同的期限应当适当延长，太短不利于劳动关系的稳定，太长不利于劳动者利益的保护，难以保证劳动者利益随着社会、经济的发展而同步提高。各国一般采用定期集体合同，并在立法中限制其最短期限（通常规定为 1 年）和最长期限（通常规定为 3 年至 5 年）。也有些国家采用不定期集体合同，立法中只规定其生效时间而不规定其终止时间，如法国、日本等，这种集体合同可以随时由当事人提前一定期限通知对方终止。还有少数国家采用以完成一定项目为期限的集体合同，如利比亚等，当这种集体合同约定的工作（工程）未能在法定最长期限内完成时，一般将法定最长期限视为该集体合同的有效期限。

我国 2004 年《集体合同规定》只就定期集体合同做了规定，期限为 1 ~ 3 年；在合同约定的期限内，双方代表可对合同履行情况进行检查，每年可对合同进行修订。

七、集体合同的签订程序

集体合同签订程序可分为签约程序、政府确认程序和公布程序。签约程序，即签约双方就集体合同的内容协商一致，形成集体合同书的程序。

（一）集体合同的签约程序

1. 签约程序模式比较

按照合意过程中是否含有集体谈判，集体合同签订程序可分为谈判型和非谈判型。

在我国关于集体合同签约程序的立法中，《劳动法》所规定的基本上属于非谈判型签约程序，2004 年《集体合同规定》所规定的则属于谈判型签约程序。这两种类型的共同点在于，签约程序都由劳动关系当事人双方代表参加，集体合同都必须由工会主席和企业法定代表人签署。

二者有下述主要区别：第一，非谈判型应成立由工会和企业行政双方代表组成的合同起草小组；谈判型无须如此。第二，非谈判型中，起草小组内就拟订合同草案进行的协商不具有谈判性质，往往是先拟草案后协商修改；谈判型中，在经谈判达成一致意见后才形成合同草案。第三，非谈判型中，合同草案须经职工代表大会或者全体职工讨论通过后，才由双方签字；谈判型中，谈判达成一致就由双方签字。

2. 签约程序的主要环节

我国用人单位与本单位职工签订集体合同，应当采取集体协商的方式，并且，集体协商主要采取协商会议的形式。签约程序主要有以下环节：

第一，确定集体协商代表。集体协商代表是指按照程序产生并有权代表本方利益进行集体协商的人员。双方的代表人数应当对等，每方至少 3 人，并各确定 1 名首席代表。首席代表可以书面委托本单位以外的专业人员作为本方协商代表，委托人数不得超过本方代表的 1/3。首席代表不得由非本单位人员代理。用人单位方代表不得与职工方代表相互兼任。职工方代表由本单位工会选派，未建立工会的，由本单位职工民主推荐，并经本单位半数以上职工同意。职工方代表由工会更换，未建立工会的，经本单位半数以上职工同意也可以更换，用人单位方代表由单位法定代表人指派，首席代表由单位法定代表人担任或者由其书面委托的其他管理人员担任。单位法定代表人可以更换用人单位方代表。

代表应当履行下列职责：参加集体协商；接受本方人员质询，及时向本方人员公布协商情况并征求意见；提供与集体协商有关的情况和资料；代表本方参加集体协商争议的处理；监督集体合同的履行；法律、法规和规章规定的其他职责。代表履行职责的期限由被代表方确定。

第二，集体协商。协商任何一方均可就签订集体合同以及相关事宜，以书面形式向对方提出进行协商的要求。一方提出该要求的，另一方应当在收到该要求之日起 20 日内以书面形式回应，无正当理由不得拒绝进行协商。

代表在协商前应进行下列准备工作：熟悉与协商内容有关的法律、法规、规章和制度；了解与协商内容有关的情况和资料，收集用人单位和职工对协商意向所持的意见；拟定协商议题，该议题可由提出协商一方起草，也可由双方派代表共同起草；确定协商的时间、地点等事项，共同确定一名非协商代表担任协商记录员。

协商会议由双方首席代表轮流主持，并按下列程序进行：宣布议程和会议纪律；一方首席代表提出协商的具体内容和要求，另一方首席代表做出回应；双方就商谈事项发表各自的意见，展开讨论；双方首席代表归纳意见。达成一致的，应当形成集体协商合同草案，由双方首席代表签字。未达成一致意见或者出现事先未预料到的问题时，经双方协商，可以中止协商，中止期限及下次协商时间、地点、内容由双方商定。

第三，职工代表大会讨论通过。经双方代表协商一致的集体合同草案应提交职工代表大会或者全体职工讨论。职工代表大会和全体职工讨论草案，应当有2/3以上职工代表或者职工出席，且需经全体职工代表或者职工半数以上同意，草案方获得通过。草案通过后，由集体协商双方首席代表签字。

在签约过程中，政府介入和上级工会参与对于实现顺利签约和保障社会安定都具有重要意义。签约程序中的政府介入，是指政府或者其劳动行政部门直接参与签约程序，促使其达成协议。签约程序中的上级工会参与，是指上级工会以指导、帮助、协调、监督等方式参与下级工会与用人单位或者其团体的签订程序，以维护劳动者的合法权益。在我国现阶段，各企业的工会组织状况不平衡，缺少签订集体合同的经验。所以，1995年全国总工会颁布的《工会参加平等协商和签订集体合同试行办法》第三十四条规定："上级工会对企业工会与企业进行平等协商和签订集体合同负有帮助、指导和监督检查的责任；上级工会根据企业工会的要求，可以派工作人员作为顾问参与平等协商，帮助企业工会签订集体合同。"第三十六条规定："上级工会在审查集体合同时，如发现问题，应当及时通知企业工会，并协同同级劳动行政部门协调解决。"第三十八条规定："对尚未建立工会的企业，上级工会在组织职工依法组建工会的同时，帮助、指导职工与企业进行平等协商、签订集体合同。"

（二）集体合同订立的政府确认程序

许多国家规定，集体合同由双方签约人签订后，须经政府有关部门依法确认，方能生效。其目的在于通过政府确认来监督和指导集体合同的订立，尤其是确保集体合同内容的公平、合法、完备和可行。政府确认的方式是登记、备案、审查或者批准。

我国2004年《集体合同规定》等实行集体合同审查制度，并做出以下规定：

1. 审查机构及管辖范围

县级以上劳动行政部门的劳动合同管理机构负责对集体合同进行审查。地方各类企业和不跨省的中央直属企业集体合同报送的管辖范围，由省级劳动行政部门确定；全国性集团公司、行业性公司以及跨省企业的集体合同报送国务院劳动行政部门或者其指定的省级劳动行政部门。

2. 报送期限和材料

集体合同签订后，应当在7日内将集体合同文本一式三份及说明书报送劳动行政部门。说明材料包括：企业的所有制性质、职工人数、企业法人营业执照复印件和工会社团法人证明材料；双方首席代表、谈判代表或者委托人的身份证复印件、授权委托书；职工方谈判代表的劳动合同书复印件；谈判情况及集体合同条款征求职工意见的记录；职代会（职工大会）审议通过集体合同草案的决议；集体合同的条款说明。

3. 审查内容和程序

集体合同审查的内容包括：资格审查，主要是审查合同的签约人资格、谈判代表资格等；程序审查，主要是审查签约程序的各个环节是否齐备和合法；内容审查，主要是审查合同条款是否符合法规、政策，是否公平。

审查程序主要包括以下环节：收到报送的集体合同文本及有关材料后，进行编号、登记并及时告知报送单位收到时间；对代表资格、签约程序等进行初审；经初审合格后的集体合同分送劳动行政部门内有关机构，对有关条款进行专审，经该机构主管负责人签字后收回专审意见。审查中出现较大分歧或者遇到其他重大问题时，应当由劳动行政部门负责人或者委托集体合同管理机构负责人主持召开由有关机构负责人共同参加的联席会议，对有关条款进行研究，审查意见报主管部门领导签字；综合各方面意见制作“集体合同审查意见书”，并在法定期限内送达签约双方代表。该意见书中应当载明经确认的合同有效条款、无效条款及其原因。对合同中无效或者部分无效的条款，可提出修改意见以供签约双方参考，但不应直接在合同书上进行修改或者强求签约双方按审查意见修改或者执行；签约双方在收到“集体合同审查意见书”后，对其中无效或者部分无效的条款应进行修改，并于15日内报送劳动行政部门重新审查；将审查后的集体合同书、企业报送的材料、审查意见书（复印件）一并存档，并将经审查有效的集体合同报上级劳动行政部门备案。

4. 审查期限和生效日期

劳动行政部门应当在收到集体合同书后15日内将审查意见书送达；集体合同生效日期为审查意见书确认的生效日期；如果收到集体合同书后在15日内没有提出异议的，自第16日起集体合同自行生效。

（三）集体合同的公布程序

对于经政府确认生效或者依法自行生效的集体合同，签约双方应及时以适当方式向各自代表的全体成员公布。

（四）区域性、行业性集体合同订立程序的特别规则

2004年《集体合同规定》规定的集体合同订立程序主要是针对基层集体合同设置的，区域性、行业性集体合同的订立程序与基层集体合同的订立程序

略有差别。《关于开展区域性行业性集体协商工作的意见》规定，订立区域性、行业性集体合同一般应按以下程序进行：一方协商代表应以书面形式向另一方提出协商要求，另一方应以书面形式回应；双方协商代表在分别广泛征求职工和企业方意见的基础上，拟定集体协商议题；召开集体协商会议，在协商一致的基础上形成集体合同草案；集体合同草案要经区域职工代表大会或者区域内企业的职工代表大会或者职工大会审议通过，并经区域内企业主签字（或者盖章）确认后，由集体协商双方首席代表签字；企业方协商代表将集体合同报送当地劳动行政部门审查备案。企业方代表向劳动行政部门报送集体合同草案时，除报送劳动部《关于加强集体合同审核管理工作的通知》中规定的材料外，还需报送企业主对集体合同的签字确认件以及职工代表大会或者职工大会审议通过的文件；劳动行政部门在收到文本之日起 15 日内未提出异议的，集体合同即行生效；区域性、行业性集体合同生效后，由企业方代表采取适当方式及时向全体职工公布。

思考题

1. 集体谈判的概念和作用是什么?
2. 集体谈判在劳动关系系统中的主要功能是什么?
3. 集体谈判的内容是什么?
4. 集体谈判结果的决定因素有哪些?
5. 集体合同的订立程序是什么?
6. 集体合同订立的原则是什么?

第十一章

劳动保护管理

本章学习重点：

1. 劳动保护的概念及特征。
2. 劳动安全卫生规程的主要内容。
3. 职业病的概念与特点。
4. 不能认定为工伤的情形。

本章学习难点：

1. 对女职工特殊劳动保护的内容。
2. 对未成年工特殊劳动保护的内容。
3. 视同工伤的情形。
4. 工伤认定的情形。
5. 工伤认定的程序。

随着社会经济的发展，劳动强度逐步加大，劳动技术要求一再提高，劳动安全卫生显得更为重要。增强用人单位和劳动者的劳动安全卫生意识，强化各项劳动安全卫生制度的实施，是保护劳动者生命和健康的关键所在。因此，对劳动者给予职业最低要求的保护显得格外重要。

第一节　劳动保护管理概述

一、劳动保护的概念及特征

（一）劳动保护的概念

广义上的劳动保护是指对劳动者各个方面合法权益的保护，即通常所称的劳动者保护；狭义上的劳动保护是指对劳动者在劳动过程中的安全和健康的保护，又称为劳动安全卫生或者职业安全卫生，即直接保护劳动者在生产过程中的安全和健康的各种措施。国家为保护劳动者在生产过程中的安全和健康所制定的各种法律规范称为劳动安全卫生制度，包括劳动安全技术规程、劳动卫生规程、劳动安全卫生管理制度以及国家安全监察等方面的法律规定。

美国在 1969 年颁布了《煤矿安全与卫生法》，1971 年颁布了《职业安全与卫生法》；英国 1974 年颁布了《劳动安全与卫生法》；日本 1972 年颁布了《劳动安全卫生法》等。现在世界上有 70 多个国家制定了劳动法典，劳动安全与卫生是法典的重要组成内容。在国际劳工组织通过的所有公约和建议书中，职业安全与卫生约占主要内容的一半。可见，世界各国都对劳动安全和卫生高度重视。

（二）劳动保护的特征

劳动保护的特征如下：

第一，受保护者是劳动者，保护者是用人单位。劳动者将其劳动力的使用权有期限地让渡给用人单位后，仍拥有对劳动力的所有权，用人单位在使用劳动者的劳动力时就应当对劳动者的劳动力实施保护。所以，劳动保护是劳动者的权利和用人单位的义务。

第二，保护的对象是劳动者的安全和健康。因为劳动力以劳动者人身为载体，劳动者只有在其人身处于安全和健康的状态下，其劳动力才能正常存续和发挥，所以，保护劳动者的安全和健康即保护劳动者的劳动力。

第三，保护的范围只限于劳动过程。劳动保护是基于劳动关系而产生的，因而，用人单位只对劳动者在劳动过程中的安全和健康负有保护义务，而对劳动者在劳动过程之外的安全和健康无此义务。

二、劳动保护法的概念和主要表现

（一）劳动保护法的概念

劳动保护法又称为劳动（职业）安全卫生法，是指以保护劳动者在劳动过程中的安全和健康为宗旨，以劳动安全卫生规则为内容的法律规范的总称。在劳动法体系中，它作为组成部分之一，较其他部分具有明显的特征。

（二）劳动保护法的特征

劳动保护法的主要特征如下：

第一，保护对象具有首要性。在劳动法所保护的劳动者利益的总体结构中，安全和健康居于特别重要的地位，是劳动法保护的首要对象，由此决定了劳动保护法在劳动法体系中的重要地位。劳动法的历史说明，劳动法对劳动者的保护是从保护劳动者的安全和健康开始的，或者在一定意义上，劳动法起源于对劳动者安全和健康的保护。如被视为现代劳动法立法开端的1802年英国颁布的《学徒健康与道德法》，就其内容而言，实际上是一部劳动保护法规；其他国家最先颁布的也是专门性劳动保护法规，或者是以劳动保护为主要内容的劳动法规。

第二，内容具有技术性。劳动过程中客观存在的各种职业危害因素，都是由自然规律支配的，为了避免职业危害因素对劳动者人身造成的现实伤害，通常都以技术手段（还有组织管理措施）作为最基本的劳动保护手段。在劳动保护法的内容中，包含大量的技术性法律规范，其中有许多直接由技术规范组成，这种技术性法律规范直接反映自然规律的要求，使劳动安全卫生的技术措施和技术要求规范化和法定化，是劳动保护法规的基本内容。所以，劳动保护法规具有跨越国界的共同性和跨越历史阶段的稳定性，我国的劳动保护立法，应力求与国家劳工组织安全卫生公约相一致。

第三，法律约束力具有强行性。在劳动法中，既有强制性法律规范，也有任意性法律规范。就劳动保护法律规范而言，一般属于强行性法律规范，具有必须严格遵循的法律约束力。这是由劳动者的安全和健康的特殊性决定的。只有法律用绝对肯定的形式予以规定，才有可能确保劳动者安全和健康作为首要和最基本的权益存在的可能性。

第四，适用范围具有普遍性。在我国境内，各种用人单位不论其所有制形式如何，都应遵守劳动保护法；各种劳动者不论其用工形式如何，都应受到劳动保护法的保护。如《职业病防治法》（2018年修正）① 第八十六条第一款规定："本法第二条规定的用人单位之外的单位，产生职业病危害的，其职业病防治活动可以参照本法执行。"这是由劳动保护法规的保护对象的特殊性所决定的。

一方面，安全和健康对劳动者而言，不论其所处的劳动关系如何，也不论是否处于劳动关系中，都具有同等重要的意义。另一方面，劳动过程中的职业危害因素对劳动者安全和健康的潜在危险和现实伤害并不因劳动者所在劳动关系不同或者是都处在劳动关系中而有任何差别。所以，各国劳动者的安全和健康在法律上应当受到同等的重视和保护。

三、劳动保护关系中各方主体的权利和义务

（一）政府的劳动保护职责

根据宪法的规定，政府及其有关部门对劳动者的安全和健康在宏观上负有

① 如无特别说明，本教材中《职业病防治法》指2018年修正版。

保护职责。具体包括：制定劳动保护法规和劳动安全卫生标准，并监督用人单位执行；政府职能部门应当把劳动安全卫生管理和服务工作，纳入各自的日常职责范围；通过日常的审批、鉴定、考核、认证、事故查处职能活动等，督促用人单位做好劳动保护工作；通过劳动保护监察活动，监督、检查用人单位遵守劳动保护法，制止、纠正并制裁劳动保护中的违法行为；组织和推动劳动保护科研活动及其成果的开发、推广和应用；鼓励、支持安全生产科学技术研究，提高安全生产水平。

（二）用人单位的劳动保护义务

用人单位必须按照劳动保护法的要求，对本单位劳动者承担劳动保护义务。其中主要包括：向劳动者提供符合劳动安全卫生标准的劳动条件；对劳动者进行劳动保护教育和劳动保护技术培训；建立和实施劳动保护管理制度；保障劳动者休息权的实现；为女工和未成年人提供特殊劳动保护；接受政府有关部门、工会组织和劳动者群众的监督。

（三）劳动者的劳动保护权利和义务

劳动者是劳动保护关系中的受保护者，其劳动安全卫生权利的内容，主要包括：有权获得符合标准的劳动安全卫生条件；有权获得法定休息休假待遇；有权获得本岗位安全卫生知识、技术的学习和培训；有权拒绝单位行政提出的违章操作要求，在劳动条件恶劣、隐患严重的情况下，有权拒绝作业和主动撤离工作现场；有权对单位行政执行劳动保护法的情况进行监督并提出建议。同时，劳动者负有学习和掌握劳动保护知识、技术，严格遵守操作技术规程的义务。

第二节　劳动安全卫生技术规程

一、劳动安全技术规程

劳动安全技术规程是指国家为了保护劳动者的安全、防止和消除劳动生产过程中伤亡事故的发生而制定的以各种技术规则为主要内容的法律规范。我国制定的相关法律法规主要包括《安全生产法》《生产安全事故和调查处理条例》《劳动保障监察条例》《矿山安全法》《建设工程安全生产管理条例》等。除此之外，国家还针对不同行业制定了劳动安全方面的国家标准和行业标准。2009 年发布、2021 年 6 月修正的《安全生产法》[①] 第三条规定：“安全生产工

① 如无特别说明，本教材中《安全生产法》指 2021 年修正版。

作应以‘以人为本，坚持人民至上、生命至上，把保护人民生命安全摆在首位，树牢安全发展理念，坚持安全第一、预防为主、综合治理’为方针，从源头上防范化解重大安全风险。”要求生产经营单位完善生产条件，确保安全生产。劳动安全技术规程主要包括以下几个方面：

（一）工厂安全技术规程

关于工厂生产的安全维护，1956 年发布的《工厂安全卫生规程》曾进行了全面具体的规范，包括工作场所、机械和电气设备、生产辅助设施、个人防护用品等。现在，该规程已经废止，相关内容由《中华人民共和国安全生产法》和《中华人民共和国职业病防治法》取而代之。

《安全生产法》第三十一条规定：“生产经营单位新建、改建、扩建工程项目（以下统称建设项目）的安全设施，必须与主体工程同时设计、同时施工、同时投入生产和使用。安全设施投资应当纳入建设项目概算。”第三十五条规定：“生产经营单位应当在有较大危险因素的生产经营场所和有关设施、设备上，设置明显的安全警示标志。”第三十六条第二款规定：“生产经营单位必须对安全设备进行经常性维护、保养，并定期检测，保证正常运转。维护、保养、检测应当作好记录，并由有关人员签字。”

（二）建设工程安全技术规程

根据我国《建筑法》（2019 年修正）、《安全生产法》（2021 年修正）、《建设工程质量管理条例》（2017 年修订）、2004 年发布的《建设工程安全生产管理条例》等法律法规的规定，建设工程安全技术规程主要内容包括以下几个方面：

第一，国家对建筑企业实行安全生产许可证制度，未获得安全生产许可证的，不得从事生产活动。建筑工程安全生产管理必须坚持安全第一、预防为主的方针，建立健全安全生产的责任制度和群防群治制度。

第二，建筑施工企业应当设置安全生产管理机构或者配备专职安全生产管理人员。

第三，建筑施工企业在编制施工组织设计时，应当根据建筑工程的特点制定安全技术措施；对专业性较强的工程项目，应当编制专项安全施工组织设计，并采取安全技术措施。

第四，建筑施工企业应当在施工现场采取维护安全、防范危险、预防火灾等措施；有条件的，应当对施工现场实行封闭管理。施工现场对毗邻的建筑物、构筑物和特殊作业环境可能造成损害的，建筑施工企业应当采取安全防护措施。

第五，垂直运输机械作业人员、安装拆卸工、爆破作业人员、起重信号工、登高架设作业人员等特种作业人员，必须按照国家有关规定经过专门的安全作业培训，并取得特种作业操作资格证书后，方可上岗作业。

第六，施工单位应当在施工现场入口处、施工起重机械、临时用电设施、脚手架、出入通道口、楼梯口、电梯口、孔洞口、桥梁口、隧道口、基坑边沿、爆破物及有害危险气体和液体存放处等危险部位，设置明显的符合国家标准的安全警示标志。

第七，施工单位应当向作业人员提供安全防护用具和安全防护服装，并书面告知危险岗位的操作规程和违章操作的危害。

（三）矿山安全技术规程

近年来，我国矿山事故频发，采矿企业资质参差不齐，矿山企业安全已经成为我国立法关注的热点。我国《安全生产法》（2021 年修正）、《矿山安全法》（2009 年修正）、《煤炭法》（2016 年修正）（下同）、1996 年发布的《矿山安全法实施条例》、《安全生产许可证条例》（2014 年修订）等均对其做出了严格的规定，主要包括以下内容：

第一，矿山建设的安全技术规程。国家对矿山企业施行安全生产许可证制度，未取得安全生产许可证的，不得从事生产活动。矿山企业应当设置安全生产管理机构或者配备专职安全生产管理人员。矿山建设项目应当分别按照国家有关规定进行安全条件论证和安全评价，其安全设施设计应当按照国家有关规定报经有关部门审查，审查部门及其负责审查的人员对审查结果负责；施工单位必须按照批准的安全设施设计施工，并对安全设施的工程质量负责；其投入生产或者使用前，必须依照有关法律、行政法规的规定对安全设施进行验收，验收合格后才能投入生产和使用，验收部门及其验收人员对验收结果负责。矿山建设的安全设施必须与主体工程同时设计、同时施工、同时投入生产和使用。

矿山设计下列项目必须符合矿山安全规程和行业技术规范：矿山的通风系统和供风量、风质、风速；露天矿的边坡角和台阶的宽度、高度；供电系统；提升、运输系统；防水、排水系统和防火、灭火系统，防瓦斯系统和防尘系统；有关矿山安全的其他项目。每个矿井必须有两个以上能行人的安全出口，出口之间的直线水平距离必须符合矿山安全规程和行业技术规范。矿山必须有与外界相通的并符合安全要求的运输和通信设施。矿山设计使用的地质勘探报告书包括矿山设计范围内原有小窖、老窖的分布范围、开采深度和积水情况；沼气、二氧化碳赋存情况，矿物自然发火和矿尘爆炸的可能性；对人体有害的矿物组分、含量和变化规律，勘探区至少一年的天然放射本底数据以及工业、生活用水的水源和水质等。

第二，矿山开采的安全技术规程。矿山开采必须具备保障安全生产的条件，执行开采不同矿种的矿山安全规程和行业技术规程。矿山设计规定保留的矿柱、岩柱，在规定的期限内，应当予以保护，不得开采或者毁坏。矿山使用的有特殊安全要求的设备、器材、防护用品和安全检测仪器，必须符合国家安全标准或者行业安全标准；不符合国家安全标准或者行业标准的，不得使用。矿山企业必须对机电设备及其防护装置、安全检测仪器，定期检查、维修，保证使用安全；必须对作业场所中有毒有害物质和井下空气含氟量进行检测，保证符合安全要求；必须对下列危害安全的事故隐患采取预防措施：铆钉、片帮、边坡滑落和地表塌陷；瓦斯爆炸、煤尘爆炸；冲击地压、井喷；地面和井下的火灾、水害；爆破器材和爆破作业发生的灾害，粉尘、有毒有害的气体、放射性物质和其他有害物质引起的危害；其他危害。

对使用机械、电气设备、排土场、矸石山、尾矿库和矿山闭坑后可能引起的危害，矿山企业必须采取预防措施。矿山企业应当对机电设备及其防护装置、安全检测仪器定期检查、维修，并建立技术档案，保证使用安全。非负责设备运行的人员，不得操作设备；非值班电气人员，不得进行电气作业；操作电气设备的人员，应当有可靠的绝缘保护。煤矿和其他有瓦斯爆炸可能性的矿井，应当严格执行瓦斯检查制度，任何人不得携带烟草和点火用具下井。

另外，我国《煤炭法》第二十条规定："煤矿投入生产前，煤矿企业应当依照有关安全生产的法律、行政法规的规定取得安全生产许可证。未取得安全生产许可证的，不得从事煤炭生产。"即要求煤矿在投入生产前必须取得煤炭生产许可证，依法取得煤炭生产许可证的煤矿企业不得将煤炭生产许可证转让或者出租给他人。

取得煤炭生产许可证，应当具备下列条件：有依法取得的采矿许可证；矿井生产系统符合国家规定的煤矿安全规程；矿长经依法培训合格，取得矿长资格证书；特种行业人员依法培训合格，取得操作资格证书；井上、井下、矿内、矿外调度通讯畅通；有实测的井上和井下工程对照图、采掘工程平面图、通风系统图；有竣工验收合格的保证煤矿生产安全的设施和环境保护设施；法律行政法规规定的其他条件。煤矿企业的安全生产管理，实行矿务局长、矿长负责制。煤矿企业应当对职工进行安全生产教育、培训；未经安全生产教育、培训的，不得上岗作业。煤矿企业工会发现行政方面违章指挥、强令职工冒险作业或者生产过程中发现明显重大事故隐患，可能危及职工生命安全的情况，有权提出解决问题的建议，煤矿企业行政方面必须及时做出处理决定。煤矿企业必须为职工提供保障安全生产所需的劳动保护用品。

二、劳动卫生技术规程

劳动卫生技术规程是指国家为了保护劳动者的健康、防止和消除劳动生产过程中的职业病和职业中毒等各种职业伤害的发生而制定的以各种技术规则为主要内容的法律规范。劳动卫生技术规程主要涉及对有毒气体、粉尘、噪声等情况的消除，对通风、照明等状况的改进，以及企业生产卫生、职工健康检查等方面的技术规范和管理措施。

我国《职业病防治法》（2018 年修正）、《安全生产法》（2021 年修正）、1987 年发布的《尘肺病防治条例》、1983 年发布的《使用有毒物品作业场所劳动保护条例》、2002 发布的《劳动防护用品监督管理规定》、2010 年发布的《工业企业设计卫生标准》、2021 年发布的《工作场所职业卫生监督管理规定》、2002 年发布的《放射性同位素与射线装置安全和防护条例》等均对此进行了详细的规定。除此之外，国家还颁布了相应的国家标准和行业标准，以保护劳动者的人身健康。这些规范的内容主要包括以下几个方面：

（一）防止粉尘危害

凡有粉尘作业的企业、事业单位应采取综合防尘措施和无尘或者低尘的新技术、新工艺、新设备，使作业场所粉尘浓度不超过国家卫生标准。防尘设施的鉴定和定型制度，由劳动部门会同卫生行政部门制定。任何企业、事业单位除特殊情况外，未经上级主管部门批准，不得停止运行或者拆除防尘设施。中、小学校各类校办的实习工厂或者车间，禁止从事有粉尘的作业。对初次从事粉尘作业的劳动者，由其所在单位进行防尘知识教育和考核，考试合格后方可从事粉尘作业。不满 18 周岁的未成年人，禁止从事粉尘作业。作业场所的粉尘超过国家卫生标准，又未积极治理，严重影响劳动者安全健康时，劳动者有权拒绝操作。

（二）防止有毒有害物质危害

按照有毒物品产生的职业中毒危害程度，有毒物品分为一般有毒物品和高毒物品。国家对作业场所有高毒物品实行特殊管理。用人单位应当尽可能使用无毒物品；需要使用有毒物品的，应当优先选择使用低毒物品。禁止使用童工。用人单位不得安排未成年人和孕期、哺乳期的女性劳动者从事使用有毒物品的作业。用人单位使用有毒物品的作业场所，除应当符合职业病防治法规定的职业卫生要求之外，还必须采取下列措施：作业场所与生活场所分开，作业场所不得住人；有害作业与无害作业分开，高毒作业场所与其他场所隔离；设置有效的通风装置；可能突然泄露大量有毒物品或者易造成急性中毒的作业场所，设置自动报警装置和事故通风设施；高毒作业场所设置应急撤离通道和必要的泄险区。

依据我国《职业病防治法》的规定，工厂的生产布局应合理并遵循“有毒与无害分开”的原则，该法第二十五条第一款规定：“对可能发生急性职业损伤的有毒、有害工作场所，用人单位应当设置报警装置，配置现场急救用品、冲洗设备、应急撤离通道和必要的泄险区。”第三十八条规定：“用人单位不得安排未成年工从事接触职业病危害的作业；不得安排孕期、哺乳期的女职工从事对本人和胎儿、婴儿有危害的作业。”

（三）防暑降温和防冻取暖

《防暑降温措施暂行办法》规定当各种热源（炉子和应用大量蒸汽的设备等）的发热表面辐射热和对流热显著影响操作工人时，应尽量采取隔热措施：采取隔热措施后，其外表面温度不超过60℃，最好在40℃以下。该暂行办法颁布在1960年，时间久远，内容陈旧，已经无法顺应时代发展要求向劳动者提供良好的保护。

2012年5月，国家安全监管总局发布了《防暑降温措施管理办法》（征求意见稿），规定最高气温达到40℃以上，用人单位应当停止当日室外作业；日最高气温达到37℃以上、40℃以下时，用人单位安排劳动者室外作业时间不得超过5小时，并在12时至15时不得安排室外作业；日最高气温达到35℃以上、37℃以下（不含37℃）时，用人单位应采取换班轮休等方式，缩短劳动者连续作业时间，并且不得安排室外作业劳动者加班。用人单位安排劳动者从事高温作业或者在35℃以上的高温天气作业的，应当向劳动者发放高温津贴，并纳入工资总额。

此外，我国法律规定要求为工人提供良好的工作环境，工作场所应当保持一定的温度，过高或者过低都会影响工人的健康，当工作场所低于5摄氏度时，应设置取暖设备。

（四）防止噪声和强光危害

对于生产过程和设备产生的噪声，应首先从声源上进行控制，以低噪声的工艺和设备代替高噪声的工艺和设备；如仍达不到要求，则采用隔声、消声、吸声、隔振以及综合性控制等噪声控制措施，并采取个人防护措施。对于需要在强光环境下工作的劳动者，用人单位应提供防护眼镜等设备。

（五）防止放射性物质危害

国务院2005年发布的《放射性同位素与射线装置安全和防护条例》第二十七条第一款规定："生产、销售、使用放射性同位素和射线装置的单位，应当对本单位的放射性同位素、射线装置的安全和防护工作负责，并依法对其造成的放射性危害承担责任。"该单位还应对直接从事生产、销售、使用活动的工作人员进行安全和防护知识教育培训，并进行考核；考核不合格的，不得上岗。辐射安全关键岗位应当由注册核安全工程师担任。除此之外，单位应当对本单位的放射性同位素、射线装置的安全和防护状况进行年度评估，发现安全隐患的，应当立即进行整改。

（六）劳动防护用品

《安全生产法》第四十五条规定："生产经营单位必须为从业人员提供符

合国家标准或者行业标准的劳动防护用品，并监督、教育从业人员按照使用规则佩戴、使用。”

第三节　劳动保护制度

劳动保护管理制度又称劳动安全卫生管理制度，是指为了保障劳动者在劳动过程中的安全和健康，用人单位根据国家有关法规的规定，结合本单位的实际情况所制定的有关劳动安全卫生管理的规章制度。劳动安全卫生管理制度是企业管理制度的重要组成部分。国务院早在 1963 年就发布了《关于加强企业生产中安全工作的几项规定》，但是该法规已经被 2002 年公布的《安全生产法》、2004 年公布的国务院《关于进一步加强安全生产工作的决定》、2007 年公布的《生产安全事故报告和调查处理条例》、《安全生产法》（2021 年修正）代替。《劳动法》第五十二条也明确规定：“用人单位必须建立、健全劳动安全卫生制度，严格执行国家劳动安全卫生规程和标准，对劳动者进行劳动安全卫生教育，防止劳动过程中的事故，减少职业危害。”

一、安全卫生责任制度

安全卫生责任制度是指企业的各级领导、职能部门、有关工程技术人员和生产工人在生产过程中对安全生产应各负其责的制度。安全生产责任制是企业岗位责任制的重要组成部分，是企业安全生产的基本制度。

《安全生产法》第二十条规定：“生产经营单位应当具备本法和有关法律、行政法规和国家标准或者行业标准规定的安全生产条件；不具备安全生产条件的，不得从事生产经营活动。”

第二十一条规定：“生产经营单位的主要负责人对本单位安全生产工作负有下列职责：建立健全并落实本单位全员安全生产责任制，加强安全生产标准化建设；组织制定并实施本单位安全生产规章制度和操作规程；组织制定并实施本单位安全生产教育和培训计划；保证本单位安全生产投入的有效实施；组织建立并落实安全风险分级管控和隐患排查治理双重预防工作机制，督促、检查本单位的安全生产工作，及时消除生产安全事故隐患；组织制定并实施本单位的生产安全事故应急救援预案；及时、如实报告生产安全事故。”

第二十四条规定：“矿山、金属冶炼、建筑施工、运输单位和危险物品的生产、经营、储存、装卸单位，应当设置安全生产管理机构或者配备专职安全生产管理人员。前款规定以外的其他生产经营单位，从业人员超过一百人的，应当设置安全生产管理机构或者配备专职安全生产管理人员；从业人员在一百人以下的，应当配备专职或者兼职的安全生产管理人员。”

第二十五条规定："生产经营单位的安全生产管理机构以及安全生产管理人员履行下列职责：组织或者参与拟订本单位安全生产规章制度、操作规程和生产安全事故应急救援预案；组织或者参与本单位安全生产教育和培训，如实记录安全生产教育和培训情况；组织开展危险源辨识和评估，督促落实本单位重大危险源的安全管理措施；组织或者参与本单位应急救援演练；检查本单位的安全生产状况，及时排查生产安全事故隐患，提出改进安全生产管理的建议；制止和纠正违章指挥、强令冒险作业、违反操作规程的行为；督促落实本单位安全生产整改措施。生产经营单位可以设置专职安全生产分管负责人，协助本单位主要负责人履行安全生产管理职责。"

二、安全技术措施计划制度

安全技术措施计划是企业为了改善劳动条件、防止工伤事故和职业病而编制的预防和控制措施的计划。它是企业生产、技术、财务计划的一个组成部分。企业在编制生产、技术、财务计划的同时，必须编制安全技术措施计划。安全技术措施所需的设备、材料，应该列入物资、技术供应计划，对于每项措施应该确定实现的期限和负责人。企业的领导人应该对安全技术措施计划的编制和贯彻执行负责。安全技术措施计划的范围包括以改善劳动条件、防止伤亡事故、预防职业病和职业中毒为目的的各项措施。安全技术措施的基本项目包括安全技术、工业卫生、辅助房屋及其设施、宣传教育等。

《安全生产法》第二十三条第一款规定："生产经营单位应当具备的安全生产条件所必需的资金投入，由生产经营单位的决策机构、主要负责人或者个人经营的投资人予以保证，并对由于安全生产所必需的资金投入不足导致的后果承担责任。"第四十七条规定："生产经营单位应当安排用于配备劳动防护用品、进行安全生产培训的经费。"第四十九条第一款规定："生产经营单位不得将生产经营项目、场所、设备发包或者出租给不具备安全生产条件或者相应资质的单位或者个人。"第四十九条第二款规定："生产经营项目、场所发包或者出租给其他单位的，生产经营单位应当与承包单位、承租单位签订专门的安全生产管理协议，或者在承包合同、租赁合同中约定各自的安全生产管理职责；生产经营单位对承包单位、承租单位的安全生产工作统一协调、管理，定期进行安全检查，发现安全问题的，应当及时督促整改。"第四十九条第三款规定："矿山、金属冶炼建设项目和用于生产、储存、装卸危险物品的建设项目的施工单位应当加强对施工项目的安全管理，不得倒卖、出租、出借、挂靠或者以其他形式非法转让施工资质，不得将其承包的全部建设工程转包给第三人或者将其承包的全部建设工程支解以后以分包的名义分别转包给第三人，不得将工程分包给不具备相应资质条件的单位。"

三、安全生产教育制度

安全生产教育制度是企业帮助职工提高安全生产意识、普及安全技术法规知识、教育和培训劳动者掌握安全技术常识的一项经常性教育制度。安全生产教育制度是预防工伤事故发生的重要措施。《劳动法》第五十二条规定：“用人单位必须建立、健全劳动安全卫生制度，严格执行国家劳动安全卫生规程和标准，对劳动者进行劳动安全卫生教育，防止劳动过程中的事故，减少职业危害。”第五十五条规定：“从事特种作业的劳动者必须经过专门培训并取得特种作业资格。”对劳动者进行安全生产教育是用人单位的一项基本义务和责任。

安全生产教育的内容包括思想政治教育、劳动安全卫生法制教育、劳动纪律教育、劳动安全技术知识教育、典型经验和事故教训教育等。《安全生产法》第二十八条规定：“生产经营单位应当对从业人员进行安全生产教育和培训，保证从业人员具备必要的安全生产知识，熟悉有关的安全生产规章制度和安全操作规程，掌握本岗位的安全操作技能，了解事故应急处理措施，知悉自身在安全生产方面的权利和义务。未经安全生产教育和培训合格的从业人员，不得上岗作业。生产经营单位使用被派遣劳动者的，应当将被派遣劳动者纳入本单位从业人员统一管理，对被派遣劳动者进行岗位安全操作规程和安全操作技能的教育和培训。劳务派遣单位应当对被派遣劳动者进行必要的安全生产教育培训。生产经营单位接收中等职业学校、高等学校学生实习的，应当对实习学生进行相应的安全生产教育和培训，提供必要的劳动防护用品。学校应当协助生产经营单位对实习生进行安全生产教育和培训。生产经营单位应当建立安全生产教育和培训档案，如实记录安全生产教育和培训的时间、内容、参加人员以及考核结果等情况。”第二十九条规定：“生产经营单位采取新工艺、新技术、新材料或者使用新设备，必须了解、掌握其安全技术特性，采取有效的安全防护措施，并对从业人员进行专门的安全生产教育和培训。”第三十条规定：“生产经营单位的特种作业人员必须按照国家有关规定经专门的安全作业培训，取得相应资格，方可上岗作业。”

四、安全卫生检查制度

安全卫生检查制度是落实安全卫生法规、揭露和消除事故隐患、推动劳动安全卫生工作的制度。安全卫生检查制度既包括用人单位自身对安全卫生工作进行的经常性检查，也包括由地方劳动行政主管部门、产业主管部门组织的定期检查。另外，工会有权对企业的安全卫生情况进行检查。检查的内容包括：执行各项安全卫生规程的情况，安全卫生措施计划落实情况，各项通风设备的有效状况，各种机械设备和厂房建筑的安全卫生状况，个人防护用品的管理和使用情况，劳动者对安全卫生规章制度掌握情况等。

《安全生产法》规定，县级以上地方各级人民政府应当根据本行政区域内的安全生产状况，组织有关部门按照职责分工，对本行政区域内容易发生重大生产安全事故的安全经营单位进行严格检查；安全生产监督管理部门应当按照分类分级监督管理的要求，制定安全生产年度监督检查计划，并按照年度监督检查计划进行监督检查，发现事故隐患，应当及时处理。涉及安全生产的事项需要审查批准（包括批准、核准、许可、注册、认证、颁发证照等）或者验收的，必须严格依照有关法律、行政法规和国家标准或者行业标准规定的安全生产条件和程序进行审查；不符合有关法律、行政法规和国家标准或者行业标准规定的安全生产条件的，不得批准或者验收通过。对于未依法取得批准或者验收合格的单位擅自从事有关活动的，负责行政审批的部门发现或者接到举报后应当立即予以取缔，并依法予以处理。对于已经依法取得批准的单位，负责行政审批部门发现其不再具备安全生产条件的，应当撤销原批准。

负有安全生产监督管理职责的部门对涉及安全生产的事项进行审查、验收，不得收取费用；不得要求接受审查、验收的单位购买其指定品牌或者指定生产、销售单位的安全设备、器材或者其他产品。

该部门在检查过程中行使以下职权：进入生产经营单位进行检查，调阅有关资料，向有关单位和人员了解情况；对于依法应当给予行政处罚的行为，依照《安全生产法》和其他有关法律、行政法规的规定做出行政处罚的决定；对于检查中发现的事故隐患，应当责令立即排除，重大事故隐患排除前或者排除过程中无法保证安全的，应当责令从危险区域内撤出人员，责令暂时停产停业或者停止使用相关设施、设备；重大事故隐患排除后，经审查同意，方可恢复生产经营和使用。对有根据认为不符合保障安全生产的国家标准或者行业标准的设施、设备、器材以及违法生产、储存、使用、经营、运输的维修物品予以查封或者扣押，对违法生产、存储、使用、经营、运输的危险物品的作业场所予以查封，并依法做出处理决定。监督、检查不得影响被检查单位的正常生产经营活动。

生产经营单位对于负有安全生产监督管理职责的部门的监督检查人员（即安全生产监督检查人员）依法履行监督检查职责，应当予以配合，不得拒绝、阻挠。安全生产监督检查人员执行监督检查任务时，必须出示有效的监督执法证件；涉及被检查单位的技术秘密和业务秘密的，应当为其保密，并应当将检查的时间、地点、内容、发现的问题及其处理情况，做出书面记录，并由检查人员和被检查单位的负责人签字；被检查单位的负责人拒绝签字的，检查人员应当将情况记录在案，向负有安全生产监督管理职责的部门报告。负有安全生产监督管理职责的部门依法对存在重大事故隐患的生产经营单位做出停产停业、停止施工、停止使用相关设施或者设备的决定，生产经营单位应当依法执行，及时消除施工隐患。生产经营单位拒不执行，有发生生产安全事故的现实危险的，在保证安全的前提下，经本部门主要负责人批准，负有安全生产监督管理职责的部门可以采取通知有关单位停止供电、停止供应民用爆炸物品等措施，强制生产经营单位履行决定。通知应当采用书面形式，有关单位应当予以配合。负有安全生产监督管理职责的部门依照前款规定采取停止供电措施，除有危及生产安全的紧急情形外，应当提前 24 小时通知生产经营单位。生产经营单位依法履行行政决定、采取相应措施消除事故隐患的，负有安全生产监督管理职责的部门应当及时解除前款规定的措施。

五、劳动安全卫生监察制度

劳动安全卫生监察制度是指行使劳动监察权的机构对用人单位执行各项劳动安全卫生法规进行监督检查的制度。劳动安全卫生监察是我国劳动监察制度的重要内容，到现在我国已经颁布了一系列有关劳动安全卫生监察的法规，现行有效的主要有：国务院在 2003 年公布并于 2009 年修订的《特种设备监察条例》；劳动部 1991 年颁布的《粉尘危害分级监察规定》，1994 年颁布的《有毒作业危害分级监察规定》、1994 年颁布的《液化气体罐车安全监察规程》、2006 年颁布的《起重机械安全监察规定》 等。

劳动安全卫生监察制度分为国家劳动安全卫生监察制度、专业劳动安全卫生监察制度和群众劳动安全卫生监察制度。

（一）国家劳动安全卫生监察制度

国家劳动安全卫生监察制度是指由国家授权的劳动安全卫生监察机关对用人单位及其主管部门执行劳动安全卫生法规进行监察的一种制度。它是独立于企业之外的国家监察，有独立的监察系统，其机构的设置、职权范围和监察员的任免等都由专门法规加以规定；监察机构具有广泛的监察权，行使监察权不受任何部门、团体或者个人的干预。

根据国家有关法律规定，国家各级劳动行政主管部门应设置劳动安全卫生监察机构，负责劳动安全卫生的监察工作。如《矿山安全法》（2009 年修正）规定，国务院劳动行政部门对全国矿山安全工作实施统一监督。

县级以上地方各级人民政府劳动行政主管部门对矿山安全工作行使下列监督职责：检查矿山企业和管理矿山企业的主管部门贯彻执行矿山安全法律、法规的情况；参加矿山建设安全设施的设计审查和竣工验收；检查矿山劳动条件和安全状况，检查矿山企业劳动者安全教育、培训工作；监督矿山企业提起和使用安全技术措施专项费用的情况；参加并监督矿山事故的调查和处理；法律、行政法规规定的其他监督职责。

县级以上各级人民政府劳动行政主管部门，应当根据矿山安全监督工作的实际需要，配备矿山安全监督人员。矿山安全监督人员在执行职务时，有权进入现场检查，参加有关会议，无偿调阅有关资料，向有关单位和人员了解情况。矿山安全监督人员进入现场检查，发现有危及劳动者安全健康的情况时，有权要求矿山企业立即改正或者限期解决；情节紧急时，有权要求矿山企业立即停止作业，从危险区内撤出作业人员。

（二）专业劳动安全卫生监督制度

专业劳动安全卫生监督制度是指用人单位的主管部门和有关专业部门在各自职责范围内，对用人单位贯彻执行劳动安全卫生法规的情况进行监督检查的制度，主要包括以下内容：银行、审计部门对用人单位劳动安全卫生设施的建设实行专款专用进行监督检查；卫生部门对用人单位执行劳动安全卫生法规的情况进行监督检查；用人单位的主管部门对其下属单位执行劳动安全卫生情况进行监督检查等。按照有关规定，主管部门应制定出监督检查用人单位执行劳动安全卫生法规情况的计划和要求；建立健全各项监督管理制度；组织领导基层单位开展各种形式的监督检查活动；采取措施使监督检查活动经常化、制度化；听取工会和劳动行政主管部门针对所属单位在执行劳动安全卫生法规过程中存在的问题的改进意见，责令所属单位及时改进；及时制止和纠正所属单位的违法行为等。

《职业病防治法》第六十二条规定："县级以上人民政府职业卫生监督管理部门依照职业病防治法律、法规、国家职业卫生标准和卫生要求，依据职责划分，对职业病防治工作进行监督检查。"第六十三条规定："卫生行政部门履行监督检查职责时，有权采取下列措施：进入被检查单位和职业病危害现场，了解情况，调查取证；查阅或者复制与违反职业病防治法律、法规的行为有关的资料和采集样品；责令违反职业病防治法律、法规的单位和个人停止违法行为。"第六十四条规定："发生职业病危害事故或者有证据证明危害状态可能导致职业病危害事故发生时，卫生行政部门可以采取下列临时控制措施：责令暂停导致职业病危害事故的作业；封存造成职业病危害事故或者可能导致职业病危害事故发生的材料和设备；组织控制职业病危害事故现场。在职业病危害事故或者危害状态得到有效控制后，卫生行政部门应当及时解除控制措施。"

《安全生产法》第七十一条规定："监察机关依照监察法的规定，对负有安全生产监督管理职责的部门及其工作人员履行安全生产监督管理职责实施监察。"第七十三条第一款规定："负有安全生产监督管理职责的部门应当建立举报制度，公开举报电话、信箱或者电子邮件地址等网络举报平台，受理有关安全生产的举报；受理的举报事项经调查核实后，应当形成书面材料；需要落实整改措施的，报经有关负责人签字并督促落实。对不属于本部门职责，需要由其他有关部门进行调查处理的，转交其他有关部门处理。"

（三）群众劳动安全卫生监察制度

群众劳动安全卫生监察制度是指各级工会组织对用人单位贯彻执行劳动安全卫生法规的情况进行监督检查的制度。《劳动法》第八十八条规定，各级工会依法维护劳动者的合法权益，对用人单位遵守劳动法律、法规的情况进行监督。

根据全国总工会在 2001 年修订的《工会劳动保护监督检查员工工作条例》、1997 年发布的《基层工会劳动保护监督检查委员会工作条例》、2001 年发布的《工会小组劳动保护检查员工工作条例》，工会组织依法履行劳动保护监督检查职责，建立劳动保护监督检查制度，对安全生产工作实行群众监督，维护劳动者的合法权益。《职业病防治法》第四条第三款规定："工会组织依法对职业病防治工作进行监督，维护劳动者的合法权益。用人单位制定或者修改有关职业病防治的规章制度，应当听取工会组织的意见。"这些规定的实施，有利于发挥群众劳动安全卫生监察职能。

《安全生产法》（2021 年修正）第七十四条规定："任何单位或者个人对事故隐患或者安全生产违法行为，均有权向负有安全生产监督管理职责的部门报告或者举报。因安全生产违法行为造成重大事故隐患或者导致重大事故，致使国家利益或者社会公共利益受到侵害的，人民检察院可以根据民事诉讼法、行政诉讼法的相关规定提起公益诉讼。"第七十五条规定："居民委员会、村民委员会发现其所在区域内的生产经营单位存在事故隐患或者安全生产违法行为时，应当向当地人民政府或者有关部门报告。"第七十六条规定："县级以上各级人民政府及其有关部门对报告重大事故隐患或者举报安全生产违法行为的有功人员，给予奖励。具体奖励办法由国务院应急管理部门会同国务院财政部门制定。"第七十七条规定："新闻、出版、广播、电影、电视等单位有进行安全生产公益宣传教育的义务，有对违反安全生产法律、法规的行为进行舆论监督的权利。"

六、伤亡事故报告和处理制度

伤亡事故报告和处理制度是对劳动者在劳动过程中发生的伤亡事故进行统计、报告、调查、分析和处理的制度，其目的在于及时统计、报告、调查和处理伤亡事故，积极采取预防措施，防止和减少伤亡事故的危害。早在 1956 年国务院就颁布了《工人职员伤亡事故报告规程》，1991 年国务院重新颁布《企业职工伤亡事故报告和处理规定》，后该法规被 2007 年公布的《生产安全事故报告和调查处理条例》取代，2007 年《生产安全事故报告和调查处理条例》在 2015 年 1 月 16 日由国家安全生产监督管理总局局长办公会议审议通过，予以公布。

《劳动法》第五十七条规定："国家建立伤亡事故和职业病统计报告和处理制度。县级以上各级人民政府劳动行政部门、有关部门和用人单位应当依法对劳动者在劳动过程中发生的伤亡事故和劳动者的职业病状况，进行统计、报告和处理。"

此外，国家劳动行政主管部门先后制定并经国家标准局批准颁布了《企业职工伤亡事故分类标准》（1987 年）、《企业职工伤亡事故调查分析规则》（1986 年）、《企业职工伤亡事故经济损失统计标准》（1986 年）等。

（一）伤亡事故的分类

伤亡事故是指劳动者在劳动过程中发生的人身伤害、急性中毒事故。伤亡事故可按不同的标准进行分类。

1. 按事故原因分类

按事故原因不同，伤亡事故可分为因工负伤和非因工负伤。

2. 根据生产安全事故造成的伤亡或者直接经济损失分类

根据生产安全事故造成的人员伤亡或者直接经济损失，事故分为以下等级：

第一，特别重大事故，是指造成 30 人以上的死亡，或者 100 人以上的重伤（包括急性工业中毒），或者 1 亿元以上直接经济损失的事故。

第二，重大事故，是指造成 10 人以上 30 人以下死亡，或者 50 人以上 100 人以下重伤，或者 5000 万元以上 1 亿元以下直接经济损失的事故。

第三，较大事故，是指造成 3 人以上 10 人以下死亡，或者 10 人以上 50 人以下重伤，或者 1000 万元以上 5000 万元以下直接经济损失的事故。

第四，一般事故，是指造成 3 人以下死亡，或者 10 人以上重伤，或者 1000 万元以下直接经济损失的事故。

3. 按事故的类别分类

按事故的类别划分、伤亡事故可分为物体打击、车辆伤害、机械伤害、起重伤害、触电、淹溺、火灾、高处坠落、坍塌、中毒、窒息、爆炸、其他伤害等 20 余类。

（二）伤亡事故的报告

事故发生后，事故现场有关人员应当立即向本单位负责人报告；单位负责人接到报告后，应当在 1 小时内向事故发生地县级以上人民政府安全生产监督管理部门和负有安全生产监督管理职责的有关部门报告。情况紧急时，事故现场有关人员可以直接向事故发生地县级以上人民政府安全生产监督管理部门和负有安全生产监督管理职责的有关部门报告。安全生产监督管理部门和负有安全生产监督管理职责的有关部门接到事故报告后，应当依照下列规定上报事故情况，并通知公安机关、劳动保障行政部门、工会和人民检察院：特别重大事故、重大事故逐级上报至国务院安全生产监督管理部门和负有安全生产监督管理职责的有关部门；较大事故逐级上报至省、自治区、直辖市人民政府安全生产监督管理部门和负有安全生产监督管理职责的有关部门；一般事故上报至设区的市级人民政府安全生产监督管理部门和负有安全生产监督管理职责的有关部门。安全生产监督管理部门和负有安全生产监督管理职责的有关部门依照前款规定上报事故情况，应当同时报告国务院。必要时，安全生产监督管理部门和负有安全生产监督管理职责的有关部门可以越级上报事故情况。

《安全生产法》第八十三条规定："生产经营单位发生生产安全事故后，事故现场有关人员应当立即报告本单位负责人。单位负责人接到事故报告后，应当迅速采取有效措施，组织抢救，防止事故扩大，减少人员伤亡和财产损失，并按照国家有关规定立即如实报告当地负有安全生产监督管理职责的部门，不得隐瞒不报、谎报或者迟报，不得故意破坏事故现场、毁灭有关证据。"

第八十四条规定："负有安全生产监督管理职责的部门接到事故报告后，应当立即按照国家有关规定上报事故情况。负有安全生产监督管理职责的部门和有关地方人民政府对事故情况不得隐瞒不报、谎报或者迟报。"

第八十五条第一款："有关地方人民政府和负有安全生产监督管理职责的部门的负责人接到生产安全事故报告后，应当按照生产安全事故应急救援预案的要求立即赶到事故现场，组织事故抢救。"第四款规定："任何单位和个人都应当支持、配合事故抢救，并提供一切便利条件。"

（三）伤亡事故的调查

伤亡事故发生后，必须进行调查。按规定，特别重大事故由国务院或者国务院授权有关部门组织事故调查组进行调查；重大事故、较大事故、一般事故分别由事故发生地省级人民政府、设区的市级人民政府负责调查；省级人民政府、设区的市级人民政府、县级人民政府可以直接组织事故调查组进行调查，也可以授权或者委托有关部门组织事故调查组进行调查；未造成人员伤亡的一般事故，县级人民政府也可以委托事故发生单位组织事故调查组进行调查。

事故调查组的组成应当遵循精简、效能的原则。根据事故的具体情况，事故调查组由有关人民政府、安全生产监督管理部门、负有安全生产监督管理职责的有关部门、监察机关、公安机关以及工会派人组成，并应当邀请人民检察院派人参加。事故调查组可以聘请有关专家参与调查。事故调查组应当查明事故发生的经过、原因、人员伤亡的情况及直接经济损失，认定事故的性质和事故责任，提出对事故责任者的处理建议，总结事故教训，提出防范和整改措施提交事故调查报告。事故调查报告发现涉嫌犯罪的，事故调查组应当及时将有关材料或者其复印件移交司法机关处理。事故调查组应当自事故发生之日起60日内提交事故调查报告；特殊情况下，经负责事故调查的人民政府批准，提交事故报告的期限可以适当延长，但延长的期限最长不超过60日。

（四）伤亡事故的处理

重大事故、较大事故、一般事故，负责事故调查的人民政府应当自收到事故调查报告之日起15日内做出批复；特别重大事故，30日内做出批复，特殊情况下，批复时间可以适当延长，但延长的时间最长不超过30日。有关机关应当按照人民政府的批复，依照法律、行政法规规定的权限和程序，对事故发生单位和有关人员进行行政处罚，对负有事故责任的国家工作人员进行处分。事故发生地应当按照负责事故调查的人民政府的批复，对本单位负有事故责任的人员进行处理。负有事故责任的人员涉嫌犯罪的，依法追究刑事责任。事故处理的情况由负责事故调查的人民政府或者其授权的有关部门、机构向社会公布，依法应当保密的除外。

《安全生产法》第九十条规定："负有安全生产监督管理职责的部门的工作人员，有下列行为之一的，给予降级或者撤职的处分；构成犯罪的，依照刑法有关规定追究刑事责任：对不符合法定安全生产条件的涉及安全生产的事项予以批准或者验收通过的；发现未依法取得批准、验收的单位擅自从事有关活动或者接到举报后不予取缔或者不依法予以处理的；对已经依法取得批准的单位不履行监督管理职责，发现其不再具备安全生产条件而不撤销原批准或者发现安全生产违法行为不予查处的；在监督检查中发现重大事故隐患，不依法及时处理的负有安全生产监督管理职责的部门的工作人员有前款规定以外的滥用职权、玩忽职守、徇私舞弊行为的，依法给予处分；构成犯罪的，依照刑法有关规定追究刑事责任。"

第九十三条规定："生产经营单位的决策机构、主要负责人或者个人经营的投资人不依照本法规定保证安全生产所必需的资金投入，致使生产经营单位不具备安全生产条件的，责令限期改正，提供必需的资金；逾期未改正的，责令生产经营单位停产停业整顿。有前款违法行为，导致发生生产安全事故的，对生产经营单位的主要负责人给予撤职处分，对个人经营的投资人处二万元以上二十万元以下的罚款；构成犯罪的，依照刑法有关规定追究刑事责任。"

第九十四条规定："生产经营单位的主要负责人未履行本法规定的安全生产管理职责的，责令限期改正，处二万元以上五万元以下的罚款；逾期未改正的，处五万元以上十万元以下的罚款，责令生产经营单位停产停业整顿。生产经营单位的主要负责人有前款违法行为，导致发生生产安全事故的，给予撤职处分；构成犯罪的，依照刑法有关规定追究刑事责任。生产经营单位的主要负责人依照前款规定受刑事处罚或者撤职处分的，自刑罚执行完毕或者受处分之日起，五年内不得担任任何生产经营单位的主要负责人；对重大、特别重大生产安全事故负有责任的，终身不得担任本行业生产经营单位的主要负责人。”

第一百一十条规定：“生产经营单位的主要负责人在本单位发生生产安全事故时，不立即组织抢救或者在事故调查处理期间擅离职守或者逃匿的，给予降级、撤职的处分，并由应急管理部门处上一年年收入百分之六十至百分之一百的罚款；对逃匿的处十五日以下拘留；构成犯罪的，依照刑法有关规定追究刑事责任。生产经营单位的主要负责人对生产安全事故隐瞒不报、谎报或者迟报的，依照前款规定处罚。”

第一百一十一条规定：“有关地方人民政府、负有安全生产监督管理职责的部门，对生产安全事故隐瞒不报、谎报或者迟报的，对直接负责的主管人员和其他直接责任人员依法给予处分；构成犯罪的，依照刑法有关规定追究刑事责任。”

《职业病防治法》第七十二条规定：“用人单位违反本法规定，有下列行为之一的，由卫生行政部门给予警告，责令限期改正，逾期不改正的，处五万元以上二十万元以下的罚款；情节严重的，责令停止产生职业病危害的作业，或者提请有关人民政府按照国务院规定的权限责令关闭：工作场所职业病危害因素的强度或者浓度超过国家职业卫生标准的；未提供职业病防护设施和个人使用的职业病防护用品，或者提供的职业病防护设施和个人使用的职业病防护用品不符合国家职业卫生标准和卫生要求的；对职业病防护设备、应急救援设施和个人使用的职业病防护用品未按照规定进行维护、检修、检测，或者不能保持正常运行、使用状态的；未按照规定对工作场所职业病危害因素进行检测、评价的；工作场所职业病危害因素经治理仍然达不到国家职业卫生标准和卫生要求时，未停止存在职业病危害因素的作业的；未按照规定安排职业病病人、疑似职业病病人进行诊治的；发生或者可能发生急性职业病危害事故时，未立即采取应急救援和控制措施或者未按照规定及时报告的；未按照规定在产生严重职业病危害的作业岗位醒目位置设置警示标识和中文警示说明的；拒绝职业卫生监督管理部门监督检查的；隐瞒、伪造、篡改、毁损职业健康监护档案、工作场所职业病危害因素检测评价结果等相关资料，或者拒不提供职业病诊断、鉴定所需资料的；未按照规定承担职业病诊断、鉴定费用和职业病病人的医疗、生活保障费用的。”

第七十八条规定：“用人单位违反本法规定，造成重大职业病危害事故或者其他严重后果，构成犯罪的，对直接负责的主管人员和其他直接责任人员，依法追究刑事责任。”

第八十条规定：“从事职业卫生技术服务的机构和承担职业病诊断的医疗卫生机构违反本法规定，有下列行为之一的，由卫生行政部门责令立即停止违法行为，给予警告，没收违法所得；违法所得五千元以上的，并处违法所得二倍以上五倍以下的罚款；没有违法所得或者违法所得不足五千元的，并处五千元以上二万元以下的罚款；情节严重的，由原认可或者登记机关取消其相应的资格；对直接负责的主管人员和其他直接责任人员，依法给予降级、撤职或者开除的处分构成犯罪的，依法追究刑事责任：超出资质认可或者诊疗项目登记范围从事职业卫生技术服务或者职业病诊断的；不按照本法规定履行法定职责的；出具虚假证明文件的。”

第四节　工伤和职业病制度

一、工伤和职业病的概述

（一）工伤的概念

狭义的工伤仅仅是指劳动者在工作中因工作环境、工作条件的不良等原因所发生的意外事故而造成的伤害。广义的工伤又称职业伤害，是指职业危险因素给在劳动过程中的劳动者造成的损害，包括急性伤害和慢性伤害。急性伤害即因工伤亡。慢性伤害亦称为职业病，是指劳动者在生产劳动及其他职业性活动中，因接触职业有毒有害物质和不良气候、恶劣卫生条件而引起的并由国家主管部门明文规定的疾病。

（二）工伤与非工伤的界限

第一，时空界限。即时间界限和空间界限。工伤一般限于生产、工作时间和区域之内所发生的伤害，但关键是要看伤害是否是因执行公务而发生的。

第二，过错界限。适用无过错责任原则，而不能以劳动者本人对伤害发生有过失为由，将该伤害排除在工伤范围之外。

第三，结果界限。工伤通常会造成劳动者疾病、伤害、残疾或者死亡的结果。

第四，法律规定的特殊界限。

（三）职业病

1. 职业病的定义与特点

职业病是指企业、事业单位和个体经济组织（用人单位）的劳动者在职业活动中，因接触粉尘、放射性物质和其他有毒、有害物质等因素而引起的疾病。国家规定的纳入职业病范围的疾病有 9 类共 99 种。职业病患者在治疗和休息时间，以及医疗后确定为残疾、治疗无效死亡时，均按劳动保险条例的有关规定给予劳保待遇。在医疗患者疗养后被确认不宜继续从事原有害作业或者工作的，应在确认之日起的两个月内，将其调离原工作岗位，另行安排工作；对于因工作需要暂时不能调离的生产、工作技术骨干，调离期限最长不得超过半年。

职业病的特点为：病因明确，疾病发生与劳动条件密切相关，群体发病，临床表现为一定特征，具备可预防性。

2. 职业病的种类

依据职业病目录，凡符合以下规定的均为职业病：

第一，职业中毒：铅及其化合物（不包含四乙基铅）、汞及其化合物、锰及其化合物中毒、镉及其化合物中毒（不包含磷化氢、磷化锌、磷化铝）、砷及其化合物中毒（不包含砷化氢）、砷化氢中毒、氯气中毒、二氧化硫中毒、硫化氢中毒、磷化氢或者磷化锌或者磷化铝中毒、工业性氟病、氰及腈类化合物中毒、四乙基铅中毒、有机锡中毒、苯中毒、甲苯中毒、二甲苯中毒、正乙烷中毒、汽油中毒、有机氟聚合物单体及其热裂解物中毒、二氯乙烷中毒、四氯化碳中毒、氯乙烯中毒、三氯乙烯中毒、氯丙烯中毒、氯丁二烯中毒、苯的氨基及硝基化合物（不包括三硝基甲苯）中毒等，以及根据《职业性中毒性肝病诊断标准及处理原则总则》可以诊断的职业性中毒性肝病、根据《职业性急性中毒诊断标准及处理原则总则》可以诊断的其他职业性急性中毒。

第二，尘肺：矽肺、煤工尘肺、石墨尘肺、炭黑尘肺、石棉肺、滑石尘肺、水泥尘肺、云母尘肺、陶工尘肺、铝尘肺、电焊工尘肺、铸工尘肺。

第三，物理因素职业病：中毒、减压病、高原病、航空病、局部振动病、放射性疾病。

第四，职业性传染病：森林脑炎、布氏杆菌病。

第五，职业性皮肤病：接触性皮炎、光敏性皮炎、电光性皮炎、黑变病、痤疮、溃疡，以及根据《职业性皮肤病诊断标准及处理原则》可以诊断的其他职业性皮肤病。

第六，职业性眼病：化学性眼部烧伤、电光性皮炎、职业性白内障（含放射性白内障）。

第七，职业性耳、鼻、喉病。

第八，职业性肿瘤：石棉所致肺癌和间皮瘤、苯所致白血病、氯甲醚所致肺癌、砷所致肺癌和皮肤癌、焦炉工人肺癌、铬酸盐制造业工人肺癌。

第九，其他职业病：化学灼伤、金属烟职业性哮喘、职业性变态反应性肺泡炎、棉尘病、煤矿井下工人滑囊炎、牙酸蚀病。

（四）职业病与非职业病的区别

职业病是劳动者在职业活动中接触职业性有害因素直接引起的疾病，非职业病与职业活动无关或者职业活动不是疾病的主导因素。

与工作有关的疾病的特点为：其他职业人群也会产生这种疾病；职业因素可以促使疾病的产生和加重，是多种发病因素之一；不是唯一的直接致病因素，或者职业因素只是诱因和加重因素；调离该职业或者改善劳动条件后，该病可以缓解或者停止发展。我国目前暂未将与工作有关疾病列入规定的职业病范围。

（五）工伤和职业病的危害

全球工伤事故和职业病每年夺走200万人的生命，造成的经济损失占全球国民生产总值的4%，造成职业人群死亡的原因主要有癌症（32%）、工伤事故（19%）、传染性职业病（17%）。

我国是一个职业危害比较严重的国家。2020年全国报告的各类职业病新病例中，职业性尘肺病及其他呼吸系统疾病14408例，同比下降9.65%；职业性耳鼻喉口腔疾病1310例，同比下降19.29%；职业性传染病488例，同比下降15.57%；职业性化学中毒486例，同比下降37.53%；物理因素所致职业病217例，同比下降17.8%；职业性皮肤病63例，同比下降12.5%；职业性肿瘤48例，同比下降44.83%；职业性眼病24例，同比下降54.72%；职业性放射性疾病10例，同比下降33.33%；其他职业病10例，同比下降9.09%。[①]

严重的职业危害给国家造成了巨大的损失，据专家保守估计，[②] 每年我国因职业病、工伤事故造成的直接经济损失约达1000亿元，间接经济损失约达2000亿元。

职业性有害因素主要从以下几个方面界定：

第一，与生产过程有关的职业性有害因素主要有化学因素、物理因素和生物因素。

第二，与劳动过程有关的职业性有毒因素主要有以下几个方面：劳动强度过大或者劳动安排与劳动者物理状态不适应；劳动组织不合理，如劳动时间过长或者休息制度不合理；长时间处于某种不良体位，长时间重复某一单调动作；个别器官或者系统过度紧张。

第三，与作业场所环境有关的职业性有害因素主要有以下几个方面：作业场所设计不符合有关卫生标准和要求，如厂房狭小、厂房建筑及车间布置不合理等；缺乏必要的卫生技术设施，如缺少通风换气设施、采暖设施、防尘防毒设施、防噪防震设施、防暑降温设施、防射线设施、照明高度不足等；安全防护设施不完善，防护用具使用方法不当或者防护用具本身存在缺陷等。

---

①② 以上数据根据国家卫健委、华经产业研究院数据整理得到。

【导引案例 11－1】

职业病——工伤认定[①]

孙某系某市水泥厂劳动者，2013 年 10 月因身体不适到职业病防治医院就诊，被诊断为“矽肺病”。职业病诊断机构给孙某出具了《职业病诊断说明书》。其后孙某持《职业病诊断证明书》回到企业，要求水泥厂向其提供职业病治疗、康复的费用和条件。但水泥厂以其擅自进行职业病诊断、《职业病诊断证明书》无效为由，拒绝承担其职业病治疗、康复的费用。孙某向当地劳动争议仲裁委员会申请仲裁。

1. 职业病的概念？
2. 孙某是否应认定为工伤？依据是什么？

二、工伤和职业病的诊断与认定

（一）工伤认定的情形

1. 认定为工伤的情形

劳动者有下列情形之一的，应当认定为工伤：第一，在工作时间和工作场所内，因工作原因受到事故伤害的。第二，工作时间前后在工作场所内，从事与工作有关的预备性或者收尾性工作受到事故伤害的。第三，在工作时间和工作场所内，因履行工作职责受到暴力等意外伤害的。第四，患职业病的。第五，因工作出差期间，由于工作原因受到伤害或者发生事故下落不明的。第六，在上下班途中，受到机动车事故伤害的。第七，法律、行政法规规定应当认定为工伤的其他情形。

2. 视同工伤的情形

劳动者有下列情形之一的，视同工伤：第一，在工作时间和工作岗位，突发疾病死亡或者在 48 小时内经抢救无效死亡的。第二，在抢险救灾等维护国家利益、公共利益活动中受到伤害的。第三，劳动者原在军队服役，因战、因工负伤致残，已经取得革命伤残军人证，到用人单位后旧伤复发的。

3. 不得认定工伤的情形

不得认定工伤的情形包括：第一，因犯罪或者违反治安管理伤亡的。第

① 张倜：《劳动关系管理》，北京：电子工业出版社 2006 年版，第 147 页。

二，醉酒导致伤亡的。第三，自残或者自杀的。

（二）工伤认定申请

劳动者发生事故伤害或者按照职业病防治法规定被诊断、鉴定为职业病，所在单位应当自事故伤害发生之日或者被诊断、鉴定为职业病之日起30日内，向统筹地区劳动保障行政部门提出工伤认定申请。遇有特殊情况，经报劳动保障行政部门同意，申请时限可以适当延长。

提出工伤认定申请应当提交下列材料：工伤认定申请表；与用人单位存在劳动关系（包括事实劳动关系）的证明材料；医疗诊断证明或者职业病诊断证明书（或者职业病诊断鉴定书）。

（三）工伤认定程序

第一，申报：企业应当自工伤事故发生之日或者职业病确诊之日起，及时向主管部门报告，15日内向市劳动局提出工伤报告。

第二，由认定机构组织调查。

第三，进行工伤认定。

第四，由认定机构通知企业最后结果。

（四）职业病诊断

1. 职业病诊断的综合考虑因素

职业病诊断需要综合考虑以下因素：病人的职业史；职业病危害接触史和现场危害调查与评价；临床表现以及辅助检查结果等；没有证据否定职业病危害因素与病人临床表现之间的必然联系的，在排除其他致病因素后，应当诊断为职业病；承担职业病诊断的医疗卫生机构在进行职业病诊断时，应当组织3名以上取得职业病诊断资格的职业医师集体诊断；职业病诊断证明书应当由参与诊断的医师共同签署，并由承担职业病诊断的医疗卫生机构审核盖章。

2. 申请职业病诊断提供的材料

申请职业病诊断应提供下列材料：职业史、既往史；职业健康监护档案复印件；职业健康检查结果；工作场所历年职业病危害因素检测、评价资料；诊断机构要求提供的其他必需的有关材料，如用人单位和有关机构应当按照诊断机构的要求，如实提供必要的资料；职业病诊断机构应当建立职业病诊断档案并永久保存。

3. 职业病档案内容

职业病诊断机构应当建立职业病诊断档案并永久保存。档案内容应当包括：职业病诊断证明书；职业病诊断过程记录，包括参加诊断的人员、时间、地点、讨论内容以及诊断结论；用人单位和劳动者提供的诊断用所有资料；临床检查和实验室检验等结果报告单；现场调查笔录及分析评价报告。

当事人对职业病诊断有异议的，在接到职业病诊断证明书之日起30日内，可以向做出诊断的医疗卫生机构所在地设立的市级卫生行政部门申请鉴定。当事人对设区的市级职业病诊断鉴定委员会的监督结论不服的，在接到职业病诊断鉴定书之日起15日内，可以向原鉴定机构所在地省级卫生行政部门申请再次鉴定。省级职业病诊断监督委员会的鉴定为最终鉴定。

三、劳动能力鉴定

劳动能力鉴定是指劳动能力鉴定委员会根据法定的标准，对工伤职工劳动功能障碍程度和生活自理障碍程度的等级鉴定。劳动能力鉴定是工伤职工享受工伤保险待遇的必经程序，劳动能力鉴定结论也是确定工伤保险待遇标准的主要依据。

（一）劳动能力鉴定机构

根据《工伤保险条例》的规定，我国劳动能力鉴定机构分为两级：设区的市级劳动能力鉴定委员会和省、自治区、直辖市劳动能力鉴定委员会。省、自治区、直辖市劳动能力鉴定委员会和设区的市劳动能力鉴定委员会分别由省、自治区、直辖市和设区的市社会保险行政部门、卫生行政部门、工会组织、经办机构代表以及用人单位代表组成。劳动能力鉴定委员会还建立医疗卫生专家库，由医疗卫生专家具体从事鉴定工作。

（二）劳动能力鉴定程序

根据《工伤保险条例》的规定，用人单位、工伤职工或者其近亲属都是申请劳动能力鉴定的主体，申请主体必须首先向设区的市级劳动能力鉴定委员会提出申请，并应当提供工伤认定决定和职工工伤医疗的有关资料。劳动能力鉴定程序必须以工伤认定为前提，职工只有被认定为工伤或者视同工伤，才可以启动劳动能力鉴定程序。

1. 初次鉴定

设区的市级劳动能力鉴定委员会收到劳动能力鉴定申请后，应当从其建立的医疗卫生专家库中随机抽取3名或者5名相关专家组成专家组，由专家组提出鉴定意见，设区的市级劳动能力鉴定委员会再根据专家组的鉴定意见做出工伤职工劳动能力鉴定结论。必要时，设区的市级劳动能力鉴定委员会还可以委托具备资格的医疗机构协助进行有关诊断。设区的市级劳动能力鉴定委员会应当自收到劳动能力鉴定申请之日起60日内做出劳动能力鉴定结论，必要时可以延长30日。劳动能力鉴定结论应当及时送达申请鉴定的单位和个人。

2. 再次鉴定

申请鉴定的单位或者个人对设区的市级劳动能力鉴定委员会做出的鉴定结论不服的，可以在收到该鉴定结论之日起15日内向省、自治区、直辖市劳动能力鉴定委员会提出再次鉴定申请。劳动能力鉴定委员会进行再次鉴定的期限与初次鉴定的期限相同。一旦省、自治区、直辖市劳动能力鉴定委员会做出劳动能力鉴定结论，则为最终结论。

可见，我国劳动能力鉴定实行两级鉴定终局制。由于劳动能力鉴定结论与工伤职工的工伤保险待遇水平直接挂钩，劳动能力鉴定委员会组成人员或者参加鉴定的专家与当事人有利害关系的，应当回避。

3. 复查鉴定

劳动能力鉴定是在职工发生工伤、经治疗伤情相对稳定的情况下进行的。经过一段时间后，已经经过劳动能力鉴定的职工伤残情况可能会发生一些变化，出现劳动功能障碍程度和生活自理程度加重或者减轻的情形，法律规定了劳动能力复查鉴定制度，即自劳动能力鉴定结论做出之日起1年后，工伤职工或者近亲属、所在单位或者经办机构认为伤残情形发生变化的，可以申请劳动能力复查鉴定，劳动能力鉴定委员会进行复查鉴定的期限与初次鉴定的期限相同，劳动能力复查鉴定也实行两级鉴定终局制。

（三）劳动能力鉴定结论

劳动能力鉴定结论是劳动能力鉴定委员会依据法定的鉴定标准和鉴定程序，对工伤职工的劳动能力功能障碍程度和生活自理程度的等级做出的结论性意见。根据《工伤保险条例》的授权，劳动能力鉴定标准由国务院社会保险行政部门会同国务院卫生行政部门等部门制定。

根据新的标准，劳动功能障碍根据器官损伤、功能障碍、医疗依赖等情况分为十级，最重的为一级，最轻的为十级。其中，凡伤残等级鉴定为一至四级的，可确定为完全丧失劳动能力；凡伤残等级鉴定为五至六级的，可确定为大部分丧失劳动能力；凡伤残等级鉴定为七至十级的，可确定为部分丧失劳动能力。

四、工伤事故和职业病的防治与管理

（一）预防与管理的模型与方针

企业可以通过建立工伤事故的防治模型来对事故进行预防与管理：

第一，建立健全事故预防工作组织。形成由企业领导牵头的，包括安全管理人员和安全技术人员在内的事故预防工作体系，并切实发挥其效能。

第二，查找问题。通过实地调查、检查、观察及对有关人员的询问，以及对事故原始记录的反复研究，收集第一手资料，认真地加以判断、研究，找出事故预防工作中存在的问题。

第三，分析事故及不安全问题产生的原因。包括弄清楚伤亡事故频率、严重程度、场所、工种、生产秩序、有关工具、设备及事故类型等，找出其直接原因和间接原因、主要原因和次要原因。

第四，针对事故和不安全问题的原因，选择恰当的改进措施。改进措施包括工种技术方面的改进、对人员说服教育、人员调整、制定及执行规章制度等。

第五，实施改进措施。通过工种技术措施实现机械设备、生产作业条件的安全，消除物的不安全状态；通过人员调整、教育、训练，消除人员的不安全行为。

职业病防治工作应坚持预防为主、防治结合的方针，实行分类管理、综合治理。用人单位应当为劳动者创造符合国家职业卫生标准和卫生要求的工资环境和条件，并采取措施保障劳动者获得职业卫生保护。

（二）保证工作场所符合国家职业卫生要求

产生职业病危害的用人单位除应当设立符合法律、行政法规规定的条件外，其工作场所还应当符合职业卫生要求：

第一，职业病危害因素的强度或者浓度符合国家职业卫生标准。

第二，有与职业病危害防护相适应的设施。

第三，生产布局合理，符合有害与无害作业分开的原则。

第四，有配套的更衣间、洗浴间、孕妇休息间等卫生设施。

第五，设备、工具、用具等设施符合保护劳动者生理、心理健康的要求。

第六，法律、行政法规和国务院卫生行政部门关于保护劳动者健康的其他要求。

此外，新建、扩建、改建的建设项目和技术改造、技术引进项目（建设项目）可能产生职业病危害的，建设单位在可行性认证阶段应当向卫生行政部门提交职业病危害防治报告。

（三）在劳动过程中采取防护与管理措施

用人单位在劳动过程中应当采取的防护与管理措施如下：

第一，设置或者指定职业卫生管理机构组织，配备专职或者兼职的职业卫生专业人员，负责本单位的职业病防治工作。

第二，制定职业病防治计划和实施方案。

第三，建立、健全职业卫生管理制度和操作规程。

第四，建立、健全职业卫生档案和劳动者健康监护档案。

第五，建立、健全工作场所职业病危害因素监测及评价制度。

第六，建立、健全职业病危害事故应急救援预案。

用人单位必须采取有效的职业病防治设施，并为劳动者提供个人使用的职业病防护用品。对产生严重职业病危害的作业岗位，应当在其醒目位置，设置警示标识和中文警示说明。警示说明应当载明产生职业病危害的种类、后果、预防以及应急救治措施等内容。

用人单位应当对劳动者进行上岗前的职业卫生培训和在岗期间的定期职业卫生培训，普及职业卫生知识，督促劳动者遵守职业病防治法律、行政法规、规章和操作规程，指导劳动者正确使用职业病防护设备和个人使用的职业病防护用品。

用人单位应建立职业健康监护档案，其内容应当包括劳动者的职业史、职业病危害接触史、职业健康检查结果和职业病诊疗等有关个人健康资料。

第五节　女职工和未成年工特殊劳动保护制度

一、女职工和未成年工特殊保护的概念

（一）女职工特殊保护的概念

女职工特殊保护是指根据女职工的身体条件和生理特点，由国家专门制定的法律和法规，对女职工在劳动方面的特殊权益的保障。

世界各国的劳动立法和国际劳工立法都把女职工的特殊保护作为重要的内容加以规定。在劳动方面对女职工进行特殊保护，是由女职工自身的生理特点和身体条件所决定的。女职工具有特殊的生理期并且担负着养育后代的重任，她们和男职工在身体条件方面有很大差别。所以，法律对女职工在劳动方面进行特殊保护，既是保障女职工身体健康和劳动安全的需要，也是抚养国家下一代的安全和健康成长的需要。

在我国，“女职工”泛指国家机关、社会团体、企业、事业单位、其他经济组织从事脑力劳动和体力劳动的全体女职工。

（二）未成年工特殊保护的概念

未成年工特殊保护是指根据未成年工的身体特点，国家依法对未成年工在劳动方面特殊权益的保障。

在我国，成年的标志是已经年满 18 周岁，劳动就业最低法定年龄规定为已满 16 周岁。未成年工是指已满 16 周岁未满 18 周岁的未成年人。鉴于未成年工的身体发育尚未成熟，为保证他们的身体健康和正常发育成长，我国法律规定，对未成年工给予特殊保护。在《劳动法》第五十八条、第六十四条和第六十五条中对未成年工的特殊保护做了原则性规定。上述法律规定的适用范围，包括在我国境内的各种企业、各类经济组织及国家机关、事业单位等招用未成年工的用人单位。

纵观世界劳动立法，不难发现早期的劳动立法多是从限制女工和未成年工的工作时间和从事某些繁重劳动开始的，如 1802 年英国议会通过的《学徒健康与道德法》，规定纺织厂童工的工作时间每天不超过 12 小时，该法被公认为是现代劳动法产生的里程碑。未成年工的特殊保护是各国劳动立法和国际劳工立法的重要组成内容。各国劳动法对未成年工进行特殊保护，一般体现在限制最低就业年龄、限制工作时间的延长以及对夜间工作和繁重体力劳动方面进行限制。大多数国家将未成年工的就业年龄规定在 14 周岁以上。如美国大多数州规定一般工作就业年龄为 16 周岁，危险工作的就业年龄为 18 周岁。英国最低就业年龄规定为 16 周岁，德国、瑞士规定为 14 周岁等。

二、女职工特殊保护的主要内容

（一）在劳动就业方面保护妇女就业权，实行男女同工同酬

劳动就业权是劳动权利的核心部分，也是公民实行劳动权利的具体体现，关系到劳动者的生存权。我国宪法规定的男女平等，包括男女在劳动就业权方面享有平等权。《劳动法》第十三条明文规定："妇女享有与男子平等的就业权利。在录用职工时，除国家规定的不适合妇女的工种或者岗位外，不得以性别为由拒绝录用妇女或者提高对妇女的录用标准。"这就要求用人单位应依法提供妇女实现平等就业权的条件，在招用劳动者时不得歧视女性劳动者，不得提高对女性劳动者的录用标准。《劳动法》第四十六条第一款规定："工资分配应当遵循按劳分配原则，实行同工同酬。"用工单位必须贯彻男女同工同酬原则。在劳动者定级、升级、工资调整、奖金发放等方面实行男女平等，不得歧视妇女，侵犯女性劳动者的合法权益。2012 年发布的《女职工劳动保护特别规定》第五条规定："用人单位不得因女职工怀孕、生育、哺乳期降低其工资、予以辞退、与其解除劳动或者聘用合同。"法律为贯彻男女同工同酬原则提供了依据，也为女性劳动者在劳动方面同男性劳动者享有平等报酬权提供了保障。

（二）在劳动过程中禁止安排女性劳动者从事繁重体力劳动及有毒有害工作

繁重体力劳动、有毒有害物质、恶劣劳动环境、过度紧张工作，都会对女性劳动者身体造成损害，由于女职工的生理特点和负担养育后代的重任，用工单位必须依法对女职工在劳动过程中进行特殊保护。

《女职工劳动保护特别规定》在附录中详细规定了女职工禁忌从事的劳动范围：矿山井下作业；体力劳动强度分级标准中规定的第四级体力劳动强度的作业；每小时负重 6 次以上、每次负重超过 20 公斤的作业，或者间断负重、每次负重超过 25 公斤的作业。

其第四条第一款还规定："用人单位应当遵守女职工禁忌从事的劳动范围的规定。用人单位应当将本单位属于女职工禁忌从事的劳动范围的岗位书面告知女性劳动者。"

（三）在女职工的特殊生理期间给予特殊保护

女性劳动者的特殊期间，包括孕期、经期、产期、哺乳期四个特殊时期，对她们进行特殊保护，不仅保护了女性劳动者本身的身体健康和劳动安全，同时也保护了下一代的安全和健康。

1. 女性劳动者经期保护

用人单位不得安排女性劳动者从事高空、高温、低温、冷水和国家规定的第Ⅲ级体力劳动强度的劳动。

禁止在此期间从事下列工作：食品冷库内及冷水等低温工作；《体力劳动强度分级》中的第Ⅲ级体力劳动强度作业；《高处作业分级》国家标准中的第Ⅱ级（含第Ⅱ级）以上的作业。《女职工保健工作规定》第七条第四款规定："患有重度痛经及月经过多的女性劳动者，经医疗或妇幼保健机构确诊后，月经期间可适当给予 1 至 2 天的休假。"

《女职工劳动保护特别规定》附录第二条规定："女职工在经期禁忌从事的劳动范围：冷水作业分级标准中规定的第二级、第三级、第四级冷水作业；低温作业分级标准中规定的第二级、第三级、第四级低温作业；体力劳动强度分级标准中规定的第三级、第四级体力劳动强度的作业；高处作业分级标准中规定的第三级、第四级高处作业。"

2. 女性劳动者孕期的特殊保护规定

《女职工劳动保护特别规定》第六条规定："女职工在孕期不能适应原劳动的，用人单位应当根据医疗机构的证明，予以减轻劳动量或者安排其他能够适应的劳动。对怀孕 7 个月以上的女职工，用人单位不得延长劳动时间或者安排夜班劳动，并应当在劳动时间内安排一定的休息时间。怀孕女职工在劳动时间内进行产前检查，所需时间计入劳动时间。”

3. 女性劳动者的产期特殊保护

产期保护是指女职工在生育期间的保护。法律规定女职工享受一定的生育休假和生育期物质待遇。女职工怀孕流产的，其所在单位应根据医务部门的证明，给予一定时间的产假。女职工产假期间工资照发。

《女职工劳动保护特别规定》第七条规定：“女职工生育享受98天产假，其中产前可以休假15天；难产的，增加产假15天；生育多胞胎的，每多生育1个婴儿，增加产假15天。女职工怀孕未满4个月流产的，享受15天产假；怀孕满4个月流产的，享受42天产假。”

4. 女职工哺乳期的特殊保护

女职工哺乳婴儿期间依法受到特殊保护。有不满1周岁的婴儿的女职工，其所在单位应在每班劳动时间内安排两次哺乳时间，每次30分钟（合并使用）。多胞胎生育的，每多哺育一个婴儿，每次哺乳时间增加30分钟。哺乳时间和在本单位内哺乳往返途中的时间算作劳动时间。女职工在哺乳期内，所在单位不得安排其从事国家规定的第三级体力劳动强度的劳动和哺乳期禁止从事的劳动，不得安排夜班工作和延长工时。

在哺乳期内禁忌女性劳动者从事劳动的范围是：作业场所空气中有毒物质浓度超过国家卫生标准的作业；《体力劳动强度分级》标准中第三级体力劳动强度的作业；作业场所空气中的锰、甲醇、有机磷化合物、有机氯化合物的浓度超过国家卫生标准的作业。

《女职工劳动保护特别规定》规定女职工在哺乳期禁忌从事的劳动范围包括：孕期禁忌从事的劳动范围的第一项、第三项、第九项；作业场所空气中的锰、氟、溴、甲醇、有机磷化合物、有机氯化合物等有毒物质浓度超过国家职业卫生标准的作业。

第九条规定：“对哺乳未满1周岁婴儿的女职工，用人单位不得延长劳动时间或者安排夜班劳动。用人单位应当在每天的劳动时间内为哺乳期女职工安排1小时哺乳时间；女职工生育多胞胎的，每多哺乳1个婴儿每天增加1小时的哺乳时间。”

（四）对女职工特殊保护设施的规定

《女职工劳动保护特别规定》第十条规定：“女职工比较多的用人单位应当根据女职工的需要，建立女职工卫生室、孕妇休息室、哺乳室等设施，妥善解决女职工在生理卫生、哺乳方面的困难。”

综上所述四个方面的内容构成了我国对女职工特殊保护的主要内容。法律还规定，在女职工劳动保护权益受到侵害时，有权向所在单位的主管部门或者当地劳动部门提出申诉。受理申诉的部门应当自收到申诉书之日起 30 日内做出处理决定。女职工本人对处理决定不服的，可以在收到处理决定书之日起 15 日内向人民法院起诉。县级以上人民政府人力资源社会保障行政部门、安全生产监督管理部门按照各自职责负责对用人单位遵守本规定的情况进行监督检查。《女职工劳动保护特别规定》第十五条规定："用人单位违反本规定，侵害女职工合法权益，造成女职工损害的，依法给予赔偿；用人单位及其直接负责的主管人员和其他直接责任人员构成犯罪的，依法追究刑事责任。"

（五）工作场所中的性骚扰问题[①]

"性骚扰"一词第一次出现在 1964 年美国的《民事权利法案》中。普遍认为，1974 年的巴恩斯（Barnes）诉特雷恩（Train）案是美国的第一件性骚扰案例。1976 年，威廉姆斯（Williams）诉萨克斯比（Saxbe）案中"性骚扰"被确认为"性歧视"中的一种形式而加以禁止。1993 年联合国通过了《消除妇女暴力行为宣言》，该宣言将"在工作场所、教育机构和其他场所的性骚扰"列入对妇女的暴力行为。工作场所中的性骚扰可分为有报酬性的性骚扰和敌意的工作环境。前者一般发生在上司骚扰下属的情况中，是指骚扰者通过明示或者暗示的性方面的要求，并提出将此作为员工或者求职者获得工作或者职务、变更其劳动环境或者报酬的交换。后者通常发生在同事之间，可能是由用人单位的客户实施，如在工作环境中以与"性"有关的语言、动作或者其他方法对员工或者求职者造成骚扰。若用人单位实际已经知悉这种情况而不采取防范措施或者纠正处理措施，应当承担法律责任，美国已经出现相关判例。

我国法律确立了反对性骚扰法律原则，并在不同的立法层面上得到体现。《宪法》规定公民的人格尊严不受非法侵犯，而性骚扰在一定程度上即是对公民人格尊严的侵犯，受害人有其人格尊严受到侮辱的感觉。《刑法》中规定了强奸罪、强制猥亵或者侮辱妇女罪，这些罪名的确立旨在保护妇女的性自主权和人格尊严，而性骚扰的本质就是一种对女性性自主权和人格尊严的骚扰。《治安管理处罚法》第四十四条规定："猥亵他人的，或者在公共场所故意裸露身体，情节恶劣的，处五日以上十日以下拘留；猥亵智力残疾人、精神病人、不满十四周岁的人或者有其他严重情节的，处十日以上十五日以下拘留。"2005 年 12 月 21 日实施的《妇女权益保障法》修正案首次明确规定禁止对妇女实施性骚扰，受害妇女有权向单位和有关机关投诉，标志着我国对妇女权益的保护达到了一个新的高度。2012 年 4 月实施的《女职工劳动保护特别规定》第十一条规定："在劳动场所，用人单位应当预防和制止对女职工的性骚扰。"

---

① 徐智华：《劳动法学》，北京大学出版社 2016 年（第 2 版），第 294～295 页。

该条文规定了用人单位应履行保护女职工免受性骚扰的义务，也体现了我国对女职工人身安全的重视。

三、未成年工特殊保护的主要内容

（一）限制就业年龄

1979 年国家劳动总局发出的《关于招工实行全面考核的通知》中，规定招工对象的年龄一般为 16～25 周岁。1986 年国务院发布的《国营企业招用工人暂行规定》和 1988 年国务院发布的《私营企业暂行条例》，都明确规定招工对象必须年满 16 周岁。1991 年国务院发布的《禁止使用童工规定》，明确规定我国的最低就业年龄为 16 周岁。《劳动法》第五十八条第二款规定："未成年工是指年满十六周岁未满十八周岁的劳动者。"《未成年人保护法》（2020 年修订）第六十一条第一款条规定："任何组织或者个人不得招用未满十六周岁未成年人，国家另有规定的除外。" 上述法律法规的规定，明确了我国公民最低就业年龄为年满 16 周岁。招收不满 16 周岁的未成年人是违法的，但文艺、体育和特种工艺单位，确需招用未满 16 周岁的文艺工作者、运动员和艺徒时，须报经县级以上劳动行政部门批准。而且招用单位要保证未满 16 周岁的特种工作者接受当地规定年限的文化教育。

为了严禁使用童工，劳动部、国家教委、农业部、国家工商局和全国总工会在 1988 年 11 月 5 日联合发出《关于严禁使用童工的通知》强调：坚决制止使用 16 周岁以下的童工。对违反国家规定、擅自使用童工者，除责令其立即退回外，并予以重罚。每招用一名童工，罚款 3000～5000 元。对情节严重、屡教不改者，应责令其停业整顿，直至吊销其营业执照。私营企业和个体工商户招用工人，必须报经劳动行政管理部门鉴证，以防止招用童工。工商行政管理机关对未按当地规定年限完成义务教育的以及 16 周岁以下的未成年人不得发给个体营业执照。

（二）限制工作时间延长

为保证未成年工身体健康成长，并有富余时间继续学习文化科学知识，一般情况下，对未成年工实行缩短工作时间，禁止安排未成年工从事夜班工作和加班加点工作。

（三）限制工作种类

1994 年发布的《未成年工特殊保护规定》第三条规定："用人单位不得安排未成年人从事下列范围的工作：《生产性粉尘作业危害程度分级》国家标准中第一级以上的接尘作业；《有毒作业分级》国家标准中第一级以上的有毒作

业；《高处作业分级》国家标准中第二级以上的高处作业；《冷水作业分级》国家标准中第二级以上的冷水作业；《高温作业分级》国家标准中第三级以上的高温作业；《低温作业分级》国家标准中第三级以上的低温作业；《体力劳动强度分级》国家标准中第四级体力劳动强度的作业；矿山井下及矿山地面采石作业；森林业中的伐木、流放及守林作业；地质勘探和资源勘探的野外作业；潜水、涵洞、涵道作业和海拔三千米以上的高温作业（不包括世居高原者）；连续负重每小时在六次以上并每次超过20公斤，间断负重每次超过25公斤的作业；使用凿岩机、捣固机、气镐、气铲、铆钉机、电锤的作业；工作中需要长时间保持低头、弯腰、上举、下蹲等强迫体位和动作频率每分钟大于五十次的流水线作业；锅炉司炉”。

第四条规定：“未成年工患有某种疾病或具有某些生理缺陷（非残疾型）时，用人单位不得安排他们从事以下范围的劳动：《高处作业分级》国家标准中第一级以上的高处作业；《低温作业分级》国家标准中第二级以上的低温作业；《高温作业分级》国家标准中第二级以上的高温作业；《体力劳动强度分级》国家标准中第三级以上体力劳动强度的作业；接触铅、苯、汞、甲醛、二硫化碳等易引起过敏反应的作业。”《未成年工特殊保护规定》对“患有某种疾病或者具有生理缺陷”的名称做了列举。

（四）进行定期身体健康检查

《未成年工特殊保护规定》第六条规定：“用人单位对未成年工应当进行定期健康检查：安排工作岗位之前，工作满1年；年满18周岁、距前一次的体检时间已经超过半年。”第八条规定：“用人单位要根据未成年工的健康检查结果安排其从事适当的劳动，对不能胜任原劳动岗位的，应根据医务部门的证明，予以减轻劳动量或者安排其他劳动。”

（五）采用各种证卡制度

依据《未成年工特殊保护规定》，招用未成年工实行《未成年工健康检查表》《未成年工登记表》《未成年工登记证》制度，未成年工必须持劳动行政部门核发的《未成年工登记证》上岗工作。未成年工上岗前，用人单位应当对其进行有关职业安全卫生教育和培训。未成年工体检和登记，由用人单位统一办理和承担费用。

思考题

1. 劳动安全技术规程的主要内容是什么？
2. 劳动卫生规程的主要内容是什么？
3. 劳动安全卫生管理制度的主要内容是什么？
4. 我国伤亡事故的处理制度是什么？

5. 我国对女职工的特殊保护内容是什么?
6. 我国对未成年工的保护内容是什么?
7. 工伤认定的程序是什么?
8. 法律规定的工伤、视同工伤、不认定工伤的情形是什么?

第十二章

工资管理

本章学习重点：

1. 工资的概念和特征。
2. 工资的构成。
3. 工资集体协商制度。
4. 工资总额的界定。

本章学习难点：

1. 工资保障制度的内容。
2. 工资支付保障制度。
3. 特殊情况下的工资支付。
4. 最低工资制度。

【导引案例 12－1】

拖欠劳动者工资[①]

某市一家中外合资公司，1990 年正式投入生产。1995 年 2 月，为扩大生产规模，合资公司招收了郎某等 18 名工人，双方在劳动合同中约定，试用期为 3 个月，此间每月工资为 400 元，试用期满后每月工资为 600 元。每月的 5 日向职工发放工资。

前几个月，公司遵照合同约定按时发放了工资，但是后来，公司由于资金周转出现问题，迟迟没有解决，再也没有能在 5 日向职工发放工资，每月发工资的时间变得不固定，又没有规律。就这样持续了半年，郎某等人十分生气，凭什么公司可以随意违反劳动合同关于每月 5 日发薪的规定呢？郎某等人与公司管理者交涉，要求每月按时发放工资，并要求给予一定的拖欠工资补偿。公

① 左祥琦：《劳动关系管理》，中国劳动社会保障出版社 2002 年版，第 88 页。

司管理者拿出《劳动法》，声称他们的做法是有法可依的，并向郎某等人讲解：《劳动法》规定，工资需按月支付，只要在一个月内发放工资都是符合法律规定的，不存在拖欠工资问题。

1. 欠薪支付保障的内容是什么？

2. 什么情形不属于用人单位无故拖欠劳动者工资？

第一节　工资概述

一、工资的概念和特征

（一）工资的概念

劳动法上的工资，又称薪金。广义上的工资，即劳动者劳动报酬，是指劳动关系中劳动者因履行劳动义务而获得的、由用人单位依法定方式支付的各种形式的物质补偿。狭义上的工资，仅指劳动者劳动报酬中的基本工资。

从经济学的角度讲，工资是根据劳动者的劳动数量和质量，在国民收入中分配给劳动者的个人消费品。工资同劳动者的其他劳动报酬或者劳动收入，都是国民收入中根据劳动者的劳动数量和质量分配给劳动者个人消费品。

（二）工资的特征

与其他劳动报酬或者劳动收入（如农民劳动报酬、个体劳动收入、劳动报酬等）相比，工资具有下述特征：

第一，工资是用人单位直接支付给劳动者本人的报酬，不是支付给劳动者的家属或者其他人的费用。所以，支付给死亡劳动者家属的丧葬费、抚恤金、救济费等不是工资。

第二，工资是劳动收入。所以，非劳动收入不属于工资的范畴，如股息、利息等非劳动收入不是工资。

第三，工资是劳动者在依法与用人单位建立的合法劳动关系中取得的劳动收入。所以，公民个人因加工承揽、委托等民事合同获取的劳务报酬不是工资。

第四，工资是与劳动者提供劳动的数量和质量相联系的收入。单位提供给劳动者的工作服、清凉饮料等费用属于福利待遇，与劳动者提供劳动的数量和质量无关，不属于工资范围。

第五，工资应当以货币形式支付。用人单位不得以实物替代货币来支付工资。

（三）工资的基本职能

第一，收入分配职能。即工资是向劳动者分配个人消费品的社会形式，劳动者所得的工资额就是社会分配给劳动者的个人消费品份额。

第二，生活保障职能。即工资作为劳动者的生活主要来源，其首要作用是保障劳动者及其家属的基本生活需要。

第三，工作激励职能。即工资是对劳动者的一种评价尺度和手段，对劳动者劳动积极性具有鼓励作用。

第四，经济杠杆职能。即工资是国家进行宏观经济调节的经济杠杆，对劳动力总体布局、劳动力市场、国民收入分配、产业结构变化等都有直接或者间接的调节作用。

二、工资立法的基本原则

收入分配应遵循“各尽所能、按劳分配”的原则，即以劳动作为分配的尺度，按照劳动者提供的劳动数量和质量分配给个人消费品。

基于上述的特点，《劳动法》第四十六条规定了工资立法应遵循的基本原则，主要有以下四个：

（一）按劳分配

按劳分配是指凡是有劳动能力的人都应尽自己的能力为社会劳动，社会以劳动作为分配个人收入的尺度，按照劳动者提供的劳动数量和质量分配个人收入。实行按劳分配的原则要求等量劳动换取等量报酬，多劳多得，少劳少得，有劳动能力而不劳动不得食。

（二）同工同酬原则

同工同酬的工资分配原则是按劳分配原则的必然要求。所谓同工同酬是指用人单位对所有劳动者提供同等价值的劳动应当给同等的劳动报酬，不得因其性别、民族、年龄等方面的不同而支付不等量的报酬。在社会劳动中，不排斥用人单位对从事同种工作但技能和劳动贡献不同的劳动者支付不等量的报酬，但劳动者从事同种工作、具有同等熟练程度的，应当获得相同的报酬。同工同酬的原则体现了劳动者在法律面前一律平等的宪法原则，对保障劳动者真正享有平等的劳动报酬权具有重要意义。

（三）逐步提高工资水平

工资水平是在一定区域和一定时期内劳动者平均实际工资的高低程度。工资水平是反映经济发展和劳动者物质文化生活水平的一个重要指标，在一定程度上体现着国家、用人单位和劳动者个人之间的利益分配关系，以及不同行业、不同地区、不同单位、不同工种之间各类劳动者的利益分配关系。这一原则要求工资水平的提高以经济发展为基础，经济发展水平提高了，工资水平应当相应提高。

劳动者的实际工资水平必须逐步提高。我国《宪法》（2018 年修订）第四十二条第二款规定："国家通过各种途径，创造劳动就业条件，加强劳动保护，改善劳动条件，并在发展生产的基础上，提高劳动报酬和福利待遇。"国家在经济发展的基础上，必须逐步提高劳动者的工资水平，社会主义国家发展生产的目的就是满足人们不断增长的物质和文化生活需要，只有逐步提高劳动者的工资水平，才能让劳动者的各种需要得到应有的满足，才能更进一步提高劳动者劳动的积极性和创造性，才能提供更好的条件促使劳动者不断提升自身素质，进一步提高劳动生产率，创造更多的社会财富。

劳动者工资收入的提高应该是劳动者实际工资水平的提高，即劳动者所得货币工资实际能够购买的生活资料和服务的数量的提高。这要求我们在逐步提高劳动者工资水平的时候，必须考虑工资和物价的关系。只有使劳动者货币工资的上涨幅度高于物价的上涨幅度，劳动者的实际工资收入水平才真正得到了提高。

（四）工资总量宏观调控原则

工资总量是指一定时期国民生产总值中用于工资分配的总数量。工资总量宏观调控是指在企业享有充分的内部工资分配自主权的基础上，国家运用法律的、经济的以及必要的行政手段对工资总量进行干预和调整，以保证工资总量与国民经济宏观发展水平相协调，在经济发展的基础上保障工资的正常增长速度和合理的增长比例。在社会主义市场经济条件下，劳动者工资收入主要由市场调节，用人单位可以根据劳动力供需关系状况、劳动力个人的素质以及用人单位的生产经营效益等情况，在符合国家有关工资的强制性规定的情况下，自主决定工资水平和分配方案。但是，为了在全社会范围内实现国家工资分配的效率目标和公平目标，仍然有必要坚持工资总量和工资水平的国家宏观调控原则。坚持这一原则，有利于保护劳动者的长远经济利益，有利于控制用人成本和消费资金的过快增长，也有利于在全国范围内保持经济总量平衡，实现国民经济持续、稳定、协调发展。

三、影响企业工资分配方式和工资水平的因素

《劳动法》第四十七条规定："用人单位根据本单位的生产经营特点和经济效益，依法自主确定本单位的工资分配方式和工资水平。"企业作为独立的法人，在工资分配上享有充分的自主权，在遵循"两低于"原则的基础上，可以自主地决定本单位的工资分配方式和工资水平。

在市场经济条件下，企业的工资分配方式和工资水平主要根据以下因素来确定：

第一，企业经济效益。企业工资基金的增值取决于企业的经济效益，劳动者工资的增值取决于企业的经济效益和个人的劳动贡献。

第二，劳动生产率。劳动生产率是发展生产、提高企业经济效益的主要途径，是决定企业工资水平的基础，只有提高劳动生产率，才能提高企业的经济效益，从而提高劳动者的工资水平。

第三，劳动就业状况。在市场经济条件下，市场机制在企业工资分配中起着重要作用，劳动力供求双方通过公平竞争和价值规律对劳动力供求关系的影响，形成均衡的工资率。市场工资率对企业内部工资分配具有重要的调节作用。

四、工资的基本形式

工资形式是指工资计量和支付的具体操作方式。在市场经济条件下，工资具体应该采用什么形式，属于用人单位工资分配权的选择范围，但是也要符合国家的有关法律规定。

工资形式主要有计时工资和计件工资、奖金与津贴、等级工资制、岗位工资制与岗位技能工资制、实物工资与货币工资等。

（一）计时工资与计件工资

1. 计时工资的概念

计时工资是指按照预先确定的工资标准和劳动者付出的有效劳动时间给付的工资，是最基本的工资形式。决定计时工资数量的因素有两个：工资标准与工作时间。工资标准是单位时间的工资水平，通常以每小时工资量的形式体现。同一工资等级的劳动者，其适用的工资标准是一样的，但由于所从事劳动的时间长短不同，导致所获工作量存在差别。计时工资可以分为时工资、日工资、周工资、月工资和年工资各种类型。

2. 计件工资的概念

计件工资是指按照预先确定的工资标准和劳动者完成的有效劳动成果给付的工资。这里的工资标准是以每个单位劳动成果（每件）工资量的形式体现。单位劳动成果工资量预先确定，劳动者的劳动成果不同导致其所获工资量上的差别。

3. 计件工资的分类

计件工资又可分为单一计件、个数计件、加成计件。

单一计件是以完成一个固定的工作任务为依据计算工资，由于单一计件工资总量事先已经确定，所以带有工资承包的性质。个数计件与我们通常所理解和使用的计件方式相同。加成计件是采用累进递增的方式计算工资，具有一定的奖励性质。

4. 即时工资与计件工资的区别

计时工资与计件工资的区别，主要在于计算工资的依据不同。

计时工资以时间计算，计件工资以劳动成果计算。相比较而言，计时工资操作比较简单，而计件工资略显复杂。劳动者所从事的工作时间一目了然，容易确定，但确定劳动成果必须统计数量、检定质量。不过，计件工资能够较为准确地反映和肯定劳动贡献差别，具有鼓励和刺激劳动的作用，能够充分反映按劳分配的原则。

（二）奖金与津贴

奖金和津贴是工资构成的辅助形式，需与基本工资一起使用。基本工资是工资构成中最稳定、最基础的部分，是劳动者在工作时间内提供正常而有效的劳动所获得的报酬。工资等级和工资增长主要是针对基本工资而言。奖金和津贴作为辅助形式分别执行着不同的功能。奖金是对有效超额劳动的奖励，发挥激励功能；津贴是对额外的劳动消耗和生活支出的一种补偿，发挥着补偿功能。

1. 奖金的种类及其适用

根据需要，奖金可以采用多种形式。根据奖励目的不同，可以设置超产奖、质量奖、节约奖、安全奖、发明奖等；根据即付期间不同，可以设置月度奖、季度奖、年度奖（年终奖）；根据授奖对象和方式不同，可以设置个人奖和集体奖、单项奖和综合奖等。

适用奖金必须确定奖励条件和奖励标准。奖励条件必须适度。条件过高，虽经努力也难以实现，其激励性必然会在事实上丧失；条件过低，任何人稍加努力即可获得，奖金也会失去其应有的奖励性。确立奖金条件一般要明确劳动定额。劳动定额是必须完成的获得基本工资的劳动任务，只有超过劳动定额才能获得奖金。奖励标准必须具体、明确、可操作并公示于众。奖励标准可采用固定标准和累进标准两种。累进标准分为全额累进和超额累进。不管是全额累进还是超额累进，都必须采用奖金递增的方式，否则就会损失奖金的激励功能。

使用奖金还需要注意以下几个问题：第一，奖金必须体现出奖励性、差别性，不能平均发放。舍去奖励性和差别性，奖金变成了集体福利而名不符实。第二，奖金必须纳入工资总额，接受工资基金管理和工作总量调控，否则奖金失控就会破坏宏观经济秩序。第三，奖金发放不能规避国家税收，用人单位必须履行代扣代缴义务。

2. 津贴的作用、种类和适用

计件工资、计时工资和奖励工资主要反映一般条件下的劳动消耗，体现劳动数量和质量的报酬差别，对于劳动者在特殊条件下的特殊劳动消耗和额外的生活支出，则不能充分加以体现并实现补偿。津贴的补偿作用可以弥补其他工资形式的不足。由于津贴对某些特殊工作岗位和工作条件进行了补偿，使得这些条件艰苦的工作有人愿意从事，而事实上从事这些经济上获得了相应补偿工作的人，心理上也能获得一定的平衡。

津贴种类繁多，主要有以下几类：具有补偿劳动者特殊劳动消耗性质的矿山井下津贴、高温津贴；具有补偿劳动消耗和生活额外支出双重功能的野外工作津贴、林区津贴、流动施工津贴；维护劳动者在有毒有害作业中身体健康的保健津贴和医疗卫生津贴等。

津贴虽然仍然是工资构成的一种补充形式，但其适用的领域和概率已经远没有计划经济年代那样广泛了。适用津贴必须体现出补偿性和差别性，如果适用范围不加以明确限定，津贴待遇在结果上均等化，那就与生活补贴和福利待遇没有什么本质差别了。

（三）等级工资制、岗位工资制与岗位技能工资制

一般而言，工资的计算和支付都应该体现出一定的等级差别，在此意义上，所有的工资都可以称为等级工资。但严格意义上的等级工资是指依据一定的标准把工资划分为若干的等级，并确定相应的等级工资标准而计付工资的工资制度。等级工资的主要形式是技术等级工资制。技术等级工资制是依据劳动者技术水平划分工资等级、工资标准并据此计付报酬的工资制度。新中国成立后很长时期内，我国企业中广泛实行的八级工资制就是一种技术等级工资制度。

岗位工资制是通过对工作岗位所需技能、所负责任、劳动条件和环境进

行综合测评，按照测评结果确定工资等级并计付报酬的工作制度。因为岗位工资是根据岗位的客观情况划分等级，所以也可以把岗位工资制称为岗位等级工资制。

岗位工资制与技术等级工资制的区别不在于是否划分工资等级，而在于工资等级的依据是什么。技术等级工资制划分工资等级的依据是工作岗位的状况。相比较而言，前者的主观成分较大，后者的客观成分较大。因为人的技能外在可感知性较差，因此必须依据人的外在表现来认定，而人的外在表现又不是恒定的，会随着条件、环境、心情的变化而变化，所以，技术等级判定是否准确以及在既定的技术等级上是否履行相应的职责，都存在疑问。岗位判定虽是人的主观活动，但评定的对象是客观的。评定岗位通常采用国际劳工局归纳的“能力、责任、负荷、条件”四要素的测评方法。其中，能力指岗位所需技能，责任指岗位的职责范围，负荷是岗位的劳动强度，条件指岗位的危险程度、维护程度和环境状况①。技术等级工资制或者岗位工资等级工资制各有不足，能够结合这两种工作制度优势的主客观兼顾的岗位技能工资制就更具有活力。

岗位技能工资制是指企业以按劳分配为原则，以加强工资宏观调控为前提，以劳动技能、劳动责任、劳动强度和劳动条件等基本劳动要素评价为依据，以岗位工资和技能工资为主要内容，根据劳动者实际劳动贡献大小确定劳动报酬的一种工资制度。岗位技能工资制的基本内容包括劳动评价体系、基本工资单元和岗位技能工资标准三个部分。

（四）实物工资和货币工资

实物工资和货币工资的区别在于工资的支付手段（工资客体）不同。实物工资是以实物（包括各种生产、生活物品的现物及其利用、收益的权利）支付的工资。货币工资是以金钱（包括本国货币、外国货币）及其凭证支付的工资。实物工资虽然能够直接提供实物及其权益，但不能满足劳动者多样化的需要，且实物工资不易领取和储蓄，所以工资日渐货币化。

现代社会，货币工资已经成为法定的工资支付方式，劳动立法一般都否定实物工资或者只允许在特殊情况下使用实物支付工资。

（五）年薪制

年薪制是指以企业会计年度为考核周期来计发工资收入，主要针对公司经理、企业高级职员，因此又被称为经营者年薪制。年薪是将经营者的工资收入与企业经营者业绩挂钩的工资分配方式，通常为基薪和风险收入两部分组成。这是一种国际上较为通用的支付企业经营者薪金的方式，在我国一些企业已经开始普及。

---

① 常凯：《劳动法》，高等教育出版社 2011 年版，第 360 页。

第二节 最低工资制度

一、最低工资制度概述

（一）最低工资的概念

最低工资是指劳动者在法定时间内提供正常劳动的前提下，用人单位应依法支付的最低劳动报酬。其中，法定工作时间是指国家规定的制度工作时间；正常劳动是指劳动者按照劳动合同的约定在法定工作时间内从事的劳动，劳动者依法享受带薪年休假、探亲假、婚丧假、产假等国家规定的假期间，以及法定工作时间内依法参加社会活动的时间，视为提供了正常劳动。

（二）最低工资的特点

最低工资的特点如下：

第一，最低工资是国家通过立法确定的法定标准。劳动者在经济上处于弱势地位，而工资是与其密切相关的最重要的劳动条件，为防止用人单位滥用工资分配权，侵害劳动者获得工资的权利，国家通过立法确定最低工资。

第二，最低工资的设立主要是解决低薪劳动者的生存问题，其确定依据是劳动者个人及其家庭成员的基本生活需要。

第三，最低工资是劳动者获得劳动报酬的最低限度。最低工资具有劳动基准的性质，劳动合同和集体合同中约定的用人单位向劳动者支付的工资标准均不得低于最低工资标准，否则约定无效，按照最低工资标准执行。

（三）最低工资的组成

最低工资由法律允许的若干种劳动报酬项目组成，但是下列项目不能成为最低工资的组成部分：延长工作时间的工资；中班、夜班、高温、低温、井下、有毒有害等特殊工作环境、条件下的津贴；法律、法规和国家规定的劳动者福利待遇等。

按照 1994 年劳动部《关于实施最低工资保障制度的通知》，用人单位通过补贴伙食、住房等支付给劳动者的非货币性收入也不包括在最低工资的范围内。

二、最低工资标准的制定

最低工资标准是单位劳动时间内的最低工资数额。《劳动法》第四十八条规定："国家实行最低工资保障制度。最低工资的具体标准由省、直辖市人民政府规定，报国务院备案。用人单位支付劳动者的工资不得低于当地最低工资标准。"

考虑到我国各地区的经济发展和生活水平存在差异等因素，我国目前没有实行全国统一的最低工资标准，而是由各地根据其具体情况来确定最低工资标准，并且省、自治区、直辖市范围内的不同行政区域有不同的最低工资标准。

（一）确定最低工资标准依据和参考的因素

国际劳工组织在 1970 年通过的《特别参照发展中国家情况确定最低工资公约》在确定最低工资标准应参考的因素时规定了两点：一是工人及其家庭的必需品，需考虑该国的一般工资水平、生活费、社会保障津贴以及其他社会阶层的相应生活标准；二是经济因素，包括经济发展的要求、生产力水平、获得和维持高水平就业的需要。

上述规定基本为各国最低工资立法所接受，但各国立法关于制约最低工资标准要素的具体规定不尽相同。

我国《劳动法》第四十九条规定："确定和调整最低工资标准应当综合考虑下列因素：劳动者本人及其平均赡养人口的最低生活费用；社会平均工资水平；劳动生产率；就业状况；地区之间经济发展水平的差异。"

2003 年发布的《最低工资规定》第五条规定："最低工资标准一般采用月最低工资标准和小时最低工资标准的形式。月最低工资标准适用于全日制就业劳动者。"第六条规定："确定和调整月最低工资标准应参考当地就业者及其赡养人口的最低生活费用、城镇居民消费价格指数、劳动者本人缴纳的社会保险费和住房公积金、劳动者平均工资、经济发展水平、就业状况等因素。小时最低工资标准适用于非全日制就业劳动者，其在工作稳定性、劳动条件和劳动强度、福利等方面与全日制就业劳动者之间存在差异。"

（二）最低工资标准的制定程序

1. 初步拟订

最低工资标准的确定方案由省、自治区、直辖市人民政府劳动保障行政部门会同同级工会、企业联合会或者企业家协会研究拟订，并将拟订的方案报送人力资源和社会保障部。方案内容包括最低工资确定和调整的依据、适用范围、拟订标准和说明。

2. 征求意见

《最低工资规定》第八条规定："劳动保障部在收到拟订方案后，应征求全国总工会、中国企业联合会/企业家协会的意见。劳动保障部对方案可以提出修订意见，若在方案收到后14日内未提出修订意见的，视为同意。"

3. 批准、发布和备案

《最低工资规定》第九条规定："省、自治区、直辖市劳动保障行政部门应该将本地区最低工资标准方案报省、自治区、直辖市人民政府批准，并在批准后7日内在当地政府公报和至少一种全地区性报纸上发布。省、自治区、直辖市人民政府劳动保障行政部门应在发布后10日内将最低工资标准报劳动保障部。"

4. 调整

最低工资标准发布实施后，当最低工资标准制定时参考的各种相关因素如当地的最低生活费用、劳动者平均工资、经济发展水平、就业状况等因素发生变化，或者城镇居民消费价格指数累计变动较大时，应当适当调整。最低工资标准每两年至少调整一次。最低工资标准调整的程序和参考因素与最低工资标准的确定相同。

三、最低工资标准的效力

最低工资标准是强制推行的标准，具有法律效力，不允许变通和规避。

具体效力表现在：企业支付给劳动者的工资不得低于其适用的最低工资标准，集体合同、劳动合同规定的工资数额不得低于最低工资标准，只能在最低工资标准之上确定工资数额。如果低于最低工资标准，那么该工资条款无效，应当按照最低工资标准执行。如果用人单位支付给劳动者的工资低于最低工资标准，要补足低于最低工资标准的部分，还要依法向劳动者支付赔偿金。用人单位拒发所欠工资和赔偿金的，还要承担行政责任。

用人单位低于最低工资标准支付工资，低于最低标准的部分就形成拖欠现象。对于拖欠部分必须依法支付赔偿金，赔偿数额依据所欠时间长短来确定。具体标准是：欠付1个月以内的向劳动者支付所欠工资20%的赔偿金，欠付3个月以内的向劳动者支付所欠工资50%的赔偿金，欠付3个月以上的向劳动者支付所欠工资100%的赔偿金。

四、最低工资标准的保障和监督

（一）最低工资标准的保障

为保证用人单位支付劳动者的工资不低于当地最低工资标准，国家规定了具体的保障措施：用人单位应当在最低工资标准发布后10日内将该标准向本单位全体劳动者公示。用人单位违反此项义务，由劳动保障行政部门责令其限期改正。

在劳动者提供正常劳动的情况下，用人单位应当支付给劳动者的工资不低于当地最低工资标准，实行计件工资或者提成工资等工资形式的用人单位，在科学、合理的劳动定额基础上，其支付劳动者的工资不得低于相应的最低工资标准。用人单位违反该规定支付给劳动者的工资低于当地最低工资标准的，由劳动保障行政部门责令其限期补发所欠劳动者工资，并可责令其按所欠工资的1倍至5倍支付劳动者赔偿金。劳动者与用人单位之间就执行最低工资标准发生争议的，按劳动争议处理有关规定处理。

（二）执行最低工资标准的监督

《最低工资标准》第四条规定："县级以上地方人民政府劳动保障行政部门负责对本行政区域内用人单位执行本规定情况进行监督检查。"各级工会组织依法对本规定执行情况进行监督，发现用人单位支付劳动者工资违反本规定的，有权要求当地劳动保障行政部门处理。

第三节　工资集体协商

依据《劳动法》和国家有关规定，2000年11月劳动和社会保障部制定了《工资集体协商试行办法》。该试行办法是为规范工资集体协商和签订工资集体协议的行为，保障劳动关系双方的合法权益，促进劳动关系的和谐稳定而制定。

一、工资集体协商的含义

工资集体协商是指劳动者代表（工会）与用人单位代表依法就单位内部工资分配制度、工资分配形式、工资收入水平等事项进行平等协商，在协商一致的基础上签订工资协议的行为。

工资协议是指专门就工资事项签订专项集体合同。已经订立集体合同，工资协议作为集体合同的附件，并与集体合同具有同等效力。

二、签订工资集体协议与签订集体合同的区别

第一，集体合同是指劳动者代表与企业代表就劳动报酬、工作时间、休息休假、劳动安全卫生、保险福利等与劳动关系有关的事项，在集体协商一致的基础上签订的书面协议。工资集体协议是专门就工资事项签订的专项集体合同，既可以作为工资问题的专项协议书，也可以作为集体合同的附件，与集体合同具有同等的法律效力。

第二，集体合同的期限一般为 1 ~ 3 年，工资集体协议一般为一年签订一次。

三、工资集体协商谈判应遵循的原则

根据《工资集体协商试行办法》的规定，进行工资集体协商必须遵循以下几个基本原则：第一，坚持合法性，以及兼顾国家、企业和个人三方利益的原则；第二，坚持按劳分配为主并与按生产要素分配相结合的原则；第三，坚持工资水平合理增长的原则；第四，坚持公开、公平、公正的原则，坚持协商双方平等的原则。

四、工资集体协商的内容

2000 年发布的《工资集体协商试行办法》第七条规定："工资集体协商一般包括以下内容：工资协议的期限；工资分配制度、工资标准或者工资分配形式；职工年度平均工资水平及其调整幅度；奖金、津贴、补贴等分配办法；工资支付办法；变更、解除工资协议的程序；工资协议的终止条件；工资协议的违约责任；双方认为应当约定的其他事项。"

五、工资集体协商的程序

根据《工资集体协商试行办法》第四章的规定，职工和企业任何一方均可提出进行工资集体协商的要求。工资集体协商的提出方应以书面形式提出协商意向书，明确协商的时间、地点、内容等。另一方接到协商意向书后，应于 20 日内予以书面答复，如无正当理由，任何一方不得拒绝协商。

协议双方应在协商前，进行认真的准备，并各自提出工资集体协商的方案。协商双方有义务按照对方要求，在协商之前，为对方提供与工资集体协商有关的真实情况和资料数据。工会在研究和制定协商方案时，应充分了解和掌

握企业的经营情况，反复测算、论证，并征求各方面劳动者的意见。

经过集体协商，双方达成一致意见后，工资集体协商草案应提交职工代表大会或者全体劳动者讨论。职工代表大会或者全体劳动者讨论工资集体协议草案，应当有2/3以上劳动者代表或者劳动者出席，且须经全体劳动者代表过半数以上或者全体劳动者过半数以上同意，工资集体协商草案方获得通过，然后由双方首席代表在工资集体协议文本上签字。

工资集体协商代表应依照法定程序产生。劳动者一方的代表由工会选派；未建立工会的企业由职工民主推举代表，并得到半数以上的劳动者同意。企业代表由法定代表人指定的人员担任。双方代表人数应当对等，每方人数至少3人。

协商双方各确定一名首席代表，劳动者代表应由工会主席担任或者由其书面委托其他协商代表代理。企业首席代表应由法定代表人担任或者由其书面委托的其他管理人员担任。双方首席代表在工资集体协商期间轮流担任协商会议主席。

六、工资集体协商协议的变更

工资协议一经签订原则上就不能更改了，若协议中约定的客观情况发生重大变化，致使原来签订的工资协议条款无法正常履行时，通过协商，可以变更相关条款，签订新的协议，并按原程序报审。

《集体合同规定》第四十条规定："有下列情形之一的，可以变更或者解除工资协议：用人单位因被兼并、解散、破产等原因，致使协议无法履行的；因不可抗力等原因致使协议无法履行或者部分无法履行的；协议约定的变更或者解除条件出现的；法律、行政法规或者规章规定的其他情形。"

第四节　工资支付保障

在工资支付上，有两大制度最为关键，构成了核心内容：一是工资水平保障制度，该制度决定着劳动者能够获取工资数额的多少；二是工资支付保障制度，该制度决定着劳动者能否安全、及时、足额实际获得工资收入。

工资水平保障制度只是获取工资的一种可能性，工资支付保障制度则将这种可能性转化为现实性。

一、工资支付的概念及特点

（一）工资支付

工资支付是指用人单位在劳动者有效地完成本职工作任务的前提下，依法核准按照劳动合同的规定向劳动者支付劳动报酬的法律行为。

工资支付的实质是用人单位履行给付义务的行为，是一种债务清偿行为。

（二）工资支付的特点

工资支付的特点如下：

第一，在后支付。在无法律特殊规定的情况下，工资都是在劳动者完成劳动任务之后予以支付。一般不存在先予支付或者同时支付的情况。所以，在劳动合同中，不能适用同时履行抗辩权。

第二，间隔支付。工资要每隔一个固定的劳动期间支付一次，不能连续不断地支付，除特殊情况外一般也不能一次性支付。

第三，亲自支付。工资是一种特殊的债务，不能适用一般债务的代位支付。即工资不能由用人单位将债务转移给其他债务人代为支付，目的是避免给劳动者造成额外的负担和增加风险，但是委托银行代为支付不受限制。

【导引案例 12－2】

不能以外币、股权、有价证券代替工资①

小马所在的企业向社会发行债券，但买的人不多。企业便动员本厂职工购买，可响应者也很少。厂长于是决定全厂职工每人分摊250元。在当月发工资时，每人少发人民币250元，而以250元债券替代。职工们对此都很有意见，推选小马等人为代表，向当地劳动争议仲裁委员会申诉，要求按货币发放工资。

劳动争议仲裁委员会经调查，认为被诉企业效益较好，并非没有能力发放货币工资，于是裁定被诉方补发申诉方工资每人250元，债券由被诉方收回。

1. 工资支付的特点是什么？

2. 工资支付的基本原则是什么？

---

① 转引自于桂兰、于楠：《劳动关系管理》，清华大学出版社、北京交通大学出版社2013年版，第133页。

二、工资支付的基本原则

我国《劳动法》第五十条规定："工资应当以货币形式按月支付给劳动者本人。不得克扣或者无故拖欠劳动者的工资。"这也是各国工资立法所普遍肯定的工资支付原则。工资支付的原则如下：

（一）货币支付原则

货币支付原则要求雇主支付必须采用货币支付手段。所谓货币是指法定货币，包括本国货币和外国货币，当然也包括纸币和硬币。一般情况下，法律不允许使用实物和有价证券替代支付。法律确立货币支付原则的目的是，确保工资满足劳动者多样化的生活需求，确保劳动者受领工资的便利。

我国《劳动法》没有规定特殊情形，而是一律要求采用货币形式，凸显基准法的强行性特征，但是完全排除了当事人的契约约定，也无视由于客观原因无法用货币支付工资的情形。

（二）定时支付原则

定时支付原则要求工资支付必须按照集体合同和劳动合同的约定在确定的时间支付。实行月薪制必须按月支付，每月至少支付工资一次。遇节假日或者休息日，应提前在最近的工作日支付。实行小时工资制、日工资制、周工资制的单位也可以按小时、日、周发放。

我国《劳动合同法》第七十二条第二款规定："非全日制用工劳动报酬结算支付周期最长不得超过十五日。"即用人单位采用非全日制用工形式至少每月要支付两次工资。立法确立定时支付原则的目的是避免工资拖欠支付以保障劳动者的生活需要。

（三）直接支付原则

直接支付要求工资直接支付给劳动者本人，不能任意支付给其他人。工资与一般债务不同，它是劳动者生活的保障，必须确保劳动者对工资获取的安全性和独立的支配性。直接支付原则的例外是，劳动者本人因故不能领取工资时，亦可由其亲属或者受其委托的人代领。

（四）足额支付原则

足额支付要求用人单位按照劳动者实际应该获得的工资数量支付，不允许克扣或者无故拖欠劳动者工资。克扣是指用人单位无正当理由扣减劳动者的应得工资。无故拖欠是指用人单位无正当理由在规定支付工资时间内未支付劳动者工资。在法律规定的情况下，用人单位可以扣除劳动者工资。除法律有明确规定，用人单位在任何情况下，也不能为自己扣除或者代他人扣除工资。工资支付的其他法律要求主要有工资支付地点要求和手续交接要求。

1. 工资支付地点要求

我国劳动立法对于工资支付地点没有提出明确要求，出于确保工资受领的便利和安全考虑，参考国外的有关规定，工资支付的地点应该确定为用人单位的营业场所。

2. 手续交接要求

用人单位支付工资必须书面记录劳动者工资的数额、时间、领取者的姓名以及签字，保存两年以上备查，并且应该向劳动者提供一份其个人的工资清单。法律规定工资支付必须履行一定的交接手续，目的是减少纠纷以及发生纠纷时便于查证。

三、工资扣除和拖欠问题

《劳动法》第五十条规定："不得克扣或者无故拖欠劳动者的工资。"在已经提供正常劳动的前提下依据劳动合同约定领取足额工资，是劳动者的合法权益，受到法律保护，任何单位不得克扣或者无故拖欠，否则应承担法律责任。

《劳动合同法》第三十条第二款规定："用人单位拖欠或者未足额支付劳动报酬的，劳动者可以依法向当地人民政府申请支付令，人民法院应当依法发出支付令。"这就为劳动者提供了新的救济途径。

工资支付应该贯彻足额支付原则，不得克扣或者无故拖欠，但是在法律有明确规定的情况下，也可以克扣。我国法律规定的扣除种类有代扣和自扣两种。

（一）代扣工资情形

法律规定可以代扣劳动者工资的情形为：代扣代缴个人所得税，代扣代缴应由劳动者个人负担的各项社会保险费用；代扣法院票据、裁定中的要求代扣的抚养费、赡养费（属于协助执行的范畴）；其他法定可以扣除的情形。

（二）自扣工资情形

法律规定可以自扣工资的情形有：因劳动者本人原因给用人单位造成经济损失的，用人单位可以按照劳动合同的约定要求其赔偿经济损失的，经济损失的赔偿可以从劳动者本人的工资中扣除。

（三）代扣与自扣的区别

代扣与自扣的区别如下：

第一，扣除的各种费用是劳动者必须承担的费用，扣除的费用要转交他人。用人单位代扣工资是在履行法定义务，代扣不仅是可以扣除的情形，而且是必须扣除的情形。自扣是用人单位为自己的目的扣除工资，扣除的部分归自己所有。

第二，代扣不受具体扣除比例的限制，以需要扣除的费用数额为准。在按月扣除没有压力的情况下，须代扣的费用总额会小于工资数额，一般也不会危及生活。但当扣除费用有积压需要扣补的时候，应该有一个扣除数额上的限制。对此，我国法律没有明确规定。用人单位自扣工资的数额有明确的法律限制，即我国法律规定，没有扣除的部分不得超过劳动者当月工资的 20%。若扣除后的剩余工资部分低于当地最低工资标准，则按最低工资标准支付。而法国法律规定，用人单位自扣工资允许扣除的比例为 10%。

第三，代扣项目的产生和数额是由法律直接规定的，而自扣的赔偿金的产生和数额则需要有劳动合同的约定。

（四）其他扣除的情形

除了上述法定允许扣除的情形外，实践中还存在一些工资扣除情形，如预借餐旅费的扣除，党费、会费、捐助款的扣除等。工资一般应当在劳动者履行岗位职责后支付，但在法律有规定的情形下，可以进行预先支付。预先支付的工资可以从工资总额中予以扣除。差旅费是出差的费用，理应由用人单位承担。一般而言，在没有劳动者同意的前提下，在工资中硬性扣除党费、各种会费和捐助款的行为都是违法的，不能加以认可。

（五）工资支付拖欠

工资支付应贯彻足额支付的原则，不许无故拖欠或者克扣工资。

但是在下列情形下的拖欠不属于无故拖欠：用人单位遇到非人力所能控制的自然灾害、战争等原因，无法按时支付工资；用人单位确因生产经营困难、资金周转受到影响，在征得本单位工会同意后，可暂时延期支付劳动者工资，延期时间的最长限制可由省、自治区、直辖市劳动行政部门根据各地情况确定。

上述两种情况的拖欠非主观故意，不属于无故拖欠的范围，法律不追究用人单位的拖欠责任。

四、特殊情况下的工资支付

工资支付就是用人单位的工资具体发放办法，包括如何计发在法定工作时间内劳动者完成一定的工作量后应获得的报酬，或者在特殊情况下的工资如何支付等问题。工资支付主要包括工资支付项目、支付水平、支付形式、支付对象、支付时间以及特殊情况下的工资支付等。

（一）特殊情况下的工资支付概念

特殊情况下的工资支付是指用人单位在非正常情况下，依法或者按协议支付劳动者的工资。

（二）特殊情况下的工资支付特点

第一，它以某种法定非正常情况作为工资支付的前提。一般情况下，用人单位因劳动者在法定工作时间内履行正常劳动给付义务而支付工资。但是，也存在某些非正常情况，也需要支付工资。这些情况，必须以法律和法规的明确规定为依据。

第二，它以劳动者本人的计时工资标准作为工资支付的标准，或者以计时工资标准进行全额支付、一定比例或者一定倍数的支付。各种支付方式分别适用于哪些正常情况，都由法规和政策具体规定。

（三）特殊情况下工资支付的情形

1. 法定休假日期间的工资支付

根据相关规定，法定休假日是指法律、法规规定的劳动者休假的时间，包括法定节日（即元旦、春节、清明节、国际劳动节、端午节、中秋节、国庆节及其节假日）以及法定带薪年休假。在法定休假日，用人单位应当依法安排劳动者休假，并依法向劳动者支付工资。

2. 婚丧假期间的工资支付

婚丧假是指劳动者本人结婚以及其直系亲属死亡时依法享受的假期。根据1980年2月20日《国家劳动总局、财政部关于国营企业职工请婚丧假和路程假问题的规定》，婚丧假由本单位行政领导批准，酌情给予1~3天的假期。在批准的婚丧假和路程假期间，劳动者的工资照发。

3. 依法参加社会活动期间的工资支付

劳动者在法定工作时间内依法参加社会活动期间，应视为提供了正常劳动，用人单位应向劳动者支付工资。

1994 年原劳动部发布的《劳动部关于〈中华人民共和国劳动法〉若干条文的说明》第五十一条规定：“依法参加社会活动是指：行使选举权；当选代表，出席政府、党派、工会、青年团、妇女联合会等组织召开的会议；担任人民法庭的人民陪审员、证明人、辩护人；出席劳动模范、先进工作者大会；《工会法》规定的不脱产工会基层委员会委员因工会活动占用的生产时间等。”

4. 产假期间的工资支付

2012 年国务院颁布的《女职工劳动保护特别规定》第八条规定：“女职工产假期间的生育津贴，对已经参加生育保险的，按照用人单位上年度职工月平均工资的标准由生育保险基金支付；对未参加生育保险的，按照女职工产假前工资的标准由用人单位支付。”

5. 探亲假期间的工资支付

根据《国务院关于职工探亲待遇的规定》，劳动者在探亲假期间的工资，按照本人的标准工资照发。

6. 停工期间的工资支付

非因劳动者原因造成单位停工、停产，在一个工资支付期间内的，用人单位应按劳动合同规定的标准支付劳动者工资。超过一个月工资支付周期的，若劳动者提供了正常劳动，应按国家有关规定办理。

7. 企业依法破产时的工资支付

用人单位破产时，劳动者有权获得其工资。在破产清偿中，用人单位应按破产法的清偿程序，首先支付所欠本单位劳动者的工资。

8. 关于特殊人员的工资支付

根据 1995 年 5 月 12 日劳动部发布的《对〈工资支付暂行规定〉有关问题的补充规定》，特殊人员的工资支付包括以下几个方面：

（1）劳动者受处分后的工资支付。劳动者受行政处分后仍在原单位工作（如留用察看、降级等）或者受刑事处分后重新就业的，应主要由用人单位根据具体情况自主确定其工资报酬；劳动者受刑事处分期间如拘留、缓刑、监外执行，其待遇按国家有关规定执行。人事部在 1999 年《人事部关于国家机关、事业单位工作人员受行政刑事处罚工资处理意见的复函》对此做了详细规定：“国家机关和事业单位的工作人员被判处拘役、有期徒刑宣告缓刑的，在缓刑执行期间，停发原工资。对安排了临时工作的缓刑人员，原为国家公务员的按本人缓刑前基本工资额的 60% 发给生活费；机关工勤人员按工资中固定部分

（技术工人的岗位工资和技术等级（职务）工资，机关普通工人的岗位工资）85%的数额计发生活费，其工资中的奖金部分不再发放；事业单位工作人员按本人受处罚前工资固定部分85%的数额计发生活费，其工资中生活部分（津贴）不再发放。若按此发放的生活费低于本地区最低生活保障线标准，按本地区最低生活保障线发放。”

（2）学徒工、熟练工、大中专毕业生的工资待遇。学徒工、熟练工、大中专毕业生在实习期间、熟练期间、试用期以及转正定级后的工资待遇由用人单位自主确定。大中专毕业生在实习期间大部分都还处于求学期（一般是在最后一个学期实习），因为他们与用人单位之间还没有建立真正的劳动关系，就意味着毕业生在实习期间的报酬并非按照国家规定的工资指导线确定。

但是试用期与实习期不同，在这个阶段大中专毕业生已经完成整个学习阶段，并正处于劳动合同的实际生效期间，此阶段的报酬受《劳动法》规制，其工资待遇由用人单位自主确定，但不得低于当地最低工资标准。

（3）新就业复员军人的工资待遇。新就业复员军人的工资待遇由用人单位自主确定；分配到企业的军队转业干部的工资待遇，按国家有关规定执行。

五、工资请求权的法律性质

工资权即劳动者获取劳动报酬和支配劳动报酬的权利，具体包括工资请求权和工资自主支配权。前者属于债权的范畴，后者属于物权的属性。一般情况下所说的工资权，都是指工资请求权，即着眼于工资权的债权属性。

在法律关系上，工资请求权是与用人单位的工资支付义务相对应的权利，具体而言，工资请求权即请求用人单位支付工资的权利。工资请求权为法定权利，但只有确立劳动关系才能具体化、特定化和现实化，是相对于具体用人单位，并在履行劳动给付义务后才能行使的一项特殊的请求权。

工资请求权作为一种特殊的债权，除具有一般债权的属性外，还具有独特的特点，主要表现在以下几个方面：

第一，工资请求权的发生根据是劳动者有效地完成了本职工作，通常情况下以劳动合同的约定和劳动者的劳动给付为前提，但在没有劳动合同却形成了事实劳动关系的情况下，为了保护劳动者的利益，法律也承认劳动者具有工资请求权。

第二，工资请求权的转让受到严格的限制。工资请求权是请求支付工资的权利，谁享有工资请求权，谁就能够获得工资收入。工资收入是一种生活利益，不是商业利益。为了保障劳动者的生活不受影响，法律严格限制工资请求权的转让。在劳动者因故不能受领工资时，除可以由其亲属或者委托他人代领（实际上是代理行使工资请求权）之外，法律一般不允许将工资请求权转让他人，虽已经转让也不发生法律效力。

第三，工资请求权具有特定的优先受偿性。工资请求权作为一种特殊的债权，不适用约定担保（保证、抵押、质押、定金），法定担保（留置）一般也无法适用。为了强化工资请求权，法律规定在企业破产还债的过程中，工资应予以优先支付。这就使工资请求权的实现获得了法定优先权的保障。我国劳动立法没有直接规定工资请求权的优先地位，首次规定了工资请求权的是1988年11月实施的《企业破产法（试行）》，在1991年4月颁布、2021年修正的《民事诉讼法》中予以了确认，2007年6月正式实施的《企业破产法》对此再次予以确认。该法第一百一十三条第一款规定："破产财产在优先清偿破产费用和共益债务后，依照下列顺序清偿：破产人所欠劳动者的工资和医疗、伤残补助、抚恤费用，所欠的应当划入劳动者个人账户的基本养老保险、基本医疗保险费用，以及法律、行政法规规定应当支付给职工的补偿金；破产人欠缴的除前款规定以外的社会保险费用和破产人所欠税款；普通破产债权。"

六、欠薪支付保障

原劳动部1994年发布的《工资支付暂行规定》第十八条规定："各级劳动行政部门有权监察用人单位工资支付的情况。用人单位有下列侵害劳动者合法权益行为的，由劳动行政部门责令其支付劳动者工资和经济补偿，并可责令其支付赔偿金：克扣或者无故拖欠劳动者工资的；拒不支付劳动者延长工作时间工资的；低于当地最低工资标准支付劳动者工资的。"

实践中，用人单位拖欠劳动者工资的情形比较普通，尤其是企业拖欠农民工工资现象时有发生。为此，劳动和社会保障部、建设部在2004年联合发布了《建设领域农民工工资支付管理暂行办法》，规范建筑业企业对与之形成劳动关系的农民工的工资支付行为，保障建筑领域农民工的合法报酬权益。该办法第十条规定："业主或工程总承包企业未按合同约定与建筑工程承包企业结清工程款，致使建设工程承包企业拖欠农民工工资的，由业主或工程总承包企业先行垫付农民工被拖欠的工资，先行垫付的工资数额以未结清的工资款为限。"第十一条规定："企业因被拖欠工程款导致拖欠农民工工资的，企业追回的被拖欠工程款，应优先用于支付拖欠的农民工工资。"第十四条第一款规定："企业违反国家工资支付规定拖欠或克扣农民工工资的，记入信用档案，并通报有关部门。"第十五条规定："企业应按有关规定缴纳工资保障金，存入当地政府指定的专户，用于垫付拖欠的农民工工资。"

为切实保障劳动者获得劳动报酬的权利，全国人大常委会在2011年2月25日通过的《刑法修正案（八）》，新增设恶意欠薪罪，追究恶意拖欠劳动者工资者的刑事责任。《刑法修正案（八）》规定：在刑法第二百七十六条后增加一条，作为第二百七十六条之一："以转移财产、逃匿等方法逃避支付劳动者的劳动报酬或者有能力支付而不支付劳动者的劳动报酬，数额较大，经政府有关部门责令支付仍不支付的，处三年以下有期徒刑或者拘役，并处或者单处罚金；造成严重后果的，处三年以上七年以下有期徒刑，并处罚金。单位犯前款罪的，对单位判处罚金，并对其直接负责的主管人员和其他直接责任人员，依照前款的规定处罚。有前两款行为，尚未造成严重后果，在提起公诉前支付劳动者的劳动报酬，并依法承担相应的赔偿责任的，可以减轻或者免除处罚。”

思考题

1. 工资的概念和特征是什么？
2. 工资的构成部分有哪些？
3. 工资保障制度的主要内容是什么？
4. 市场经济条件下劳动者的工资保障有哪些？
5. 确定和调整最低工资标准应当综合考虑哪些因素？
6. 不属于克扣工资的情形有哪些？
7. 不属于无故拖欠工资的情形有哪些？

第十三章

产业行动和不当劳动行为

本章学习重点：

1. 了解产业行动的概念和参与行动的形式。
2. 了解罢工的分类。
3. 熟悉对罢工的原因分析。
4. 熟悉雇主的不当劳动行为。

本章学习难点：

1. 掌握产业行动的形式、原则。
2. 掌握对罢工的法律约束和限制。
3. 掌握工会的不当劳动行为。
4. 掌握我国不当劳动行为的救济制度。

【导引案例 13－1】

韩国现代汽车遭遇罢工①

韩国最大汽车生产商现代汽车公司在2006年8月不得不面临短暂“熄火”的窘境。为了争取更高的工资和更好的工作环境，韩国更好联盟号召现代汽车员工进行为期两天的局部罢工。由于库存充足，此次罢工不会对现代汽车的出口业务造成大的影响。

罢工当天，工人们纷纷走下生产线，导致现代汽车全线停产2小时。根据计划，罢工在第一天将继续进行6个小时。超过70%的工会会员对罢工行动投了赞成票。

现代汽车每年都要经历一场艰苦卓绝的劳资谈判，其所面临的工会是韩国工会联盟旗下人数最多、影响力最大的一个分支。2006年6月，拥有42521名

① 左祥琦：《劳动关系管理》，中国发展出版社2007年版，第233～234页。

成员的工会要求基本工资增长8.5%，奖金提高7倍即占到现代汽车净利润的30%，缩短工作时间。

“我们希望尽快与管理层达成一致，当然前提是公司给出合理的价码。”工会发言人说。

2005年六七月间，工会曾给予现代汽车更严重的打击，整整5个工作日的罢工让公司损失了2.56亿美元的收入，最后公司只得以提升14%的劳工成本息事宁人。

可能是吃一堑长一智，现代汽车加强了库存储备，因而分析师称这次罢工不会在短时间内威胁到公司的出口销售。出口是现代汽车的业务支柱，占到其全部销售额的70%，因而公司超过70%的产量又依赖本国市场。

个人的长期闹事让现代汽车公司疲于应对，而且已经成为公司发展过程中最主要的障碍。

1. 工人罢工在解决劳资冲突方面起到了什么作用？

2. 现代汽车公司如果将工厂向海外迁移，会给工人和工会带来哪些影响？

第一节　产业行动概述

产业行动是劳动关系双方当事人都能够发动的、足以影响产业关系的行动。一般而言，产业行动是劳动关系双方当事人都可能采取的最后或者最有力的给对方施加压力的手段。

一、产业行动的概念

产业行动是处于利益对立关系格局中的劳资双方在难以通过政策谈判达成一致、解决争议的情况下，为了保护自身利益而采取的保护性、权益性、临时性的行动。即产业行动是指在集体谈判的过程中由劳动者（工会）或者用人单位以施加压力为目的，单方面引起政策工资安排暂时停止的一种活动，主要表现为罢工、怠工、关闭工厂等。

一些国家把雇员采用的怠工、拒绝加班等斗争形式，与罢工或者工人完全拒绝工作相区别，因为在这些情况下，工人不会损失全部工资报酬，所以叫减价的产业行动。

一般而言，产业行动是集体协商、谈判失败后的高级斗争形式，也是在法律许可的范围内、以和平手段能够采取的最终的、极端的斗争或者争议方法。

二、我国的产业行动

1949年以后，我国在城市经济的国有化改造时期，以及公有制初建时期，罢工等现象在上海多次发生，其中1952年、1956年和1957年比较集中。全国总工会曾经对1956年的86起罢工工潮进行了研究，认为罢工的主要原因是：经济制度和企业管理不善，官僚主义严重，严重侵害了工人的利益，工人与企业之间的矛盾激化；工人的利益受损后，缺乏合法的维权渠道，只好通过其他手段维护权利。此后，国家和执政党对罢工采取的是不提倡、力求避免、不禁止的原则。

1975年《宪法》基于政治原因和所谓“斗争哲学”，笼统地规定了公民有罢工自由，1978年《宪法》承袭了这一规定，1982年《宪法》取消了罢工自由。

改革开放以来，公有制企业的劳动用工、分配制度发生了重大变化，国家制定的有限的劳动基准和劳资双方的劳动合同逐步成为调整企业与劳动者之间权利义务的基础。非公有制逐步壮大，在社会的经济总量中所占比例越来越高。所以，近现代意义的劳动关系在中国再次出现，并且逐步成为基本的社会关系。劳资矛盾或者冲突，也相应地成为基本的社会矛盾。随着市场经济的建立、社会问题的积累，这类矛盾或者冲突将产生越来越重要的影响力，产业行动也将顺理成章地发生。

现在，我国的产业行动一般发生在非公有制较发达的地区，主要是因为雇主对劳动者剥削过于严苛、劳动关系严重失衡所导致的，工资过低、工时太长、劳动强度大、劳动安全条件太差、雇主及其代理人拖欠工资等，侵害了劳动者群体的利益，诱发了一些产业行动。

针对上述问题，我国将通过法律、政策的制定和实施，逐步加以解决。现在，我国已经初步建立起市场经济体制，正处于向成熟的市场经济转变的关键时期。社会矛盾，特别是劳动关系双方当事人之间的矛盾，已经成为社会基本矛盾，有关社会问题已经比较普遍和严重，直接影响到国家的发展战略和社会问题。劳资冲突的根本原因是劳动关系失衡、分配严重不公平，它可能加剧贫富分化、恶化社会结构、阻滞社会流动与整合，形成巨大灾难。因此，确认或者赋予产业行动某些救济性的权利，是有利于在劳动关系领域实现矫正正义的。

三、产业行动的形式

产业行动的主体可以是劳动者（工会）采取的行动，也可以是用人单位或者用人单位团体组织采取的集体行动。

（一）工会或者劳动者产业行动的形式

1. 怠工

怠工即懈怠工作，是指工人不离开工作岗位也不进行就地罢工，只是放慢工作速度或者破坏性地工作，是劳动者采取产业行动的一种基本手段。与罢工不同，劳动者进行怠工，不需要离开工作岗位或者离职，只是在工作中故意懒散、怠惰，或者浪费用人单位和企业的原材料，以此达到维持或者改善劳动条件的目的，如果不仔细观察，用人单位甚至无法发现怠工。

怠工与罢工的相同之处在于：它们都是需要劳动者的团结和共同行动，才能对用人单位或者管理方产生威慑和胁迫的作用，怠工在多数国家被认为是合法的产业行动。

2. 联合抵制

联合抵制是指阻止用人单位出售最终产品，分为初级联合抵制和次级联合抵制。初级联合抵制是指工会通过直接对用人单位施加压力迫使其接受谈判的条件；次级联合抵制是指工会向没有直接卷入劳动争议的用人单位施加压力，使当时用人单位面临不利地位而展开的有组织的运动。

初级联合抵制与次级联合抵制的区别如下：初级联合抵制直接针对用人单位施加压力，迫使其接受谈判条件，而次级抵制是针对其他雇主施加压力，迫使当事雇主接受条件。初级抵制方式是试图劝阻消费者购买用人单位的产品限制用人单位市场，而次级抵制则是开展运动，使消费者不购买用人单位的产品。

3. 纠察

纠察是指罢工工人对靠近工厂的入口或者有关区域实行的警戒。纠察通常伴有标语或者旗帜，是一种很有声势的活动。纠察的作用在于帮助罢工和联合抵制完成行动任务。在罢工中，纠察可以保证工会实现停产的目的，阻止雇主利用罢工替代者；对于那些软弱、缺乏纪律的工会而言，纠察可以防止工会会员穿越罢工划定的纠察禁区。在联合抵制中，纠察可以增加抵制人数。

4. “好名单”“恶名单”

“恶名单”是指工会列出的与工会作对的用人单位名单，并将名单在工会会员中传阅，以促使广大会员不再维护这个企业。由于许多国家将“恶名单”视为非法，于是工会转向使用“好名单”，即工会认为对工会“公正”的用人单位名单。工会会员看到这种名单，会对“公正”的用人单位持信任态度，而对那些榜上无名的用人单位持怀疑甚至不信任的态度。

5. 罢工

罢工是产业行动中最明确的方式，也是市场经济体制下劳资双方矛盾导致的结果。在解决劳动冲突方面，罢工所起的作用是矛盾的。罢工既是冲突的形式，又是可以迫使双方妥协让步的压力。有时劳资双方都不肯或者不愿在谈判中妥协，这时可能会引起罢工，迫于罢工带来的损失压力，双方又会重新考虑各自的让步底线，降低其心理预期。因此，在罢工前或者在整个罢工过程中，劳资双方为了达成协议都可能在谈判中相互妥协。罢工在集体谈判过程中的潜在功能是始终存在的，它确认了劳资双方相对谈判优势，而且作为一种妥协的诱因，罢工能够促使双方找到一种彼此都能接受的积极方案，是双方达成协议的手段。

罢工是集体行动的最终方式，也是工会最偏爱的方式之一。与罢工相比，非罢工的产业行动方式也非常重要。因为非罢工的手段对劳动者和工会而言，遭受的经济损失较小，而用人单位付出的代价较大。此外，采取非罢工的手段，劳动者可以解释为没有破坏集体协议，如果此时用人单位处罚劳动者，可能会增强劳动者的集体意识，促进劳动者相互之间的团结。至于劳动者或者工会最终采取何种集体行动表达不满，取决于双方的具体情况，如劳动者的影响力、工会的财力以及这些方式改变现状的效用等。

（二）用人单位的产业行动形式

用人单位采取的产业行动在方式与特征上不如劳动者明显，而且通常具有一定的被动回应劳动者行动的特征。同样，用人单位能够采取的产业行动，与其在劳动关系、劳资冲突中所具有的地位、条件有关。

雇主采取的产业行动方式主要有以下几种方式：

1. 关闭工厂

关闭工厂是用人单位惯用的方式，用人单位通常把关闭工厂安排在工会准备罢工时，一开始，用人单位暂时不会对工人提出要求，并声称这是被迫行为。关闭工厂的主要目的是以少量损失避免产生重大损失，甚至倒闭，同时通过解雇或者停职，断绝劳动者的工资来源，迫使劳动者完全降服于管理者的权威。

2. 雇佣罢工替代者

雇佣罢工替代者是指罢工期间，雇主通过雇佣其他工人代替罢工工人进行生产活动，以抵制或者破坏罢工的方法。雇佣替代工人的目的，一是使罢工失去效力；二是削弱工会的威望，使工会显得软弱。雇佣罢工替代者的本意，是为了缩短罢工时间，但实际上非但不能缩短罢工，反而会延长罢工持续的时间，因为罢工替代者认为，如果罢工继续下去，自己被雇佣的时间会延长，因此，他们会想方法延长罢工。

3. 雇主充当罢工破坏者

雇主充当罢工破坏者是指在罢工期间，雇主借助其他雇主的帮助完成生产任务，实际上是借用其他企业的生产能力，代替罢工替代者的角色。这种行为通常由雇主协会组织，当协会中某个雇主受到一个工会或者几个工会的打击时，其他雇主组织成员可以帮助他，答应日后将部分利润转让给他，以弥补罢工受到的损失。有时他们也可能全部关闭工厂，以免被工会各个击破。

4. 复工运动

复工运动是指雇主派人到罢工工人家里说服罢工工人或者其家属，使他们相信到某一天，大多数罢工工人都将复工，如果他们回厂复工，其利益将得到很好的保障，同时雇主还会在报刊上发出复工运动通告。雇主认为，大多数工人对这种通告不会无动于衷，他们有可能穿越工会的纠察线恢复工作。

5. 黑名单

黑名单也称黑表，是指雇主通过秘密调查，将一些不安分或者有可能在劳资冲突中发挥主要或者带头作用的劳动者，秘密登记在一张表上，并暗中通知本行业其他雇主使用联合抑制手段。黑名单是雇主对劳动者采取的一种秘密报复行为，它损害了劳动者的名誉，因而在许多国家，雇主使用黑名单被视为非法行为，要承担法律责任。

6. 排工

排工是指雇主在雇佣劳动者时，对某些劳动者采取排斥态度。通常雇主专门排斥那些加入工会的劳动者。为防止劳动者利用工会与企业讨价还价，雇主在雇佣劳动者时，一方面以不加入工会为雇佣条件，另一方面，倘若劳动者违背此诺言，便会立即予以解雇。

产业行动是劳资双方在冲突中经常使用的基本斗争方式。世界各国公认的最显著的产业行动方式是罢工和关闭工厂。罢工和关闭工厂是一种经济战，除了会给双方带来巨大的损失之外，还会给公众或者第三方带来不便，甚至会影响有关公众健康安全的商品和服务的供给。正由于罢工会产生严重后果，因而人们会尽量减少罢工时间，降低罢工带来的负面影响。为避免罢工，有时政府会简单地宣布罢工为非法，有时会提出新的调解劳资纠纷的方法。

第二节　罢工及其处理[①]

一、罢工的概念与分类

（一）罢工的概念

罢工是劳动者为了改善工作条件、签订或者变更集体协议，在以工会为主体的集体谈判中，为使谈判产生一定压力而实施的有计划、有组织的集体暂时停止工作的行为。这一定义强调了罢工是以工会为主体而展开的，并作为集体谈判中的一种压力手段而使用的。罢工权是劳动者为改善劳动条件、缔结或者变更集体协议而集体停止工作的权利。作为工会向资方施加压力的战术，罢工是工会在集体谈判中威胁对方的手段和解决争端的最后武器，也是劳动者表达和保护自身权益的一种基本手段。

对罢工可以从以下三个方面理解：

第一，罢工是劳动者暂时停止工作的行为。罢工是单纯的劳动行为的中断，而不是劳动契约关系的终结，劳动者是暂时离开工作岗位，引起生产秩序的中断，给用人单位造成压力，而不是永久离开岗位。罢工结束，劳动者仍可以回到工作岗位。

第二，罢工是劳动者集体的、一致的行动。罢工是多数劳动者的共同行为，而不是个人的单独行为，是多数劳动者在工会领导下有组织地停止工作，以给用人单位造成一定影响，个人罢工一般为观念所不允许。

第三，罢工是以维持和改善劳动条件，提高劳动报酬，获得经济利益为目的，以缔结或者修订集体协议为目标，而不是以取得政治、宗教等非经济利益为目标。工会进行罢工，是为了增强谈判力量，迫使用人单位提高工资和福利水平，改善工作条件。罢工的目的限于经济范畴，是劳动者为实现经济目的而进行的经济行为。

联合国也在《经济、社会和文化权利国际公约》而不是《公民政治权利国际公约》中对此做出了规定。

（二）罢工的分类

根据罢工行使的手段、发起组织、追求目的、策略运用以及规模的不同，

① 程延园、王甫希：《劳动关系》，中国人民大学出版社 2021 年版，第 220 ~ 233 页；程延园：《劳动关系》，中国人民大学出版社 2016 年版，第 234 ~ 251 页。

可以将罢工分为不同的形态进行研究。

1. 依据争议手段的先后划分

依据争议手段的先后不同，罢工可分为攻击性罢工和防御性罢工。

攻击性罢工是由劳动者首先提出争议，要求满足一定条件而发起的罢工。防御性罢工是劳动者为防止雇主裁员、解雇、关闭工厂或者采取其他不利于劳动者的行为而实施的罢工。

2. 依据罢工的发起组织划分

依据罢工的发起组织不同，罢工可分为工会罢工和非工会罢工。

工会罢工是指由工会组织策划、号召进行的罢工，通常要遵循法定的程序，如要经调解无效、个人投票表决、发布罢工令等才能中断工作。工会通常要设置罢工纠察队、紧急服务人员以及公共关系声援中心，并支付罢工津贴。非工会罢工，又称“野猫罢工”，即未经过工会组织策划，由工人自发组织的罢工。

3. 依据罢工的目的划分

依据罢工的目的不同，罢工可分为协约罢工、同情罢工和示威罢工。

协约罢工是为了签订集体协议而进行的罢工。同情罢工是为了声援其他劳动者的罢工行动而采取的罢工，其目的不是为了反对本企业雇主，而是为了对另一个进行罢工的工会表示同情。示威罢工是为了向雇主或者国家机关表达某种强烈要求或者不满情绪而举行的罢工。

4. 依据罢工的策略划分

依据罢工的策略不同，罢工可分为间隔罢工、巡回罢工、象征性罢工和迟滞罢工。

间隔罢工是每隔一定时间即举行一定时间的罢工。巡回罢工，也叫轮流罢工，是指不同企业或者工厂轮流接续进行一定时间的罢工，也指罢工轮流在不同的部门之间进行，即一个部门罢工后另一个部门接着罢工。象征性罢工，又称警告罢工，是指迫使雇主做出让步而短暂中止工作，以表示对抗的决心与准备，通常是向雇主发出的进行正式罢工的预警。迟滞罢工，又称“怠工”，即不是全部中止工作，而是减量或者放慢工作节奏。

5. 依据罢工的规模划分

依据罢工的规模不同，罢工可分为总罢工、全面罢工和部分罢工。

总罢工是所有劳工组织都参与的罢工。全面罢工是特定经济产业或者行业的全部劳动者都中断其工作。部分罢工是特定经济行业中，居于关键地位的企业或者工厂的劳动者所进行的罢工，又称“重点罢工”。

罢工虽然有多种形式、多种形态，但并非每种形态的罢工都是合法的，而且，即使是合法的罢工，劳动者在罢工中的种种行为是否都属于正当的争议手段而受到法律保护，也需要进一步斟酌和研究，具体要看各国劳动法有关罢工的各项规定。

二、对罢工的法律约束和限制

工人拥有罢工权并不意味着罢工在任何情况下都是可行的，不受限制。罢工使工人、雇主以及那些罢工企业获得原料设备的第三方直接或者间接地受到影响，遭受损失，罢工还使劳资双方加深了相互之间的不信任和敌对情绪，如果罢工不受任何约束，还会导致双方谈判力量的失衡，尤其是企业生产受到极大影响，或者出现少数工人就能使一个大企业关闭的情况。所以，许多国家法律在赋予工人享有罢工权的同时，对罢工权的行使、罢工行为、罢工原则、合法罢工的条件进行了相应的规范，一些国家同时还规定了雇主在罢工中享有的权利。

罢工活动不能随意举行，而应遵循相应的限制及条件。法律上对罢工的约束和限制体现在以下几个方面：

（一）对公用事业的罢工限制

对公用事业的罢工限制最显著的就是规定在公共部门无条件禁止罢工。禁止公用事业部门的雇员罢工，是多数国家通行的做法和规定，但由于各国对公用事业部门的界定不同，因此禁止罢工的人员范围也不同。一些国家法律明文规定，禁止所有公务员（政府直接雇佣的人员，如公务员、法官、检察官、军人等）从事罢工的活动，而代之以仲裁解决双方争议。那些正在从事与人们日常生活密切相关的公用事业以及关系国计民生或者国家安全等行业（包括运输、煤气、交通等）的雇员，如消防员、警察等，同样也不享有罢工权。政府有权根据法律裁定那些正在罢工的工人停止罢工，返回工作岗位。但一般而言，以强制性仲裁取代罢工的方式，只是紧急情况下处理罢工的临时性措施。

显然，法律对罢工行为是否予以限制的重要标准是，雇员所从事的工作究竟是否是影响社会公共利益的工作。同时，对法律要求罢工者返回工作岗位，究竟是出于政治上的考虑，还是因为罢工确实给公众带来太多的不便，也存在争论。一些学者认为，政府在劳动关系中的角色，既是雇主又是立法者，显然政府在制定法律时也有其利益和偏好。政府既要保证工人享有合法的罢工权，又要确保这一权利的实施不会造成严重后果，危害公共利益，因而规定在某些情况下政府有权要求停止罢工。但这样做的结果使得工人无法表达其不满，潜在的矛盾并没有得到适当的、令人满意的解决。对罢工权的否定可能在短期内是政治上的权宜之计，但从长远看，可能会把事情弄得更糟。如在美国，法律一般禁止公用事业部门的雇员进行罢工，比如中小学教师和护士等，但这些雇员越来越多地举行“违法”罢工，或者利用集体辞职等手段，收到了与罢工相同的效果。

总之，鉴于公共事业的社会性，许多国家法律严格限制公用事业部门的罢工权，如限定罢工人员的范围，提前通知说明罢工的理由、罢工的地点、开始时间与日期、期限、是有期限罢工还是无期限罢工等。而且，当罢工危及社会公共利益时，政府可以采取法律措施结束罢工。另外，法律严禁在公共事业单位进行巡回罢工和怠工。

（二）罢工的原则

从市场经济国家的立法而言，法律规定罢工通常要遵循两个原则：

第一，“社会适当”原则。衡量罢工是否合法的标准是“社会适当”原则，其含义是社会一般能够接受而又合法的行为[①]。罢工不能损害工作场所及其他有关房屋、生产设备等企业财产，不得伤害他人及其财产。罢工应以“正当非暴力”的方式进行，不得采取极端手段，罢工活动受“禁止过分”“公平进行对抗”“公共利益拘束”原则的约束。

第二，“均衡性”原则。为防止工会过多地行使罢工权利，规定罢工应当符合法定的条件，如罢工必须是不得已而采取的方式，必须是工会已经履行了通过诚实谈判达成协议的义务，罢工手段的运用应当符合当时签订集体协议的合适手段。实行罢工并不是解决劳资矛盾的唯一手段，应尽量使用其他较平和的方式。有的国家规定，罢工应当经过调解或者仲裁程序之后才能举行，只能作为解决争议的最后手段，在调解或者仲裁期间不得进行罢工。

遵循罢工原则，是确保这一制度良性运行的关键，也是法院衡量罢工合法与否，以及确定运用罢工权利与滥用罢工权利的重要界限。

（三）合法罢工的条件

大多数市场经济国家的劳动法都有对罢工权的规范。如澳大利亚 1996 年修订的《工作场所关系法》对罢工做了具体的规定，其主要内容是：在合法的集体谈判期间，劳方享有罢工权，资方享有关厂权；协议有效期内采取的争议行为属非法行为；采取争议行为须提前 72 小时书面通知产业关系委员会及对方，且必须事先已经通过谈判努力和对方达成共识；如果想采取争议行为的当事人无诚意与对方谈判，或者争议行为将给个人生命、健康、安全及居民生活带来危害，以及给国家经济带来重大损害，产业关系委员会有权冻结或者阻止劳资双方的谈判；在委员会冻结或者阻止劳资双方谈判期间，不得强行罢工

① 石美遐：《市场中的劳资关系：德、美的集体谈判》，人民出版社 1993 年版，第 65 页。

或者关闭工厂，否则受害者有权向民事法庭起诉，追究其民事责任；产业关系委员会有权命令停止非法的劳动争议行为，对不执行者罚以重金；坚决取缔劳方胁迫雇主而采取的妨碍企业正常交易的行为。

一般而言，罢工权的行使应当符合下列条件：

第一，必须是原集体协议期限届满。在集体协议履行期间，当事人负有和平的义务。

第二，工会已经履行了“真诚”与雇主谈判、达成协议的义务。

第三，必须通知劳动行政部门。工会在举行罢工之前，要通知劳动行政部门。劳动行政部门在接到通知后应先行调解，确认双方能否和解。如调解失败，工会应在罢工前以书面形式向劳动行政机关报告。

第四，投票表决。一些国家规定，工会在进行罢工前，应当先在工会会员中举行投票表决，在获得多数会员支持后才能罢工。另外，劳动委员会根据雇主要求，也有权决定是否举行罢工投票表决。

第五，提前通知。工会在罢工前应当提前正式通知资方罢工的目的、时间和地点。

法律对罢工条件的限制至少在两个方面存在争论。一是强制调解制度，有的学者认为强制调解制度违背了一方或者双方的意志，不一定有助于争议的解决，甚至由于时间的拖延，使一方或者双方能有更多的时间为罢工做好准备，从而使劳动部门难以做出决定。二是关于集体协议有效期内不得罢工的问题。从理论上说，规定集体协议有效期内不得罢工，对产生的冲突通过申诉程序解决，这有助于保持劳动关系的稳定。但由于申诉程序过于漫长，而且雇主可能采取一些虽有争议却不违背集体协议的行为，造成工人难以提起申诉，这时争议就只能等到下一次谈判开始才能被提上日程。这样，被压抑的挫折感连同一系列的问题，会大大增加双方达成协议的难度。反之，从根本上讲，如果在协议期内赋予工人罢工权，随时解决出现的问题，对促进劳动关系的有序和稳定发展、保障工人的民主权利具有积极意义。

（四）雇主在罢工期间的权利

雇主除了享有罢工条件中规定的相关权利外，最具争议的是在罢工期间雇主能否通过使用其他单位雇员继续生产，或者鼓励罢工工人越过纠察线，或者以雇佣替代工人等方式继续经营的问题。历史上的美国法律规定，在罢工期间雇主享有雇佣永久性替代工人的权利，这一规定的结果是某些工人因行使罢工权而失去工作，从而造成罢工权名存实亡。所以，通常法律规定雇主在罢工期间可以雇佣临时性替代工人。在加拿大，正常情况下罢工工人在罢工结束时，都有权回到原来的工作岗位或者类似工作岗位，一些省区甚至禁止或者限制雇主雇佣临时性工人。一些支持者认为，在罢工期间雇主应当享有继续生产经营的权利，否则会过度损害双方的力量对比平衡。既然在罢工期间罢工者可以自由选择为其他雇主工作，那么作为一种对等权利，雇主也应能使用替代工人。但允许雇主在罢工期间继续生产经营，特别是替代工人的加入，会把严重的不平等引入劳动关系制度，使得那些对工作技能和培训程序要求不高的企业很容易从劳动力市场上获得大量替代工人，造成那些最需要工会、处于最不利地位的工人实际具有的罢工力量最弱；相反，那些处于最有利地位、最不需要工会的工人，却具有最有效、最强大的罢工力量，这显然违背了劳动关系立法的初衷。这一权利的行使大大削弱了工人的罢工力量，在某种程度上使罢工变得毫无意义，从而使雇主能有效削弱集体谈判的基础，对劳动关系造成不可弥补的、长期的损害，甚至会引发暴力冲突。

（五）对罢工行为的限制

对罢工行为的限制，与工人在罢工期间享有的纠察权直接相关。通常，罢工工人只能对雇主的经营场所设置纠察，对不属于雇主所有任何私人经营场所，必须得到允许才能设置纠察线，即使这些经营场所是为公众使用的（如购物中心的停车场）。罢工工人不得阻挡这些经营场所的出入口，也不得威胁、损害任何通过纠察线的人。如果有迹象表明纠察员违背这些限制，或者有理由相信他们会这样做，雇主可以请求法院或者劳动关系委员会出面制止，甚至同时解除纠察。除了针对雇主实施的纠察受到限制之外，罢工期间罢工工人能否对与雇主继续经营的其他企业实施纠察，也有相应的限制。通常，这种纠察只有在这个企业被怀疑为雇主的“积极同盟者”，并充当雇主的生产替代者，或者作为其代表时，才是合法的，最后是对“同情罢工”的限制。同情罢工是为了支持已经罢工的工人而举行的罢工，通常被认为是非法的，对罢工行为进行必要的限制，预防没有参加罢工的工人举行同情罢工，符合保持稳定、提高效率的政策目标。

如果同时从雇主的权利和罢工的法定条件考虑，罢工权不是一种绝对的权利，因而对罢工权的行使要进行必要的限制。存在的争论是，无论这些限制是否正当，实际上都削弱了工会确保达成公正协议的能力，尤其是罢工期间雇主可能会试图破坏工会并保持继续生产经营。为了避免这种情形出现，工会可能不得不简单地停止其会员的劳动，从而可能使工会处于更加不利的地位。

三、罢工的原因分析

对工业化国家罢工的原因主要有以下几种解释：

（一）罢工是一种“错误”

集体谈判是一个极其复杂的过程，包含大量的不确定性因素和信息失真的情况，任何一方在努力识别对方真实情况的同时，也在竭力夸大自己承受罢工的能力。这样，尽管每一方都在通过多种渠道了解对方的真实处境和立场，但仍不能准确地判断对方实力，错误地认为对方已经准备做出让步，但实际却非如此。其结果是任何一方或者双方都未能在谈判中及时调整自己的立场，找到双方都接受的解决方法。只有在集体协议期限届满或者罢工已经爆发时，一方或者双方才意识到自己错误地估计了对方，并开始重新调整各自的立场。这种解释是将罢工看作一个“错误”，因为在理想条件下，双方不会发生误解，罢工也就不会发生。很明显，由于罢工给双方都会带来损失，因而劳资双方为追求自身经济利益的最大化，都会尽可能避免这种损失的发生。实际上，如果不是信息受到限制或者沟通复杂，任何一方都能够预见对方的让步能力和意愿，以及罢工的后果，从而在罢工到来之前达成协议，避免罢工带来的损失。

由于“错误”导致罢工的情况，主要有以下几种：

第一，由于误解引发的罢工。在不成熟的谈判关系中，由于谈判者缺乏谈判技巧和经验，因而可能错误地传递自己的意愿和误解对方的观点。而且，一方或者双方对谈判对方或者其观点、日程安排的厌恶，也可能干扰他们做出理智的判断和选择。另外，如果谈判者彼此不熟悉、相互之间不了解，也难以对谈判进程达成默契和共识，难以形成可供继续磋商的“草案”，从而导致双方的误解进一步加深，沟通更加困难。

第二，为确认雇主的真实让步能力而引发的罢工。一般而言，当企业面临的竞争环境改变时，雇主的让步能力也会随之做出相应调整。由于劳资双方谈判时存在信息不对称，资方掌握着相关的产品市场和财务机密，而工会谈判者却不拥有这些信息，为了确认资方的真实让步能力，工会谈判者常常会指责资方存在欺骗行为，声称要发动罢工。在这种情况下，如果资方确实在欺骗工会，则会因此而迅速改变态度；如果没有，则会继续拒绝让步。工会据此可以识别资方提供的信息真实与否。因而，有人认为罢工能给工会提供有关雇主财务状况的重要信息。

第三，由不确定因素引发的罢工。企业面临的不确定因素不仅包括竞争环境的改变，还有通货膨胀、失业率的变化等，这些因素最终都会对双方的预期或者罢工力量产生影响。当这些因素出现时，罢工造成的损失变得难以预料，一方或者谈判双方也很难确定最终能够接受的让步条件，从而错误地估算对方能够做出让步的意愿和/或罢工成本，而这最终又会引发罢工。

第四，不切实际的期望引发的罢工。有时罢工的发生并不是由于双方谈判者的错误估算所致，而且由于工人的错误判断引起的，即工会谈判者的预期可能是现实而合理的，但是其委托人工人却缺乏理性。这时，除非谈判者能够代表工人的期望，否则工人也不可能批准随后达成的协议，甚至在下次选举中投票罢免代表者的资格。这样，罢工表现出的误解不是来自工会谈判者，而是来自工人本身。只有在罢工爆发后，工人才会调整、变更其预期，才有可能与资方达成协议。

第五，谈判自身的复杂性引发的罢工。由于劳资之间的争议非常复杂，或者由于工会、管理方内部意见不一致而使谈判变得错综复杂时，也可能引起谈判破裂，爆发罢工。一般而言，这种情况之所以发生，是因为谈判单位自身情形比较复杂，如谈判单位覆盖了多个机构和/或不同职业、不同技能的工人等。

将罢工的原因解释为“错误”，有利于分析、关注那些影响双方做出决定（或者产生误解）的因素。如果谈判双方或者政府决策者能够采取有效措施，减少影响谈判的不确定因素或者降低双方产生误解的可能性，鼓励有经验的专家从事谈判活动，就能确保谈判进程的健康发展，避免罢工的发生。

但是，也有学者认为，即使采取了这些措施，也不可能完全避免罢工的发生，原因如下：

第一，把罢工作为双方的“错误”，过于狭隘地理解了谈判、罢工的概念，因为它通常假定谈判双方关心经济利益最大化，而不重视对谈判过程中双方行为所依赖的社会经济背景进行分析，不关心那些通常在罢工中居于核心地位的人们的道德观念、社会影响力等因素。如果仅从经济角度看，有些罢工的确缺乏理性。但如果从谈判主体尤其是工人和工会的角度思考，罢工与否取决于更广泛的社会原因，包括不同的价值观、原则和公平观念，它反映了工作场所存在的潜在的冲突和根源。因而，工会在罢工时，不仅要考虑罢工的经济后果，而且还要考虑工人的不满程度，以及资方应让步而不让步引发的工人不满。

第二，劳动关系的本质是劳方隶属于资方，这种隶属地位并没有因工人享有集体谈判权而得到实质性的改变。在劳动关系中，劳动者要服从管理方的指挥和命令，工人无权制定管理规则，也无权参与工作过程管理，劳资之间的潜在冲突构成了劳动关系的基础。不满、愤恨、缺乏信任弥漫在整个工作场所，因而罢工是劳动者集体表达不满和愤怒的主要渠道。

因而，仅仅把罢工看成是谈判的“错误”，太过于狭隘。最重要的是，罢工是表达“集体声音”的渠道，是劳动者集体表达不满和不信任的重要方式。

（二）罢工是“集体的声音”

罢工是“集体的声音”，这种解释认为只要在劳资关系中存在一定程度的不满或者不信任，就总会有发生罢工的可能性，但这并不意味着罢工发生的可能性就很大，或者持续时间会很长。

在这方面，应注意以下几个因素：

第一，工人的不满意程度。企业的管理政策、实践以及工作性质本身，对工人的满意度而言特别重要。管理方在某种程度上都采取了“高度认同”的管理方式，通过给工人提供自主性强、工作条件好的岗位，吸引工人参与政策的制定，期望从整体上降低工人的不满程度。

此外，在一些小企业，工人的不满程度也较低，因为小企业工作不是按部就班，工人不会形成明显的“阶层”观念。在这种情况下，工会谈判者很少支持罢工活动，也很少号召罢工，而且一旦发生罢工，因为担心会员会越过纠察线，也会尽可能及时寻求解决办法。

第二，管理方的让步程度。如果管理方愿意满足工人的期望，尽可能消除工人的不满，也可能避免罢工。管理者在某种程度上做出让步，会使工人感到罢工并不可取，工会谈判者更容易与资方达成协议，满足工人的要求。

第三，个人辞职、离职的意愿和罢工自身的可行性。工人通过选择其他方式尤其是以辞职、离职来表达不满，在某种程度上也能减少罢工发生的可能性，但这时失业问题是一个重要的影响因素。失业率居高不下会减少工人重新就业的机会，尤其对那些资历丰富的雇员而言，选择辞职可能更加不可取。资深雇员在原企业、原岗位上积累的技能和经验，使他们能够获得资历福利或者更高的工资，但如果换一个企业工作，一切可能又得从头开始。因而，对多数工人而言，不考虑失业水平的辞职并不是一个很好的选择。

另外，还有罢工本身的可行性问题。罢工的发生往往取决于工会所拥有的罢工力量，罢工力量越强，发生罢工的可能性也越大。工会罢工力量强，不仅意味着管理方更容易对工会的要求做出让步，而且意味着罢工是工人表达不满、争取权利而无须担心遭到报复的最有效的途径，所以，也是工人宣泄感情的重要方式。

第四，社会影响力的大小。这主要体现在两个方面：

一是工会领导人鼓动工人表达不满的能力。通常认为，工人的不满情绪是潜在的、隐藏的，没有适当方式表达，但在谈判中，工会领导人能否成功地引导工人的不满情绪并将其表达出来是非常重要的。因为它不仅可以增强工会在谈判桌上的谈判、说服能力，而且也是权衡罢工是否可行，进而决定是否罢工、罢工持续时间长短的重要因素，同时还是谈判破裂时能够得到工人继续支持的重要因素。

二是社会文化的影响，尤其是罢工所在社区的凝聚力，以及人们对罢工活动是否合法的看法。如果社区凝聚力强、罢工合法，不仅工人自身会倾向于罢工，甚至社区成员也会期望罢工，并在罢工后向罢工工人提供道德甚至经济上的援助和支持，特别是对公共部门，人们也期望通过罢工能对雇主施加某种压力。

此外，工会内部的政策策略、工会领导人的价值观和意识形态、工会的能力以及工人是否以政治方式表达其忧虑等因素，都可能减少人们对罢工的需求。总之，罢工的发生不仅仅取决于谈判活动本身，而且取决于谈判的经济社会背景，反映了经济生活中由于劳资关系的结构和本质引发的潜在冲突的根源。如果没有这些根源，罢工总体上就会减少。

因而，认为罢工是一种“错误”这种解释强调了谈判活动和谈判行为的重要性，而罢工是“集体的声音”这种解释则认为谈判行为并不能直接导致罢工，因为工会谈判者会尽力避免“错误”发生，即使出现“错误”，也会及时寻找解决办法，因而其支持罢工的理由并不充分。研究表明，认为罢工是一种“错误”，有利于解释罢工发生可能性的大小，而不能解释罢工持续时间的长短。

从冲突是劳资关系基础的观念而言，保持相对较多的罢工活动也许是劳资关系健康发展的信号，但这并不是说罢工就必然是件“好事”。相反，由于罢工会给劳资关系双方以及第三方造成损失，带来不便，因而在不过度侵害工人罢工权的前提下，人们总是在寻找各种方法降低罢工发生的可能性。从对罢工原因的这两种不同解释出发，减少罢工的方法也是不同的。

基于罢工是一种“错误”，则可以通过减少谈判中的“错误”来避免罢工，如采用比较集中的谈判结构，确保较高水平的专家参与，选择合作谈判方式，采取第三方斡旋、调解等。

基于罢工是“集体的声音”，则需要消除导致罢工产生的不信任和不满意的根源。具体措施包括：一是鼓励雇主采取进步的管理策略，尤其是与高绩效模式相适应的“高度认同”的管理方式，但这些管理方式往往难以引起雇主的兴趣；二是通过制度改进，加强工人的参与决策权，促使雇主优先考虑工人的工资福利待遇。一些欧洲国家（如德国等）所采取的措施降低了劳资冲突的激烈程度，从而降低了罢工发生的可能性。

此外，通过制定强有力的就业法，保障工人的工资福利、安全工作条件以及雇佣关系中的公平待遇，也能降低由于不满意、不安全引发的罢工产生的可能性。

四、罢工的处理和解决

第三方介入谈判、解决争议的方式通常有两种：和解和裁决。和解是双方自愿的，但不阻止、不排除双方最终选择罢工或者关闭工厂；裁决则是强制性的，禁止罢工或者采用过激行为。和解的形式有很多，包括斡旋、调解和实情调查；裁决通常包括多种形式的“利益仲裁”。

（一）斡旋、调解和实情调查

斡旋、调解和实情调查这三个概念非常接近，在解决争议中有时甚至可以相互替代。但无论怎样定义，其特定程序都是通过帮助双方有效沟通、澄清事实，或者通过公众压力、直接或者间接说服双方改变立场，降低由于“错误”引发罢工的频率。

1. 斡旋

斡旋是20世纪头十年和战后许多国家劳动立法中规定的解决争议方式。

传统的斡旋方式包括两个阶段，并要求在罢工爆发前合法地进行。

第一阶段，由劳动部门任命的独立斡旋者对双方争议进行调解。斡旋者的作用是调和双方分歧，帮助双方达成解决方案。如果不成功，斡旋者向劳动部门提交报告，说明双方所争议的问题及解决的可能性。

第二阶段，由劳动部门任命一个“斡旋委员会”（通常由中立者、工会代表和资方代表三方组成），发挥更积极的作用，促使双方陈述各自立场，提出正式、可行的建议并促成问题的解决。

从理论上讲，这不仅有利于澄清事实，而且促使双方根据斡旋委员会的建议，调整、改变各自的立场和观念。

这种传统的、分两步走的斡旋程序多年来已经受到严厉批判。批评者认为，斡旋违背了一方或者双方的意愿，干扰了谈判过程，使谈判变得更加复杂甚至失败。同时，还使一方或者双方从物质上、心理上为罢工做好了准备，一旦罢工爆发，双方会变得更加强硬，不愿改变立场。即使不这样，斡旋程序也由于过于烦琐、耗时而限制了工人通过罢工集体表达不满的权利。所以，现在这种传统的、分两步走的强制斡旋程序在实践中已经很少采用。虽然一些国家对斡旋程序进行了调整和变通，但批判者仍认为，斡旋的本质是用“行政”干预“自由”的谈判过程，其效果是“积极”的还是“负面”的，并不清楚。

2. 调解

调解与斡旋的作用大致相似，相当于斡旋的第一个阶段。作为一种解决纠纷的主要措施，调解在两个方面不同于斡旋：第一，与斡旋相比，调解建立在自愿的基础上，是双方通过协议商定由一个中立的第三方帮助他们达成协议；第二，调解者的角色更多地表现为“干预”，在谈判过程中发挥着更积极的作用，通过劝说、调解，促使双方让步，达成协议。

调解的主要步骤是：召集双方会面，确定问题所在；以中间人身份确定可行的解决方案；通过积极施压，引导、诱使双方改变立场，促使问题得到圆满解决。

3. 实情调查

实情调查相当于斡旋的第二个阶段，是法律规定的用于打破公共部门谈判僵局的方式。在公共部门，当调解或者斡旋失败时，可采取的解决方法之一就是“实情调查”。实情调查是指依靠外来者，调查争议事实并提出报告，试图提高争议的公开性，迫使当事人双方达成妥协。实际上，实情调查也可以在公布报告前，尝试先行调解，如果成功，报告也就失去了意义。这些尝试不像常规调解那么深入细致，主要由调查人根据个人经验和感受，对能否达成协议做出判断。

总之，斡旋、调解和实情调查都是由中立的第三方介入谈判过程。作为专业人员，他们更可能确定一方或者双方的让步底线，从而降低罢工发生的可能性以及缩短罢工的持续时间，而且，斡旋、调解和实情调查主要都是以罢工是一个“错误”为假设前提，如果双方都极力想达成协议，又已经存在一个积极的解决问题的区域，那么斡旋、调解和实情调查就会更加有效，因为在这种情况下，罢工的确是一个错误。但如果罢工或者谈判破裂是由于明显的外部压力，罢工的原因是为了反映集体的声音，这些方式则可能难以奏效，只会使事情变得更加难以解决。尤其是如果第三方提出的解决方案一方难以接受，会使其变得更加固执己见。

（二）利益仲裁

利益仲裁是对谈判双方利益冲突的决策，而不是对个人冤情的评判。相对于斡旋、调解和实情调查，利益仲裁是对争议的最终裁决，而不是试图让双方自行解决冲突。虽然有时它也尝试让双方自行和解，甚至选择解决方案，但总体而言，由于利益仲裁免除了工人的罢工权、限制了劳资双方的民主权利，并最终要迫使双方接受一方或者双方都不太满意的裁决决定，因而长期受到人们的评判。利益仲裁很少以自愿为基础，通常用于公共部门的劳资纠纷裁决，因为政府可以以罢工过度伤害公共利益为由，限制公共部门的罢工权。

利益仲裁有两种方式：“常规仲裁”和“最后出价仲裁”。

常规仲裁是由一个仲裁员或者三方组成的仲裁委员会，根据双方的意见和相似行业中其他雇员的劳动标准，对争议做出最终裁决。

最后出价仲裁是指劳资双方各自提出最终解决方案，由仲裁员从中选择最合理的一种方案作为最终解决方案。

最后出价仲裁通常有两种形式：一是由仲裁员对谈判条款进行逐项选择，这样任何一方可能都会有“得”有“失”；二是所谓的“一揽子”选择，即由仲裁员从双方的整体方案中选择其中之一作为最终方案，这时赢者只有一个，要么是工会，要么是资方，而且一旦“赢”就赢得了全部方案。

任何一种利益仲裁形式都不是很普遍。常规仲裁存在的最大问题是：第一，劳资双方更容易依赖仲裁员，而不是依靠双方谈判独立达成协议；第二，双方会拒绝或者控制让步的程度，而认为仲裁委员会倾向于在双方的最终出价中寻求平衡，做出一个中间裁决，拒绝让步意味着将得到更有利的结果。前者通常使劳资双方处于“麻木”状态，因为双方过于依赖仲裁员，而后者又使双方都感到“寒战”，因为双方都不会为达成协议而积极做出让步。

最后出价仲裁则克服了常规仲裁的这些不足，因为劳资双方不会再依赖仲裁员做出一个中间裁决，在这种情况下，仲裁对双方都是孤注一掷、极其冒险的，尤其是基于“一揽子”的整体方案裁决时，任何一方面临的风险都是输掉全部。为避免全盘皆输，双方都会积极做出额外的让步，使自己提出的方案看起来最合理。因此，从理论上说，最后出价仲裁有利于克服常规仲裁下双方的“麻木”和“寒战”，避免双方过于依赖仲裁，鼓励在仲裁之前尽可能通过谈判做出适当让步，使问题得到解决。

对仲裁结果的研究表明，常规仲裁方式下谈判双方能够自行达成协议的比例，要远低于工人享有罢工权条件下能够达成协议的比例；同时，选择最后出价的裁决方式，双方能够达成协议的比例也要高于常规仲裁方式，但仍低于享有罢工权条件下能够达成协议的比例。这表明与常规仲裁方式相比，在最后出价选择仲裁方式下，谈判双方会以更加积极、主动的态度促进协议的达成。这一研究存在问题是，它并没有说明仲裁结果是否会随着适用条件的不同而变化。

以上研究了罢工及其争议的解决，但实际上，在西方国家劳资双方很少出现不能达成某种协议的情况，即使一方或者双方对协议并不十分满意。一旦协议达成，在协议有效期内工会不得举行罢工，双方负有诚实谈判、达成新协议的义务。同时，对协议执行过程中引发的争议，协议的解释方法和运用、双方遵守协议的意愿等以及由此引发的争议，则主要通过个人申诉或者申诉程序处理。

总之，避免过多地使用利益仲裁，主要是因为人们怀有这样一种强烈的信念，即对劳资双方实际情况最了解的是工会和资方，而不是仲裁员，劳资双方才应该是最有效地解决冲突的人。

第三节　不当劳动行为

一、不当劳动行为的概念和特征

（一）不当劳动行为的概念

不当劳动行为最初是指雇主凭借其经济上的优势地位，以违反劳动法律原则的手段来对抗工会的措施或者行为。后来在一些国家的立法中，不当劳动行为的内容也涵盖了工会和劳动者在劳资关系中以不法手段对抗雇主的措施或者行为，即不当劳动行为的主体，不仅包括资方（用人单位），同时也包括劳方（劳动者）。

不当劳动行为是指集体劳动关系的双方当事人以不正当的手段，妨碍或者限制对方（也可能是第三方）行使其合法权利的行为。

不当劳动行为救济立法是市场经济条件下规范和平衡劳动关系的一项重要的法律措施。在劳资关系中，劳动者的个人力量是有限的，劳动者相对于雇主而言，本身就处于弱势地位，他们只有团结起来通过代表自己利益的组织与资方进行沟通与抗衡才能更好地维护自己的利益，谋求经济和政治地位的改善。

以团结权的保障为其法理依据、为维持劳资关系秩序为其直接目的的不当劳动行为救济制度，其功能在于通过国家的强制力，保障劳动行为的规范运行，进而实现劳资关系的平衡。

（二）不当劳动行为的特征

不当劳动行为主要有以下几个特征：

第一，不当劳动行为的实施主体，大多数情况下是雇主（用人单位）及其团体，但有时也可能是工会。基于这一特点，不同国家的立法对不当劳动行为主体的界定有所不同。如《美国劳工管理法》中的不当劳动行为实施主体包括劳资双方团体。而日本对不当劳动行为的规制仅适用于雇主，不适用于工会。现在，大多数市场经济国家都采取日本的这种类型。

第二，不当劳动行为的后果，在一般情况下直接妨碍或者限制的是集体劳动关系中的一方当事人行使其合法权利，但是有时也会直接妨碍或者限制当事人以外的第三方，如作为不当劳动行为的“间接抵制行为”，损害的就是集体劳动合同之外的第三方利益。

第三，对不当劳动行为进行规制和救济，目的是防止集体协商（谈判）过程中的不公平行为导致对方合法权益的丧失，进而带来社会的不稳定或者经济秩序的混乱。

第四，不当劳动行为救济作为一项具体的劳动法律制度，其基本性质和基本作用是要保障劳动者权利特别是保障劳动者的集体权利，进而平衡劳资关系，这一制度以团结权保障为其基本法理依据，以维持劳资关系秩序为其直接目的。①

对不当劳动行为进行规制，就是以国家强制力来保障劳动者的团结权。

二、不当劳动行为的界定及救济

（一）不当劳动行为的界定

不当劳动行为的构成要件，理论上可以分为主观要件和客观要件。在日本劳动法学界中存在“主观要件说”② 和“客观要件说”③ 两种观点。

---

① 常凯：《劳动关系学》，中国劳动社会保障出版社2005年版，第438～439页。

② 主观要件说，又称“意思必要说”，它以民法中过失责任原则的“意思主义”为主要理论依据，主张雇主的不当劳动行为必须以雇主的反工会意图或者动机为必要。

③ 客观要件说，又称“意思不要说”，认为不当劳动行为制度的目的是排除对团结权的危害，顺利实现团体交流，这种特殊性使雇主的主观意识不应当成为不当劳动行为的根据。

不当劳动行为的客观要件是指由法律规定的构成不当劳动行为的情形。由于各国劳动法中对于不当劳动行为的规定不尽一致，因此在不当劳动行为的具体认定上有所差异。

一般不当劳动行为主要包括以下几种情形[①]：

1. 雇主的不当劳动行为

第一，干涉工会活动。这是雇主经常使用的一种不当劳动行为，其手段多种多样。依据美国法律，以下行为都属于不当劳动行为：与劳动者个人订立“黄犬契约”[②]，直接限制其加入工会的权利；对工会活动进行监视，甚至使用间谍；对参加工会活动的劳动者进行威胁，或者承诺一旦劳动者退出工会，将给予一定好处；对劳动者进行盘问，调查有关工会活动的情况等。日本《工会法》第 7 条规定，雇主虽然有言论自由，但是不得就涉及工会内部的运作发言。雇主为对抗工会虽然能表明自己的立场，但包含有报复、威吓、利益诱导等内容的，仍然构成干涉工会运作的不当劳动行为。[③]

第二，控制、操作工会活动。这是指雇主组织“公司工会”或者以各种形式操作工会。这种不当劳动行为的危害在于破坏工会的独立性，致使工会不再是工人利益的代表，各项活动都要以雇主的根本利益为导向。这种性质的工会，通常也称为“老板工会”或者“黄色工会”。各国工会法一般都严格禁止劳动使用者操作工会的行为。

雇主操作工会的手段主要有两种：一是控制工会干部的人选，让自己的亲信或者关系较好的人出任工会领导或者重要工会职务。二是控制工会的财源，给工会活动经费或者财政补贴。

第二种手段虽然有害于工会的独立性，但是在一定条件下也是对工会有利的，因此各国法律往往规定了一些例外情况。如日本《工会法》规定，雇主捐助的福利、卫生、救济等方面的基金，或者雇主提供给工会的办公场所等，都是被允许的。美国 1935 年《华格纳法》第 8 条 a 款第 2 项的规定，禁止由雇主组成或者由雇主支配的公司工会。所以，美国的雇主不得协助创立工会组织，或者在某一工会组织寻求正式承认时，对其给予协助。否则，国家劳工关系委员会将命令雇主撤回对该工会组织的承认，或者将该工会组织加以完全解散。[④]

---

① 参见穆随心：《劳动法理论与实践》，中国政法大学出版社 2016 年版，第 177～183 页。

② 黄犬契约（yellow-dog contract）是来源于英美劳动法的一种熟语，意指企业雇主在雇用劳动者时，以“劳动者不得加入工会，或者脱离工会”为条件，与劳动者签订的契约。“黄犬契约”的目的在于限制劳动者的自由结社权，并且削弱工会与企业主进行抗争和谈判的实力，侵犯了各国劳动法和宪法中规定的劳动者的基本权利，因此世界各国普遍禁止企业签订“黄犬契约”。

③ 参见黄越钦：《劳动法新论》，中国人民大学出版社 2003 年版，第 312 页。

④ ［美］William B. Gould：《美国劳工法入门》，焦兴铠译，（台北）“国立编译馆”1996 年版，第 81 页。

第三，拒绝集体协商。这是指雇主负有与工会组织围绕集体劳动关系进行协商谈判的义务，违反此义务则属于不当劳动行为。美国 1935 年《华格纳法》规定，雇主不得拒绝与有代表权的工会进行集体协商。而且，该法要求雇主应当基于诚信原则与工会进行协商。日本《工会法》第 7 条规定也明确规定，雇主无正当理由不得拒绝同所雇佣的劳动者代表进行集体协商。

第四，歧视待遇。这是指雇主不得针对雇员参与工会活动实施歧视行为。美国 1935 年《华格纳法》规定，雇主对于工会会员、职员不得有歧视行为，如将工会干部降职、调职、减少工资或者不给予升迁机会等。雇主不得因雇员加入工会，或者没有加入工会，而对其工作条件给予任何差别待遇。

日本《工会法》第 7 条规定，雇主不得以劳工为工会会员、加入工会、拟组织工会或者行使工会之正当行为为由而解雇该劳工或者予以不利益待遇；不得以不加入工会或者促使其加入工会为雇佣条件，但工会如可代表特定工作场所所雇佣之劳工过半数时，雇主得与该劳工缔结以加入该工会为雇佣条件的劳动合同。

歧视待遇的形式有以下几类：一是经济上的歧视待遇，包括解雇、停职、调动、减薪、降职、停止升迁等。如果雇主平调甚至提升工会干部的职务，虽然不影响其个人的利益，但却可能会对工会的活动造成重大影响，也属于经济上的歧视行为。二是精神上的歧视待遇，主要是指雇主在工作过程中给予工作原因之外的精神压力或者负担。

2. 工会的不正当劳动行为

工会的不正当劳动行为的概念源于 1947 年美国国会通过的《美国劳工管理法》。该法是对《华格纳法》的修订，其中增加了针对工会的不当劳动行为的规定。当时这项法律修订案受到了工会的强烈抵制，在国会内部也引起了激烈争论，甚至该法曾经被杜鲁门总统否决。美国国会仍然认为有必要对工会的行为进行一定的限制，以平衡劳资关系，因此坚持通过了该法。

根据《美国劳工管理法》，工会的不当劳动行为可能是针对雇主的行为，也可能是针对工人特别是非工会会员的行为。

具体而言，工会的不当劳动行为包括以下几个方面：

第一，限制工人的行动或者加以强制。如果某个工会组织以暴力、骚动或者大规模罢工纠察活动，来妨碍工人或者一般大众进出雇主企业及营业场所的行动自由，依据美国法，各州及地方政府可以针对工会的这种犯罪行为提起公诉；在有些情况下，如果工会实施有关敲诈勒索而使用暴力的情况，联邦政府本身也可以成为公诉人。

第二，给予歧视待遇。这主要是指工会组织对非本会会员实施歧视待遇。在一些国家，法律允许一个企业或者行业内存在多个工会，这种情况大多是由于某一个工会鼓动雇主歧视某些属于另外一个敌对工会的会员而引起的。

第三，违背诚实信用。这是指工会组织在集体谈判过程中的不诚信行为。如有一些势力强大的工会，在集体谈判过程中采取一种“要么全盘接受，要么全部放弃”的霸道态度，不尊重客观事实，不讲依据的正当性，带有强迫性地要求雇主接受诉求等。对此，《美国劳工管理法》是以工会组织的不当劳动行为进行规制的。

第四，间接抵制行为。所谓间接抵制，是指工会对与雇主有业务往来关系的其他企业所进行的抵制活动，通常伴有罢工纠察行为。一般而言，自由开放的社会，通常都是希望能同时保障劳工的团结权和无辜第三方的利益。基于间接抵制行为的对象是劳动关系以外的第三人，所以法律以不当劳动行为予以禁止。如美国1959年对《华格纳法》再次进行修正后的《劳资关系报告及披露法》规定，集体合同中不能包含一种转包条款，限制雇主将工作转包给没有设立工会的企业。但法律允许集体合同规定禁止将工作转包给劳动条件低劣的企业。

（二）不当劳动行为的救济

法律上的救济，一般是指权利遭受侵害时，权利人请求国家用公权力来排除妨碍，以实现其权利。没有救济就没有权利的充分实现，对不当劳动行为的规制也不例外，某一主体实施了不当劳动行为，相对一方就有权获得法律上的救济。

一般而言，不当劳动行为的救济方式包括行政救济和司法救济。

行政救济是国家通过限制手段介入劳资关系，对不当劳动行为引起的劳资纠纷进行一种具有强制力的行政判定；司法救济是司法机关按照司法审判程序对此类劳资纠纷进行裁判。

1. 美国的不当劳动行为救济制度

美国对不当劳动行为的救济采用行政救济与司法救济相结合的模式。根据1935年的《华格纳法》，专门负责处理不当劳动行为的救济机构是国家劳资关系委员会，委员会由5名委员组成。

实践中，大多数不当劳动行为案件是在当地通过地区办事处处理的。如果雇主、工会或者二者的代理人实施了法律规定的不当劳动行为，任何一方都可向国家劳资关系委员会的地区办事处提起指控。在当事人提出指控后，地区总监就开始启动调查程序，以决定是否确有不正当劳动行为发生。如果经查证属实，则可以正式提起一项地区性控诉。如果查明并无不正当劳动行为，则可以驳回当事人的指控。实际上，大约80% ~90%的指控是通过某种形式的和解程序或者自动撤回的方式加以解决的。一旦地区总监提出不当劳动行为控诉，就必须由行政法官进行公开的听证会。由于这些行政法院与国家劳资关系委员会的委员们一样，都不具有真正的法官身份，因此他们在主持听证程序时，并不穿着法袍。地区办事处的一名律师将代表控方对该案起诉，而被指控从事不当劳动行为的雇主或者工会组织等，则是以被诉人的身份出席。听证结束后，行政法官随即做出一个决定。事实上，该决定只是一项建议性命令。若当事人在决定颁发之日起20日内没有提出异议，则该决定在华盛顿的国家劳资关系委员会正式采纳。如果当事人对行政法官的决定提出了异议，则该案所有卷宗及相关文件都要移送到华盛顿总部进行重新审理。事实上，在所有不当劳动行为案例中，大约有4%会移送到国家劳资关系委员会总部，而且国家劳资关系委员会的5位委员也很少会重新开庭，一般都是根据行政法官提交的书面材料做出裁定。对于一般案件，任意3名委员就可以做出决定。特别重大的案件则需要全体委员共同决定。一般而言，国家劳资关系委员会会颁布一项要求被诉人立即停止某项不当劳动行为的命令，当劳工因歧视待遇而被解雇时，则国家劳资关系委员会通常都会裁定补发积欠工资，而且命令被诉人对其违法行为给对方造成的损失进行补偿①。

国家劳资关系委员会是行政机构而非法院，其所颁布的各项命令并无直接的强制执行力。《华格纳法》第10条b款规定，委员会可以向案发地的美国上诉法院请求对该命令进行复审。一般而言，在国家劳资关系委员会裁决的不当劳动行为案件中，80%以上能得到上诉法院全部或者部分的肯定，被侵害人被认可或者否决诉求救济最终决定，可以向上诉法院请求对该命令进行复审。②当事人如果不遵守上诉法院强制执行令，则会因蔑视法庭罪而受到法律制裁。

2. 日本的不当劳动行为救济制度

日本对不当劳动行为的救济以行政救济为主。在日本，专门负责不当劳动行为救济的机构是劳动委员会，它是一个行政机构，由雇主、劳动者和公益三方的代表组成。劳动委员会具有的职能和权限主要是：劳动争议的斡旋、调停、仲裁和不当劳动行为的审查、救济。

同时，劳动委员会分为两个层级：中央劳动委员会和地方劳动委员会，二者为上下级隶属关系。中央劳动委员会有制定、公布其实施细则和地方劳动委员会的实施细则的权限。日本劳动委员会的特色即在于不当劳动行为救济与劳动争议处理并存，这两类权限或者程序可以平行或者替代。日本不当劳动行为的行政救济体制，与民事诉讼的当事者主义和严格的诉讼形式比较，是以简易、迅速为特点而形成团结权救济体制，并且将不当劳动行为的审查与劳动争议的处理结合起来，不仅判断劳资关系以往的是与非，而且对于劳动关系将来

---

① 转引自周长征：《劳动法原理学》，科学出版社2004年版，第219~220页。

② 参见［美］道格拉斯·L. 莱斯利：《劳动法概要》，张强等译，中国社会科学出版社1997年版，第8~9页；［美］罗伯特·A. 高尔曼：《劳动法基本教程》，马静等译，中国政法大学出版社2003年版，第10页。

的发展具有积极的促进作用。

日本不当劳动行为的司法救济是指不当劳动行为的被侵害者直接向法院提起违法行为无效确认或者损害赔偿或者要求对方一定作为或者不作为的给付之诉。

一般而言，日本不当劳动行为的行政救济属于第一次权利救济，也是最主要的救济方式，而司法救济属于补充第一次救济不足的第二次救济。

三、我国关于不当劳动行为的制度①

在我国社会主义市场经济发展过程中，相对于商品市场，劳动力市场起步较晚，就现阶段而言发育还不够成熟，因而调整集体劳动关系的法律制度仍不够完善。

不当劳动行为救济在我国尚未形成完整的法律制度，现在还只是在《工会法》等有关法律法规中引入了关于不当劳动行为的法律规定。

（一）对用人单位不当劳动行为的规定

1. 禁止“干涉工会活动”的规定

为了防止用人单位阻挠劳动者组建基层工会，《工会法》第十二条规定：“基层工会、地方各级总工会、全国或者地方产业工会组织的建立，必须报上一级工会批准。上级工会可以派员帮助和指导企业职工组建工会，任何单位和个人不得阻挠。”通过上下级工会强有力的援助对抗来自用人单位的阻挠和破坏，这是我国规范不当劳动行为的一个创举。《工会法》还强化了相关的法律责任，第五十一条规定：“违反本法第三条、第十二条规定，阻挠职工依法参加和组织工会或者阻挠上级工会帮助、指导职工筹建工会的，由劳动行政部门责令其改正；拒不改正的，由劳动行政部门提请县级以上人民政府处理；以暴力、威胁等手段阻挠造成严重后果，构成犯罪的，依法追究刑事责任。”第五十二条第二款规定：“对依法履行职责的工会工作人员进行侮辱、诽谤或者进行人身伤害，构成犯罪的，依法追究刑事责任；尚未构成犯罪的，由公安机关依照治安管理处罚法的规定处罚。”

2. 禁止“控制、操纵工会活动”的规定

在我国，特别是在非公有制企业中，用人单位控制、干涉工会是一个普遍存在的问题。在一些已经建立工会的非公有制企业中，工会主席有相当部分是由企业行政负责人如副厂长、人事部部长、行政处长或者用人单位负责人的亲

① 穆随心：《劳动法理论与实践》，中国政法大学出版社 2016 年版，第 180 ~ 182 页。

属、亲信担任。为此，《工会法》第十条第二款特别规定：“各级工会委员会由会员大会或者会员代表大会民主选举产生。企业主要负责人的近亲属不得作为本企业基层工会委员会成员的人选。”这是《工会法》将民主选举作为防止用人单位操纵工会进而维护工会独立性的一个重要措施。

3. 禁止“拒绝集体协商”的规定

集体协商和集体合同制度是市场经济条件下协调劳动关系的有效机制。《劳动合同法》延续了《劳动法》《工会法》的规定，再次明确企业劳动者一方与用人单位通过平等协商，可以就劳动报酬、工作时间、休息休假、劳动安全卫生、保险福利等事项订立集体合同。《工会法》第二十一条第二款规定：“工会代表职工与企业、实行企业化管理的事业单位、社会组织进行平等协商，依法签订集体合同。集体合同草案应当提交职工代表大会或者全体职工讨论通过。”该法第五十四条第四项规定：“无正当理由拒绝进行平等协商的，由县级以上人民政府责令改正，依法处理。”可见，用人单位如果拒绝协商，将会构成违反《工会法》的行为。《集体合同规定》第五十六条进一步规定：“用人单位无正当理由拒绝工会或者劳动者代表提出的集体协商要求的，按照《工会法》及有关法律、法规的规定处理。”这实质上是把拒绝集体协商的行为视为不当劳动行为加以规定的。

4. 禁止“歧视待遇”的规定

依据《工会法》第十八条规定：“工会主席、副主席任期未满时，不得随意调动其工作。因工作需要调动时，应当征得本级工会委员会和上一级工会的同意。”第十九条规定：“基层工会专职主席、副主席或者委员自任职之日起，其劳动合同期限自动延长，延长期限相当于其任职期间；非专职主席、副主席或者委员自任职之日起，其尚未履行的劳动合同期限短于任期的，劳动合同期限自动延长至任期期满。但是，任职期间个人严重过失或者达到法定退休年龄的除外。”《集体合同规定》第二十八条规定：“劳动者一方协商代表在其履行协商代表职责期间劳动合同期满的，劳动合同期限自动延长至完成履行协商代表职责之时。”但是，上述工会干部在任职期间有严重个人过失或者达到法定退休年龄的，劳动合同可以终止。企事业单位、机关工会委员会的专职工作人员的工资、奖励、补贴，由所在单位支付。社会保险和其他福利待遇等，享受本单位劳动者同等待遇。基层工会的非专职委员占用生产或者工作时间参加会议或者从事工会工作，每月不超过三个工作日，其工资照发，其他待遇不受影响。如果用人单位违反上述法律规定，应当承担相应的法律责任。《工会法》第五十二条第一款规定：“用人单位对依法履行职责的工作人员无正当理由调动工作岗位，进行打击报复的，由劳动行政部门责令改正、恢复原工作；造成损失的，给予赔偿。”第五十三条规定：“违反本法规定，有下列情形之一的，由劳动行政部门责令恢复其工作，并补发被解除劳动合同期间应得的报酬，或者责令给予本人年收入二倍的赔偿：职工因参加工会活动而被解除劳动合同的；工会工作人员因履行本法规定的职责而被解除劳动合同的。”

（二）对工会不当劳动行为的规定

我国《工会法》中，没有关于工会的不当劳动行为的规定，这主要是因为我国工会与政府有着密切的联系，在行为方面受到了较多的约束，因此不当劳动行为现象尚不突出。

尽管如此，一些基层工会或者工会工作人员的行为违反《工会法》的原则和宗旨，实质上也属于不当劳动行为，诸如在非公有制企业压制工人组织工会或者授权雇主成立工会，在集体谈判中维护用人单位利益；接受用人单位的款项或者贿赂成为用人单位的代理人；强制没有工会的企业预缴工会经费等。针对这些现象，《工会法》第五十六条规定：“工会工作人员违反本法规定，损害职工或者工会权益的，由同级工会或者上级工会责令改正，或者予以处分；情节严重的，依照《中国工会章程》予以罢免；造成损失的，应当承担赔偿责任；构成犯罪的，依法追究刑事责任。”

但是，第五十六条规定只适用于工会工作人员，而不适用于工会组织；只适用于损害劳动者或者工会权益的情形，不适用于损害用人单位或者第三方权益的情形。

思考题

1. 不当劳动行为的概念和特征是什么？
2. 雇主的不当劳动行为的内容是什么？
3. 工会的不当劳动行为的内容是什么？
4. 我国法律关于不当劳动行为的规定是什么？
5. 罢工权行使的条件是什么？
6. 罢工的原因是什么？
7. 对罢工进行限制的利弊是什么？
8. 产业行动的原则是什么？

第十四章

三方协商机制

本章学习重点：

1. 三方协商机制的概念。
2. 三方协商机制的特点。
3. 三方协商机制的组织形式。
4. 三方协商机制的作用。

本章学习难点：

1. 政府在三方协商机制中的作用。
2. 我国三方会议结构特点。
3. 三方协商机制的职能。

【导引案例 14－1】

欧洲的社会伙伴关系①

20 世纪 90 年代以后，随着劳资双方合作的日益普遍，工会运动和劳资谈判也在转变。政府对劳资关系的调整十分重视，提出了推进劳资双方建立伙伴关系的政治主张。在欧洲，工会和资方被称为“社会伙伴”（有组织的资本和劳动），社会伙伴可以对话、协商、谈判签订协议，促进劳资双方在共同体的水平上进行协商。政府在提出社会政策之前要与社会伙伴协商，社会伙伴的观点和关注的议题被纳入政策和法律中。社会伙伴关系促进了劳资关系的稳定，表现为社会各阶层对话和集体谈判制度的建立，即社会伙伴之间的相互作用与运动。社会伙伴关系的基本内容是：第一，工会与企业应本着平等和信任的态度，共同参与企业的经营活动，分享信息和福利；第二，利用个人参与伙伴关系来最大限度地满足个人的利益要求，以充分调动工人的积极性；第三，通过

① 程延园：《劳动关系》，中国人民大学出版社 2016 年版，第 279～280 页。

工人参与伙伴关系来加强企业内部的民主化。社会伙伴关系的最终目的是通过保持和发展良好的劳动关系，提高生产率，增强企业在国际市场上的竞争力。在这一思想指导下，劳动关系呈现出相对缓和的趋势，对立冲突日益减少，双方迫于自身需求和外部压力力求通过合作来提高竞争力，实现双方利益的共同提高。许多企业形成了劳资会议制度，及时解决出现的问题。在政府和社会各方面的推动下，这种伙伴关系已经成为一种潮流。在这种潮流和其他因素的影响下，工会的力量有所削弱，工会会员的数量也在减少。

1. 三方协商机制产生的社会条件是什么？
2. 三方协商的特点是什么？
3. 三方协商机制的作用是什么？

第一节　三方协商机制概述

一、三方协商机制的产生与发展

三方协商机制是西方市场经济国家处理劳动关系的一项基本制度。在有些文件和书籍中，三方协商机制也表述为“三方性”“三方原则”“三方合作”“三方协调”等，它是政府、雇主组织和工会就与劳动关系有关的社会经济政策进行沟通、协商、谈判和合作的原则和制度的总称。

三方协商机制建立的直接动因是国际劳动立法运动的兴起，而这一运动的背景是国际工人运动改变斗争策略，把争取劳动立法作为改变工人处境的重要斗争手段。1919 年，在美国劳工联合会推动下，国际劳工组织成立。在开始时，它是国际联盟的一个自治的附属机构，第二次世界大战以后才成为联合国的一个专门机构。国际劳工组织（ILO）在组织原则和议事规则上采取三方性体制，以保证会员的政府代表、雇主代表和工人代表都有权参加该组织一切事务的讨论和决定，国际劳工组织是劳资关系领域三方协商机制正式形成和发展的重要标志。为此，国际劳工组织在 1960 年通过了《（行业和国家级别）协商建议书》（第 113 号建议书），在 1976 年通过了《（国际劳工标准）三方协商公约》和《（国际劳工标准）三方协商建议书》，即 144 号公约和第 152 号建议书，在 1996 年和 2002 年分别通过了《关于国家层级经济与社会政策三方协商办法》及《关于三方主义和社会对话》的决议案。这些文件对于促进和推动各国实行三方协商制度起到了积极作用。

在国际劳工组织和各国的努力下，三方协商机制现在已经在世界各国得到了较为普遍的实施。1987 年国际劳工组织的 150 个会员中有 43 个批准了第 144 号公约，即承担起实施三方协商机制的义务。到 1996 年，174 个会员中已经有 79 个批准了第 144 号公约。

自 1990 年以来，实施三方协商机制已经成为一个世界性的趋势。在欧洲，三方协商机制的发展比较完善，不仅存在行业一级和国家层面各种形式的三方协商，而且通过欧盟形成了国际层面的三方协商。由于欧洲存在比较严重的长期失业现象，三方协商的焦点已经从分配性问题，如工资水平的制定，转移到全球市场的生产率和竞争力上来。在国际劳工组织的努力下，一些转型国家以及一些发展中国家的三方协商机制也有了长足的发展。

三方协商机制在不同的国家具有不同的安排。从机构设置的类型而言，大体可以分为两类：一类是正式的、常设的机构；另一类是为了处理某个问题或者事件而成立的非正式的、临时的机构。如法国的经济和社会委员会和计划委员会，既有讨论和协商各种经济社会问题的“计划委员会”，还有针对具体问题而成立的三方协商机构：国家集体谈判委员会、中央就业委员会、个体争议产业法庭中央委员会以及职业教育、社会进步和就业中央委员会等。

二、三方协商机制的概念和特征

（一）三方协商机制的概念

三方协商特指一个过程或者机制，在那里工人、雇主和政府通过自愿的互动和对话，致力于劳动标准的发展完善和劳工权益的保护。国际劳工组织自 1919 年成立，即倡导将三方主义作为一种促进各种社会主体利益和谐与争取公正合理的工作条件的手段。根据国际劳工组织 1976 年《三方协商促进实施国际劳工标准公约》（第 144 号）规定，三方协商机制是指政府、雇主和工人之间，就制定和实施经济与社会政策而进行的所有交往和活动。即由政府、雇主和工人通过一定的组织机构和运作机制共同处理所有涉及劳动关系的问题，如劳动立法、经济与社会政策的制定、就业与劳动条件、工资水平、劳动标准、职业培训、社会保障、职业安全与卫生、劳动争议处理以及对产业行为的规范与防范等。

三方协商机制是在市场经济条件下处理劳动关系的基本格局和制度，是社会经济政策制定和实施中的一个重要程序，它要求在制定劳动法规、调整劳动关系、处理劳动争议和参加国际劳工会议方面，要有政府、雇主和工人三方代表参加。三方协商机制的具体形式包括各种类型的谈判、协商或者信息交流。信息交流是指三方相互了解彼此的情况，进行信息传递；协商是指各方在一起讨论、商量，但并不做出决策；谈判是指各方进行讨论协商后，最终达成有约束力的协议。

（二）三方协商机制的内涵

我国协调劳动关系三方协商机制是指由政府劳动行政部门、雇主（企业）组织和工人组织（工会）三方代表，按照一定的制度、规则和程序，在协调劳动关系方面所形成的组织体系和运作制度。三方协商机制是有关发挥三方协商作用的组织体制、法律制度及其制度运作的总称，在不同国家其具体形式各不相同。坚持三方原则，有利于促进政、劳、资三方的合作，共同改善劳动状况，坚持社会正义。随着劳动关系运行的市场化、劳动关系类型的多样化和复杂化，单由政府、个人组织或者雇主组织来处理劳动关系的机制已经不能适应经济社会发展的需要，迫切需要由代表雇主的组织和代表工人的组织通过协商共同处理劳动关系问题，由雇主组织或者工人组织在经济利益或者其他权利方面寻找各方满意的平衡并达成协议或者合作。

三方协商机制的内涵包括以下几个方面：

第一，三方协商机制是专门为协调劳动关系而建立的管理体制和组织体系，通过这种体制和体系，参与各方共同制定协商规则和协商程序，共同处理劳动关系。

第二，三方协商机制的宗旨是通过政府、雇主组织和工人组织的合作，制定正确的政策和制度，促进全社会劳动关系的稳定，保障雇主和劳动者的合法权益，达到稳定社会、发展经济的目的。

第三，三方协商机制中的政府、雇主组织和工人组织三方处于平等地位，在相互理解、相互合作的基础上，进行对话、协商和谈判。

第四，三方协商机制的各方各自代表不同的利益主体，维护各自代表主体的利益，因此协商的过程实际上是不同利益主体之间的协调和平衡。

第五，三方协商机制处理的事务都是当前在劳动关系方面的重大问题和重大事务，如有关劳动法律法规和政策的制定与实施，特别是劳动合同、集体协议、政策和法律法规的制定和实施及有关劳动争议的处理等。

三方协商机制的本质是在市场经济条件下，协调与平衡不同利益主体之间各自不同的利益需求，实现三方权利分享、共同协商、消除误解、增进了解、弱化争议、取得共识。在市场经济条件下，不同的利益主体有不同的利益追求，形成了不同的利益倾向，所关注的问题也不尽相同。雇主最关心的是企业利益的最大化，强调尽量降低生产成本，提高生产效率，增强竞争力，获取更大利润。而工人则强调劳动者权益保护，特别是希望劳动者能更多分享企业发展的成果，提高生活水平。政府则关注经济持续发展、社会安定、政局稳定。因此，对于涉及劳动关系的重大问题难免出现分歧。在这种情况下，任何一方都不能单独做出决定。为了保证三方各自的利益，就需要一种制度和机制来解决各方的分歧，通过协调、对话和合作达到各方基本满意的目标。特别是在崇尚社会生活民主化的现代社会，更需要广泛发扬民主，通过吸收不同利益主体的意见，达到相互间的协调和平衡。三方协商机制是社会利益关系的实现方式，体现了劳动关系领域的民主化，是平衡各方利益、保持和谐一致的重要机制。

（三）三方协商机制的特点

从三方协商机制的构成和运行实践而言，它具有以下特点：

第一，主体独立。主体独立是指参与协商的三方代表即政府、雇主组织和工人组织是独立的，代表不同的利益主体。各方都有独立的发言权和表决权，不受其他方的制约。

第二，权利平等。权利平等是指三方协商的基础和条件，也是三方协商机制的重要特征。在涉及劳动关系重大问题的协商过程中，由于各方代表的利益主体不同，各方的要求和目的会有很大的差距。缩小这种差距，达成各方都能接受的方案，必须充分行使各方的权利，而且这种权利必须是平等的，任何一方都不能凌驾于他方之上，无权单独发号施令和指使、命令另一方。对于在劳动关系中总是处于劣势和弱势地位的劳动者而言，这种权利对等性是一种保障。如果三方主体之间权利不对等，劳动者听命于企业，企业遵从于政府，协商谈判就不能正常进行。

第三，民主协商。民主协商是三方协商机制产生的根源，也是三方协商机制的重要特征。只有在协商过程中充分发扬民主，充分听取各方甚至每位代表的意见，才能形成科学可行的方案和意见。民主协商体现在三方友好的对话和商讨之中，相互理解、相互支持，对于讨论的事项反复商讨后取得一致共识。

第四，充分合作。三方协商机制的目的是在民主协商的基础上达成共识，所以，在协商的过程中三方要充分合作，通过友好协商、相互谅解，达成各方都能接受的方案。协商时各方要充分考虑对方的意见和共同的利益，雇主一方不能只强调生产经营而损害劳动者权益，劳动者一方也不能只强调劳动权益而影响或者阻碍企业的生产与发展。诚然，在劳动关系中，各方存在一定的利益取向，会发生利益冲突，但利益冲突只有在各方合作的基础上才能得到解决，各方利益也只有合作才能实现。

三、国际劳工组织的三方协商机制[①]

国际劳工组织为使三方协商机制在成员方劳动就业和社会保护领域得到普遍运用，制定并通过了一系列国际劳工公约和建议书，如《1948 年结社自由和保护组织权利公约》《1949 年组织权利和集体谈判权利公约》《1960 年（产

① 姜永新：《国际劳工组织的三方协商机制及其经验》，载《中国工运》2017 年第 6 期，第 78 ~ 79 页。

业级和国家级）协商建议书》《1976 年（国际劳工标准）三方协商公约》和《1976 年（国际劳工组织活动）三方协商建议书》等。迄今，大多数成员已陆续批准了这些公约。

国际劳工组织在发挥三方协商机制作用方面提出了三项基本原则：一是把市场经济制度作为三方协商的基础。二是确保工会和雇主组织具有充分的代表性和话语权。三是确保协商在公平、真诚、有效的原则下进行。实践证明，这三项基本原则，既是建立和实施三方协商机制的基本条件，也是使其保持活力、充分发挥作用所必须具备的客观环境。

四、三方协商机制产生的社会条件

通过协商机制来协调和处理劳动关系，是市场经济条件下经济和社会关系发展的客观要求。

三方协商机制的形成和发展经历了一个长期的过程，它是工人运动的产物，是产业民主化的一个重要组成部分和重要表现形式。它的发展完善既得益于社会生产力的发展和现代化程度的提高，也得益于工人运动的发展壮大。

三方协商机制发端在 19 世纪末，至 1920 年初步形成了一种制度。三方协商机制发端的直接动因是国际劳动立法的兴起。19 世纪下半叶，劳动立法作为国家工人运动共同的行动纲领，不仅得到了各国工人的响应，而且得到了部分资产阶级社会活动家和政治家的关注。他们主张，为保证社会稳定，应对工人的要求给予理解和同情，并通过立法在保证雇主利益的同时适度限制其为所欲为。这一主张被法国、德国和瑞士等国家的议会和政府所接受，并在 1890 年举行了第一次由各国政府派代表参加讨论劳动事务的国际会议。1898 年 8 月，在瑞士工人联合会的倡议下，13 个国家的工人组织的代表在苏黎世举行了劳动保护首届国际代表会议。1901 年，由工人组织、学者和政府的代表在瑞士成立了国际劳动立法协会。这是一个非官方的具有三方协商色彩的关于劳动事务的国际机构。第一次世界大战爆发后，这一组织解散。但这个协会在劳工组织的构成及通过国际劳工的程度等方面提供了经验，并为后来的国际劳动组织所继承。

1919 年成立的国际劳工组织是劳资关系领域三方协商机制正式形成和发展的重要标志。1919 年在美国劳联主席的主持下拟定了有关劳动问题的九项原则的宣告和国际劳工组织章程草案，经巴黎和会讨论通过，并编为《巴黎合约》第 13 篇，即《国际劳动宪章》。国际劳工组织据此在当年成立。国际劳工组织是一个政府间的国际组织，但在组织原则上又有其独特之处，即三方性的体制和三方协商的议事规则。这种体制和规则保证了会员的政府代表、雇主代表和工人代表都有权参加该组织一切事务的讨论和决定。国际劳工组织不仅在机构组成上具有三方性的鲜明特点，而且其活动宗旨也充分体现了促进政府、资方、劳方合作，共同改善劳动状况，协调劳资关系，维护劳动权益的精神。这一原则逐步被世界各国接受，并作为处理本国劳工事务和劳动立法的原则。

提出和实行三方协商机制的社会条件，主要表现在以下几个方面：

第一，从经济关系看，三方协商是市场经济发展到一定阶段的产物。三方协商的社会经济条件主要有两大因素：现代企业制度的实施和集体合同制度的实行。19 世纪末 20 世纪初，以公司制为主要形式的现代企业制度在主要资本主义国家出现。现代企业制度要求重组各生产要素，使土地、资本、管理、劳动等发挥其作用。这种客观要求使劳动在生产过程中的地位得以提高。与此同时，以劳动者权益保障为基本目的的集体谈判和集体合同制度也开始兴起。1904～1919 年，新西兰、奥地利、荷兰、德国、法国等相继颁布了集体谈判和集体合同制度的有关法律、法规。现代企业制度和集体合同制度的实行，要求用一种新的形式来制定有关的劳动法律和社会政策。这种要求成为三方协商制度产生的社会经济条件。

第二，从政治关系而言，资产阶级民主制度的发展为三方协商的出现提供了政治条件。20 世纪初，资产阶级在政治策略上发生了重大的转变，即趋向于扩大政治权利、实行改良等。三方协商之所以能被资产阶级及其政府所接受，正是由于这种方式与资产阶级自由主义的民主政治相契合。

第三，从社会关系而言，劳资矛盾的激化和工人力量的成长和发展，是三方协商机制的社会基础。劳资矛盾的发展迫使资产阶级政府对于劳资矛盾采取一种“建设性”干预政策。通过三方协商来实行劳工立法以稳定劳资关系，正是这种“建设性”干预政策的一个重要内容。

五、三方协商机制的作用

三方协商机制产生的根源是劳资关系的激化和社会民主进程的加快。从三方协商产生和发展的社会现实与长期运行实践的客观效果来看，政府、雇主和工会相互合作，在一定程度上缓和了劳资矛盾，减少了劳资纠纷，促进了民主进程，保护了企业和劳动者的合法权益，进而促进了经济发展和社会进步。

（一）缓解劳资矛盾，建立和谐稳定的劳动关系

劳资双方力量对比失衡是产生劳资矛盾的条件，而劳资矛盾的加深极易产生劳资纠纷。由于没有正常的渠道和途径进行疏导，势必导致罢工等对抗手段，造成劳动关系的动荡。1929 年，资本主义世界爆发了严重的经济危机，造成大量企业破产和工人失业，劳资关系重新紧张起来。为了缓和劳资矛盾，政府采取了有效的干预措施，出面协调劳资冲突，促使劳资双方开展对话和谈判，通过有组织地交涉和谈判来解决工资、劳动条件等问题，对缓和劳资矛盾

发挥了重要作用。这种方式比过去通过激烈的劳资对抗来达到目的更易于被各方接受。之后，随着经济的发展、产业合理化运动的兴起，有工人参与企业管理的民主化运动在许多国家出现。政府、劳方、资方协商处理劳资关系事务已经较为普通，协调劳资关系的方式更为多样，内容更为广泛。第二次世界大战后，三方协商机制有了进一步发展，市场经济国家都设立了不同形式的三方性机构。劳动关系领域的诸多问题如工资、工时、福利、劳动条件等，都可以通过三方协商机制、集体谈判的方式来解决。在这种情况下，劳资间大规模的激烈对抗和冲突相对减少，取而代之的是日常的规范化、法制化、程序化的协商和谈判，并逐步形成了比较规范的体系，从而使劳资关系保持相对稳定。

（二）确立工会地位，保护劳动者合法权益

在西方资本主义产业革命时代，由于缺乏协调劳资矛盾的有效机制，劳资关系始终处于一种激励对抗和冲突状态。在劳资关系中，资方是生产资料所有者，处于绝对优势，控制着生产经营管理的一切方面，可以任意延长劳动时间，无限加大劳动强度，肆意压低劳动者的工资。由于政府在劳资关系领域实行自由放任政策，在“竞争自由”“契约自由”的旗号下，资本家残酷剥削和压榨劳动者，劳动者得不到应有的保护。为了反对残酷的剥削，劳动者开始反抗，从破坏机器设备、破坏厂房，到怠工、罢工，但由于没有劳动者组织，不能形成集体力量而遭到失败。这一时期，资本主义各国政府的法律都严厉禁止劳动者组织工会和罢工。到19世纪末，三方协商机制出现后，这种局面才发生变化。政府开始承认劳动者组织，废除了歧视性的法律条文，允许结社和罢工，从而确立了工会的地位。在三方协商机制中，工会作为一方独立的主体，可以代表劳动者提出意见，劳动者的影响明显增强，劳动者的许多权益在工会的抗争下得到了保护。

（三）促进经济发展，推动社会进步

生产力水平是衡量经济发展的标志，劳动者是生产力系统中最活跃并处于主导地位的因素。

劳动关系是一个国家社会关系中最重要的关系之一，在协调劳动关系的问题上，实行由政府、雇主、工会组成的三方协商机制，对经济发展和社会进步的促进作用表现在以下几个方面：

第一，三方协商机制确立了工会组织的地位，使工会可以代表劳动者自由讨论，发表意见，行使职权，劳动者在劳动过程中的权益有了自己的组织保护，从而提高了全社会的生产力水平。

第二，三方协商机制对劳资关系的协调，保护了劳动力再生产的持续进行，促进了劳动力资源的开发，从而为社会生产力发展提供了最本质的条件。

第三，三方协商机制协调劳资关系，维护了劳动者的物质利益和政治权

利，调动了劳动者的生产积极性，从而有效地发挥了劳动者在生产力系统中的能动作用。

第四，三方协商机制能在涉及劳动关系的重大问题上发扬民主，充分听取各方意见，从而大大促进政策制定的民主化和科学化。通过三方充分协商共同制定涉及劳动关系的政策、制度和法令，会使劳动关系方面的法律和制度更加符合各方要求，更加规范化。

第五，通过三方协商机制，政府、工会和雇主进行协商对话，相互合作，增进了团结，消除了对抗，为发展生产创造了良好的社会环境。

六、三方协商机制的基本原则

三方主义是国际劳工组织的哲学和制度基础。从 1919 年成立起，国际劳工组织即主张奉行政、劳、资三方性的组织机构，将其作为所有各方表达意见和防止劳资纠纷的一种手段。在这一三方机制中，政府与雇主和劳工代表共同磋商，并把它们纳入社会经济政策的制定过程，特别是国家和产业一级的劳动关系法律构架之中，三方协商机制作为一种制度，是由国际劳工组织确立并加以提倡，才作为一个处理劳资事务的原则被各国接受的。国际劳工组织作为联合国的一个专门机构，其组织制度的独特之处即在于它的三方性原则。

对此，国际劳工组织自我评价说，国际劳工组织与众不同的优势在于它的三方性原则，这种制度是劳动者代表和雇主代表能够同政府代表以平等的地位参与组织所有问题的讨论和决策，三方性作为一项基本的原则明确地规定在国际劳工组织的章程中，并具体体现在国际劳工组织的组织结构、议事规则和有关的公约与建议书中。

（一）三方性原则体现在国际劳工组织的组织结构中

国际劳工组织主要由国际劳工大会、理事会和国际劳工局组成。国际劳工大会是国际劳工组织的最高权力机关，由每个会员各派 4 名代表组成，其中政府代表 2 人，劳动者代表和雇主代表各 1 人。理事会是国际劳工组织的执行机关。政府理事中有 10 名理事由主要工业国委派，其余的政府理事、劳动者理事和雇主理事分别在出席国际劳工大会的政府、劳动者和雇主的代表中选举产生。国际劳工局是国际劳工组织的常设工作机构，也是国际劳工大会和理事会的秘书处。除以上三个主要机构外，国际劳工组织还设有许多产业性、专门性和区域性的委员会，这些委员会除财务委员会等个别委员会外，其组织机构与国际劳工大会及理事会一样，均实行三方性原则。

（二）三方性原则体现在国际劳工组织的议事规则中

国际劳工组织在举行大会、理事会和各种委员会时，要求会员尽可能派遣完整的由三方组成的代表团。如果会员的代表团的非政府代表只有雇主代表或者只有劳动者代表时，该团的非政府代表只有发言权而没有表决权。在会议的讨论和表决中，代表团的三方代表都享有按照各自的立场自由表达观点和投票的权利。

在表决中，国际劳工大会和理事会的政府代表等于劳动者代表和雇主代表之和，其他的小组委员会中，政府、雇主和劳动者三方的表决权是相等的。国际劳工组织采取政府、雇主和劳动者代表进行社会对话的独特工作机制，在经济全球化过程中的作用日益突出。

国际劳工组织的这种三方性原则在组织结构和议事规则中的实施，体现了对于劳动关系当事各方的尊重和谋求提高协商讨论达成共识的愿望。三方性原则的实施使国际劳工组织做出的决定比较符合实际，能够兼顾各方的利益，因而便于实施。按照国际劳工组织章程的规定，实施三方性原则的目标为："有效地集体谈判的权利，经营管理与劳动双方在不断提高劳动效能的合作，以及劳动者和雇主的合作以促进经济和社会发展。"① 从国际劳工组织的基本指导思想看，三方性原则的实施是为了推动劳动者和雇主的合作以促进社会经济的发展。

（三）有关三方性原则的国际劳工公约和建议书

国际劳工组织通过出台国际劳工公约和建议书来推动成员建立三方机制。三方协商机制作为处理和协调劳动关系的原则，是由三方性机构具体实施，并由国际劳工组织首倡和竭力推行的。1960 年末一些国家兴起了劳资双方"产业一级的对话"，20 世纪 80 年代在欧洲一体化过程中又进一步发展了雇主组织和劳动者组织之间的对话。国家劳工组织进一步促进了三方协商机制的形成，推动工会和雇主参与涉及劳工的社会经济政策的制定和实施。

1960 年通过的《产业和国家一级公共权力机构与雇主和工人组织协商与合作建议书》（第 113 号）建议各国"应采取措施"，在国家及产业间建立政、劳、资三方协商机制，目的是建立或者增强各国政府与雇主及劳工组织间的对话与合作。而且，这种对话与合作的"具体目标是共同研究双方关心的问题，尽可能找到双方均同意的解决办法"。国际劳工组织认为，这一机制可以由劳资双方自愿建立，或者是通过立法和政府政策上的积极推动。国际劳工组织还强调，对话协商机制的建立不应该妨碍集体谈判功能的发挥。

1976 年，国际劳工组织又通过了《三方协商促进实施国际劳工标准公约》（第 144 号）。1996 年和 2002 年，国际劳工组织分别通过"关于国家层级经济和社会政策三方协商办法"及"关于三方主义和社会对话"的决议方案，这主要是在经济全球化的背景下，发展社会民主，促进政劳资三方合作，以改善

① 程延园：《劳动关系》，中国人民大学出版社 2016 年版，第 282 页。

各国经济与社会建设的协调，化解经济发展与社会正义之间的争议。

此外，国际劳工组织还在 1978 年出台《劳工行政公约》（第 150 号）和《劳工行政建议书》（第 158 号），明确政府在社会对话和三方机制中的作用，强调政府只是作为中立方，并不直接干预劳动关系。

依照上述公约和建议书，三方协商机制的内容包括法律法规的制定和调整有可能影响劳资双方固有利益的内容；有关就业、职业培训、劳动保护、职业安全卫生、保险福利等劳动标准的全国性机构的建立或者功能；经济与社会发展计划的规划与执行等方面。国际劳工组织认为，社会对话是在关于经济与社会政策相关利益的议题上，在政、劳、资三方或者双方之间所进行的包含所有形态的谈判、协商，或者仅仅是信息交换的行为。在这一宽松的定义下，各国在实际操作上可以有不同的做法。

三方协商机制是基于这样一种信念，即社会经济政策形成过程中的三方合作对于建立民主、公正并有经济效益的社会能够起到长期的作用。这一原则平等地把劳动者和雇主作为发展经济的主要力量，主张政府在调整劳动关系时，应当吸收他们双方以平等的地位参与协商和决策，所以，西方工业化国家普遍推行这种机制，相应建立了不同类型的三方协商机制，并把广泛的三方协商当成国家社会经济政策形成的一种重要形式。20 世纪 90 年代以来，三方协商机制的实施已经成为一个世界性的趋势。

第二节　三方协商机制的主要内容

一、三方协商机制的级别和内容

根据协商的主体和所要解决问题的不同，依据国际劳工组织的文件和各国实施三方协商的实践，三方协商机制的级别主要分为以下几种：

（一）国家级三方协商

三方协商机制最主要和最基本的是国家一级协商。国际劳工组织在其有关三方协商的文件中强调和侧重的也是国家一级的三方协商。参加国家三方协商的主体中，国家代表是政府的劳动部门和有关经济部门，雇主代表是全国一级最有代表性的雇主组织，劳动者代表则是全国一级的最有代表性的工会组织。

国家级三方协商的内容，主要包括以下几个方面：第一，有关参加国际劳工大会的事宜和批准或者履行国际劳工公约或者国际劳工建议书的建议；第二，关于国家经济和社会发展的政策和立法；第三，关于实施国际劳工标准和国内劳动法。

通过三方协商，可以确定规范和处理各种劳动关系问题的标准与具体做法。有时三方协商还针对某些社会问题达成社会协议，所以三方协商在一些国家也被称为社会协商。

（二）产业一级的协商

产业一级的协商是指国家一级产业的协商。产业一级的协商主体是政府的产业部门、产业的协会和产业工会。

产业一级三方协商的内容主要包括以下几个方面：第一，产业的国际劳工标准；第二，产业发展的有关经济和社会问题；第三，产业的劳动关系和劳动标准。

（三）地方一级的协商

地方一级的协商主要是指地方的协商。其协商主体为地方政府的劳动和有关经济部门、地方的雇主协会、地方工会。

地方一级的协商的内容主要是地方的社会经济政策的制定和立法，以及地方的劳动标准和劳动法规。

（四）企业一级的协商

企业一级的协商在过去一般并不作为三方协商的直接构成级别，只是作为国家和产业一级协商的基础和相关内容。但现在企业一级的协商越来越受到关注，并作为三方协商的直接内容加以研究和实施。企业协商的直接主体是雇主和企业工会，政府部门一般不直接参与，但在协商遇到障碍时，政府也会出面调解。

有些国家规定企业一级协商或者谈判的结果在政府有关部门登记或经认定方为有效。这两种协商的形式在其他级别上也会出现，如产业一级的集体谈判也被看作两方的协商。

此外，劳资双方就双方关心的问题开展任何一级的协商，但主要是在企业一级。企业一级的协商一般分为两种形式：一是企业的集体谈判；二是集体谈判之外的双方，关于企业内涉及的劳资关系问题，进行的灵活接触和协商。其内容主要是劳动关系和劳动标准，但有时也涉及企业经营和发展的有关问题。

一个国家的三方协商是以企业的劳资协商为基础，以国家一级的协商为重点和主导的。协商的内容根据国家和时期的不同以及级别的不同而有所不同。

二、三方协商机制的职能

三方协商机制的职能主要体现在以下几个方面：

（一）磋商和咨询职能

磋商和咨询在三方协商中，主要是对于一个国家的劳动立法和劳工政策的制定提出意见和建议。西欧等工业化国家的三方机构对于制定劳动法规和劳动标准享有“建议权”。在东欧一些国家，劳动立法一般也是通过三方委员会的反复磋商才通过的，如 1991 年匈牙利制定的《罢工法》和修改《工会法》，波兰 1991 年制定的《工会法》，罗马尼亚从 1991 年起制定的《集体合同法》和《处理劳动冲突法》等，都经过了这个程序。

关于社会政策的制定，在一些三方协商机制比较完善的国家，在涉及就业、社会保障、职业培训等有关问题时，都要听取三方委员会的意见，协商解决。磋商和咨询是三方委员会最主要、最经常的职能和工作。

（二）谈判决定职能

双方协商的谈判职能主要体现在以工资为中心的劳动标准问题确定上。劳动标准特别是工资标准，直接涉及雇主和劳动者的切身利益，同时也直接涉及社会经济的发展政策。三方对此都有自己的具体立场和要求，解决这一问题的基本手段便是谈判。

协商或者磋商与谈判之间的差别在于：协商或者磋商是人们就某些社会经济问题提出意见和交换看法，其结果可能会有一个比较统一的意见，也可能仍然各执己见。谈判则要求双方在阐明自己观点的同时必须考虑对方的意见，谈判的结果是为了取得一个共同的协议，双方必须做出某些让步。当然，这种界限并不是绝对的，两者在一定情况下可以相互转变，协商可以发展为谈判，谈判没有结果也只能限于协商。但涉及劳动标准特别是工资问题，不经过谈判很难达成一个正式的协议。在三方委员会中，国家一级和地方一级的谈判主要是最低工资标准和劳动标准的问题，产业和企业一级的谈判则主要是具体的劳动条件和就业条件的问题。

（三）仲裁和协调职能

这一职能主要是指在集体劳动争议发生时，通过三方委员会的努力，调解矛盾，化解冲突，以缓解劳资矛盾和社会不满，防止社会动乱。通常，各国的三方委员会都具有劳资矛盾调解人的权力，在调解方面，三方委员会与政府或者工会等单一的组织机构相比，其意见和态度更容易于被社会接受。尤其是在社会转轨和动荡时期，三方委员会的这一作用就更加明显。

三、三方协商机制的主体

政府、雇主组织、工会是构成协调劳动关系三方协商机制的三个独立的主体。其中，政府代表国家和社会利益，雇主组织代表雇主（企业）的利益，工会代表劳动者利益。三方协商机制的各方都有不同的作用。

（一）政府

政府是国家利益和社会利益的代表者和维护者。政府作为协调劳动关系三方协商机制中的一方代表，最关心的是国家利益和社会安定。在三方协商机制中，政府一方一般由国家劳动行政部门代表。各国政府一般都设置了劳动（劳工）行政机构。1978 年国际劳工大会通过的《劳动行政管理：作用、职能及组织公约》（第 150 号）和第 158 号同名建议书，对各国建立劳动（劳工）组织系统做了规定，提出了建议。公约规定，各会员应以适合国情的方法，保证在其领土内组织和有效实施的劳动行政机构，对其任务和职责应予适当确定；在劳动行政机构系统内应做出安排，以保证公共机关同最有代表性的雇主组织和劳动者组织之间的协商、合作与谈判；劳动行政机构系统应由有资格从事其委派的活动的人员组成，他们应有独立性而不受不正当的外来影响，应具备为有效履行其职责所必需的地位、物质手段和资金来源。正当的外来影响，应具备为有效履行其职责所必需的地位、物资手段和资金来源。公约还对主管机关在劳动行政机构系统内应担负的主要职责做了规定。建议书则就劳动行政机构系统的作用、职能和组织等问题，对公约的规定做了详细的补充。

但各国政府设置劳动行政机构的方式有所不同。有的国家设置一个单独的专门性劳动（劳工）行政机构，如美国的劳工部、日本的劳动省；有的国家设置两个以上机构管理劳动（劳工）事务，如牙买加设有财政和公共服务部、社会保险部，加拿大设有劳工部、就业和移民部；有的国家将劳动事务和有关事务合并，由一个机构主管，如巴基斯坦设有劳工、人力和侨民事务部；有的国家只在政府的某个部门内设有劳动机构，如泰国不设置劳动部，仅在内政部设有劳动厅。

在我国，劳动行政机构是政府中专门设立的对劳动工作实行统一管理的部门。国务院下设人力资源和社会保障部，它在国务院领导下，综合管理全国的劳动和社会保障工作。

政府在协调劳动关系三方协商机制中发挥着重要的作用。在世界各国，由于政治体制和经济制度不同，经济发展水平、历史文化传统、民主法制体制等存在一定差异，政府作为三方协商机制中的一方，其活动方式、工作目标、介入程度一般也有所不同。

一般而言，政府的作用主要体现在以下几个方面：

第一，维护国家利益。无论国家实行何种政治、经济制度，政府的根本职能都是维护国家利益。协调劳动关系三方协商机制也不例外，维护国家利益是政府参与三方协商机制的首要目标。在劳资关系中，政府最关心的是国家的利益，它必须通过对劳资关系的协调来维护国家利益，促进经济发展。在市场经济条件下，政府一般不直接介入劳资关系，而是通过立法和制定社会政策来平衡劳资之间的利益，指导双方合作，保持劳动关系的协调和稳定。

第二，组织作用。政府是国家权力机关的执行机关，由于协调劳动关系三方协商机制协商的都是对经济发展和社会进步有重大影响的劳资关系事务，所以，政府在三方协商机制中要发挥主导和组织作用。政府的组织作用主要体现在以下几个方面：

一是在三方协商机制组织机构的建立上发挥作用。政府在三方协商机制组织机构的建设、三方协商机制的组织原则、三方协商机制的协商规则的制定等方面都要起主导和组织作用。三方协商机制的办事机构也都设在政府部门中。

二是在三方协商机制的协商中起组织作用。三方会议的组织、议题的确定、会议的时间协调等，一般由政府进行。

三是对三方商定事项的组织实施。每次三方商定的重要事项一般都由政府部门组织另两方和其他部门实施。

四是组织劳动关系方面的调研和检查。政府定期或者不定期组织三方开展劳动关系方面的联合调研与检查，特别是对劳动合同、集体合同、劳动纠纷等方面的情况进行调研和检查。

第三，平衡协调作用。政府是雇主组织和劳动者组织两个群体利益矛盾的调节者。在市场经济条件下，国家、企业和劳动者是不同的利益主体，在经济活动中有各自的利益追求，难免产生矛盾和冲突。在三方协商过程中，一般主要是雇主组织和劳动者组织对有关劳动关系问题进行协商，如在制定有关法律法规和涉及劳动者根本利益的重大问题上意见不一致，在制定工时制度、确定最低工资标准、确定劳动条件标准和劳动保护措施、制定社会保险福利制度等问题上意见不一致。这时，政府要耐心听取雇主组织和劳动者组织双方的意见，组织双方共同讨论，达成一致。如果双方对有些问题无法达成一致，政府应采取多种方式，进行协调和平衡，促使双方合作，达成协议。

此外，劳资双方的力量必须保持均衡，任何一方过于强大，都会发生利益倾斜，不利于经济发展和社会稳定，因而主张对劳资关系实行宏观调控。如果雇主组织和劳动者组织双方力量的对比有较大差距，双方已经不能处于平等协商的地位，一旦双方在某一时期或者某一问题上出现分歧，政府就要采取措施，使双方力量保持平衡。特别是当雇主严重侵害劳工利益或者当劳工运动危及经济发展和雇主利益时，政府会使用权力，采取强硬措施，以平衡劳资关系。

第四，监督作用。随着三方协商机制的不断完善及法制化进程的加快，西方国家逐渐形成了比较完善的协调劳动关系制度和比较规范的法律法规体系，劳资双方的协商方式也发展成一种有序的组织行为，解决劳资纠纷的途径实现了制度化、法律化。劳动关系的处理逐步进入雇主组织和劳动者组织双方按照规则和程序依法进行协商谈判、签订集体合同和劳动合同的阶段，劳动关系逐渐趋于稳定。所以，随着劳动关系的规范化运作，政府对劳动关系的直接干预程度越来越小，而监督作用越来越强。在许多国家劳资双方协商签订集体合同后，要经政府有关部门依法予以确认方能生效。有些西方国家政府劳动部门还设立专门机构对劳资协商结果进行监督、控制，通过政府确认来监督和指导集体合同的订立，确保劳资双方协商内容的公平、合理、合法、完备和可行。政府确认的方式为登记、备案、审查或者批准。监督既包括日常对劳资双方履行协议情况的检查，也包括劳资双方履行协议争议的处理和对违反协议一方的处罚，同时还对促进失业人员就业、制定消除就业歧视的政策和措施、规范雇主的裁员等问题进行监督。

第五，服务作用。在三方协商机制中，政府的另一个重要作用体现在政府的服务功能，即政府要为劳动关系的协调创造条件和提供服务。政府服务的内容一般包括以下几个方面：

一是政府通过立法，建立完整的劳资关系法律体系，为劳资关系的法律调整提供依据，制定标准。

二是按照国际劳工组织 1981 年《关于集体谈判权的建议书》（第 163 号建议书）的要求，政府部门对参加集体协商、集体谈判的雇主代表和劳动者代表的身份予以确认，并在谈判过程中提供必要的资料。

三是政府对劳资双方在建立劳动关系、进行合作方面予以指导帮助，提供中介、咨询服务，发布各种信息。

四是为劳资关系双方进行义务培训，组织国际合作与交流。

（二）雇主组织

雇主组织是雇主依法组成的，旨在代表、维护和增进雇主在劳动关系中的共同利益而与工会抗衡和交涉的团体。在三方协商机制中，它是雇主一方的代表。

雇主组织最初是随着工会的产生，为对抗工会而形成的。早期的雇主组织的职能主要是反对工会。随着劳动者运动的发展和劳资关系的法制化，雇主组织的职能随之发生了变化，与工会进行协商谈判、协调劳资关系成为其主要职能。雇主组织有多种形式，其中包括行业雇主协会、职业雇主协会、雇主协会联合会、地方雇主协会和全国雇主协会。

在国际劳工组织的组织制度和法律文件中，雇主协会作为三方格局的一方，与工会具有平等的地位。国际劳工组织的组织制度和活动规则一直实行三方协商机制，即各成员代表须由政府代表 2 人，工人代表、雇主代表各 1 人组成。政府、劳动者、雇主双方都参加各类会议和机构，雇主代表可以与劳动者代表自由讨论，各自独立行使表决权。在国际劳工组织的一些公约和建议书中，雇主协会有权制定章程、自主选举代表、组织各种事务、拟定工作计划等。

各国雇主协会在劳资关系中具有重要地位和发挥着重要作用，各国法律对此也都做出了规定。其内容一般包括以下几个方面：

第一，雇主协会必须由一定数量的雇主组成。如意大利规定，雇主协会至少须由雇佣同一地方特定产业1/10以上劳动者的雇主组成。

第二，雇主协会由雇主自愿加入，有的国家明确规定雇主有退出雇主协会的自由。

第三，雇主协会具有公法人的资格，是独立于各雇主之外的主体。

第四，雇主协会的机构主要为会员大会和理事会，前者决定重大事项，后者处理日常事务。

第五，雇主协会的活动宗旨是维护所代表的雇主在劳资关系中的利益，不得有政治目的。

第六，雇主协会不得从事反工会的活动，不得制造困难阻止雇员加入工会或者参加工会活动，不得干涉工会事务、破坏工会组织的罢工，不得拒绝按规定程序与工会进行集体谈判或者阻碍集体谈判的正常进行。

第七，雇主协会负有协调劳资关系的法定职责。

第八，雇主协会的内部组织及其活动方式。

在我国，企业的代表一般有三种情况：一是多数地方以企业联合会/企业家协会为代表；二是县市以下的企业方代表，由于企业联合会组织不健全，一般由外资企业、私营企业、乡镇企业、个体企业、工商联等企业协会推举代表，国有企业则以经贸部门为代表参加三方协商机制；三是少数省份由经贸部门代表企业方参加三方协商机制，这在西部地区较为普遍。

（三）工会

工会是由劳动者组织起来的团体或者联合会。在三方协商机制中，工会是劳动者的代表，以维护和改善劳动者的劳动条件、提高劳动者的经济地位、保护劳动者的权益为目的。

现代许多国家的宪法都明确肯定了工会的合法地位，如日本《宪法》规定："劳动者团结的权利受保障。"工会的合法地位不仅为各国国内法所确定，而且为国际法所保障。1948年联合国《世界人权宣言》规定："人人有维护其权益而组织和参加工会的权利。"1949年国际劳工组织在《组织权利和集体谈判公约》（第89号）中规定："工会应享有充分的保护，以防止在就业方面发生任何排斥工会的歧视行为。"

1966年联合国《经济、社会、文化公约》要求各缔约方承担以下保证：第一，人人有权组织工会和参加其所选择的工会，以促进和保护其经济和社会利益。这种权利只受工会有关规章的限制，对这一权利的行使，除法律所规定的及在民主社会中为了国家安全或者公共秩序的利益或者为保护他人权利和自由所必需的限制以外，不得加以任何限制。第二，工会有权建立全国性的协会或者联合会，有权组织或者参加国际工会组织。第三，工会有权自由地进行工作，除法律所规定的在民主社会为了国家安全或者公共秩序的利益或者为保护他人的权利和自由所必需的限制外，不受任何限制。第四，有罢工权，但应按照各个国家的法律行使此项权利。

各国工会的法律地位决定其在三方协商格局中的地位和作用。市场经济国家对工会的地位主要规定了下述内容：第一，工会是劳动者的团体，并且必须是一定人数以上的劳动者的联合。不少国家都把拥有最小限度会员人数作为成立工会的法定条件，如意大利规定，产业工会必须是受雇于特定产业的10%以上劳动者的集合。法国规定，成立工会至少须有20名会员。第二，工会不得有政治、经济目的。工会属于社会团体，不得有任何政治目的，也不得从事以营利为目的的经营。第三，工会具有社团法人资格。第四，工会有组织罢工、同雇主或者其团体谈判和签订集体合同、监督雇主遵守劳动法等项权利。第五，工会在与雇主的关系中受到法律的特别保护。如不得随意解雇工会理事，工会依法组织罢工使雇主利益受损时，工会及其理事个人均不负损害赔偿责任等。

三方协商机制有效运作的前提是对话各方彼此独立，并且有能力适当地履行自己的职能。政府应当根据需要扮演不同的角色，或者管理，或者促进，或者调整，或者在必要时根据既定程序进行仲裁。其他两方即雇主和劳动者组织，应合理设置机构，并具有充分的代表性和权威性来替雇主和劳动者发言，尤其是在企业层面，劳动者组织应有能力代表工作场所一级成员的利益，个体雇主及其组织应有能力开发良好的人力资源/劳动关系政策并在谈判中磋商代表雇主的观点。在企业一级如果没有强大的、独立的社会伙伴组织，三方协商机制就不能良好运作。

四、三方协商机制的组织形式

成立三方协商机构是三方协商机制顺利进行的组织保证。各国三方协商机制的具体活动基本上都是由三方组织机构来实施的，以国际劳工组织的三方协商组织原则为基础，许多国家都设立了不同类型的三方协商组织机构。但各国三方协商机制的组织形式十分灵活，在不同国家有不同的做法。

（一）由三方代表组成常设机构

多数国家的三方协商机制都是由政府劳动行政部门、雇主组织和劳动者组织组成的，由政府劳动部门、雇主组织和劳动者组织的代表组成常设机构，如法国的经济社会理事会，由政府、雇主、劳动者组织代表在该机构中共同讨论经济和社会政策。但也有一些国家的政府组织不是固定的部门，而是根据工作关系确定相关部门，如挪威的劳动关系三方协商机制，政府一方就是根据协商的内容来确定相应的部门，即政府一方是由政府的各个部门来代表。而且在进行工资谈判等具体问题的协商时，如果雇主组织和劳动者组织达不成协议，还需要由政府派调解官来协调。一般出席国际会议，如参加国际劳工大会，则由政府的劳动行政部门代表政府参与三方协商机制。

（二）采取劳动大会形式

有的国家采取劳动大会的形式，这种大会由政府组织三方召开，每隔一段时间就有关全国性劳动问题进行讨论，为一些重要的法律颁布做准备，并使雇主组织与劳动者组织达成协议。协议的内容包括劳资双方的一些共同利益、双方休战的解决办法，以及有关不履行协议的惩罚措施。如印度就通过这种方法实现三方协商，协调劳资关系。

（三）成立三方专业委员会

有的国家在三方协商组织机构中，还成立一些专门的三方组织，如国家就业促进委员会、国家劳资生产委员会、国家劳动关系委员会、国家工资委员会、国家社会保险委员会等。各专业委员会分别是由三方代表组成，针对就业、劳动关系、工资、社会保险等专门问题进行协商讨论。如有些国家组成的劳资生产委员会，由政府、雇主组织和劳动者组织各派出相同人数的代表，定期讨论全国性的与经济和劳动问题相关的问题，参与政策和法规的制定等。还有的国家设立专门的工资委员会，由政府、雇主组织、劳动者组织三方组成，每年发布工资增长的意见，供企业工资谈判时参考。此外，还有澳大利亚的全国职业安全与卫生委员会、新加坡的全国工资理事会等。

（四）设立三方劳动争议处理机构

有更多的国家在劳动争议处理机构中设立三方代表，或者由三方人员组成调解委员会、仲裁委员会、劳资关系委员会等。

（五）设立综合性的三方联系制度

有些国家还实行综合性的三方联系制度，如日本的产业劳动恳谈会、俄罗斯的社会与劳动关系三方协调委员会等。

为了保证三方协商机制的有效运行，各国还制定了一些具体的规则，如协商正常进行规则、解决协商僵局规则、协商不成的处理规则等。一般而言，三方协商机制的组织机构可分为国家级和地方级（行业）不同层次。

第三节 中国特色的三方协商机制①

2001 年，我国建立了“国家协调劳动关系三方会议”的正式制度，这标志着中国特色的三方协调机制的始建和发展。

一、中国三方协商机制的产生与发展

中国是实行三方协商机制比较晚的国家。20 世纪 80 年代中期，当中国开始以市场为导向的经济体制改革并实行对外开放、引进外资后，特别是 20 世纪 90 年代初中国开始建立经济体制，并逐渐推行市场化的劳动用工制度改革以来，企业侵害劳工权利的事件和劳动争议案件，无论是个人争议还是集体争议，都大幅度增加。这是导致我国三方协商机制产生的主要原因。同时，建立三方协商机制，保证社会长治久安，顺应了党的主流意识形态，即劳动关系双方根本利益的一致性。另外，这也是中国借鉴调整劳动关系的通行国际惯例的结果。

1990 年，全国人大常委会批准了国际劳工组织《国际劳工标准三方协商公约》（第 144 号公约）。1996 年以后，山东、山西和辽宁等省份开始直接建立劳动关系三方协商机制的尝试。2001 年 8 月，中华全国总工会与劳动和社会保障部、中国企业联合会/企业家协会等部门召开会议，通过了《关于建立国家协调劳动关系三方会议制度的意见》，正式建立了以三方会议为基本形式的国家协调劳动关系三方机制。三方会议在劳动和社会保障部劳动工资司设立办公室，负责协调召开会议的日常工作。

《工会法》为三方协商机制的建立提供了法律依据和框架。该法第三十五条第二款规定：“各级人民政府劳动行政部门应当会同同级工会和企业方面的代表，建立劳动关系三方协商机制，共同研究解决劳动关系方面的重大问题。”

到 2008 年 9 月，全国共建立各级劳动关系三方协商机制（包括地方和产业）1.2 万个。其中，31 个省、自治区、直辖市均已经建立省级协调劳动关系三方机制；地市级 309 个，占地市级地方工会的 92.5%；县级 2412 个，占县级行政单位的 84.2%。②

作为经济体制改革的结果，劳动关系变得越来越多变、复杂和紧张，劳动

① 乔建：《中国特色的三方协商机制：走向三方协商与社会对话的第一步》，载《广东社会科学》2010 年第 2 期，第 31 ~ 37 页。

② 中华全国总工会研究室：《2008 年工会组织和工会工作发展状况统计公报》，载《工运研究》2009 年第 13 期，第 5 页。

者和企业管理层正在从利益一致转向利益对立。尤其是从 1997 年开始的国有企业减员增效和实施再就业的体制改革运动极大地恶化了国有企业的干群关系和劳动关系，由此导致了职工大规模的上访请愿等抗议活动。与此同时，非公有制企业中以农民工为主体的劳动者基本处于劳动权利的“法外运行”状态，也加剧了劳动关系的不稳。这是导致中国三方协商机制产生的主要现实需要。

中国的三方协调机制也植根于国家的历史和文化背景之中。历史地看，中国传统要求对抗或争议应通过社会中一些地位尊贵崇高的权威人物或组织的磋商来解决。

全国总工会及其领导人的特殊政治地位是促成三方协商机制的一个重要原因。由于身负协调劳动关系和巩固党的群众基础的双重职责，使全国总工会及其领导人的政治地位总是高于劳动行政主管部门，便于利用这一地位争取源头参与，而且这也是工会维护职工权益的一大优势。所以，在中国，工会参政议政是党赋予它的政治地位所决定的，而不是它发动劳工运动获得的，这是中西方工会争取三方协商机制的一个重要区别。

在国家级三方协商机制层面上，自 2001 年 8 月形成国家级协调劳动关系三方会议制度以来到 2009 年年末，共召开过 14 次三方会议和 3 次三方工作会议，到后期基本上是每年召开一次会议，每次三方会议的时间为一天。在三方机制的构成上，“劳动行政部门”即人力资源和社会保障部及其地方机构，工会由全国总工会代表，雇主代表是中国企业联合会/中国企业家协会，从 2007 年以来，全国工商联一直推动地方工商系统参与三方机制，以作为非公有制的雇主代表，由此在地方形成“三方多家”的局面。

二、三方会议的结构

在国家级三方机制层面上，2001 年 8 月，由劳动和社会保障部、全国总工会、中国企业联合会/中国企业家协会组成国家级协调劳动关系三方会议制度，使中国的劳动关系协调工作有了一个较为规范和稳定的工作机制。

2008 年，为体现三方的平等性和适应工会参与人员“高配”的具体情况，三方会议改为执行主席制，由政府部门的执行主席牵头（主持会议）。从 2001 年起，各方确定相对固定的部、室人员参加三方会议。三方会议在人社部劳动关系司设立办公室，负责协调组织召开会议的日常工作。三方会议原则上每年召开三次，分别由三方各承办一次会议，会议经费原则上由三方分担。

中国三方会议的结构具有以下特点：

第一，政府在三方机制中发挥主导作用，中国三方协商机制的这种特点，是与其历史传统、现行政治制度和社会管理体制紧密相关的。

第二，劳资双方对党和政府具有依附性，它们均非完全独立的利益代表组织。在政治上，劳资双方组织均在党的领导下并秉承社会主义市场经济条件下劳资根本利益一致的价值理念。雇主代表被要求保护劳资双方的利益，而非仅仅是雇主的利益；工会也要贯彻“促进企业发展，维护职工权益”的工作方针。

第三，中国一元化工会的特殊地位，使其在三方机制中的作用不断增强。

中国工会的特殊性表现在以下方面：首先，它不仅是市场经济中代表劳动者参与协调劳动关系的一方，还是党和国家的桥梁、纽带、基础、支柱，承载着党联系广大职工群众的职责。其次，在中国只能搞一个工会，以此来维护工人阶级团结和工会组织统一。最后，工会的组织方式和维权手段必须符合维护社会稳定和政治稳定的要求。

此外，工会各部门参与三方机制的人员是最多和最为广泛的，健全的组织系统使它具备发起一项劳动议题所需要的调查、研究、统计、宣传的能力，且各级工会领导人与同级政府劳动行政部门领导人相比一般是高配的，这也能在一定程度上保证工会在三方机制中作用的发挥。

第四，雇主组织的代表性不足，多元化发展趋势以及缺乏发起协调劳动关系的能力制约着其作用的发挥。

三、三方会议的职能

2002 年 8 月发布的《关于建立健全劳动关系三方协调机制的指导意见》中，对省级以下三方机制的职责要求，在上述内容的基础上增加了“开展劳动法律、法规和规章的宣传工作”的内容。

同年 9 月发布的《关于在全国建设系统推行协调劳动关系三方会议制度的意见》对三方会议的主要职责进行了概括：研究分析经济体制改革政策和经济社会发展计划对建设系统企事业单位的劳动用工制度、工资收入分配、最低工资标准、工作时间和休息休假、劳动安全卫生、女职工特殊保护、生活福利待遇、职业技能培训、社会保险等劳动关系问题的影响，提出政策意见和建议；支持企业和事业单位依法建立健全工会组织、职工代表大会和劳动争议调解委员会，积极推行劳动关系平等协商制度和集体合同、劳动合同制度，定期总结和推广典型经验等。

2009 年 2 月，政府又对三方机制的职责任务进行了调整完善，明确提出了“劳动关系工作体系”的概念，强调建立劳动关系重大问题的信息沟通和协调处置机制，并要求加强与国际劳动者组织、各国三方机构的联系、交流与合作。

（一）参与劳动法律政策和重要劳动标准的制定和实施

三方会议在研究和分析经济结构调整和社会经济发展对劳动关系的影响以及对其调整和规范的责任已经在各种法律政策中得以明确，这包括《劳动法》

和《劳动合同法》。国家三方会议参与了国家劳动和社会保障法律、政策和措施的制定。各地省市级三方根据实际情况，联合出台了一些对推动地方三方机制工作、贯彻劳动合同和集体合同、加强兼职劳动仲裁员队伍建设、危机期间稳定劳动关系等方面的法规政策文件。涉及重要的劳动标准的制定和调整时，不少地方也注意发挥三方机制的作用。

但是，由于劳动行政主管部门的内部分工，就业和社会保障的法律政策就基本不在三方机制参与制定的范围之内，这使得三方的劳动关系协调工作受到了相当大的局限。即便是对协调劳动关系的立法参与，三方之间，特别是劳资两方的意见表达权也非常有限，基本停留在建言献策的层面，缺乏对劳动标准和程序规范的共决权，特别是那些每年都需要重新核定的有关重要民生议题的劳动标准。加之每年三方会议的召开时间较短，不可能就出台法规政策开展正式的协商谈判，只能诉诸非正规的三方协调活动，使三方机制的效用大打折扣。最后，三方会签文件尽管在执行过程中由于政府的介入，其效果要优于劳资各自下发的文件，但其法律效力并不明确，这一点削弱了它的执行力。

（二）促进劳资双方开展集体谈判

在《工资集体协商试行办法》《集体合同规定》或《劳动合同法》中，我国都没有关于三方会议在集体谈判中作用的规定。应强调的是，没有任何法规政策说明三方机制将要在集体谈判中扮演何种角色、代表的权利和职责，或如何达到和执行决定。

20 世纪 90 年代，我国政府和全国总工会所倡导的集体协商主要是两方性的，即在雇主与工会，或雇主与工人之间进行，而企业层级的集体谈判由于工会的孱弱和不独立，多数流于形式。

近年来一个新的趋势是，由相对独立的行业工会与行业的雇主组织开展集体谈判，签订行业集体合同，以规范整个行业的劳动关系。全国总工会在 2009 年特别出台了关于开展行业性工资集体协商工作的指导意见，要求加强行业工会组织建设，扩大工资集体协商覆盖面，增强实效性。可以预计，此类区域性、行业性集体协商和集体合同制度的建立将会为三方机制作用的发挥开辟更广阔的空间。

（三）参与劳动争议处理

中国的劳动争议处理制度也体现了三方性的原则。2007 年颁布的《劳动争议调解仲裁法》第八条进一步规定："县级以上人民政府劳动行政部门会同工会和企业方面代表建立协调劳动关系三方机制，共同研究决定劳动争议的重大问题。"

由于缺乏可靠的统计数据，很难了解在全国有多少重大集体劳动争议案件及群体性事件是通过各级三方会议独立决定处理的。调查表明，三方会议对具有重大影响的集体劳动争议或群体性事件进行调查研究乃至协调处理决定的机制尚未建立健全，且高级别的三方会议的作用要弱于低级别的三方会议，国家三方会议迄今为止尚未在这一领域发挥过相称的作用。

三方会议在争议处理上的无为和无效，主要是由于缺乏细化的法律规定和明确的处理机制。比如，2008 年 5 月施行的《劳动争议调解仲裁法》自始至终未涉及集体争议的处理，不能不说是一个重大缺失。

除上述职能外，我国三方机制的一项富有特色的工作是创建劳动关系和谐企业与工业园区的活动，该活动推动了各级三方主体尤其是雇主的社会责任，是三方机制的一项引导性功能，有利于劳动关系的和谐稳定。

思考题：

1. 三方协商机制的概念及特点是什么？
2. 三方协商机制的作用是什么？
3. 政府在三方协商机制中的作用是什么？
4. 我国三方会议的结构特点是什么？
5. 三方协商机制的职能是什么？

第十五章

劳动争议处理

本章学习重点：

1. 劳动争议的处理机构。
2. 有条件的一裁终局。
3. 劳动仲裁程序。

本章学习难点：

1. 劳动争议处理的范围。
2. 劳动仲裁与劳动诉讼的衔接。
3. 劳动争议案件的管辖。
4. 劳动争议案件中的举证责任分配。

【导引案例15－1】

加班费的诉讼时效[①]

1998年孙某进入北京某物业公司工作，岗位是电梯维修工。公司对孙某实行按月综合计算工时，法定节假日和双休日赶上轮班也不能休息。2008年《劳动合同法》实施后，孙某认为自己进入公司11年来从未领取任何加班费，故起诉要求公司支付1998～2008年期间的加班费、经济补偿共计17万元。公司则认为孙某的请求已经超过诉讼时效。

1. 本案如何举证？
2. 诉讼时效如何计算？

① 林嘉：《劳动法与社会保障法》，中国人民大学出版社2014年版，第215页。

第一节　劳动争议处理概述

一、劳动争议

（一）劳动争议的概念

劳动争议又称劳动纠纷，许多国家和地区称之为劳资争议和劳资纠纷。广义上，劳动争议是指劳动者或者工会与用人单位或者其团体之间关于劳动权利和劳动义务的争议；狭义上，劳动争议是指劳动者与用人单位之间关于劳动权利和劳动义务的争议。在劳动立法和劳动法学中，一般是指狭义劳动争议。

（二）劳动争议的含义要点

在劳动争议中，应当明确以下要点：

第一，劳动争议的当事人，一方是劳动者或者其团体，另一方是用人单位或者其团体。如果争议不是发生在双方当事人之间，即使争议内容涉及劳动问题，也不构成劳动争议。

第二，劳动争议的内容，涉及劳动权利和劳动义务。即劳动争议是以劳动权利和劳动义务为标的。劳动权利和劳动义务是依据劳动法、集体合同、劳动规章制度和劳动合同具体确定的，因而劳动争议在一定意义上是因为遵守劳动法订立、履行、变更和终止劳动合同和集体合同所发生的争议；劳动权利和劳动义务的内容，包括就业、工时、工资、劳动保护、保险福利、职业培训、民主管理、奖励惩罚等各个方面。但是以劳动权利和劳动义务之外的权利和义务为标的的争议，不属于劳动争议。

第三，劳动争议的形式，表现为当事人双方提出不同主张或者要求的意思表示。即当事人双方对劳动权利和劳动义务的确定或者实现各执己见，既包括当事人一方反驳另一方的主张或者拒绝另一方要求，也包括当事人向国家机关、劳动争议处理机构和有关团体提出给予保护和处理争议的请求。

（三）劳动争议的特征

劳动争议在一定意义上是劳动者与用人单位之间的利益矛盾，就其矛盾的性质而言，具有以下特征：

第一，劳动争议既可以是非对抗性矛盾，也可以是对抗性矛盾。在劳动关系双方当事人之间，一方面具有共同的利益和合作的基础，另一方面具有利益的差别性和冲突的必然性。劳动争议表现为非对抗性矛盾和对抗性矛盾，取决于这两方面各自在劳动争议中所占的比例。

第二，劳动争议的矛盾性质在一定条件下可以发生转化。在现代社会，劳动争议一般表现为非对抗性矛盾，但是它非常容易激化，若处理不当或者不及时，会转化为对抗性矛盾，给经济和社会造成破坏性后果。对于已经成为对抗性矛盾的劳动争议，实践表明，只要采取有效的措施，也可以促使其向非对抗性矛盾转化，并最终得到解决。

二、劳动争议的主要分类

（一）个体劳动争议和集体劳动争议

以劳动争议产生的基础为标准，劳动争议可以分为个体劳动争议和集体劳动争议。个体劳动争议是指因个别劳动关系发生的争议；集体劳动争议是指因集体劳动关系发生的争议。在个体劳动争议中又可以以主体人数为标准分为个体性劳动争议和群体性劳动争议。

上述区分的意义在于争议处理程序的区别，集体劳动争议的处理程序更加复杂。

（二）权利争议和利益争议

权利争议是指因实现劳动法、集体合同和劳动合同所规定的权利和义务所发生的争议。利益争议是指因主张有待确定的权利和义务所发生的争议。

这两种争议的区别在于：在权利争议中，双方当事人的权利、义务本身是确定的，已经由劳动法规或者由劳动合同和集体合同约定，只是在权利、义务的行使和履行过程中发生了争议，主要是一方不履行义务造成的，其实质是违反劳动法的规定或者违反劳动合同约定的行为。在利益争议中，当事人对于劳动权利、义务是否存在及内容都存在争议，争议的目的是在合同中依法确定当事人的某种利益，使之上升为权利。在订立劳动合同时，如果存在争议，就不可能成立劳动合同，签约双方还未成为劳动关系当事人，故这种争议其实并非真正的劳动争议。利益争议一般发生在劳动关系运行过程中的集体合同订立或者变更环节，较多地表现为订立、变更集体合同的集体谈判陷入僵局或者失败。

此外，还有一些其他的分类方法，如分为国内劳动争议和涉外劳动争议，区别的意义在于其法律适用有所不同：按照国际惯例，涉外劳动争议适用雇主所在地法。凡用人单位（雇主）在我国境内的涉外劳动争议，都应适用我国法律进行处理。

三、劳动争议处理的范围

根据2007年12月29日通过的《劳动争议调解仲裁法》第二条的规定，我国劳动争议调解仲裁的范围如下：

（一）一般规定

1. 因确认劳动关系发生的争议

用人单位与劳动者发生劳动权利义务争议，首先要建立劳动关系，这通常有两种方式：一是签订劳动合同；二是劳动者在企业工作、企业给付劳动者工资的关系确定。发生劳动争议的多是第二种，即所谓的事实劳动关系。因为在事实劳动关系中，没有双方签订的劳动合同作为凭证，大多数以口头协议确定，劳动权利义务很难明确地规定，一方违约，如果没有书面证据，确认劳动关系的争议就发生了。

2. 因订立、履行、变更、解除和终止劳动合同发生的争议

劳动合同在订立、履行、变更、解除和终止的过程中经常发生劳动争议。如双方就劳动合同内容意见不一致，或者劳动者与用人单位由于权力的滥用、义务的不合格履行等都会产生争议。而变更、解除和终止劳动合同时，则关系到劳动权利、义务内容的改变或者消失，如果非正常变更、解除和终止劳动合同，劳动争议自然会发生。

3. 因除名、辞退和辞职、离职发生的争议

这类劳动争议产生的原因通常是劳动者自动或者被强迫解除劳动合同，终止劳动权利义务。除名与辞退一般是由于劳动者不正确行使自己的权利或者没有履行自己的义务而被用人单位解除与其的劳动合同，但是不排除有例外。而辞职与离职的原因则比较中性，双方都有可能因为劳动权利义务而解除劳动合同。所以这里争议的中心内容是劳动权利义务，产生的争议当然也属于劳动争议。

4. 因工作时间、休息休假、社会保险、福利、培训以及劳动保护发生的争议

劳动者有参加劳动的权利，有获得休假的权利，有获得劳动保护的权利，有参加企业组织的培训的权利等，而用人单位则负担着提供这些服务的义务。

5. 因劳动报酬、工伤医疗费、经济补偿或者赔偿金等发生的争议

劳动者有参与劳动并获得报酬的权利。工伤医疗费是劳动者在劳动过程中由于意外事故而健康受损，其医疗费用应当由用人单位支付。当劳动者与用人单位解除劳动合同时，用人单位应当支付给劳动者一定的经济补偿金。如果用人单位不能提供这些保护劳动者权益的措施，就违背了法律法规关于劳动权利义务内容的规定，劳动争议就会发生。

6. 法律、法规规定的其他劳动争议

这是列举式的立法体例中避免出现挂一漏万的通常做法，也是一个弹性条款。

7. 劳务输出中的劳动争议

对于劳务输出中的劳动争议要区别不同情况处理。劳务输出中劳务人与境外雇主发生争议时，外派劳务企业应根据劳务合作合同的规定与境外雇主进行交涉，经过协商仍然不能得到解决的，应当按照劳务合作合同中约定的适用法律按法定程序处理。如果在劳务合同中没有约定适用法律，应当按照当地的法律或者国际惯例来处理。劳务人员与外派劳务企业发生的争议，依据对外贸易经济合作部、劳动部《关于切实加强保护外派劳务人员合法权益的通知》第一条的规定，外派劳务企业应按照《劳动法》等有关法律、法规，与劳务人员签订劳动合同。在履行劳动合同过程中，因劳动报酬、工伤待遇等发生的争议属于劳动争议仲裁委员会受案范围的，劳务人员及时向外派劳务企业所在地劳动争议仲裁委员会申请仲裁。

用人单位解除或者终止与劳动者的关系后扣留劳动者档案引发的劳动争议，根据《企业职工档案管理工作规定》第十八条规定，“企业职工调动、辞职、解除劳动合同或者被开除、辞退等，应由职工所在单位在一个月内将其档案转交其新的工作单位或者其户口所在地的街道劳动（组织人事）部门”，用人单位扣留劳动者档案的行为是违法的。至于劳动者辞职、辞退等原因给用人单位造成经济损失的，用人单位可以依法申请劳动争议仲裁或者提起民事诉讼方式维护自身的合法权益。因用人单位移交档案不及时给劳动者造成经济损失的，如劳动者无法找到新的工作或者社会保险关系无法接续等，劳动者可以追索生活费或者保险福利为由，到劳动争议仲裁委员会申请仲裁。实践中，劳动争议仲裁委员会在受理上述案件后，有的裁决限期用人单位为劳动者办理转档手续，并负责支付劳动者自应办理转档手续之日至办完转档手续期间的生活费，有的裁决由用人单位为劳动者缴纳其档案被扣留期间的社会保险费用等。

《劳动合同法》第五十条第一款规定：“用人单位应当在解除或者终止劳动合同时出具解除或者终止劳动合同的证明，并在十五日内为劳动者办理档案

和社会保险关系转移手续。”这不仅明确了相关法定义务的归属，而且也为解决现在此类纠纷提供了法律依据。该法第八十四条还规定，劳动者依法解除或者终止劳动合同，用人单位扣押劳动者档案或者其他物品的，由劳动行政主管部门责令限期退还劳动者本人，并以每人五百元以上二千元以下的标准处以罚款；给劳动者造成损害的，应当承担赔偿责任。

（二）特别规定

依据《劳动法》第八十四条的规定：“因签订集体合同发生争议，当事人协商解决不成的，当地人民政府劳动行政部门可以组织有关各方协调处理。因履行集体合同发生争议，当事人协商解决不成的，可以向劳动争议仲裁委员会申请仲裁；对仲裁裁决不服的，可以自收到仲裁裁决书之日起十五日内向人民法院提起诉讼。”这就明确了团体争议处理的方式。

在《劳动法》确立的法律原则下，2004 年国务院发布的《集体合同规定》第四十九条规定：“集体协商过程中发生争议，双方当事人不能协商解决的，当事人一方或者双方可以书面向劳动保障行政部门提出协调处理申请；未提出申请的，劳动保障行政部门认为必要时也可以进行协调处理。”第五十五条规定：“因履行集体合同发生的争议，当事人协商解决不成的，可以依法向劳动争议仲裁委员会申请仲裁。”《劳动合同法》第五十六条规定：“用人单位违反集体合同，侵犯职工劳动权益的，工会可以依法要求用人单位承担责任；因履行集体合同发生争议，经协商解决不成的，工会可以依法申请仲裁、提起诉讼。”

（三）扩大范围的规定

1.《就业促进法》的规定

《就业促进法》第六十二条规定：“违反本法规定，实施就业歧视的，劳动者可以向人民法院提起诉讼。”这是首次明确将就业行为引起的争议作为特殊的劳动争议案件，直接以诉讼的方式处理。

2. 司法解释的规定

最高人民法院 2020 年发布的《关于审理劳动争议案件适用法律若干问题的解释（一）》（以下简称《解释（一）》）第一条规定：“劳动者与用人单位之间发生的下列纠纷，属于劳动争议，当事人不服劳动争议仲裁机构作出的裁决，依法提起诉讼的，人民法院应予受理：劳动者与用人单位在履行劳动合同过程中发生的纠纷；劳动者与用人单位之间没有订立书面劳动合同，但已形成劳动关系后发生的纠纷；劳动者与用人单位因劳动关系是否已经解除或者终止，以及应否支付解除或者终止劳动关系经济补偿金发生的纠纷；劳动者与用人单位解除或者终止劳动关系后，请求用人单位返还其收取的劳动合同定金、保证金、抵押金、抵押物发生的纠纷，或者办理劳动者的人事档案、社会保险关系等移转手续发生的纠纷；劳动者以用人单位未为其办理社会保险手续，且社会保险经办机构不能补办导致其无法享受社会保险待遇为由，要求用人单位赔偿损失发生的纠纷；劳动者退休后，与尚未参加社会保险统筹的原用人单位因追索养老金、医疗费、工伤保险待遇和其他社会保险待遇而发生的纠纷；劳动者因为工伤、职业病，请求用人单位依法给予工伤保险待遇发生的纠纷；劳动者依据劳动合同法第八十五条规定，要求用人单位支付加付赔偿金发生的纠纷；因企业自主进行改制发生的纠纷。”

（四）不属于劳动争议范围

1. 2020 年司法解释的规定

《解释（一）》第二条规定：“下列纠纷不属于劳动争议：劳动者请求社会保险经办机构发放社会保险金的纠纷；劳动者与用人单位因住房制度改革产生的公有住房转让纠纷；劳动者对劳动能力鉴定委员会的伤残等级鉴定结论或者对职业病诊断鉴定委员会的职业病诊断鉴定结论的异议纠纷；家庭或者个人与家政服务人员之间的纠纷；个体工匠与帮工、学徒之间的纠纷；农村承包经营户与受雇人之间的纠纷。”

2. 拖欠劳动报酬的案件

劳动者以用人单位的工资欠条为证据直接向人民法院起诉的，起诉请求不涉及劳动关系其他争议的，视为拖欠劳动报酬争议，按照普通民事纠纷处理。

3. 预先支付部分工资或者医疗费的裁决

当事人不服劳动争议仲裁委员会做出的预先支付劳动者部分工资或者医疗费的裁决，向人民法院起诉的，人民法院不予受理。用人单位不履行上述裁决中的给付义务，劳动者依法向人民法院申请强制执行的，人民法院应予受理。

4. 劳动争议调解委员会主持的调解协议

当事人在劳动争议调解委员会主持下达成的具有劳动权利义务内容的调解协议，具有劳动合同的约束力，可以作为人民法院裁判的根据。当事人在劳动争议调解委员会主持下仅就劳动报酬达成调解协议，用人单位不履行调解协议确定的给付义务，劳动者直接向人民法院起诉的，人民法院可以按照普通民事纠纷受理。

5. 退休人员再就业

《解释（一）》第三十二条第一款规定：“用人单位与其招用的已经依法享受养老保险待遇或者领取退休金的人员发生用工争议而提起诉讼的，人民法院应当按劳务关系处理。”

四、我国劳动争议处理的原则

劳动争议处理的原则是指劳动争议处理过程中必须遵循的基本准则。它始终贯穿于劳动争议处理的每一个程序之中，它所体现的是国家劳动立法关于劳动争议处理的指导思想。《劳动争议调解仲裁法》第三条规定：“解决劳动争议，应当根据事实，遵循合法、公正、及时、着重调解的原则，依法保护当事人的合法权益。”

同时，依据劳动争议关系不用于一般民事争议关系的特点，劳动争议处理主要遵循以下几个原则：

（一）合法原则

合法原则是指劳动争议处理机构在争议处理过程中要依据劳动实体法律和劳动程序法律制度来解决争议。

这里的合法包括以下四个层次：第一层次是符合劳动法律、法规的强制性规定；第二层次是符合集体合同中的约定性规定；第三层次是符合劳动合同的约定性规定；第四层次是符合依法制定的企业内部规章，但它只对本企业的争议当事人具有效力。

（二）公正原则

公正原则是指劳动争议处理机构在处理劳动争议的过程中应以事实为依据，以法律为准绳，忠于争议的客观事实真相，准确适用法律，秉公执法，正确处理劳动争议。

（三）及时处理原则

及时处理原则是指劳动争议处理机构在处理劳动争议时，在不违反程序性规定的条件下，应当及时处理劳动争议。这是因为劳动争议不同于一般的民事争议，劳动争议及时处理原则，在一定意义上，不仅维护了当事人的合法权益，也维护了正常的社会秩序，维护了国家安定团结。

（四）调解原则

劳动争议调解原则是指劳动争议处理机构在处理劳动争议时，根据自愿和合法的原则，以说服劝导的方式，促使双方在互谅互让的基础上达成协议，解决纠纷。调解原则，从根本上说，是由劳动关系的性质决定的，所以，着重调解既具有实体正义，也具有程序正义。调解原则贯穿于劳动争议解决的各种程序之中。

调解在调解程序上的表现为：仲裁委员会受理争议案件后应当先进行调解，在调解不成的情况下应尽快进行裁决，而在裁决做出前的任何阶段都可以进行调解。仲裁调解与仲裁裁决具有同等的法律效力。

调解在诉讼程序上的表现为：人民法院在不同的审判阶段可以先进行调解，在调解不成的情况下，应尽快做出判决。人民法院主持达成的调解协议，与判决具有同等的法律效力。着重调解原则并不是强制调解，贯彻调解原则，必须在双方当事人自愿的前提下进行。调解协议的内容还必须符合有关法律、法规的规定，否则即使自愿达成的协议也属无效。在调解中要注重久调不决的情况，即能够调解的就调解，不能调解的应尽快进行裁决。

（五）三方原则

三方原则是指各类劳动争议处理机构的组织原则，即在劳动争议处理机构中，应由雇主、劳动者和政府主管部门三方的代表参加处理劳动争议。实行三方原则是由劳动争议关系不同于一般民事争议关系的特点决定的。

各国在各类劳动争议处理机构中普遍推行三方原则。三方原则在劳动争议程序法中的体现，主要以权利争议和利益争议的划分为基础，并在不同程序中予以构建。我国《劳动争议调解仲裁法》第十九条第一款规定："劳动争议仲裁委员会由劳动行政部门代表、工会代表和企业方面代表组成。劳动争议仲裁委员会组成人员应当是单数。"

《集体合同规定》第五十条规定："劳动保障行政部门应当组织同级工会和企业组织等三方面的人员，共同协调处理集体协商争议。"

所以，三方原则在我国劳动争议处理中有着举足轻重的地位。

五、劳动争议处理机制

劳动争议处理机制是由各种劳动争议处理机制和相互衔接的争议处理程序共同构成的解决劳动争议的制度体系。劳动争议处理机制是整个劳动争议处理制度的核心，处理机制设计是否合理，各种程序协调、衔接是否顺畅，决定了劳动争议处理的效果。我国现行的劳动争议处理体制可大致概括为"一调一裁二审"，对部分劳动争议案件实行有限制的"一裁终局"。其基本框架构成与衔接机制如下：

（一）协商和解

劳动争议发生后，劳动者和用人单位可以自行协商和解，也可以请工会或者第三方共同与用人单位协商和解。《解释（一）》第三十五条："劳动者与用人单位就解除或者终止劳动合同办理相关手续、支付工资报酬、加班费、经济补偿或者赔偿金等达成的协议，不违反法律、行政法规的强制性规定，且不存在欺诈、胁迫或者乘人之危情形的，应当认定有效。前款协议存在重大误解或者显失公平情形，当事人请求撤销的，人民法院应予支持。"该条明确了就特定事项达成的和解协议的法律效力。

（二）调解

当事人不愿协商、协商不成或者达成和解协议后不履行的，可以向调解组织申请调解。无论和解还是调解，都不是劳动争议处理的必经程序。

（三）劳动仲裁

当事人不愿调解、调解不成或者达成调解协议后不履行的，可以向劳动争议仲裁委员会申请仲裁。劳动仲裁是劳动争议处理机制的核心，原则上是处理劳动争议的必经程序。

经劳动仲裁的案件区分为两种情况做出不同的处理：

第一，对于《劳动争议调解仲裁法》第四十七条的情形，仲裁裁决为终局裁决，裁决书自做出之日起发生法律效力。对于这些仲裁裁决，用人单位不得起诉，但劳动者仍可起诉，不过用人单位在具备几种法定情形时可以申请法院撤销仲裁裁决。这种情形可称为有限制的"一裁终局"。《解释（一）》第十九条规定："仲裁裁决书未载明该裁决为终局裁决或者非终局裁决，劳动者依据调解仲裁法第四十七条第一项规定，追索劳动报酬、工伤医疗费、经济补偿或者赔偿金，如果仲裁裁决涉及数项，每项确定的数额均不超过当地月最低工资标准十二个月金额的，应当按照终局裁决处理。"

实行"一裁终局"的劳动争议案件主要有：追索劳动报酬、工伤医疗费、经济补偿或者赔偿金，不超过当地月工资标准 12 个月金额的争议；因执行国家的劳动标准在工作时间、休息休假、社会保险等方面发生的争议。

第一种情形是一些小额的劳动债务纠纷，第二种情形是有关劳动基准的争议。之所以选择这些事项作为"一裁终局"的对象，一方面是因为这些事项与劳动者的利益密切相关，并且劳动者迫切需要获得救济，争议金额不大；另一方面是因为关于劳动者权利的这些事项大多有明确的法律规定、合同或者基准作为依据，事实比较清楚，仅是因为用人单位未依法履行而引发争议，对这样的案件不需要设置太多的程序来解决。

第二，对于《劳动争议调解仲裁法》第四十七条规定以外的情形，仲裁裁决做出后，并非立即生效，自裁决之日起十五日内，双方当事人均可起诉，在此期间内无人起诉，仲裁裁决开始生效。《解释（一）》第二十条规定："劳动争议仲裁机构作出的同一仲裁裁决同时包含终局裁决事项和非终局裁决事项，当事人不服该仲裁裁决向人民法院提起诉讼的，应当按照非终局裁决处理。"

（四）诉讼

劳动者不服仲裁裁决，用人单位不服对《劳动争议调解仲裁法》第四十七条规定以外的情形所做的仲裁裁决，可以依法向人民法院起诉。当事人不服一审判决的，还可以上诉，二审判决为生效判决。

第二节　劳动争议处理机构

根据我国《劳动法》《劳动争议调解仲裁法》的相关规定，我国劳动争议处理机构主要有劳动争议调解组织、劳动争议仲裁委员会、人民法院和劳动行政主管部门。

一、劳动争议调解组织

劳动争议调解是由基层群众性组织承担，具体包括三种形式：企业劳动争议调解委员会、依法设立的基层人民调解组织和在乡镇、街道设立的具有劳动争议调解职能的组织。《劳动争议调解仲裁法》第十条规定："发生劳动争议，当事人可以到下列调解组织申请调解：企业劳动争议调解委员会；依法设立的基层人民调解组织；在乡镇、街道设立的具有劳动争议调解职能的组织。"

在《劳动争议调解仲裁法》未颁布前，企业劳动争议调解委员会是唯一的劳动争议调解组织，《劳动争议调解仲裁法》颁布后，将劳动争议调解组织扩大到了依法设立的基层人民调解组织以及在乡镇、街道设立的有劳动争议调解职能的组织。这是基于非典型劳动关系的大量出现的要求，将劳动争议的调解工作与社区对接而发生的变化。

企业劳动争议调解委员会是企业的内设机构，由职工代表和企业代表组成。职工代表由工会成员担任或者由全体职工推举产生，企业代表由企业负责人指定。企业劳动争议调解委员会主任由工会或者双方推举的人员担任。2011年人力资源和社会保障部发布的《企业劳动争议协商调解规定》第十三条规定："大中型企业应当依法设立调解委员会，并配备专职或者兼职工作人员。有分公司、分店、分厂的企业，可以根据需要在分支机构设立调解委员会。总部调解委员会指导分支机构调解委员会开展劳动争议预防调解工作。调解委员会可以根据需要在车间、工段、班组设立调解小组。”第十四条规定：“小微型企业可以设立调解委员会，也可以由劳动者和企业共同推举人员，开展调解工作。”

基层人民调解组织即人民调解委员会，是依法设立的调解民间纠纷的群众性组织。人民调解是富有中国特色的纠纷解决方式，其调解的对象包括不限于劳动争议。根据2011年1月1日起施行的《人民调解法》，村民委员会、居民委员会设立人民调解委员会，企业事业单位根据需要自愿设立人民调解委员会。人民调解委员会由委员3~9人组成。居民委员会、村民委员会的人民调解委员会委员由村民会议或者村民代表会议、居民会议推选产生；企业事业单位设立的人民调解委员会委员由职工大会、职工代表大会或者工会组织推选产生。人民调解委员会在各级司法行政部门和基层人民法院指导下进行工作。人民调解委员会被赋予劳动争议调解职能后，应当根据劳动争议调解的特点开展工作。

乡镇、街道劳动争议调解组织主要有两种形式：乡镇、街道劳动保障服务所（站）和工会、企业代表组织设立的劳动争议调解组织；由行业（产业）工会和行业协会双方代表组成的行业性劳动争议调解组织。

《劳动争议调解仲裁法》规定的“乡镇、街道设立的具有劳动争议调解职能的组织”具有开放性，即只强调其具有劳动争议调解职能，而既未限定其设立主体，也未设定其是否专司劳动争议调解职能，所以，其包括但不限于上述两种调解组织形式。

劳动争议调解委员会的调解员应当由公道正派、联系群众、热心调解工作，并具有一定法律知识、政策水平和文化水平的成年公民担任。

二、劳动争议仲裁委员会

在我国，劳动争议仲裁委员会是国家授权，依法独立处理劳动争议案件的专门机构。劳动争议仲裁机构包括劳动人事争议仲裁委员会及其办事机构、仲裁庭以及仲裁员。

（一）劳动人事争议仲裁委员会的设置

劳动人事仲裁委员会是国家授权，依法独立处理劳动争议的专门机构。《劳动争议调解仲裁法》第十七条规定：“劳动争议仲裁委员会按照统筹规划、合理布局和适应实际需要的原则设立。省、自治区人民政府可以决定在市、县设立；直辖市人民政府可以决定在区、县设立。直辖市、设区的市也可以设立一个或者若干个劳动争议仲裁委员会。劳动争议仲裁委员会不按行政区划层层设立。”第十八条规定：“国务院劳动行政部门依照本法有关规定制定仲裁规则。省、自治区、直辖市人民政府劳动行政部门对本行政区域的劳动争议仲裁工作进行指导。”

（二）劳动争议仲裁委员会的组成

劳动争议仲裁委员会由劳动行政部门代表、工会代表和企业方面代表组成。劳动争议仲裁委员会组成人员应当是单数。

（三）劳动人事仲裁委员会办事机构

劳动人事仲裁委员会办事机构负责办理劳动人事争议仲裁委员会的日常工作，其有两种主要形式：一是设在劳动人事行政部门内部的办事机构；二是实体化的办事机构。《劳动人事争议仲裁组织规则》中明确规定仲裁委员会可以下设实体化的办事机构，具体承担争议调解仲裁等日常工作。

（四）仲裁庭和仲裁员

1. 仲裁庭

劳动人事争议仲裁委员会处理劳动争议案件实行仲裁庭制度，即依照“一案一庭”的原则组成仲裁庭，受理劳动争议案件。仲裁庭的组织形式可分为独任制和合议制两种。独任制是由仲裁委员会指定1名仲裁员独任审理仲裁，适用于事实清楚、案情简单、法律适用明确的劳动争议案件。合议制是指仲裁委员会指定3名或者3名以上单数仲裁员共同审理。

2017年人力资源和社会保障部发布的《劳动人事争议仲裁组织规则》（下同）第十三条规定：“处理下列争议案件应当由三名仲裁员组成仲裁庭，设首席仲裁员：十人以上并有共同请求的争议案件；履行集体合同发生的争议案件；有重大影响或者疑难复杂的争议案件；仲裁委员会认为应当由三名仲裁员组庭处理的其他争议案件。”

2. 仲裁员

仲裁员是指劳动人事争议仲裁委员会依法聘任的，可以成为仲裁庭组成人员而从事劳动争议处理工作的职员。

仲裁员有专职仲裁员和兼职仲裁员。二者在执行职务时享有同等的权利。劳动人事争议仲裁委员会应当设仲裁员名册。仲裁员必须具备法定的资质，依据《劳动人事争议仲裁组织规则》第十九条规定：“仲裁委员会应当依法聘任一定数量的专职仲裁员，也可以根据办案工作需要，依法从干部主管部门、人力资源社会保障行政部门、军队文职人员工作管理部门、工会、企业组织等相关机构的人员以及专家学者、律师中聘任兼职仲裁员。”

（五）劳动争议仲裁委员会的职责

劳动争议仲裁委员会的职责是：聘任、解聘专职或者兼职仲裁员；受理劳动争议案件；讨论重大或者疑难的劳动争议案件，对仲裁活动进行监督。

劳动争议仲裁委员会下设办事机构，负责办理劳动争议仲裁委员会的日常工作。

三、人民法院

劳动争议处理中的诉讼程序不是必经程序，一般情况下，对符合“一裁两审”的案件，只有劳动争议当事人对劳动争议仲裁委员会做出的裁决不服的，在裁决做出 15 日内向人民法院提起诉讼，该程序才可能启动。《劳动争议调解仲裁法》第五十条规定：“当事人对本法第四十七条规定以外的其他劳动争议案件的仲裁裁决不服的，可以自收到仲裁裁决书之日起十五日内向人民法院提起诉讼；期满不起诉的，裁决书发生法律效力。”可见，除《劳动争议调解仲裁法》第四十七条规定的情形外，人民法院是劳动争议处理的最终司法机构。

此外，依法规定由人民法院受理的劳动争议案件以及依法申请撤销仲裁的案件，也由人民法院审理。现在我国法院机构设置中并没有专门的劳动法庭，劳动争议案件由法院的民事审判庭负责审理，与一般民事案件的审理程序完全相同，实行两审终审制。

四、劳动行政主管部门

劳动行政主管部门是我国现行制度下重要的劳动执法部门和争议调处机构。《劳动法》第八十四条规定：“县级以上各级人民政府劳动行政部门依法对用人单位遵守劳动法律、法规的情况进行监督检查，对违反劳动法律、法规的行为有权制止，并责令改正。”即劳动行政主管部门在集体合同订立的处理、对劳动争议仲裁的指导、劳动违法行为的查处等方面均具有法定职责。

第三节　劳动争议调解

一、劳动争议调解概述

（一）劳动争议调解的概念

劳动争议调解是基层群众调解组织对用人单位与劳动者发生的劳动争议，以国家的劳动法律、法规为准绳，以协商的方式，使双方当事人达成协议，消除纷争。

劳动争议调解不同于劳动行政主管部门所进行的行政调解，与劳动争议仲裁程序和诉讼程序中的官方调解不同，它是基层群众性组织做出的民间调解，是我国处理劳动争议的重要形式。

（二）劳动争议调解的特点

劳动争议调解属于民间调解，它与官方调解（行政调解和司法调解）相比较，有下述主要特点：第一，调解机构是社会组织，而不是国家机关；第二，调解活动具有任意性，基本上不受固定程序和形式的约束，也可将道德规范、社会习惯作为调解的依据；第三，调解书仅具有合同性质，不具有强制执行的效力。

二、劳动争议基层调解的程序

（一）申请调解

劳动争议当事人向调解组织申请调解，主要有以下几个方面：第一，自愿申请，即劳动争议发生后，如果当事人协商不能解决，或者不愿意协商解决，可以自愿选择申请调解或者仲裁；第二，申请调解受到时间限制，即应当自争议发生之日起30日内提出申请；第三，申请形式既可以是口头形式也可以书面形式，口头申请的，调解组织应当当场记录申请人基本情况、申请调解的争议事项、理由和时间。

（二）争议受理

调解组织接到调解申请后，应征询对方当事人的意见，对方当事人不愿意调解的，应做好记录，在3日内以书面形式通知申请人；对方当事人表示愿意调解的，应在4日内进行审查并做出受理或者不受理的决定。

调解组织在受理审查中，要审查申请事由是否属于劳动争议，申请人是否合格，申请对方是否明确，调解请求和事实根据是否明确。经审查认为符合受理条件的，予以受理，并通知双方当事人；如不受理，应向申请人说明理由，并告知应向何处申述。对于调解组织无法决定应否受理的案件，可由调解组织主任决定是否受理。

（三）调解前准备

受理劳动争议后，为保证顺利和及时调解，应事先进行下述准备工作：进一步审查申请书内容，如发现内容欠缺，应及时通知申请人补充；要求对方当事人就申请实体请求、事实、理由提出意见及证据；指派调解员对争议事项进行全面调查核实，收集有关证据；拟定调解方案和调解建议；告知双方当事人调解时间和地点。

调解员中如果有争议当事人或者其近亲属、与劳动争议有利害关系者，或者与争议当事人有其他关系而可能影响公正调解者，当事人有权口头或者书面申请其回避。调解组织对回避申请应及时做出决定，并口头或者书面通知当事人。调解委员会的回避由调解组织主任决定，调解组织主任的回避由调解组织集体研究决定。

（四）实施调解

《劳动争议调解仲裁法》第十三条规定："调解劳动争议，应当充分听取双方当事人对事实和理由的陈述，耐心疏导，帮助其达成协议。"第十四条第一款规定："经调解达成协议的，应当制作调解协议书。"

实施调解的一般形式，是由调解组织主任主持召开有争议双方当事人参加的调解会议。有关单位和个人可以参加调解会议协助调解；争议的劳动者有3人以上并有共同利益申诉理由，应当推举代表参加调解活动。简单的争议，可以由调解委员会决定1～2名调解员进行调解。

举行调解会议的程序，主要包括以下几个方面：会议主持人宣布会议开始，书记员向主持人报告大会人员情况；主持人宣布调解目的和调解纪律，告知当事人应有权利和义务，并宣布申请人请求调解的争议事项；申请人宣读申请书或者口头陈述申请事由和理由，最后由对方当事人宣读答辩书或者口头陈述；主持人宣讲与争议有关的法规政策，然后出示有关证据；当事人双方对宣布的事实、证据发表意见；调解委员会依据查明的事实，提出调解建议，征求双方当事人的意见；如双方当事人均表示接受调解建议，可在此建议的基础上达成调解协议，并依法制作调解协议书；如经调解达不成协议，应如实记录，并在调解意见书上说明情况。

调解应当自提出申请之日起15日内结束，到期末结束的，视为调解不成，当事人可以依法申请仲裁。

三、劳动争议调解协议的效力

在劳动争议调解制度中，调解协议的效力是决定其能否发挥实效的关键。与仲裁和诉讼相比，劳动争议民间调解的不足主要体现在权威性的缺乏，调解协议的效力较为薄弱成为制约调解制度功能发挥的瓶颈。调解协议一般不得作为直接申请强制执行的依据，一旦遇到当事人反悔，如无任何制约机制，则已经付出的努力将无任何作用。评价调解在经济劳动争议方面的作用如何，关键不在于案件受理数量，甚至也不在于达成调解协议的比例，而在于多少调解协议最终切实获得履行。因此，要使调解制度真正发挥分流劳动争议的功能，最重要的是以什么方式强化调解协议的效力，树立调解协议的权威性。

调解协议效力不足的短板在于调解协议的民间性，而增强其效力的基本路径在于为调解协议提供仲裁和诉讼上的支撑。

（一）一般效力

经双方当事人和调解组织签字、盖章的调解协议书，对双方当事人具有约束力，当事人应当履行，这是劳动争议调解协议最一般的效力。这种约束力只是合同的约束力，达成调解协议后一方当事人在协议约定期限内不履行调解协议，另一方当事人不能够直接申请强制执行。但这并不代表调解协议会因为一方当事人的反悔而失去意义，调解协议中约定的权利义务在后续的仲裁或者诉讼中仍然可能获得某种方式的支撑。《解释（一）》第五十一条第一款规定："当事人在调解仲裁法第十条规定的调解组织主持下达成的具有劳动权利义务内容的调解协议，具有劳动合同的约束力，可以作为人民法院裁判的根据。"这一规定使调解协议的效力在司法程序中获得了一定的承认。

所谓"作为人民法院裁判的根据"，是指法院在审理劳动争议案件中对于当事人达成的调解协议，如果查证属实，是当事人的真实意思表示，则协议中关于权利义务的安排将成为法院最终判决的重要依据。当事人一方不履行调解协议，仅可暂时对抗调解协议约定的义务，最终仍不得不执行依据调解协议形成的判决。

（二）特殊效力

因支付拖欠劳动报酬、工伤医疗费、经济补偿或者赔偿金事项达成的调解协议，用人单位在协议约定期限内不履行的，劳动者可以持调解协议书依法向人民法院申请支付令。

《劳动争议调解仲裁法》第十六条规定："因支付拖欠劳动报酬、工伤医疗费、经济补偿或者赔偿金事项达成调解协议，用人单位在协议约定期限内不履行的，劳动者可以持调解协议书依法向人民法院申请支付令，人民法院应当依法发出支付令。"如果用人单位对支付令没有在规定期限内提出异议，则应当履行，否则劳动者有权申请法院强制执行。这样部分调解协议借助支付令的形式，就间接获得了强制执行的效力。《解释（一）》第十三条第三款规定："依据调解仲裁法第十六条规定申请支付令被人民法院裁定终结督促程序后，劳动者依据调解协议直接提起诉讼的，人民法院应予受理。"

而使劳动争议调解协议的效力加固，主要有两种方式：一是向法院申请司法确认；二是申请劳动人事仲裁委员会审查并以调解书置换调解协议。无论通过上述哪种方式，调解协议一经加固即可获得据以申请强制执行的效力。

第一，司法确认。《人民调解法》第三十三条规定："经人民调解委员会调解达成调解协议后，双方当事人认为有必要的，可以自调解协议生效之日起三十日内共同向人民法院申请司法确认，人民法院应当及时对调解协议进行审查，依法确认调解协议的效力。人民法院依法确认协议有效，一方当事人拒绝履行或者未全部履行的，对方当事人可以向人民法院申请强制执行。”为贯彻《人民调解法》，最高人民法院《关于人民调解协议司法确认程序的若干规定》对司法确认程序做了详细规定。《解释（一）》第五十二条规定：“当事人在人民调解委员会主持下仅就给付义务达成的调解协议，双方认为有必要的，可以共同向人民调解委员会所在地的基层人民法院申请司法确认。”

第二，仲裁加固。《企业劳动争议协商调解规定》第二十七条规定：“双方当事人可以自调解协议生效之日起 15 日内共同向仲裁委员会提出仲裁审查申请。仲裁委员会受理后，应当对调解协议进行审查，并根据《劳动人事争议仲裁办案规则》第五十四条规定，对程序和内容合法有效的调解协议，出具调解书。”

上述两种调解协议的效力加固模式稍有不同：在司法确认模式下，民间调解协议书被保留，再加上法院出具的确认决定书，共同产生强制执行力；在仲裁置换模式下，则由仲裁委员会出具的调解书直接取代原来的民事调解协议书。

《劳动争议调解仲裁法》规定的三类调解组织中的另外两种组织所促成的调解协议，是否可以申请司法确认，法律没有明确规定。而在仲裁置换模式下，《企业劳动争议协商调解规定》的适应范围是限定在以企业为用人单位的情形，事业单位、社会团体等其他性质的用人单位与劳动者之间的调解协议能否通过仲裁置换的方式加固效力，还没有明确的法律规范依据。

第四节　劳动争议仲裁

一、劳动争议仲裁概述

（一）劳动争议仲裁的概念和特点

劳动争议仲裁是指劳动争议仲裁机构对当事人请求解决的劳动争议，依法居中公断的执法行为，包括对劳动争议依法审理并进行调解、裁决的一系列活动。在我国的劳动争议处理体制中，它作为诉讼前的法定必经程序，是处理劳动争议的一种主要方式。

与劳动争议基层调解相比，劳动争议仲裁具有以下几个特点：第一，仲裁机构是一种依法定原则所组成的半官方机构，而非民间组织；第二，仲裁申请可以由任何一方当事人提起，无需双方当事人合意；第三，仲裁机构在调解不成的情况下可以做出裁决，仲裁调解和裁决依法生效后具有强制执行的效力。

与劳动争议诉讼相比，劳动争议仲裁具有以下几个特点：第一，仲裁机构不属于司法机构，在处理劳动争议的过程中无权采取强制措施；第二，仲裁程序较简便，不及诉讼程序严密和复杂；第三，仲裁调解和裁决除法定终局裁决外，均不具有最终解决争议的效力，也不能由仲裁机构自己强制执行。

劳动争议仲裁就其法律属性而言，是一种兼有行政性和准司法性的执法行为。其行政性主要表现在：劳动行政部门的代表在仲裁机构组成中居于首席地位，仲裁机构的办事机构设在劳动行政部门，仲裁行为中含有行政仲裁的某些因素。准司法性主要表现在：仲裁机构的设立、职责、权限、组织活动原则和方式具有与司法机构特别是审判机关共同合作类似的特点。它是国家依法设立的处理劳动争议的专门机构，具有依法独立行使仲裁权，不受行政机关、团体和个人干涉的法律地位，审理案件须实行仲裁庭、时效、回避等制度，采取调查取证、辩论、调解、裁决等方式。

（二）劳动争议仲裁与民商事仲裁的区别

第一，仲裁的主体不同。民商事仲裁机构具有民间性，从法律主体的角度看，属于事业单位法人，在名称上一般称为经济贸易仲裁委员会等。劳动人事争议仲裁委员会则具有一定的行政性，是设在劳动行政部门内部的机构，具有官方性。二者在人员的组成上差别也很明显。

第二，仲裁对象不同。民商事仲裁处理的是发生在平等主体之间的民商事纠纷，而劳动争议仲裁处理的是用人单位与劳动者之间的劳动权利义务纠纷，用人单位与劳动者存在隶属关系。

第三，程序启动不同。民商事仲裁属于自愿仲裁，必须有争议当事人同意仲裁的协议才能进行，只要有一方不同意，就不能进行仲裁。劳动争议仲裁是强制仲裁，只要劳动者或者用人单位有一方提出仲裁申请，仲裁程序即可启动。

第四，仲裁的地位不同。在民商事仲裁中，是否先经过仲裁处理，由双方当事人约定，当事人可以选择先经过仲裁处理，也可以不经仲裁直接向人民法院起诉；而劳动争议仲裁是解决劳动争议的必经程序，当事人只有先经过劳动争议仲裁，才能向人民法院起诉，否则，人民法院不受理。

第五，是否起诉不同。民商事仲裁实行一裁终局，不服裁决的，不能向法院起诉；而不服劳动争议仲裁裁决的，除部分案件对用人单位实行一裁终局外，可依法向人民法院起诉。

二、劳动争议仲裁的管辖

劳动争议仲裁关系是指各级仲裁委员会之间、同级仲裁委员会之间受理劳动争议案件的分工和权限。

它向当事人表明，劳动争议发生后，应当向哪一级和哪一个仲裁委员会申请仲裁。它为各级和各个仲裁委员会行使仲裁权，界定空间范围。确定仲裁管辖，应当坚持既方便当事人行使申诉权、应诉权，又便于仲裁委员会行使仲裁权，并且原则性和灵活性相结合的原则。

我国仲裁管辖的内容主要包括以下几个方面：

（一）地域管辖

地域管辖即同级仲裁委员会之间依据行政区域确定的仲裁管辖。它包括以下几个方面：

1. 一般地域管辖

一般地域管辖是指劳动争议案件由其发生地的仲裁委员会管辖。《劳动争议调解仲裁法》第二十一条第一款规定：“劳动争议仲裁委员会负责管辖本区域内发生的劳动争议”。

2. 特殊地域管辖

特殊地域管辖是指某种劳动争议案件依据其特定标准由某地仲裁委员会管辖。《劳动争议调解仲裁法》第二十一条第二款规定：“劳动争议由劳动合同履行地或者用人单位所在地的劳动争议仲裁委员会管辖。双方当事人分别向劳动合同履行地和用人单位所在地的劳动争议仲裁委员会申请仲裁的，由劳动合同履行地的劳动争议仲裁委员会管辖。”

3. 专属管辖

专属管辖是指法定的某国家机构经过立法授权，依法确定某种劳动争议案件专属某地仲裁委员会管辖。原劳动部规定，我国公民与国（境）外企业签订的劳动（工作）合同履行地在我国领域内，因履行该合同发生争议的，由合同履行地仲裁委员会受理。

（二）级别管辖

级别管辖是指各级仲裁委员会受理劳动争议案件的特定范围，它主要根据案件的性质、影响范围和繁简程度确定。通常规定，省级仲裁委员会和设区的市仲裁委员会，负责处理外商投资企业发生的劳动争议案件和在全省、全市有重大影响的劳动争议案件。

（三）移送管辖

移送管辖是指仲裁委员会将已经受理的自己无权管辖或者不便于管辖的劳动争议案件，依法移送有管辖权和便于审理此案的仲裁委员会受理。立法规定，仲裁委员会发现受理的案件不属于本委员会管辖时，应移送有管辖权的仲裁委员会；县级仲裁委员会认为有必要的，可将集体劳动争议报请市（地、州、盟）仲裁委员会处理。在实践中，也可将疑难案件移送有管辖权的仲裁委员会处理。受移送的仲裁委员会对接受的移送案件不得自行再移送；如果认为自己对接受的移送案件确无管辖权，可以报告劳动行政部门决定是否由它管辖。

（四）指定管辖

指定管辖是指劳动行政部门依法将因管辖权发生争议的劳动争议案件决定由某仲裁委员会管辖。立法规定，仲裁委员会之间因管辖权发生争议，由双方协商解决，协商不成时，由共同的上级劳动行政部门指定管辖。

三、劳动争议仲裁时效

劳动争议仲裁时效是指劳动者和用人单位在法定期限内不向劳动争议仲裁机构申请仲裁，就将丧失请求劳动争议仲裁机构保护其权利实现之权利的制度。仲裁时效是当事人请求通过仲裁解决劳动纠纷的程序性权利的有效期限。

（一）仲裁时效的期间及其起算

《劳动争议调解仲裁法》第二十七条第一款规定：“劳动争议申请仲裁的时效期间为一年，仲裁时效期间从当事人知道或者应当知道其权利被侵害之日起计算。”第二十七条第四款规定：“劳动关系存续期间因拖欠劳动报酬发生争议的，劳动者申请仲裁不受本条第一款规定的仲裁时效期限的限制；但是，劳动关系终止的，应当自劳动关系终止之日起一年内提出。”

（二）仲裁时效的中断

仲裁时效的中断是指具备一定的事由时，已经计算的仲裁时效归零，重新起算。劳动仲裁时效中断的原因有：当事人一方向对方当事人主张权利；当事人一方向有关部门请求权利救济；对方当事人同意履行义务。

（三）仲裁时效中止

仲裁时效中止是指在具备一定的事由使当事人申请仲裁存在障碍时，暂停时效计算，待上述事由消除后，再继续计算时效。仲裁时效中止的原因有不可抗力、无民事行为能力或者限制民事行为能力、劳动者的法定代理人未确定等。

（四）仲裁时效完成的后果

仲裁时效完成是指仲裁时效期间已经届满而当事人仍未向仲裁委员会提出要求仲裁的书面请求。具体表现为两种情形：自当事人知道或者应当知道其权利被侵害之日起经过一年又不存在引起仲裁时效中止、中断和延长的法定事由，当事人仍不申请仲裁；仲裁时效期间在依法中止、中断和延长后届满，当事人仍不申请仲裁。

对于超过仲裁时效的仲裁申请，仲裁委员会可以做出不予受理的书面裁决、决定或者通知，当事人不服而依法向法院起诉的，法院应当受理；对确已超过仲裁时效期间的，依法驳回其诉讼请求。

四、劳动争议仲裁的程序

《劳动争议调解仲裁法》对于仲裁的程序进行了规范，《劳动人事仲裁办案规则》对劳动人事争议仲裁的程序性规则进行了更加细化的规定。

（一）申请

劳动争议发生后，不愿自行协商解决或者协商不成的，不愿申请调解或者调解不成的，当事人均可在仲裁时效期间内，向有管辖权的政策委员会提出解决劳动争议的书面申请。申请人申请仲裁应提交书面仲裁申请，并按照被申请人数提交副本。委托他人代理参加仲裁的，还需要提交授权委托书。

仲裁申请书应当载明下列事项：劳动者的姓名、性别、年龄、职业、工作单位或者住所，用人单位的名称、住所和法定代表人或者主要负责人的姓名、职务；仲裁请求和所根据的事实、理由；证据或者证据来源、证人姓名和住所。

书写仲裁申请确有困难的，可以口头申请，由劳动争议仲裁委员会记入笔录，并告知对方当事人。

（二）受理

仲裁委员会办事机构接到仲裁申请后应依法进行审查。

审查内容包括：申请人是否与本案有直接利害关系，申请仲裁的争议是否属于劳动争议，是否属于仲裁委员会受理内容，是否属于本仲裁委员会管辖，申请书及有关材料是否齐备并符合要求，申请时间是否符合仲裁时效规定。对申请材料不齐备或者有关情况不明确的，应指导申请人补齐；主要证据不齐的，要求申请人补齐。

仲裁委员会办事机构收到仲裁申请之日起 5 日内，认为符合受理条件的，应当受理，并通知申请人；认为不符合受理条件的，应当书面通知申请人不予受理，并说明理由。对仲裁委员会不予受理或者逾期未做出决定的，申请人可以就该劳动争议事项向人民法院提起诉讼。

仲裁委员会受理仲裁申请后，应当在5日内将仲裁申请书副本送达被申请人。被申请人收到仲裁申请书副本后，应当在10日内向仲裁委员会提交答辩书。仲裁委员会收到答辩书后，应当在5日内将答辩书副本送达申请人。被申请人未提交答辩书的，不影响仲裁程序的进行。

（三）仲裁准备

仲裁委员会对决定受理的案件，应当在受理仲裁申请之日起5日内依法组成仲裁庭，并将仲裁庭的组成情况书面通知当事人。

仲裁员有下列情形之一，应当回避，当事人也有权以口头或者书面形式提出回避申请：是本案当事人或者当事人、代理人的近亲属的；与本案有利害关系的；与本案当事人、代理人有其他关系，可能影响公正裁决的；私自会见当事人、代理人，或者接受当事人、代理人的请客送礼的。仲裁委员会对回避申请应当及时做出决定，并以口头或者书面方式通知当事人。仲裁委员会主任的回避由仲裁委员会决定，其他各种人员的回避由仲裁委员会主任决定。

仲裁庭成员应认真阅读申诉、答辩材料，调查、搜集证据，查明争议事实，拟定处理方案。仲裁庭应当在开庭5日前，将开庭日期、地点书面通知双方当事人。当事人有正当理由的，可以在开庭3日前请求延期开庭。是否延期，由仲裁委员会决定。

（四）开庭

1. 开庭的形式

劳动争议仲裁公开进行，但当事人协议不公开进行或者涉及国家秘密、商业秘密和个人隐私的除外。

2. 专门性问题鉴定

仲裁庭对专门性问题认为需要鉴定的，可以交由当事人约定的鉴定机构鉴定；当事人没有约定或者无法达成约定的，由仲裁庭指定的鉴定机构鉴定。根据当事人的请求或者仲裁庭的要求，鉴定机构应当派鉴定人参加开庭，当事人经仲裁庭许可，可以向鉴定人提问。

3. 质证和辩论

当事人在仲裁过程中有权进行质证和辩论，终结时首席仲裁员或者独任仲裁员应当征询当事人的最后意见。

4. 证据的意义

双方当事人提供的证据经查证属实的，仲裁庭应当将其作为认定事实的根据。

5. 用人单位的举证责任

劳动者无法提供由用人单位掌握管理的与仲裁请求有关的证据，仲裁庭可以要求用人单位在指定期限内提供。用人单位在指定期限内不提供的，应当承担不利后果。

6. 开庭笔录

仲裁庭应当将开庭情况记入笔录。当事人和其他仲裁参加人认为对自己陈述的记录有遗漏或者差错的，有权申请补正。如果不予补正，应当记录该申请。笔录由仲裁员、记录人员、当事人和其他仲裁参加人签名或者盖章。

（五）和解和调解

当事人申请劳动争议仲裁后，可以自行和解。达成和解协议的，可以撤回仲裁申请。

仲裁庭在做出裁决前，应当先行调解，即在查明事实的基础上促进双方当事人自愿达成的协议。经调解达成协议的，仲裁庭应当根据协议内容制作仲裁调解书。调解书应当写明仲裁请求和当事人协议的结果；由仲裁员签名，加盖仲裁委员会的印章，送达双方当事人。调解书经双方当事人签收后，发生法律效力。

（六）裁决规则

1. 前提

双方当事人经调解达不成协议的，调解书送达前当事人反悔，或者当事人拒绝接收调解书，均为调解不成，应及时裁决。

2. 开庭裁决

仲裁庭开庭裁决，可根据案情选择查明仲裁参加人是否到庭，宣布仲裁纪律、开庭和案由及仲裁庭成员名单，告知当事人权利义务并询问是否申请回避，庭审调查，听取辩论和当事人最后陈述，当庭再行调解，休庭合议，复庭宣布裁决或者延期裁决等项程序。当事人接到开庭通知书无正当理由拒不到庭或者未经仲裁庭同意中途退庭的，对申请人按撤诉处理，对被申请人可缺席裁决。仲裁庭就裁决进行合议时，裁决应当按照多数仲裁员的意见做出，少数仲裁员的不同意见应当记入笔录。仲裁庭不能形成多数意见时，裁决应当按照首席仲裁员的意见做出。对管辖区域内有重大影响的案件，以及经仲裁庭合议难做结论的疑难案件，仲裁庭可在查明事实后提交仲裁委员会决定。做出裁决前申诉人申请撤诉，仲裁庭须在7日内进行审查并决定撤诉是否成立。

3. 裁决内容

仲裁庭做出裁决时，对涉及经济赔偿和补偿的争议标的可做出变更裁决，对其他争议标的可在做出肯定或者否定裁决的同时，另向当事人提出书面仲裁建议。仲裁庭对案件中一部分事实已经清楚，可以就该部分先行裁决。仲裁庭对追索劳动报酬、工伤医疗费、经济补偿或者赔偿金的案件，当事人之间权利义务关系明确且不先予执行将严重影响申请人的生活的，根据当事人的申请，可以裁决先予执行，移送人民法院执行。劳动者申请先予执行的，可以不提供担保。

仲裁庭裁决先予执行的，应当符合以下条件：当事人之间的权利义务明确；不先予执行将严重影响申请人生活。劳动者申请先予执行的，可以不提供担保。先行裁决和先予执行制度是为了保护劳动者的利益而设计的制度，它使得劳动者能尽快地获得劳动报酬等金钱支付。

4. 制作并送达裁决书

仲裁庭做出裁决后应制作裁决书。裁决书应当载明仲裁请求、争议事实、裁决理由、裁决结果和裁决日期。裁决书由仲裁员签名，加盖劳动争议仲裁委员会印章。对裁决持不同意见的仲裁员，可以签名，也可以不签名。当庭裁决的应当在7日内发送裁决书，定期另庭裁决的当庭发给裁决书。

（七）结案

仲裁庭裁决劳动争议案件，应当自仲裁委员会受理仲裁申请之日起45日内结束。案情复杂需要延期的，经仲裁委员会主任批准，可以延期并书面通知当事人，但是延长期限不得超过15日。逾期未做出仲裁裁决的，当事人可以就该劳动争议事项向法院提起诉讼。结案时，仲裁庭应填写《仲裁结案审批表》报仲裁委员会主任审批；仲裁委员会主任认为有必要，也可提交仲裁委员会审批。

（八）裁决

当事人申请劳动争议仲裁后，可以自行和解。达成和解协议的，可以撤回仲裁申请或者请求仲裁委员会制作调解书。仲裁庭在审理后、做出裁决前，应当先行调解。调解达成协议的，仲裁庭应当制作调解书，调解书经双方当事人签收后，发生法律效力，任何一方不得反悔。《解释（一）》第十一条规定：

“劳动争议仲裁委员会作出的调解书已经发生法律效力，一方当事人反悔提起诉讼的，人民法院不予受理；已经受理的，裁定驳回起诉。”

调解不成，或者调解书送达前一方当事人反悔的，仲裁庭应当及时做出裁决。

1. 终局裁决

终局裁决的适用范围如下：追索劳动报酬、工伤医疗费、经济补偿或者赔偿金，不超过当地最低工资标准 12 个月金额的争议；因执行国家的劳动标准在工作时间、休息休假、社会保险等方面发生的争议。

终局裁决生效的条件如下，劳动者未因不服裁决而依法起诉，且用人单位未依法申请撤销裁决的，裁决书自做出之日起发生法律效力。

终局裁决的司法监督形式主要有以下几种：劳动者对仲裁裁决不服的，可以自收到仲裁裁决书之日起 15 日内向法院提起诉讼；用人单位有证据证明仲裁裁决适用法律、法规确有错误的；或者仲裁委员会无管辖权的；或者违反法定程序的；或者据以裁决的证据是伪造的；或者对方当事人隐瞒了足以影响公正裁决的证据的；或者仲裁员在仲裁该案件时有索贿受贿、徇私舞弊、枉法裁决行为的，可以自收到仲裁裁决书之日起 30 日内向仲裁委员会所在地的中级人民法院申请撤销裁决。法院经组成合议庭审查核实后应当裁定撤销。仲裁裁决被法院裁定撤销的，当事人自收到裁定书之日起 15 日内就该劳动争议事项向法院提起诉讼。

2. 其他裁决

仲裁庭裁决劳动争议案件，应当自劳动人事仲裁委员会受理仲裁申请之日起 45 日内结束。案情复杂，需要延期的，经劳动人事争议仲裁委员会主任批准，可以延期并书面通知当事人，但是延长期限不得超过 15 日。逾期未做出仲裁裁决的，当事人可以就该劳动争议事项向人民法院提起诉讼。

当事人对拖欠争议、执行劳动保障争议以外的其他劳动争议案件的仲裁裁决不服的，可以自收到仲裁裁决书之日起 15 日内向法院提起诉讼；期满不起诉的，裁决书发生法律效力。

仲裁调解书自送达当事人之日起生效；仲裁裁决书在法定起诉期满后生效，即自当事人收到裁决书之日起 15 日内，当事人若不向法院起诉，裁决书即生效。生效的调解书和裁决书，当事人必须执行；一方当事人不执行的，另一方当事人可以申请人民法院强制执行。

（九）强制执行

当事人对发生法律效力的调解书、裁决书，应当依照规定的期限履行。一方当事人逾期不履行的，另一方当事人可以依照民事诉讼法的有关规定向法院申请执行，受理申请的法院应当依法执行。

第五节 劳动争议诉讼

一、劳动争议诉讼概述

劳动争议诉讼是指人民法院依法对劳动争议案件进行审理和裁判的活动。此外，劳动争议诉讼还包括当事人一方不履行仲裁委员会已经发生法律效力的裁决书或者调解书，另一方当事人申请人民法院强制执行的活动。劳动争议诉讼是解决劳动争议的最终程序。司法程序具有中立性、权威性优势，因而有利于使劳动争议获得彻底、公正的解决。司法程序为调解程序和仲裁程序提供了强有力的支持，同时形成有效的监督。允许劳动争议当事人在经过仲裁程序之后进一步寻求诉讼解决，也是对当事人基本程序权利的尊重。

二、劳动争议调解、仲裁与诉讼的衔接

现行劳动争议处理机制包括协商和解、调解、仲裁和诉讼四种，各种劳动争议解决程序的衔接是一个重要的问题，调解、仲裁程序与诉讼的衔接尤其值得关注。《劳动争议调解仲裁法》是我国劳动争议处理程序的基本法律依据。该法对调解、仲裁与诉讼程序如何衔接虽然做出了基本的规定，但是比较原则。司法实践中劳动争议的情形比较复杂，造成了其他程序与诉讼的衔接产生混乱的现象，所以解决其他程序与诉讼衔接上的混乱问题十分重要。

最高人民法院通过一系列司法解释，对其他劳动争议处理程序与诉讼的衔接问题做出了许多特别规范，较为零散。

（一）法院受理劳动争议案件的特殊情况

原则上劳动争议案件必须经过仲裁才能进入诉讼程序，但存在个别例外情况。根据最高人民法院《解释（一）》第十五条规定：“劳动者以用人单位的工资欠条为证据直接提起诉讼，诉讼请求不涉及劳动关系其他争议的，视为拖欠劳动报酬争议，人民法院按照普通民事纠纷受理。”拖欠工资纠纷是一类常见的争议，其在性质上既属于劳动争议，同时又符合民事争议的特征。工资支付是一种特殊的债权债务关系，拖欠工资可视为债权债务纠纷，对于此类纠纷劳动者直接起诉的，人民法院应按照普通民事案件受理并审理，不过前提条件是劳动者手头上有确凿的证据——工资欠条。

此外，《劳动合同法》第三十条第二款规定：“用人单位拖欠或者未足额

支付劳动报酬的，劳动者可以依法向当地人民法院申请支付令，人民法院应当依法发出支付令。”不过《解释（一）》第十三条第二款规定：“依据劳动合同法第三十条第二款规定申请支付令被人民法院裁定终结督促程序后，劳动者就劳动争议事项直接提起诉讼的，人民法院应当告知其先向劳动争议仲裁机构申请仲裁。”

（二）劳动争议调解与诉讼的衔接

在调解与诉讼之间还有仲裁，原则上当事人经过调解后不能越过仲裁直接起诉，但有以下例外情况：

第一，《解释（一）》第五十一条第二款规定：“当事人在调解仲裁法第十条规定的调解组织主持下仅就劳动报酬争议达成调解协议，用人单位不履行调解协议确定的给付义务，劳动者直接提起诉讼的，人民法院可以按照普通民事纠纷受理。”

第二，劳动者根据《劳动争议调解仲裁法》第十六条规定：“向法院申请支付令，用人单位未提出异议的，劳动者可申请法院强制执行。”

第三，《解释（一）》第十三条第一款规定：“劳动者依据劳动合同法第三十条第二款和调解仲裁法第十六条规定向人民法院申请支付令，符合民事诉讼法第十七章督促程序规定的，人民法院应予受理。”不必再经过仲裁。

第四，根据《企业劳动争议协商调解规定》第二十七条的规定，当事人将达成的调解协议向仲裁委员会申请审查，仲裁委员会出具调解书置换原调解协议，一方不履行的，对方可申请法院强制执行。

（三）仲裁与诉讼的衔接

1. 申请劳动仲裁但仲裁委员会不受理，当事人向法院起诉

对于这种起诉，法院将区别情况做出不同处理，根据《解释（一）》的规定，主要有以下几种情况：

第一，仲裁委员会以申请仲裁的主体不适格为由做出不予受理的书面裁决、决定或者通知，经法院审查，确属主体不适格的，裁定不予受理或者驳回起诉。

第二，以当事人的仲裁申请超过时效为由不予受理，当事人起诉的，人民法院应当受理，审查后对确已超过仲裁申请期限，无不可抗力或者其他正当理由的，依法驳回其诉讼请求。

第三，以当事人申请仲裁的事项不属于劳动争议为由，做出不予受理的书面裁决、决定或者通知，当事人不服，依法向人民法院起诉的，人民法院应当分别情况予以处理：属于劳动争议案件的，应当受理；虽不属于劳动争议案件，但属于人民法院主管的其他案件的，应当依法受理。《解释（一）》第五

条规定："劳动争议仲裁机构以无管辖权为由对劳动争议案件不予受理，当事人提起诉讼的，人民法院按照以下情形分别处理：经审查认为该劳动争议仲裁机构对案件确无管辖权的，应当告知当事人向有管辖权的劳动争议仲裁机构申请仲裁。经审查认为该劳动争议仲裁机构有管辖权的，应当告知当事人申请仲裁，并将审查意见书面通知该劳动争议仲裁机构；劳动争议仲裁机构仍不受理，当事人就该劳动争议事项提起诉讼的，人民法院应予受理。"

2. 仲裁委员会逾期未做出受理决定或者仲裁裁决

仲裁委员会逾期未做出受理决定或者仲裁裁决，当事人直接提起诉讼的，人民法院应予受理，但申请仲裁的案件存在下列事由的除外：移送管辖的；正在送达或者送达延误的；等待另案诉讼结果、评残结论的；正在等待劳动人事争议仲裁委员会开庭的；启动鉴定程序或者委托其他部门调查取证的；其他正当事由。

当事人以仲裁委员会逾期未做出仲裁裁决为由提起诉讼的，应该向劳动人事争议仲裁委员会出具受理通知书或者其他已经接受的仲裁申请的凭证或者证明。

3. 不服仲裁裁决起诉

这是其他程序与诉讼衔接的最一般原因。根据争议事项是否属于一裁终局，与诉讼的衔接有所区别：

第一，对于《劳动争议调解仲裁法》第四十七条规定的一裁终局事项的裁决不服的，劳动者可以起诉，不服一审判决的，还可上诉，用人单位无权起诉，但在具备法定事由时可申请撤销仲裁裁决。法院对撤销申请做出的裁定为终局裁定。

第二，对《劳动争议调解仲裁法》第四十七条规定以外的情形做出的裁决不服的，当事人双方均可起诉及上诉。仲裁裁决是否为终局裁决的判断至关重要。《解释（一）》第十八条规定："仲裁裁决的类型以仲裁裁决书确定为准。仲裁裁决书未载明该裁决为终局裁决或者非终局裁决，用人单位不服该仲裁裁决向基层人民法院提起诉讼的，应当按照以下情形分别处理：（一）经审查认为该仲裁裁决为非终局裁决的，基层人民法院应予受理；（二）经审查认为该仲裁裁决为终局裁决的，基层人民法院不予受理，但应告知用人单位可以自收到不予受理裁定书之日起三十日内向劳动争议仲裁机构所在地的中级人民法院申请撤销该仲裁裁决；已经受理的，裁定驳回起诉。"第二十条规定："劳动人事争议仲裁委员会作出的同一仲裁裁决同时包含终局裁决事项和非终局裁决事项，当事人不服该仲裁裁决向人民法院提起诉讼的，应当按照非终局裁决处理。"

4. 案件受理以外的程序衔接

《解释（一）》第二十五条规定：“劳动人事争议仲裁委员会作出终局裁决，劳动者向人民法院申请执行，用人单位向劳动人事争议仲裁委员会所在地的中级人民法院申请撤销的，人民法院应当裁定中止执行。用人单位撤回撤销终局裁决申请或者其申请被驳回的，人民法院应当裁定恢复执行。仲裁裁决被撤销的，人民法院应当裁定终结执行。用人单位向人民法院申请撤销仲裁裁决被驳回后，又在执行程序中以相同理由提出不予执行抗辩的，人民法院不予支持。”

三、受案范围

法院受理劳动争议案件的一般范围。劳动者与用人单位之间发生的《劳动争议调解仲裁法》第二条规定的劳动争议，当事人不服仲裁委员会做出的裁决，依法向法院起诉的，法院应当受理。

法院受理劳动争议案件的特殊情形：

第一，仲裁委员会以当事人申请仲裁的事项不属于劳动争议为由，做出不予受理的书面裁决、决定或者通知，当事人不服，依法向人民法院起诉的，属于劳动争议案件，应当受理；虽不属于劳动争议案件，但是属于法院主管的其他案件，应当依法受理。

第二，仲裁委员会根据《劳动争议调解仲裁法》第二十七条规定：“劳动争议申请仲裁的时效期间为一年。仲裁时效期间从当事人知道或者应当知道其权利被侵害之日起计算。”即劳动仲裁委员会以当事人的仲裁申请超过仲裁时效期间为由，做出不予受理的书面裁定，当事人不服，依法向人民法院起诉的，人民法院应当受理。

第三，仲裁委员会以申请仲裁的主体不适格为由，做出不予受理的书面裁决、决定或者通知，当事人不服，依法向人民法院起诉的，经审查，确实属于主体不适格的，裁决不予受理或者驳回起诉。

第四，仲裁委员会为纠正原仲裁裁决错误重新做出裁决，当事人不服，依法向人民法院起诉的，人民法院应当受理。

第五，仲裁委员会仲裁的事项不属于法院受理的案件范围，当事人不服，依法向人民法院起诉的，裁定不予受理或者驳回起诉。

四、审理范围

仲裁审理范围既取决于仲裁请求也取决于劳动争议性质，只限于仲裁当事人请求的属于劳动权利义务的事项。虽然与争议的劳动权利义务事项相联系，但不具有劳动权利义务性质的事项，仲裁机构则无权处理。当事人的诉讼请求中如果包括有与劳动权利义务事项相联系的民事权利义务事项，法院则应当将其与劳动权利义务事项一并审理，只不过适用的实体法有所不同。

当事人在诉讼请求中超出仲裁请求事项提出诉讼请求，这部分诉讼请求与仲裁请求事项之间具有不可分的劳动权利义务内容，从方便当事人和节约争议处理成本的原则而言，法院也应当将其列入审理范围。当事人的诉讼请求事项如果少于仲裁裁决的事项，法院只需将诉讼请求事项列入审理范围即可。

法院受理劳动争议案件后，当事人增加诉讼请求的，如该诉讼请求与诉争的劳动争议具有不可分性，应当合并审理；如属于独立的劳动争议，应当告知当事人向仲裁委员会申请仲裁。

五、诉讼管辖

仲裁管辖和诉讼管辖各有其规则，当事人不服仲裁裁决而起诉时，不应当要求诉讼管辖与仲裁管辖完全对应。仲裁委员会不像法院系统一样严格层层设立，所以级别管辖的划分尚没有完备的法律规定。当事人不服仲裁裁决而起诉时，一般应当由当地基层人民法院管辖，除非该案件符合法定的中级人民法院、高级人民法院管辖的标准。申请撤销仲裁裁决的案件由中级人民法院管辖。

《解释（一)》第三条规定：“劳动争议案件由用人单位所在地或者劳动合同履行地的基层人民法院管辖。劳动合同履行地不明确的，由用人单位所在地的基层人民法院管辖。”第四条规定：“双方当事人就同一仲裁裁决分别向有管辖权的人民法院起诉的，后受理的人民法院应当将案件移送给先受理的人民法院。”

六、诉讼当事人

劳动争议诉讼中常常涉及特殊的当事人诉讼资格问题，最高人民法院的司法解释对这一问题做了具体规定。

用人单位与其他单位合并的，合并前发生的劳动争议，以合并后的单位为当事人；用人单位分立为若干单位的，其分立前发生的劳动争议，以分立后的实际用人单位为当事人。用人单位分立为若干单位后，承受劳动权利、义务的单位不明确的，分立后的单位均为当事人。

用人单位招用尚未解除劳动合同的劳动者，原用人单位与劳动者发生的劳动争议，可以列新的用人单位为第三人。原用人单位以新的用人单位侵权为由向人民法院起诉的，可以列劳动者为第三人。原用人单位以新的用人单位和劳动者共同侵权为由向人民法院起诉的，新的用人单位和劳动者列为共同被告。

劳动者在用人单位与其他平等主体之间的承包经营期间，与发包方和承包方双方或者一方发生劳动争议，依法向人民法院起诉的，应当将承包方和发包方列为当事人。劳动者与起字号的个体工商户发生劳动争议诉讼的，人民法院应当以营业执照上登记的字号为当事人，但应当同时注明该字号业主的自然情况。劳动者因履行劳务派遣合同产生劳动争议而起诉的，以派遣单位为被告；争议内容涉及接受单位的，以派遣单位和接受单位为共同被告。

劳动者和用人单位均不服劳动人事争议仲裁委员会的同一裁决，向同一人民法院起诉的，人民法院应当并案审理，双方当事人互为原告和被告。在诉讼过程中，一方当事人撤诉的，人民法院应当根据另一方当事人的诉讼请求继续审理。

劳动者与未办理营业执照、营业执照被吊销或者营业期限届满仍然继续经营的用人单位发生争议的，应当将用人单位或者其出资人列为当事人。未办理营业执照、营业执照被吊销或者营业期限届满仍继续经营的用人单位，以挂靠等方式借用他人营业执照的，应当将用人单位和营业执照出借方列入当事人。

当事人不服劳动争议仲裁委员会做出的仲裁裁决，依法向人民法院提起诉讼，人民法院审查认为仲裁裁决遗漏了必须参加仲裁的当事人的，应当依法追加遗漏的人为诉讼当事人。被追加的当事人应当承担责任的，人民法院应当一并处理。

七、举证责任

关于劳动争议案件的举证责任，主要有三种观点：一是全面适用“谁主张，谁举证”的原则；二是全面实行用人单位负举证责任而劳动者不负举证责任；三是在部分场合由用人单位负举证责任。

《解释（一）》采纳的是第三种观点，在其第四十四条规定：“因用人单位作出的开除、除名、辞退、解除劳动合同、减少劳动报酬、计算劳动者工作年限等决定而发生的劳动争议，用人单位负举证责任。”这是对民事诉讼中“谁主张，谁举证”原则的突破，符合劳动争议当事人双方强弱不同的特点，有利于劳动者权益的保护。但是，《解释（一）》对用人单位举证责任的特殊情形的规定仍有遗漏。

如在工伤赔偿案件中，关于工伤事故和职业病认定的举证责任，不应当完全适用“谁主张，谁举证”的原则。

第一，工伤认定的举证责任。《工伤保险条例》（2011 年修订）就应当认定为工伤的各种情形和不应当认定为工伤的各种情形都做了规定。在就劳动者人身伤害的致害原因发生争议而影响到是否工伤的认定时，如果适用“谁主张，谁举证”的原则，劳动者应当就其提出的属于工伤的主张，举出用人单位未尽到安全义务并且与本人人身伤害有因果关系的证据。然而，在劳动条件是由用人单位提供的情况下，由劳动者提供这种证据是极为困难的。在劳动关系中，用人单位负有提供符合安全要求的劳动条件的法定义务，并且作为劳动过程的管理者，应当了解所提供的劳动条件是否符合安全及其与劳动者人身伤害是否有因果关系。所以，劳动者或者其亲属认为是工伤而用人单位不认为是工伤的，应当由用人单位承担举证责任。如果用人单位不能举证证明劳动者人身伤害是由劳动安全条件以外的原因所致，就应当认定为工伤。

第二，职业病认定的举证责任。《职业病防治法》第四十六条第二款规定："没有证据否定职业病危害因素与病人临床表现之间的必然联系的，应当诊断为职业病。"该法第五十九条规定："劳动者被诊断患有职业病，但用人单位没有依法参加工伤保险的，其医疗和生活保障由该用人单位承担。"这些规定表明，用人单位对劳动者在用人单位有无职业病危害因素和劳动者患病是否由用人单位职业病危害因素所致的主张负有举证责任，而劳动者对其提出的用人单位具有职业病危害因素和该职业病危害因素致使劳动者患病的主张，不应当负举证责任。

在工资拖欠案件中，劳动者只需要举证证明其已经履行劳动义务即可，而对用人单位未付工资的事实不应当负举证责任。《工资支付暂行规定》（1994年）第六条第三款规定："用人单位必须书面记录支付劳动者工资的数额、时间、领取者的姓名以及签字，并保存两年以上备查。用人单位在支付工资时应向劳动者提供一份其个人的工资清单。"这表明，用人单位有义务保存已经支付工资的证据，而劳动者一般不可能掌握未支付工资的证据，在劳动者提出已经履行劳动义务的证据并提出追索拖欠工资的主张时，如果用人单位不能举证证明已经支付工资，就应当认定未支付工资的事实并支持劳动者的主张。

所以，法院审理劳动争议案件时，在举证责任分配上，应当参照《劳动争议调解仲裁法》第三十九条第二款的规定："劳动者无法提供由用人单位掌握管理的与仲裁请求有关的证据，仲裁庭可以要求用人单位在指定期限内提供。用人单位在指定期限内不提供的，应当承担不利后果。"即劳动者无法提供由用人单位掌握管理的与仲裁请求有关的证据，仲裁庭可以要求用人单位在指定期限内提供。用人单位在指定期限内不提供的，应当承担不利后果。

八、劳动争议诉讼的程序

（一）劳动争议诉讼的普通程序

劳动争议诉讼按照人民法院审理民事案件的程序进行。简单的劳动争议案件可以适用民事诉讼的简易程序审理，一般案件适用普通程序审理，包括申请、受理、开庭准备、当事人陈述、法庭辩论、最后陈述、进行调解和法院判决等各个步骤。诉讼中法院审理的对象主要是劳动权利、义务，但是诉讼请求中如果包括与劳动权利、义务事项相联系的民事权利、义务事项，法院也应一并审理，只不过适用的实体法有所不同。人民法院受理劳动争议案件后，当事人增加诉讼请求的，如该诉讼请求与讼争的劳动争议具有不可分性，应当合并审理；如属于独立的劳动争议，应当告知当事人向劳动人事争议仲裁委员会申请仲裁。

在劳动争议诉讼程序中，当事人有权申请回避，在庭审中对于有争议的证据可申请鉴定。在诉讼过程中，劳动者向人民法院申请采取财产保全措施，人民法院经审查认为申请人经济确有困难的，或者有证据证明用人单位存在欠薪逃匿可能的，应当减轻或者免除劳动者提供担保的义务，及时采取保全措施。人民法院做出的财产保全裁定中，应当告知当事人在劳动争议仲裁委员会的裁决书或者在人民法院的裁判文书生效后 3 个月内申请强制执行。逾期不申请的，人民法院应当裁定解除保全措施。法院可根据劳动争议案件的特殊性，依法采取部分裁决和先予执行的做法，以使劳动者获得及时的救济。

法院经过审理后，应依法做出判决，根据不同的情况做出处理：用人单位对劳动者做出的开除、除名、辞退等处理，或者因其他原因解除劳动合同，确有错误的，人民法院可以依法判决予以撤销。对于追索劳动报酬、养老金、医疗费以及工伤保险待遇、经济补偿金、培训费及其他相关费用等案件，给付数额不当的，人民法院可以予以变更。对于当事人申请执行仲裁裁决以及某些具有执行效力的调解协议的，人民法院应当依法启动执行程序。

（二）劳动争议案件不予执行情况

对于当事人申请执行的裁决书、调解书，被申请人提出证据证明劳动争议仲裁裁决书、调解书有下列情形之一的，并经审查、核实的，人民法院可以裁定不予执行：裁决事项不属于劳动争议仲裁范围的，或者劳动争议人事仲裁委员会无权仲裁的；适用法律确有错误的；仲裁员仲裁该案时，有徇私舞弊、枉法裁判行为的；人民法院认定该劳动争议仲裁委员会违背社会公共利益的。人民法院在不予执行的裁定书中，应当告知当事人在收到裁定书之次日起 30 日内，可以就该劳动争议事项向人民法院起诉。

九、诉讼终局

当事人不服仲裁裁决而在法定期限内向人民法院起诉的，仲裁裁决就处于尚未生效状态。这种效力不确定的仲裁裁决因诉讼结局不同而有不同的法律后果。如果以当事人撤诉结案，仲裁裁决在法定期限届满后生效；如果以调解或者判决结案，仲裁裁决就不生效。诉讼调解或者判决与仲裁裁决之间应当是一种概括性取代关系，即诉讼调解或者判决的事项与仲裁裁决的事项无论是否对应，仲裁裁决的各事项都不具有效力。

用人单位对劳动者做出的开除、除名、辞退等处理，或者因其他原因解除劳动合同确有错误的，法院可以依法判决予以撤销。对于追索劳动报酬、养老金、医疗费以及工伤保险待遇、经济补偿金、培训费以及其他相关费用等案件，给付数额不当的，法院可以予以变更。

十、不适应问题[①]

《解释（一）》部分解决了《民事诉讼法》不适应劳动诉讼的问题，但《民事诉讼法》中还存在着与劳动诉讼不适应的问题：

（一）审判组织方式不符合“三方原则”

劳动争议处理适用“三方原则”，已经是国际惯例。许多国家的劳动法院、劳动法庭都适用“三方原则”，其审判组织由中立的法官和工会、雇主团体分别选派的法官所组成；我国的劳动争议仲裁机构也是按“三方原则”组建的，而《民事诉讼法》规定的民事审判组织形式，都未能体现“三方原则”。

（二）调解原则不完全适应劳动争议案件

民事诉讼中的调解原则，是以私法的意思自治和契约自由原则为基础的，而劳动法中的公法规范（劳动基准法）不是任意性规范，它所规定的劳动者利益标准不得以协议方式降低。所以，劳动争议案件只能实行有限调解原则，即有的案件或者事项不宜调解，否则就违反了合法调解原则。

（三）工会支持劳动者起诉缺乏强有力的法律依据

《民事诉讼法》（2021 年修正）第十五条规定：“机关、社会团体、企业事业单位对损害国家、集体或者个人民事权益的行为，可以支持受损害的单位或者个人向人民法院起诉。”我国工会职能不健全，它承担着大量的国家行政管理职能和企业行政管理职能，不能成为一支独立的力量来代表劳动者。这虽然可以作为工会支持劳动者起诉的原则性法律依据，但缺少可操作性和约束力。

（四）仲裁与诉讼不衔接

我国劳动争议处理的运行机制是先裁后审，但二者之间存在着互不衔接。当事人一旦向法院提起诉讼，仲裁裁决就失去了效力，人民法院在审理劳动争

---

① 参见梁甜甜、梁玉莲：《劳动法新论》，北京理工大学出版社 2016 年版，第 259 ~261 页；周永平：《劳动法学》，高等教育出版社 2017 年版，第 306 ~309 页。

议案件的过程中，全然不顾仲裁裁决的事实和结果，不对裁决做任何评价，仲裁机构也不将仲裁案卷移送人民法院。

（五）财产保全和先予执行的规定不完全适应劳动者

《民事诉讼法》规定，法院根据当事人的申请采取财产保全措施，可以责令申请人提供担保；申请人不提供担保的，驳回申请。其中，“责令担保”的规定，实际上剥夺了劳动者申请财产保全的权利，因为劳动者作为弱者没有足够的财产提供担保。这显然不利于保护劳动者利益。《劳动争议调解仲裁法》对先予执行做出了特别规定，但对财产保全未做出特别规定。

第六节　集体争议处理程序

集体劳动争议往往参与人数众多，涉及面广、社会影响大，世界各国都十分重视集体劳动争议的处理，并作为劳动立法的重要内容予以专门规定。我国立法还比较滞后，仅有一些散见的原则性规定，已经显现出与市场经济的发展、劳动关系的变化不相适应的问题。

根据我国现行法律法规的规定，我国的集体争议主要分为以下三类：第一类是多个劳动者“有共同请求的”集体争议；第二类为集体合同争议；第三类为集体行动争议。2008 年开始实施的《劳动争议调解仲裁法》主要是就个别劳动争议的处理做出了规定，对于集体劳动争议的处理没有具体的规定。集体劳动争议的处理主要是通过“特别程序”加以解决。

我国《劳动法》对集体合同争议处理做了原则性的规定，在劳动和社会保障部 2004 年发布的《集体合同规定》中，还设置了集体合同争议处理的专章。

一、集体合同争议的概念和处理方式

集体合同争议是指集体合同当事人双方在集体合同运行过程中发生的关于设计和实现集体劳动权利义务的争议。

在各国的立法和法理中，它一般分为利益争议和权利争议。

利益争议即因签订或者变更集体合同发生的争议，是指在签订或者变更集体合同过程中当事人双方就如何确定合同条款所发生的争议，其标的是在合同中如何设定尚未确定的劳动者利益。它表现为集体谈判出现僵局和破裂，罢工、闭厂是其最激烈的形式。基于这种争议的不可诉性，我国《劳动法》第八十四条第一款规定：“当事人协商解决不成的，当地人民政府劳动行政部门可以组织有关各方协调处理。”《集体合同规定》第四十九条：“集体协商过程

中发生争议，双方当事人不能协商解决的，当事人一方或双方可以书面向劳动保障行政部门提出协调处理申请；未提出申请的，劳动保障行政部门认为必要时也可以进行协调处理。”据此，因签订集体合同发生争议的处理，只能协商、协调处理。现行法律中还规定了经协商、协调不成如何处理，在国外一般是允许以依法采取集体行动的方式向对方施加压力来迫使其达成妥协意见，达到解决问题的目的。

权利争议即因履行集体合同发生的争议，是指在履行集体合同过程中当事人双方就如何将合同条款付诸实现所发生的争议，其标的是实现合同中已经设定并且表现为权利义务的劳动者利益。它是由于解释合同条款有分歧和违法所导致。

《劳动法》第八十四条第二款规定：“因履行集体合同发生争议，当事人协商解决不成的，可以向劳动争议仲裁委员会申请仲裁；对仲裁裁决不服的，可以自收到仲裁裁决书之日起十五日内向人民法院提起诉讼。”《集体合同规定》第五十五条规定：“因履行集体合同发生的争议，当事人协商解决不成的，可以依法向劳动争议仲裁委员会申请仲裁。”《劳动合同法》第五十六条规定：“用人单位违反集体合同，侵犯职工劳动权益的，工会可以依法要求用人单位承担责任；因履行集体合同发生争议，经协商解决不成的，工会可以依法申请仲裁、提起诉讼。”这表明，因履行集体合同发生争议的处理，没有经过调解程序，可通过仲裁、诉讼方式解决。

集体合同争议处理方式可分为约定方式和法定方式两种。约定方式即集体合同中所约定的争议处理方式。许多国家在立法中明确要求在集体合同中必须具有争议处理条款。法定方式即法律上规定处理争议集体合同应当采用的方式。凡有集体合同立法的国家，都规定了处理争议的特定方式。

从各国的实践和立法而言，集体合同争议的处理方式因争议是权利争议还是利益争议而有所不同。权利争议的处理方式与劳动合同争议的处理方式基本相同；利益争议不能通过诉讼程序来处理，而一般由政府有关部门和机构来解决。

二、我国关于权利争议处理的规定

权利争议与劳动合同争议都是因履行合同而发生的、以既定权利义务为标的的争议，所以，立法规定权利争议依据劳动合同争议处理程序法处理。但是，权利争议是工会代表全体劳动者与用人单位之间以全体劳动者共同权利义务为标的的争议，这不同于一般的劳动合同争议。

法定的权利争议处理程序的特点为：第一，权利争议处理不适用基层调解，不能自行协商解决的，就向仲裁机构申请仲裁；第二，权利争议仲裁适用劳动合同争议处理程序法中关于集体争议仲裁的特别规定。

我国现行立法中关于集体争议仲裁的特别规定主要包括以下内容：第一，管辖方面。县级仲裁委员会认为有必要的，可以将争议报请上一级仲裁委员会处理。第二，受理方面。仲裁委员会应当自收到申诉书之日起 3 日内做出受理或者不予受理的决定。受理通知书送达或者受理布告公布，当事人不得有激化矛盾的行为。第三，仲裁组织方面。仲裁委员会应当在做出受理决定的同时，组成特别仲裁庭。第四，仲裁方式方面。仲裁庭应按照就地、就近的原则进行处理，开庭场所可设在发生争议的企业或者其他便于及时办案的地方。仲裁庭应先行调解，或者促成双方召开协商会议，在查明事实的基础上促使当事人自愿达成协议；调解或者协商未能达成协议的，应及时裁决，并制作裁决书送达当事人或者用布告形式公布。第五，仲裁期限方面。仲裁庭处理争议，应当自组成仲裁庭之日起 15 日内结案；案情复杂需要延期的，经报仲裁委员会批准后可适当延期，但延长的期限不得超过 15 日。第六，其他方面。仲裁委员会对受理的争议及其处理结果，应及时向当地政府汇报。

三、我国利益争议处理的规定

（一）争议处理机构及其职责

劳动行政部门是代表政府协调处理利益争议的职能机构，它所设置的劳动争议协调处理机构是处理利益争议的日常工作机构。劳动行政部门协调处理利益争议时，应组织同级工会代表、企业方面代表和其他有关方面代表共同进行。所以，同级工会和有关代表企业的经济主管部门和社会团体以及争议有关的其他部门，是协调处理利益争议的协助机构。

劳动行政部门作为利益争议的协调处理机构，其主要职责是：第一，掌握了解利益争议发生情况及发展动态。主要是针对当前的社会条件、经济条件变化，通过调查研究，了解签订集体合同过程中出现的新情况、新问题，为政府有关政策提供依据。第二，研究制定协调处理争议的方案和对策。主要是在调查研究的基础上，针对争议的内容制定协调处理方案，提出解决问题的具体办法。第三，向政府报告情况并提出建议。当争议双方矛盾尖锐，有可能进一步激化，造成罢工、游行、闭厂、集体上访等严重后果时，协调处理机构应及时向政府报告情况，并提出解决争议的建议。第四，组织力量对利益争议进行协调处理。当争议发生后，协调处理机构应迅速查清争议的问题以及争议双方各自的理由，并组织有关各方进行磋商，促使争议解决。第五，制定《协调处理协议书》并监督其执行。第六，统计归档并将处理结果报上级劳动行政部门备案。

（二）争议处理的管辖

利益争议处理的管辖范围的界定，依据企业是否跨省（自治区、直辖市）而有所不同。地方各类企业和不跨省中央直属企业的利益争议的处理，由省级劳动行政部门确定管辖范围；全国性集团公司、行业性公司和跨省中央直属企业的利益争议，由国务院劳动行政部门指定省级劳动行政部门受理和由国务院劳动行政部门直接组织有关方面协调处理。

（三）争议处理的和平义务

在处理集体合同争议的过程中，双方当事人都负有以和平方式解决争议的义务。

和平义务主要内容为：第一，发生争议时，双方当事人应当平等地进行协商，以期取得一致的意见；即使双方要求的距离过大，难以取得一致意见，不能协商解决，也应通过正常程序，向劳动行政部门申请协调处理，不得自行采取罢工、闭厂、集体上访、游行等过激方式。第二，在申请和协调处理期间，上访当事人也不得采取前述过激行为，同时企业不得解除劳动者代表的劳动关系。

（四）争议处理的程序和期限

协调处理利益的程序，一般包括下述环节：

1. 申请和受理

发生利益争议，上访当事人不能自行协商解决的，当事人一方或者双方可向劳动行政部门的劳动争议协调机构书面提出协调处理申请。该机构收到申请后应立即进行调查了解并决定受理，未提出申请的，劳动行政部门认为必要时可主动决定干预。

2. 选派当事人代表

协调处理利益争议，双方当事人应当各选派人数相等的代表 3 ~ 10 名参加，并指定一名首席代表。企业方代表由企业法定代表人担任或者指派，劳动者代表由工会委派或者有劳动者民主选举产生。在协调处理争议期间，企业不得解除劳动者代表的劳动关系。

3. 报告政府

劳动行政部门遇到公用及交通行业或者具有危险性、特殊性的行业发生争议，有可能扩及或者影响到其他企业的争议，有可能引发过激行为、造成严重后果的争议，应当立即向政府报告。

4. 协调处理

劳动行政部门受理争议案件后，应立即组织有关各方成立联合工作组，采取派员协调、召开会议协调和其他方式，对争议双方进行调解或者调停。经协调达成协议，劳动行政部门应制作《协调处理协议书》，由双方当事人首席代表和协调处理负责人共同签字盖章，然后下达双方当事人。

劳动行政部门处理利益争议，应自决定受理之日起30日内结案；争议复杂或者遇到影响处理的客观原因需要延期的，延期最长不超过15日。

四、集体合同争议处理程序

（一）因履行集体合同发生的争议处理程序

我国《劳动法》第八十四条第二款规定："因履行集体合同发生争议，当事人协商解决不成的，可以向劳动争议仲裁委员会申请仲裁；对仲裁裁决不服的，可以自收到仲裁裁决书之日起十五日内向人民法院提起诉讼。"《工会法》第二十一条第四款规定："企业、事业单位、社会组织违反集体合同，侵犯职工劳动权益的，工会可以依法要求企业、事业单位、社会组织予以改正并承担责任；因履行集体合同发生争议，经协商解决不成的，工会可以向劳动争议仲裁机构提请仲裁，仲裁机构不予受理或者对仲裁裁决不服的，可以向人民法院提起诉讼。"《集体合同规定》第五十五条规定："因履行集体合同发生的争议，当事人协商解决不成的，可以依法向劳动争议仲裁委员会申请仲裁。"《劳动合同法》第五十六条规定："用人单位违反集体合同，侵犯劳动者劳动权益的，工会可以依法要求用人单位承担责任；因履行集体合同发生争议，经协商解决不成的，工会可以依法申请仲裁、提起诉讼。"《劳动人事争议仲裁办案规则》第六十三条第二款规定："因履行集体合同发生的劳动争议，经协商解决不成的，工会可以依法申请仲裁；尚未建立工会的，由上级工会指导劳动者推举产生的代表依法申请仲裁。"

（二）因签订集体合同发生争议处理程序

1. 处理程序

我国《劳动法》第八十四条第一款规定："因签订集体合同发生争议，当事人协商解决不成的，当地人民政府劳动行政部门可以组织有关各方协调处理。"《集体合同规定》第四十九条规定："集体协商过程中发生争议，双方当事人不能协商解决的，当事人一方或者双方可以书面向劳动行政部门提出协调处理申请；未提出申请的，劳动保障行政部门认为必要时也可以进行协调处理。”

2. 协调处理程序

（1）协调处理机构。劳动保障行政部门应当组织同级工会和企业组织等三方面的人员，共同协调处理集体协商争议。

集体协商争议处理实行属地管辖，具体管辖范围由省级劳动保障行政部门规定。中央管辖的企业以及跨省、自治区、直辖市用人单位因集体协商发生的争议，由劳动保障行政部门指定的省级劳动保障行政部门组织同级工会和企业组织等三方面的人员协调处理，必要时，劳动保障行政部门也可组织有关方面协调处理。

（2）协调处理程序。受理协调处理申请；调查了解争议的情况；研究制定协调处理争议的方案；对争议进行协调处理；制定《协调处理协议书》。《协调处理协议书》应当载明协调处理申请、争议的事实和协调结果，双方当事人就某些协商事项不能达成一致的，应将继续协商的有关事项予以载明。《协调处理协议书》由集体协商争议协调处理人员和争议双方首席代表签字盖章后生效。争议双方均应遵守生效后的《协调处理协议书》。用人单位无正当理由拒绝工会或者劳动者代表提出的集体协商要求的，按照《工会法》及有关法律、法规的规定处理。

（3）集体合同争议处理程序的一个特殊问题。《集体合同规定》第五十六条规定：“用人单位无正当理由拒绝工会或者职工代表提出的集体协商要求的，按照《工会法》及有关法律、法规的规定处理。”这种用人单位无正当理由拒绝工会或者劳动者代表提出的集体协商要求的争议是属于集体合同利益争议还是集体合同权利争议？

一般观点认为，由于法律明文规定了集体谈判义务等集体谈判程序，所以这种情形的争议属于既定权利、义务发生的权利争议，不属于利益争议。

这种争议的处理方式，根据《工会法》第五十四条第四项规定，无正当理由拒绝进行平等协商的，由县级以上人民法院责令改正，依法处理。

思考题

1. 劳动争议的分类有哪些？
2. 劳动争议的概念和特征是什么？
3. 劳动争议调解协议的法律效力如何？
4. 劳动争议仲裁裁决具有的法律效力如何？
5. 劳动争议仲裁与诉讼的关系如何？
6. 集体劳动争议的程序是什么？

参考文献

一、著作

1. 黎健飞:《劳动法案例分析》,中国人民大学出版社 2011 年版。

2. 林嘉:《劳动法和社会保障法》,中国人民大学出版社 2014 年版。

3. 黄越钦:《劳动法新论》,中国政法大学出版社 2003 年版。

4. 唐鑛:《劳动关系管理概论》,中国人民大学出版社 2012 年版。

5. 杨宜勇等:《就业治理与失业治理》,中国经济出版社 2000 年版。

6. 左祥琦:《劳动关系管理》,中国发展出版社 2007 年版。

7. 常凯:《劳动关系学》,中国劳动社会保障出版社 2005 年版。

8. [美] 乔·萨托利:《民主新论》,冯克利、阎克文译,东方出版社 1993 年版。

9. 于桂兰、于楠:《劳动关系管理》,清华大学出版社、北京交通大学出版社 2011 年版。

10. 史探径:《劳动法》,经济科学出版社 1990 年版。

11. 卫民:《工会组织于劳工运动》,(台北) 空中大学 1993 年版。

12. 刘志鹏:《劳动法理论与判决研究》,(台北) 原照出版公司 2000 年版。

13. [美] 巴泽尔:《产权的经济分析》,费方域、段毅才译,上海三联书店、上海三联书店 1997 年版。

14. 张倜:《劳动关系管理》,电子工业出版社 2006 年版。

15. 《马克思恩格斯选集》(第 2 卷),人民出版社 1995 年第 2 版。

16. 龚基云:《转型期中国劳动关系研究》,安徽人民出版社 2006 年版。

17. 程延园:《劳动关系》,中国人民大学出版社 2016 年版。

18. [美] 保罗·巴兰:《增长的政治经济学》,蔡中兴、杨宇光译,商务印书馆 2000 年版。

19. [美] 霍华德·谢尔曼:《激进政治经济学基础》,云岭译,商务印书馆 1993 年版。

20. [英] 杰弗·霍奇森:《资本主义、价值和剥削》,于树生、陈东威译,商务印书馆 1990 年版。

21. 刘钧:《劳动关系理论与实务》,人民邮电出版社 2016 年版。

22. 吴清军:《中国劳动关系学 40 年 (1978-2018)》,中国社会科学出版社 2018 年版。

23. 王桦宇：《劳动合同法实务操作与案例精解》，中国法制出版社 2011 年版。

24. 关怀、林嘉：《劳动法》，中国人民大学出版社 2016 年版。

25. 齐艳华：《劳动合同法导引与案例》，经济科学出版社 2017 年版。

26. 黎建飞：《〈中华人民共和国劳动合同法〉最新完全释义》，中国人民大学出版社 2008 年版。

27. 苏号朋：《劳动合同法案例评析》，对外贸易大学出版社 2008 年版。

28. 徐智华：《劳动法学》，北京大学出版社 2016 年版。

29. 孙瑞玺：《劳动合同法原理精要与实务指南》，人民出版社 2008 年版。

30. 《中华人民共和国劳动合同法适用与实例》，法律出版社 2013 年版。

31. 王全兴：《劳动法学》，高等教育出版社 2008 年版。

32. 常凯：《劳动法》，高等教育出版社 2011 年版。

33. 张倜：《劳动关系管理》，电子工业出版社 2006 年版。

34. 石美遐：《市场中的劳资关系：德、美的集体谈判》，人民出版社 1993 年版。

35. 穆随心：《劳动法理论与实践》，中国政法大学出版社 2016 年版。

36. ［美］William B. Gould：《美国劳工法入门》，焦兴铠译，（台北）“国立编译馆”1996 年版。

37. 周长征：《劳动法原理学》，科学出版社 2004 年版。

38. 梁甜甜、梁玉莲：《劳动法新论》，北京理工大学出版社 2016 年版。

39. 周永平：《劳动法学》，高等教育出版社 2017 年版。

40. 程延园、王甫希：《劳动关系》，中国人民大学出版社 2021 年（第 5 版）。

41. 《马克思恩格斯全集》（第 23 卷），人民出版社 1972 年版。

42. ［美］道格拉斯 · L. 莱斯利：《劳动法概要》，张强等译，中国社会科学出版社 1997 年版。

43. ［美］罗伯特 · A. 高尔曼：《劳动法基本教程》，马静等译，中国政法大学出版社 2003 年版。

44. 李琪：《产业关系概论》，中国劳动保障社会出版社 2008 年版。

二、期刊

1. 常凯：《试论社会主义初级阶段工人阶级内部的基本矛盾和工会的代表性》，载《中国工运学院学报》1983 年第 3 期。

2. 徐小洪：《中国工会的双重角色定位》，载《人文杂志》2010 年第 6 期。

3. 史探径：《中国工会的性质、现状及有关问题探讨》，载《环球法律评论》2002 年第 5 期。

4. 张戌凡、赵曙明：《中国工会研究的再认识：工会效能研究的范式重构及层级测量框架》，载《江海学刊》2019 第 5 期。

5. 常凯：《劳动关系的集体化转型与政府劳工政策的完善》，载《中国社会科学》2013 第 6 期。

6. 吴清军、刘宇：《劳动关系市场化与劳工权益保护——中国劳动关系政策的发展路径与策略》，载《中国人民大学学报》2013 第 1 期。

7. 王绍光：《大转型：1980 年代以来中国的双向运动》，载《中国社会科学》2008 年第 1 期。

8. 杨一凡：《劳动规章制度法律问题研究》，载《西部学刊》2020 第 2 期。

9. 乔建：《中国特色的三方协商机制：走向三方协商与社会对话的第一步》，载《广东社会科学》2010 年第 2 期。

10. 中华全国总工会研究室：《2008 年工会组织和工会工作发展状况统计公报》，载《工运研究》2009 年第 13 期。

11. 曾湘泉、唐鑛：《战略劳动关系管理：内容、挑战及展望》，载《中国劳动关系学院学报》2011 年第 25 卷第 8 期。

12. 葛宣冲：《我国私营企业劳动关系特色探析》，载《太原理工大学学报（社会科学版）》2017 年第 35 卷第 4 期。

13. 冯刚：《企业工会的“制度性弱势”及其形成背景》，载《社会》2006 年第 3 期。

14. 刘旭阳：《我国行业协会的发展现状及其制度完善策略》，载《河南科技》2012 年第 2 期。

15. 周政华、刘子倩：《中国本田南海厂今复工　从员工角度看劳资事件》，载《中国新闻周刊》2010 年 6 月 2 日。

三、报纸和网络

1. 王跃军：《福特公司独特的人力资源管理》，载《人才市场报》2004 年 8 月 23 日。

2. 伊夫、徐多：《南海本田罢工谈判亲历记》，载《集体劳动争议状况及对企业劳动关系的影响研讨会论文集》2019 年 9 月 18 日。

3. 《法国大罢工！因为什么事情罢工？附政府最新应对措施!》，土流网，https：//www. tuliu. com/read－121394. html。

4. 江海波：《本田有条件复工：工会成焦点》，载《中国经营报》2010 年 6 月 5 日。

四、外文

1. Harry Braverman, *Labor and Monopoly Capital*, New York: Monthly Review Press, 1974.

2. Michael Burawoy, *The Politics of Production: Factory Regime under Capitalism and Socialism*, London: Verso, 1985.